贵州省交通建设系列科技专著

贵州山区大跨径斜拉桥建设技术

贵州省交通运输厅 组织编写
杨鸿波 刘 扬 刘建军 编 著

人民交通出版社股份有限公司
China Communications Press Co.,Ltd.

内 容 提 要

本书为“贵州省交通建设系列科技专著”中的一本。全书首先介绍了国内外斜拉桥的发展历程和现状，简要阐述了斜拉桥结构体系、结构构造及施工方法，总结、分析了贵州大跨径斜拉桥建设条件、建筑材料，综述了贵州现有斜拉桥的结构形式，重点介绍了贵州山区矮塔斜拉桥、大跨径混凝土梁斜拉桥、大跨径钢桁梁斜拉桥、大跨径钢-混凝土叠合梁斜拉桥的受力特点、典型工程实例、建设关键技术问题及对策、施工方法。其次，总结了大跨径斜拉桥施工监控的基本理论和方法，并介绍了施工监控实例。最后，对贵州山区大跨径斜拉桥的管理和养护进行了全面阐述。本书内容整体反映了目前贵州大跨径斜拉桥建设技术和成就。

本书可供桥梁设计、施工及管理养护人员使用，也可供相关专业科研人员参考。

图书在版编目(CIP)数据

贵州山区大跨径斜拉桥建设技术 / 杨鸿波，刘扬，刘建军编著；贵州省交通运输厅组织编写. — 北京：人民交通出版社股份有限公司，2015.11

（贵州省交通建设系列科技专著）

ISBN 978-7-114-12571-3

Ⅰ.①贵… Ⅱ.①杨… ②刘… ③刘… ④贵… Ⅲ.①山区－长跨桥－斜拉桥－桥梁施工－贵州省 Ⅳ.①U448.27

中国版本图书馆 CIP 数据核字(2015)第 255409 号

贵州省交通建设系列科技专著

书　　名：**贵州山区大跨径斜拉桥建设技术**

著 作 者：杨鸿波　刘　扬　刘建军

责任编辑：周　宇　韩　帅

出版发行：人民交通出版社股份有限公司

地　　址：(100011)北京市朝阳区安定门外外馆斜街 3 号

网　　址：http://www.ccpress.com.cn

销售电话：(010)59757973

总 经 销：人民交通出版社股份有限公司发行部

经　　销：各地新华书店

印　　刷：北京市密东印刷有限公司

开　　本：787×1092　1/16

印　　张：19.75

字　　数：468 千

版　　次：2015 年 11 月　第 1 版

印　　次：2015 年 11 月　第 1 次印刷

书　　号：ISBN 978-7-114-12571-3

定　　价：70.00 元

贵州省交通建设系列科技专著

编审委员会

总 序

Preface

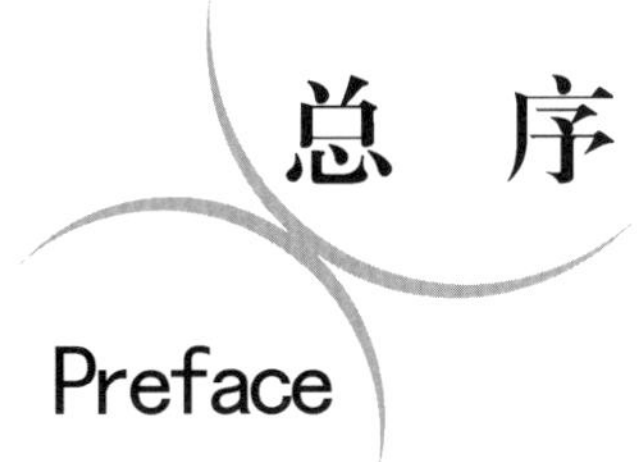

古往今来，独特的地形地貌赋予贵州重峦叠嶂山高谷深的隽秀之美，但山阻水隔也桎梏着贵州经济社会发展的步伐。打破交通运输瓶颈，建设内捷外畅的现代综合交通运输体系，与全国同步迈向小康，一直是贵州人的夙愿。

改革开放特别是进入“十二五”以来，党中央、国务院及交通运输部等国家部委高度重视贵州经济社会发展。2012 年年初，国务院出台支持贵州发展的国发 2 号文件，将贵州省经济社会发展的战略规划上升到国家层面。贵州省委、省政府立足当前、着眼长远，提出坚持把交通作为优先发展的重大战略，举全省之力加快交通基础设施建设。2012 年以来，贵州省先后启动了高速公路建设、水运建设三年会战，普通国省干线公路建设攻坚，“四在农家 · 美丽乡村”小康路行动计划，“多彩贵州 · 最美高速”和“多彩贵州 · 平安高速”创建等一系列行动，志在“十二五”末，通过交通大建设一举打破大山的束缚，畅通经济发展的交通网络。

广大交通建设者紧紧抓住发展的历史机遇，凝心聚智，在广袤的黔山秀水之间，用光阴和汗水构筑贵州面向未来的交通新格局。“十二五”期间，全省交通基础设施建设将完成投资 4 500亿元，新建成高速公路 3 600 公里，高速公路通车总里程将突破 5 100 公里，全省 88 个县（市、区）将全部通高速公路。乌江、赤水河建成四级航道 700 公里，改写了贵州无高等级航道的历史。建成构皮滩水电站翻坝枢纽工程，实现乌江航道全线通航。曾经的黔道天堑正变成康庄大道，一张以高速公路为骨架、国省干线公路为支撑、县乡公路为脉络、小康路为基础的四级公路路网正在形成，“扬帆赴江海”指日可待。

围绕贵州交通发展中出现的科技需求，贵州省交通运输厅组织开展了一批省部级重大科研项目攻关，重点突破一批关键、共性技术难题，在支撑工程建设、引领行业创新发展方面成效显著。在山区复杂条件下大型桥梁建设技术方面，形成了千米级悬索桥、高墩大跨刚构桥和钢管混凝土拱桥等设计施工成套技术，有力支撑了坝陵河大桥、清水河大桥、鸭池河大桥、赫章大桥、木蓬大桥等一批世界级桥梁建设工程，实现了我省桥梁建设技术的大跨越；针对西部山区复杂地质地形条件，从勘察设计、建设施工、养护管理和生态环保等方面系统开展基础研究和技术开发，形成一批山区高速公路修筑技术，其成果居国内先进水平，有力支撑了复杂山区环境下高速公路项目建设；在山区航道整治、船型标准、通航枢纽建设等方面取得的创新性成果，促进了贵州航运工程的发展；完成了“贵州乌蒙山区毕都高速公路安全保障科技示范工程”等交通运输部科技示范项目，有力推动了交通科技成果推广应用；以“互联网+便捷交通”推进智慧交通建设，率先开展智能交通云的建设和应用。交通运输科技成果连续3年获得贵州省科技进步和成果推广一等奖。

为展现在公路、水路和交通安全、信息化建设等方面取得的技术成就，促进技术交流，加大推广应用，贵州省交通运输厅组织编写了“贵州省交通建设系列科技专著”。这套科技专著的出版，对传承科技创新文化，提升交通科技水平，深入实施科技兴省战略，促进贵州经济社会快速发展，意义重大、影响深远。

交通成就千秋梦，东西南北贯黔中。编撰这套系列科技专著，付出的是艰辛、凝结的是智慧、反映的是成绩，折射了交通改变地理劣势、奋斗推动跨越的创新精神，存史价值较高，是一笔当代贵州的可贵财富。

2015年10月

前　言

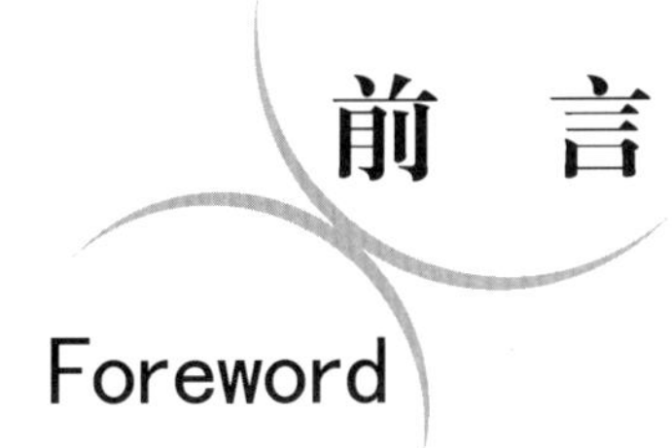

斜拉桥作为桥梁的一种重要结构形式，出现于17世纪。它的发展从一个侧面反映了一个国家的综合实力和科学技术的发展水平。我国斜拉桥建设历史虽然较短，但发展势头迅猛。据不完全统计，跨径超过400m以上的桥梁中，斜拉桥占了90%以上。

贵州省地处云贵高原东部，境内山高谷深、沟壑纵横，是全国唯一没有平原的省份。长期以来，交通基础设施薄弱严重制约着贵州经济社会的发展。为响应国家西部大开发战略，实现全面建设小康社会的目标，缩小区域发展的差别，首先需要发展交通基础设施，斜拉桥由于具备良好的技术经济指标而常被作为大跨径桥梁的首选。

由于贵州特殊的地质、地形条件，斜拉桥的建设不仅面临抗风、防腐、高塔等普遍性问题，还面临边坡的稳定性、施工方法的适应性、建筑材料的不确定性等特殊问题。在借鉴其他地方斜拉桥建设思路和经验的基础上，结合贵州山区的实际情况和特点，通过科研与实践，探索出了一些不同的建造技术和处理问题的思路，形成了自己的特色。

本书在总结、分析贵州省斜拉桥建设历史和现状、大跨径斜拉桥建设条件、建筑材料的基础上，以交通运输部西部交通建设项目及贵州省交通运输厅科技项目的研究成果为基础，结合贵州多座不同类型斜拉桥的建设资料编写而成，力求较为系统、全面地反映贵州省大跨径斜拉桥建设成就及关键技术，并结合典型工程实例，重点介绍了贵州大跨径斜拉桥结构形式、施工技术和新型材料的应用。

全书共8章，第1、2章主要介绍国内外斜拉桥的发展历程和现状、斜拉桥结构体系、结构构造及施工方法，阐述贵州山区大跨径斜拉桥建设条件和建筑材料；第3、4章介绍矮塔斜拉桥、混凝土梁斜拉桥的特点及相应工程实例，并对建设关键技术问题进行了阐述；第5、6章介绍钢桁梁斜拉桥、钢-混凝土叠合梁斜拉桥受力特点和相应工程实例，从结构分析和施工方法等角度阐述了关键技术问题和施工方法等；第7章介绍斜拉桥施工控制理论、施工控制系统与方法及贵州山区大跨径斜拉桥施工监控工程实例；第8章介绍大跨径斜拉桥管理和养护的目标、内容和要求，阐述山区大跨径斜拉桥营运后期调索、换索理论与优化设计、病害及加固方法和山区大跨径斜拉桥全寿命健康监测体系和工程实例。

本书由杨鸿波、刘扬策划统筹。第1章、第2章由刘扬、杨健、黄方林和杨万林编写;第4章～第6章由杨鸿波、周德、周潇和谭捍华编写;第3章、第7章、第8章由刘建军、黄坤全、骆勇鹏和张世娟编写。全书的编写得到了贵州省交通运输厅康厚荣、董翔、陈健蕾,贵州高速公路集团有限公司谢明宇、旷光洪、徐应禄、梁茂然、孟云,贵州省交通规划勘察设计研究院股份有限公司李银斌、韦定超、杜镔、叶洪平、蒲果富、刘人铭、佘远程、吴怀义,中南大学伍彦斌、赵康、施冲、苏泽平、王丹丹、王晴,广西路桥工程集团有限公司黄邵结、蒋玮、陈林、李莘哲、黄业圣的帮助,同济大学、交通运输部公路科学研究所、中交公路规划设计院有限公司、中交第二公路勘察设计研究院有限公司等单位提供了部分资料,人民交通出版社股份有限公司给予了大力支持,特此向他们表示衷心感谢。

本书内容主要来源于2002年以来贵州省大跨径斜拉桥在设计、施工和管养等多方面的科研成果及工程实践经验,部分内容参考了国内外的研究成果及文献资料。限于篇幅,一些参考资料未能一一注出,望予谅解并请指正。

由于时间仓促,水平有限,书中难免有不妥之处,诚望各位同行和读者批评指正。

作　者

2015年9月

目 录

Contents

第1章 概　述

1.1 斜拉桥发展历程及现状

1.1.1 国内外斜拉桥发展历程及现状

斜拉桥作为桥梁的一种重要结构形式，出现于 17 世纪，其发展几乎与悬索桥同时代。在欧美，有记录的最早的斜拉桥是 1617 年意大利工程师 Verantius 建造的一座有几根斜铁链的桥，但受制于当时的科技发展水平，斜拉桥没有发展起来。18 世纪，德国人曾设想过建造木制斜拉桥。1817 年英国建成了一座跨径 34m 的人行木制斜拉桥，桥塔是铸铁的，缆索使用铁丝，由于材料的强度有限，结构的受力也无法分析，这座桥不久后就被毁坏了。之后，英、法、德等国都曾修建过一些木制斜拉桥，但无一幸免。

1824 年，英国人在 Nienburg 跨越 Saale 河修建了一座用铁链条和铸铁杆作拉索的斜拉桥，两年后就毁于一次游行中。1918 年，在英国 Dryburgh-Abber 附近，人们跨越 Tweed 河建造了一座长约 79m 的人行桥，但该桥由于风致振动，致使斜链在节点处折断而出现事故，最终被弃用。造成种种有关斜拉桥的工程事故的主要原因是，当时的工业水平有限，无法制造高强钢丝，只能用铁丝或者铁丝绳作为斜拉索；同时由于理论体系不健全和计算手段落后，无法精确计算超静定结构，也无法分析风致振动对桥梁的影响。到了 1930 年，法国的著名工程师 Navier 在研究了这些桥的事故后，著文称斜拉桥概念模糊不清，是错误的体系，同时宣布了斜拉桥的死刑。Navier 认为毁坏的原因是由于没能精确计算力的变化过程，同时对一些细节处理不够。他提出悬索桥和斜拉桥相结合的方案，后来由美国的一位工程师设计并建成当时世界上跨径最大的桥梁。1925 年，西班牙人建造了世界上第一座钢筋混凝土作为主梁的斜拉桥，但主跨跨径只有 44m。直到 1938 年德国工程师 Dishinger 重新认识到了斜拉桥的优越性，并对其进行了研究。1955 年，Dischinger 设计建成了世界第一座现代化的大跨斜拉桥——瑞典的 Strömsund 桥（图 1.1），主跨达 182.6m，采用全部斜拉结构，其主梁为钢板梁，中间用横梁连接，双塔式结构，每塔只用两对高强钢丝拉索。尽管用现代的

图 1.1　瑞典的 Strömsund 桥

观点来看，这座桥在细节处尚有一些不足之处，如桥面采用分离的混凝土梁的方案，索塔造型尚缺美观等，但其在桥梁结构上却是开创了一个新纪元，创造了一个新体系。而此时正值战后重建恢复时期，这样一种技术先进、造价经济、外形美观的新桥型一出现，立即得到业界好评，并被迅速推广。

受益于现代科技的进步、先进的设计方法、不断改进的施工方法与工艺以及不断有更高强、更耐腐的新材料的应用等，斜拉桥的建设得到快速发展。而混合梁斜拉桥的出现，正是加速斜拉桥跨度不断突破的主要原因之一。混合梁斜拉桥不仅能够有效减小斜拉桥的挠跨比，同时还能提高桥梁的整体刚度。现在，斜拉桥正向着大跨径和特大跨径不断突破，在短短几十年的时间内，跨度由 1 00m 左右跃进到 1 000m 以上。世界范围内斜拉桥的数量和跨度不断攀升，至今已建成 300 余座。

我国斜拉桥建设历史虽然较短，但斜拉桥在我国的发展势头迅猛，中国已经成为世界上建成斜拉桥最多的国家。1975 年在四川云阳县建成的云阳桥，跨径 75.8m，为预应力钢筋混凝土公路斜拉桥，同时也拉开了我国斜拉桥建造历史的序幕。近 30 年间我国已建成斜拉桥 190 余座，遍布大江南北，其中跨径大于 200m 的有 52 座，跨径超过 400m 的斜拉桥已达 20 座，居世界首位，发展势头极其强劲。其中：建于 2001 年的南京长江二桥南汉桥钢箱梁斜拉桥，主跨 628m；2008 年，建成通车的江苏苏通大桥以 1 088m 的跨径居于当时世界第一；2009 年，世界上最长的斜拉桥之一的香港昂船洲大桥正式通车，主跨径 1 018m；2011 年开工，2015 年将竣工的武汉杨泗港长江大桥主跨达到了 1 700m。

目前，斜拉桥因其良好的技术经济指标，已成为大跨度桥梁发展的主要趋势。据不完全统计，世界上跨径大于 400m 以上的桥梁中，斜拉桥占了 90%以上，有 300 余座。国内外部分典型斜拉桥基本情况见表 1.1。

国内外部分典型斜拉桥基本情况 表 1.1

序号	桥名	国家	主跨(m)	建成时间(年)
1	俄罗斯岛大桥	俄罗斯	1 104	2012
2	苏通大桥	中国	1 088	2008
3	香港昂船洲大桥	中国	1 018	2008
4	鄂东长江大桥	中国	926	2010
5	多多罗大桥	日本	890	1999
6	诺曼底大桥	法国	856	1995
7	南京长江二桥南汉桥	中国	628	2001
8	武汉白沙洲长江大桥	中国	620	2008
9	上海杨浦大桥	中国	602	1993
10	上海徐浦大桥	中国	590	1997
11	斯卡恩萨德桥	挪威	530	1991
12	安那西斯桥	加拿大	465	1986

续上表

序号	桥名	国家	主跨(m)	建成时间(年)
13	卢纳桥	西班牙	440	1983
14	圣·纳泽尔桥	法国	404	1975
15	杜伊斯堡-吕恩坎普桥	德国	350	1971
16	格尼桥	德国	320	1969
17	弗瑞德里西-埃伯特桥	德国	280	1967
18	马拉开波桥	委内瑞拉	235	1962
19	北杜赛尔道夫桥	德国	260	1958
20	斯特伦松德桥	瑞典	182	1955

在斜拉桥发展的过程中，根据斜拉桥主梁材料的不同，斜拉桥分为混凝土梁斜拉桥、钢桁梁斜拉桥和叠合梁斜拉桥。下面就这三类斜拉桥的发展历程及现状分别进行阐述。

1)混凝土梁斜拉桥

斜拉桥发展早期大都是采用钢结构主梁，而意大利的 Morandi 教授另辟蹊径，设计修建了几座大型混凝土斜拉桥，并发展成为 Morandi 体系。1957 年出现的第一座混凝土斜拉桥，跨径组合仅为 17.5m+51.9m+17.5m，其可被看成是 5 年后修建成的马拉开波湖桥的实验桥。1962 年建造的马拉开波湖桥是世界上第一座现代混凝土斜拉桥，由 Morandi 教授设计，该桥的跨径组合为 160m+5×235m+160m。以此为起点，揭开了混凝土梁斜拉桥发展的序幕。

20 世纪 70 年代以后，预应力混凝土梁大量兴起。1977 年法国建成的 Brotonne 桥，跨越塞纳河，跨径组合为 143.5m+320m+143.5m，桥宽 19.2m，索距 6m，塔梁固结、是用大吨位支座支承独柱的单索面混凝土梁斜拉桥。1978 年由 F. Leonhardt 和 A. Grant 设计的 Pasco-Kennewick 桥跨越美国华盛顿州南部中心区哥伦比亚河，该桥跨径组合为 123.9m+299m+123.9m，桥宽 24.33m，索距 8m，塔墩固结，是一座塔梁分离的飘浮体系混凝土梁斜拉桥。西班牙 Barrios de Luna 桥是另一个典型的混凝土梁设计示例，该桥于 1984 年建成，主跨为 440m，塔墩固结、塔梁分离，是两端刚性地固定于桥台、跨中设剪力铰和伸缩缝的固端梁斜拉桥。1991 年，挪威 Skarnsund 桥建成，主跨 530m，桥宽 13m，是当时世界上跨径最大的混凝土梁斜拉桥。

日本发展预应力混凝土斜拉桥起步较晚，因为日本保守势力强大，他们认为日本经常发生严重的地质灾害，不能采用不成熟的结构体系，而修建大跨度桥梁采用钢结构比较可靠。因此，日本早期只修建了几座跨径在 100m 以内的混凝土斜拉桥。经过多年实践，才于 1989 年建成一座 250m 长的公铁混凝土斜拉桥。

我国混凝土梁斜拉桥的起步也较晚，但发展速度较快。自 1975 年开始修建斜拉桥，就以混凝土梁斜拉桥为主，目前全国 90%以上的斜拉桥均为混凝土梁斜拉桥。我国是世界上建造混凝土梁斜拉桥最多的国家。

从 1975 年至 1982 年，是我国斜拉桥发展的起步阶段，也是斜拉桥发展的第一次高潮。

1975 年和 1976 年分别修建了两座实验桥，即重庆的云阳桥和上海松江的新五桥，主跨分别为 76m 和 54m。1980 年在广西建成了我国第一座铁路预应力混凝土斜拉桥——红水河桥，跨径组合为 48m＋96m＋48m，自此我国的斜拉桥进入快速发展阶段。1982 年在山东省济南北郊建成了济南黄河大桥，该桥跨径组合为 40m＋94m＋220m＋94m＋40m，是一座塔梁分离、塔墩固结、五跨连续飘浮体系混凝土梁斜拉桥，是当时亚洲最大的桥梁，且在当时世界十大预应力混凝土斜拉桥中排名第 8。

1983 年至 1986 年为我国斜拉桥发展的第二阶段。由于第一阶段已建斜拉桥的拉索防护要么层次多、成本高，要么过于简单或处理不当而失败，以致有的桥建成三四年后拉索防护就损坏，危及桥梁使用与安全，从而要求桥梁工作者进一步研究、总结和提高。这一阶段仅建设了少数几座斜拉桥，但对拉索防护作了有益的尝试，也为下一阶段斜拉桥持续发展奠定了基础。

20 世纪 80 年代中后期至今，是我国斜拉桥发展的鼎盛时期。这一阶段修建的斜拉桥近 40 座，跨径从 200m 增大到 600m 以上，我国跨径达 400m 以上的大跨度斜拉桥均是在这一阶段设计，并于 20 世纪 90 年代初开始建设的。这些大跨径桥梁的工程实践，使我国大跨径斜拉桥的发展和技术开发逐趋完善和成熟，并开始迈进世界先进行列。

1995 年在安徽建成铜陵长江大桥，主跨为 432m，为当时世界上最大的肋板式混凝土梁斜拉桥，标志着我国斜拉桥设计进入了轻型化时代。1999 年在广东建成金马大桥，主跨为 283m＋283m，是世界上最大的独塔混凝土斜拉桥。2002 年在湖北建成荆州长江大桥(北汉)，主跨 500m，是世界上最大的肋板式混凝土斜拉桥。

2012 年贵州省织金县建成贵州省跨径最大的双塔斜拉桥——六冲河特大桥，全桥总长 1 508m，主塔高 195m，主跨径 438m，这个跨径创下了当时贵州同类桥梁的第一。表 1.2 列出了国内外部分跨径超过 250m 的混凝土梁斜拉桥基本情况。

国内外部分混凝土梁斜拉桥基本情况 表 1.2

桥 名	桥宽(m)	跨径组合(m)	索 面	建成时间(年)
美国哥伦比亚桥	24.33	123.9＋299＋123.9	双	1978
法国勃鲁东桥	19.2	143.5＋320＋143.5	单	1974
西班牙卢纳桥	22.5	101.72＋440＋106.88	双	1984
挪威斯堪桑德大桥	13	190＋530＋190	双	1991
中国天津永和桥	14.5	125＋260＋125	双	1987
中国武汉长江二桥	29.4	180＋400＋180	双	1995
中国安徽铜陵长江大桥	23	80＋90＋190＋432＋190＋90＋80	双	1995
中国重庆长江二桥	24	169＋444＋169	双	1997
中国湖北鄂黄长江大桥	27.7	55＋200＋480＋200＋55	双	2002
中国湖北荆州长江大桥	26.5	160＋300＋97(南汊) 200＋500＋200(北汉)	双	2002

2)钢桁梁斜拉桥

20 世纪中后期，欧美和日本的桥梁建设形势同现在的中国一样，是最兴盛的时期，在这样的建设高潮中，人们开始思考如何在斜拉桥荷载能力不变的条件下，减小斜拉桥的自重，以达到更大跨径的目的。基于这样的想法，人们在选取建造斜拉桥的材料时，把目光投向了钢材。1977 年，日本在建造神户六甲桥公路铁路两用桥时，率先提出了钢桁梁斜拉桥这种新的桥型。钢桁梁斜拉桥具有外形壮观、跨越能力大、承载能力高等优点，尤其适合高速铁路、公铁两用桥梁及交通量大的桥梁。此后，大量的公路铁路两用桥建设开始采用这个思路。近 20 年来，世界上大跨径钢桁架斜拉桥得到了长足发展。

世界上第一座钢桁梁斜拉桥诞生于日本，即神户六甲桥，建于 1977 年，主跨 220m，是世界第一座钢桁架斜拉桥，桁高 8m，为双层结构公路桥。该桥主桁采用新一代的桁架结构，上下弦杆为箱形断面，提高了其稳定效应，桥面板为正交异性板，主桁与桥面板共同作用，大大提高了桥梁的整体刚度。

日本后来在发展自身交通，特别是铁路交通即著名的“新干线”时，显示出对钢桁梁斜拉桥的巨大兴趣。于是日本在总结和研究神户六甲桥的设计资料后，更加规范了钢桁梁斜拉桥的设计建造思路。1988 年 4 月 10 日，连接本州的冈山县仓敷市和四国香川县坂出市的濑户大桥终于建成通车。这座大桥工期长达 9 年 6 个月，是世界桥梁史上的空前杰作。濑户大桥为公铁两用桥，由两座钢桁梁斜拉桥、三座吊桥和三座桁架桥组成，是目前世界上最大的跨海大桥之一。根据设计，大桥可抗里氏 8.5 级大地震和风速为 60m/s 的大风。岩黑岛桥和柜石岛桥作为濑户大桥的重要组成部分，采用的就是钢桁梁斜拉桥的建造思路。岩黑岛桥连接岩黑岛和羽佐岛，是一跨径 420m 的双层公铁两用桥，全长 792m；柜石岛桥连接本州的冈山县儿岛町和四国香川县坂出市，也是一跨径 420m 的双层公铁两用桥，全长 792m。

1989 年日本建成的横滨港湾大桥（Yokohama Bay Bridge），位于日本神奈川县横滨市，主跨为 460m，全长 860m 的钢桁梁斜拉桥。此桥位于港湾物流输送的重要路线上，建设的目的是要消解高度经济成长期时恶化的横滨市街道交通。

1992 年日本建造的东神户大桥（Higashi KōbeŌhashi），是位于日本兵库县神户市东滩区的一座钢桁梁斜拉桥，全桥长 885m，跨径组合为 200m＋485m＋200m，桥宽 13.5m，H 形桥塔高 146.5m，高 9m，桥下通航净高 36.4m，净宽 455m。大桥上承载六车道高速公路，上下两层分别单向行驶，设计车速为 80km/h。

2000 年建造的厄勒桑特海峡大桥（Oresund Bridge），是一座跨越了丹麦厄勒海峡的公铁两用桥，采用的是钢桁梁斜拉桥的设计，跨径 490m，主桁高 10.2m，下层铁路桥面板为与下弦杆结合的闭合钢箱梁，是目前世界上承重量最大的斜拉索桥之一。厄勒桑特海峡大桥建设所用材料和整体设计均体现了环保、简洁、合理的北欧传统建筑风格，大桥的主建筑师是 Georg K. S. Rotne。

在桥梁发展上，我国起步都比较晚，钢桁梁斜拉桥也不例外，但发展的速度异常迅猛，跨度记录也被不断刷新。国内首座钢桁梁斜拉桥是我国于 2000 年建成通车的安徽芜湖公铁两用长江大桥，是一座矮塔斜拉桥，是国家“九五”期间重点交通项目，工程规模居中国长江大桥之首。该桥跨径组合为 180m＋312m＋180m，主梁为钢桁梁，N 形桁架，桁宽 12.5m，桁高 13.5m，节间长 12m；上层公路桥面采用混凝土桥面板和主桁共同作用的板桁组合结构，有利于降低桁高，提高桥梁刚度，节省钢材，改善公路路面行车条件（减少了公路桥面伸缩缝的数量）和降低工程造价；下层铁路桥面采用传统的纵横体系。芜湖长江大桥采用了 14MnNbq 钢焊整体节点、厚板焊接、板桁结合等多项新技术，是我国桥梁建设史上的一座标志性工程大桥。该桥采用低塔斜拉桥桥型，公路桥长 6 078m，其中跨江桥长 2 193.7m，是当时我国公铁两用桥跨度最大的桥梁。大桥工程采用了 15 项新技术、新结构、新材料、新工艺，大大提高了我国公铁两用桥梁设计、制造、安装水平，有 14 项刷新了全国建桥纪录，荣获 2001 年度中国建筑工程最高荣誉——鲁班奖。

建于 2009 年的武汉天兴洲长江大桥，是继武汉长江大桥之后的武汉第二座公铁两用桥，也是当今世界上最大的公铁两用桥。武汉天兴洲长江大桥是世界上第一座按四线铁路修建的双塔三索面三主桁公铁两用斜拉桥，其正桥全长 4 657m，其中公铁合建部分长 2 842m。上层公路为六车道，宽 27m。该大桥在当今世界同类型大桥中拥有“跨度、速度、荷载、宽度”四项第一。2014 年，武汉天兴洲大桥“三索面三主桁公铁两用斜拉桥建造技术”荣获国家科技进步一等奖，该项目是近 3 年来唯一被授予国家科技进步一等奖的桥梁工程类项目。

2014 年建成的黄冈长江大桥全长 4 008.192m，其中公铁合建段长 2 568m，钢梁跨径 1 215m，主跨 567m，跨径为同类型桥梁世界第一。黄冈长江大桥主跨跨径、主桁杆件倾斜度、斜拉索破断力和抗压抗拉支座均居世界已建成桥梁之首。中铁大桥局因为建造该桥，取得 10 项国家发明专利、5 项国家实用新型专利，创造了 3 项国内施工新纪录。

目前在建的沪通铁路长江大桥，采用公铁合建，桥址位于长江下游澄通河段南通水道进口段，沪通铁路长江大桥设计长 11km，铁路为四线，公路为六车道，比苏通长江公路大桥主跨还长 4m，建成后将成为世界上最大跨度的公铁两用斜拉桥。正桥主航道桥为两塔五跨斜拉桥方案；天生港航道桥为变高连续钢桁梁方案，其主跨为 1 092m，主航道桥和辅助航道桥通航净高 62m。2014 年 3 月 1 号，沪通铁路长江大桥正式开工，将于 2018 年完工。

开建于 2014 年的鸭池河大桥，全长 1 461m，桥面宽 27.9m，主桥为主跨 800m 的双塔双索面钢桁架斜拉桥，桥面至水面高约 300m，是贵阳至黔西高速公路的控制性工程，建成后将成为我国主跨第二的钢桁梁斜拉桥，预计 2016 年通车。

据不完全统计，我国目前已建和在建的钢桁梁斜拉桥数量已是世界之最，超过 10 座，主跨大于 500m 以上者基本为我国所建。国内外部分典型钢桁梁斜拉桥基本情况见表 1.3。

国内外部分典型钢桁梁斜拉桥基本情况 表 1.3

桥　名	建成时间(年)	主　跨(m)	国　家
神户六甲桥	1977	220	日本
岩黑岛大桥	1988	420	日本
柜石岛桥	1988	420	日本
横滨港湾大桥	1989	460	日本
东神户大桥	1992	485	日本
厄勒桑特海峡大桥	2000	490	丹麦
芜湖长江大桥	2000	312	中国
新疆果子沟大桥	2011	360	中国

续上表

桥名	建成时间(年)	主跨(m)	国家
韩家沱长江特大桥	2013	432	中国
武汉天兴洲长江大桥	2009	504	中国
黄冈长江大桥	2014	567	中国
安庆长江铁路大桥	2015	580	中国
铜陵长江公铁大桥	2015	620	中国
北盘江大桥	预计 2016	720	中国
鸭池河大桥	预计 2016	800	中国
沪通铁路长江大桥	预计 2018	1 092	中国

3)叠合梁斜拉桥

虽然在 1930 年左右就出现了类似叠合梁的结构,但直到 1980 年后叠合梁斜拉桥才得到了比较充分的发展。第一座落成的叠合梁大跨径桥梁是 1987 年建成的位于印度的第二胡格利桥,主跨 457m。这座斜拉桥之所以采用叠合梁,是因为该桥所在区域的地质条件并不理想,需要采用较轻的材料,并能在最大限度上采用当地生产的钢材制品。1988 年落成的位于加拿大的安娜西斯桥采用的也是叠合梁结构。在这座桥建成时,它以 465m 的主跨曾取得了当时世界范围内斜拉桥跨度的桂冠。

此后,叠合梁斜拉桥因其所具有的相对于普通斜拉桥的独特优势而风靡世界。在我国近 20 年来也落成了许多大跨径的叠合梁斜拉桥,其中上海杨浦大桥,其主跨为 602m。直到 2001 年青州闽江大桥建成,它才让出了最大跨径叠合梁斜拉桥的位置。

叠合梁斜拉桥就是主梁为钢结构,桥面系为混凝土结构,主梁与桥面系通过连接件连接共同受力的斜拉桥。早期叠合梁斜拉桥的主要特点:拉索多布置为双索面少索体系,梁上拉索锚固点距离较大,需要有强大抗弯能力的加劲梁,一般采用较高主梁;在横断面上多采用多纵梁或多主梁布置;混凝土桥面板与钢纵梁或纵横梁组合成叠合梁桥面系,以承受桥面局部活载。

早期叠合梁斜拉桥跨径不大,主要是由于当时没有大量的高强度混凝土,且对两种结合材料在斜拉桥上的收缩、徐变尚缺乏足够的计算手段。

现代叠合梁斜拉桥起步于 20 世纪 80 年代,它的建造要追溯到德国著名桥梁专家莱翁哈达(Leonhardt)教授的贡献。1982 年他领导并设计完成了美国佛罗里达州跨越坦帕(Tampa)湾的日照桥(Sunshine skyway)钢-混凝土叠合梁斜拉桥的投标方案和推荐方案。虽然该方案被单索面混凝土斜拉桥所取代,但该方案有力地奠定了现代钢-混凝土叠合梁斜拉桥的基础,特别在主梁设计中提出了卓有成效的构思。

1988 年加拿大建造的安娜西斯桥也是采用叠合梁结构,在当时它以 465m 的主跨一度取得世界上斜拉桥最大跨度的桂冠,在国际上享有盛名。其基本结构构思与日照桥钢-混凝土叠合梁斜拉桥的投标方案类同。

此后,由于叠合梁斜拉桥具有的独特优势,它得到了很快的发展。在我国,20 世纪 90 年代在上海相继建成了主跨分别为 423m 和 602m 的南浦大桥和杨浦大桥。杨浦大桥在 1993～1994 年之间也曾一度登上世界斜拉桥跨度之最,即使在 1995 年让位于法国的诺曼底大桥(跨径为856m的混凝土斜拉桥),但仍为叠合梁斜拉桥跨径之最,直至2001年青州闽江大桥的建成。2002年,叠合梁斜拉桥被应用到跨海湾东海大桥上,这标志着叠合梁斜拉桥已向大跨径、地形地质复杂的海湾大桥迈进。于2009年11月通车的江津观音岩长江大桥,它是国内桥梁桥面最宽的叠合梁斜拉桥。国内外部分主跨500m以上的叠合梁斜拉桥基本情况见表1.4。

国内外部分主跨500m以上叠合梁斜拉桥基本情况 表1.4

桥　　名	建成时间(年)	主跨(m)	主桥跨径组成(m)	国家
香港昂船洲大桥	2008	1 018	(79.75+2×70+69.25)+1018+(79.75+2×70+69.25)	中国
鄂东长江大桥	2010	926	(72.5+67.5+67.5+72.5)+926+(72.5+67.5+67.5+67.5)	中国
多多罗大桥	1998	890	270+890+320	日本
诺曼底大桥	1994	856	(27.75+32.5+9×43.5+96)+856+(96+14×43.5+32.5)	法国
荆岳长江大桥	2010	816	(100+298)+816+(80+2×75)	中国
武汉白沙洲长江公路大桥	2000	618	50+180+618+180+50	中国
上海徐浦大桥	1996	590	240+590+240	中国
舟山桃夭门大桥	2003	580	48+48+50+580+50+48+48	中国
汕头礐石大桥	1999	518	47+47+100+518+100+47+47	中国

斜拉桥之所以在当今能得到快速发展,其良好的经济指标是不可忽略的因素。然而,当斜拉桥的跨径超过1 400m后,如果将锚碇的造价和拉索的单价考虑在内,斜拉桥在经济上已不具备优势,这也是制约该类斜拉桥发展的主要因素。如何降低特大跨径斜拉桥的造价,是当前亟须解决的问题。

1.1.2 斜拉桥管理与养护技术发展现状

随着中国桥梁20年来的跨越式发展,国内特大型桥梁的设计和建造水平取得了令世界桥梁强国都为之惊叹的进步和成就,但是这些陆续投入运营的位于国道、省道以及城市干线公路江、河、湖、海、核心控制部位投资巨大的桥梁目前已陆续暴露出不少问题,很多桥梁出现病害的时间远早于原设计的预期,桥梁构件的损伤程度已远远超出了设计预想,部分桥梁甚至出现了突发的桥梁灾难性事件。

据1982年公路普查资料,我国公路既有桥梁中危桥约占3.54%。据2000年公路普查资料,我国公路既有桥梁中因结构老化的危桥有9 597座,其中就有相当一部分是钢筋混凝土桥梁。根据2002年公路里程普查资料,上海市公路目前共有桥梁2 673座,从统计数据可以看出,一、二类桥梁占总数的89.82%,三、四类桥梁占总数的10.18%。

对于一些结构复杂的大跨度桥梁而言,其施工过程是漫长而复杂的过程,其间要经过多次结构体系的转换,且易受到外界环境的影响。因此,尚未成形的桥梁结构在施工期间的安全性能较成桥状态脆弱,也易发生安全事故。如加拿大魁北克大桥、越南永隆桥、宁波招宝山大桥、湖南凤凰县沱江大桥都是在建设过程中出现了垮塌事故。若桥梁建设过程中使用的施工方法和工艺不当，将导致主梁线形和内力严重不合理，即使未造成安全事故，也必将加快桥梁的老化速度，降低桥梁的服务能力和使用寿命。如广州的海印大桥，仅建成使用了几年就出现了斜拉索断裂的恶性事故。因此，为了保证施工过程中的结构安全、成桥后的结构内力和线形满足设计和规范的要求，对桥梁施工过程进行安全监测并采用适当的控制手段是十分必要的。

导致此方面结果的成因很复杂。伴随着国内经济的飞速发展和汽车保有量的快速增加，国内对交通运输事业的发展需求以及交通运输行业的实际建设速度远远超过了行业整体的技术积累、总结的速度；很多设计理论、建设材料、各类添加材料处于边创新、边使用、边验证的特殊历史阶段，在其效果还没有足够的时间去检验和沉淀的前提下，在国内同时期建造的其他桥梁上又被多次重复使用；加之国内各桥梁现场施工队伍中采用的施工技术、器具、人员素质良莠不齐，部分桥梁由于政绩工程还存在不合理的建设工期等问题。这些因素综合作用造成很多桥梁投入运营时就存在诸多“基因缺陷”问题，后期投入运营后，在偶发事件如极端台风、地震甚至超重超限车过桥后，多种因素耦合作用易诱发桥梁灾害性事故。

鉴于此，在国内绝大部分桥梁采用建、管分家的体制下，桥梁技术人才往往群聚于大桥设计建造阶段，桥梁运营期的监管养护合格的技术人员和有效的技术手段以及资金均很缺乏。国内桥梁专业化、信息化、数字化监管技术方面相对于桥梁的设计和建设水平落后得多。不论是公路系统还是市政系统，许多桥梁管理者处于“只建不养或管养不得法、不到位或根本不知做什么”或“头痛医头、脚痛医脚，哪儿有问题医哪儿”的局面，缺乏系统的、可持续的技术手段和监管平台。在目前国家和行业还未出台针对特大型缆索体系桥梁监管养护标准或规范的前提下，国内各大桥管养运营方基本都采用等桥梁结构已经出现了肉眼可见的极其明显的病害甚至是大问题才被动进行检测维修加固的方式。由于设计、建设、监管、养护技术手段不足或由于以上多种因素的耦合作用，导致桥梁灾难性事故频发，造成了很大的资源浪费和不良的社会影响。

在桥梁设计、建造、运营、养护维修的整个生命周期内，桥梁不可避免地会受到各类因素的影响或共同作用，从而产生缺陷或病害，甚至在未来运营期发生主要受力构件破坏，导致灾难性事件。产生的原因主要有：

①设计过程中对桥梁使用的建设材料、结构性能状态了解或创新经验不足，或者是所采用的计算分析理论方法和实际有偏差，导致先天缺陷。

②施工工艺选择不当，或者是工艺本身存在问题，以及施工过程中的材料质量控制不严，导致原生缺陷。

③对结构运营面临的危险性分析不足，结构人员缺乏养护维修技术及经验。

④制度或体制问题，养护资金匮乏。

⑤对国家、区域交通经济增长预期不足，导致超过设计荷载的交通量，以及大量的区域长期超载(重)车辆的作用。

⑥长期风雨作用和车辆荷载作用导致结构疲劳损伤与裂纹扩展。

⑦钢材腐蚀与疲劳损伤、混凝土开裂与剥离、支座破坏等使结构抗力严重退化。

⑧基础沉降，冲刷水毁。

⑨超大地震、车、船撞击等或极端荷载突发事故。

桥梁工程结构因运营时间的不断推移，结构本身的危险性将会增加，需要在运营期实时监管结构的安全使用状态。根据欧美国家几十年来的桥梁监管养护经验,良好地将结构的巡检(检测)与监测技术结合起来,可在桥梁现有情况的基础上在全寿命期内提高养护和维修的工作效率,并能使其养护费用最小化。

国内桥梁管理系统的开发始于20世纪80年代初期,其中较为典型的是原交通部的CBMS2000。该系统主要针对中小桥梁进行管理,它包括数据管理、统计查询、评价决策、费用模型、维修计划和GIS应用6个子系统,具有较综合的信息采集、评估、费用计算及决策功能。1995~1998年,同济大学开发了基于GIS平台的上海市桥梁管理系统,该系统是我国第一个城市桥梁管理系统,其部分功能涉及桥梁养护管理问题,如可依据桥梁的技术状况预估模型,做出养护需求分析并制订出桥梁维修计划。针对大跨度桥梁,我国也自主开发了一些相应的养护管理系统:2000年,海沧大桥养护管理系统(BMMS)问世并投入使用,BMMS将特大型桥梁的管养任务划分为桥梁结构、附属设施、交通操作三大部分,建立了一整套完备的桥梁养护管理制度;交通运输部公路科学研究院开发了南京二桥综合管理系统,对南汉斜拉桥、北汊特大桥、全线桥梁、公路、沿线设施以及竣工等文档进行有效管理,其中南汉斜拉桥管理系统主要完成南汉斜拉桥的日常养护、维修计划以及结构实时监测等管理。除此外,还有大佛寺长江大桥健康监测系统、东海大桥健康监测系统、南京三桥养护管理系统、文晖大桥健康监测与评估管理系统等,都是针对大跨度桥梁开发的管理系统。

总的来说,桥梁管理系统的发展经历了三个阶段:最初的桥梁管理系统只是用简单的电子数据库来代替繁杂的桥梁管理资料;其后,管理系统中除桥梁数据库外,还包括桥梁检测、养护及维修信息,涵盖各桥梁构件的检测细节和详细的等级划分以及维修历史等;近年来,较先进的管理系统增加了维护决策功能,即制订维护策略、进行维护优化等。迄今为止,大跨度桥梁养护管理系统的研究取得了一定的成绩。

1.1.3 贵州省斜拉桥的发展历程及现状

贵州省地处我国的西部,位于云贵高原东部,境内山高谷深、沟壑纵横,山地、丘陵面积占97%,是全国唯一没有平原的省份,导致在建造斜拉桥时有着和平原地段不相同的难题。贵州山区地质条件复杂,施工场地狭窄,大型施工器械不能大规模使用,山路崎岖,建筑材料运输困难,施工难度可想而知。不仅要克服选址问题,还要解决大跨度结构稳定、昼夜温差产生的应力等一系列问题。这些问题导致贵州省斜拉桥的建造起步较晚,建设条件极其艰苦。长期以来,交通基础设施薄弱严重制约着贵州经济社会的发展。

图1.2 红枫湖大桥

为了响应国家西部大开发战略,实现全面建设小康社会的目标,缩小区域发展的差别,贵州省需要通过交通枢纽将贵州各个地方联系起来,共同发展。桥梁是交通的重要枢纽,而斜拉桥具有良好的技术经济指标,因此常被作为大跨度桥梁的首选。2002年,贵州省修建了第一座斜拉桥——红枫湖大桥(图1.2),大桥位于贵州省贵阳清镇市红枫湖国家一级风景自然保护区。红枫湖大桥属于清黄高速公路的一部分,是高速公路的控制性工程,大桥跨径185m,为独塔斜拉桥，是贵州第一座不对称独塔双索面预应力混凝土斜拉桥，精湛的设计与施工技术研究使其获得2006年度贵州省科技进步三等奖。自2002年开建红枫湖大桥以来，贵州省独立设计建造了一系列大跨度斜拉桥，这极大促进了贵州省的经济发展。自此，贵州省斜拉桥的建造历史经历了从无到有，再到大规模兴建的跨越式发展。截至2014年12月，贵州已建、在建和拟建的斜拉桥共计14座（不含地方市政桥梁，均为高速公路上的桥梁），具体见表1.5。

在这些桥的结构布置中，由于贵州省地形条件的限制，边中比偏小，引孔较短，甚至于边跨直接桥台。由于贵州省的运输、制造条件的限制，目前除了钢箱梁外其他主梁形式都有采用。在这些桥的施工中，支架浇筑、悬臂浇筑、桥面吊机、缆索吊、顶推等方法也都有采用。

建于2009年的马岭河大桥，位于贵州省兴义市顶效开发区内，跨越著名的国家4A级风景区——马岭河大峡谷，全长1 386m，是目前贵州省建成的第一座也是迄今最大的三跨预应力混凝土双塔双索面斜拉桥。建于2011年的官塘大桥，为双圆独塔斜拉桥，全长418.47m，桥宽30m，桥面为双向四车道，桥型新颖，造型独特，是贵州第一座双圆环独塔斜拉桥。

建于2013年的六冲河特大桥（表1.6），是一座位于我国贵州省织金县的斜拉桥，跨越六冲河峡谷，以其336m的高度位列“世界最高十座桥梁之一”。六冲河特大桥为双塔斜拉桥，全桥总长1 508m，矗立在云间的大桥主塔高195m，整桥主跨径438m，这个跨度创下贵州同类桥梁的第一。

目前在建的还有武佐河大桥、鸭池河大桥、北盘江特大桥、红水河大桥、龙井河特大桥五座斜拉桥，均是国家级公路的控制性工程。其中，北盘江特大桥（表1.6），全长1 232m，主跨720m，是目前世界上主跨最长的连续钢桁梁斜拉桥。采用“云技术”，建立了一个集“建（设）、管（理）、养（护）”于一体的“桥梁管养综合信息化平台”（云信息平台）。它将施工过程中（包括桥梁施工监控在内）的各种建设数据与后期运营过程中的结构健康监测数据建立起有机联系，形成整座桥梁的全寿命数据链。龙井河特大桥，是我国第一座曲线矮塔斜拉公路桥梁，索塔为独柱型，主跨为676m。红水河大桥建成后将以508m的主跨成为贵州省主跨最长的不对称双塔双索面混合式叠合梁斜拉桥。鸭池河大桥（贵黔高速公路），跨越鸭池河，距东风水电站大坝上游2km，左右双塔双索面钢桁架斜拉桥，H形桥塔，桥跨布置为（2×72＋1×76＋1×800＋1×76＋2×72）m＝1 461m。表1.6为贵州山区大跨径斜拉桥工程照片或效果图。

贵州在建造斜拉桥的过程中也面临了许多问题，通过借鉴其他斜拉桥的思路，并结合贵州的具体特点，探索出了一些不同的建造方法和处理问题的思路。如有“世界最高十座桥梁之一”称号的六冲河大桥，在设计时，由于桥区属溶蚀、侵蚀低中山峡谷地貌，工程不能过于破坏周围环境，既要保证桥的质量又要保证美观，于是设计了双塔结构，最高的塔高为203m，桥面高度为336m，考虑到拉索防腐，设计采用内外PE防护，并采取特殊的设计来对抗风振。在建造该桥时，面临大跨径桥梁跨河高程测量问题，使用传统的过河水准测量控制方法是行不通的，于是在传统的四边形观测基础上进行改进，最终顺利地完成测量。

我们相信，随着人类社会的不断前进，未来将会涌现出更好的材料、更好的设计、更完善的理论，使得斜拉桥能冲向更大跨径，谱写更辉煌的篇章。同时，贵州的斜拉桥的发展也会越来越好，成为贵州人民通向小康社会的康庄大道。

表 1.5

贵州山区大跨径斜拉桥统计表

桥梁名称	地理位置	桥梁类型	索塔类型	桥梁跨径布置	桥梁总长(m)	建成时间	桥梁特色
龙井河特大桥	厦门至成都高速公路贵州境织金至纳雍段	混凝土矮塔双排单索面斜拉桥	独柱形	1×86m+1×160m+1×86m预应力混凝土矮塔斜拉桥	676	在建	我国第一座曲线矮塔斜拉公路桥梁
六冲河大桥	位于黔西偏南方向约26km,距离织金县城约24km,距离省道209约8km,跨越六冲河峡谷,承载黔织高速公路	双塔预应力混凝土斜拉桥	钻石形	1×195m+1×438m+1×195m预应力混凝土斜拉桥	1 508	2013年2月建成通车	以336m的高度位列世界十座最高桥梁之一;贵州省内跨径最大的双塔混凝土斜拉桥
武佐河特大桥	厦门至成都高速公路贵州境织金至纳雍段第五合同段,织金县以那镇及纳雍县老凹坝乡境内	双塔双索面混凝土斜拉桥	花瓶形	1×178m+1×380m+1×178m预应力混凝土斜拉桥	1 473.44	在建	—
毕都北盘江特大桥	位于贵州省六盘水市水城县都格镇,跨越云贵两省交界的北盘江大峡谷,与云南省在建杭瑞高速普立至宣威段相接	双塔七跨连续钢桁架梁斜拉桥	H形	1×256m+1×720m+256m钢桁架梁斜拉桥	1 341.4	在建	目前世界上主跨最长的连续钢桁梁斜拉桥
马岭河特大桥	位于贵州省兴义市顶效开发区内,跨越著名的国家4A级风景区——马岭河大峡谷	双塔双索面预应力混凝土斜拉桥	钻石形	1×155m+1×360m+1×155m预应力混凝土斜拉桥	1 386	2009年8月	贵州省内建成的第一座预应力混凝土双塔双索面斜拉桥
红枫湖大桥	位于沪昆高速公路贵州境清镇至镇宁段,贵州省红枫湖国家一级风景自然保护区	独塔双索面预应力混凝土斜拉桥	A形	1×185m+1×132m混凝土斜拉桥	654	2004年9月	贵州省第一座不对称独塔双索面预应力混凝土斜拉桥
贵黔鸭池河特大桥	跨越鸭池河,距东风水电站大坝上游约2km	双塔双索面钢桁架斜拉桥	H形	2×72m+1×76m+1×800m+1×76m+2×72m钢桁架斜拉桥	1 461	在建	目前国内主跨最长的钢桁架斜拉桥

续上表

桥梁名称	地理位置	桥梁类型	索塔类型	桥梁跨径布置	桥梁总长(m)	建成时间	桥梁特色
红水河特大桥	距红水河上龙滩电站上游约50km	双塔双索面混合式叠合梁斜拉桥	折"H"形	213m＋508m＋185m叠合梁斜拉桥	956	在建	建成后，为贵州省主跨最长的不对称双塔双索面混合式叠合梁斜拉桥
六广河特大桥	位于贵州省六广河名胜风景区上，桥梁息烽岸位于修文县六桶乡康复村，黔西岸位于黔西县太来乡大寨村	双塔双索面叠合梁斜拉桥	折"H"形	1×243m＋1×580m＋1×243m混合式叠合梁斜拉桥	1 280	在建	建成后，为贵州省主跨最长的双塔双索面混合式叠合梁斜拉桥
道翁乌江大桥	位于湄潭县新农镇	双塔双索面混合式叠合梁斜拉桥	折"H"形	1×125m＋1×360m＋1×125m混合式叠合梁斜拉桥	617.0	在建	—
道翁芙蓉江大桥	贵州省正安县境内	斜塔地锚式混凝土斜拉桥	仰斜式	170m	354.54	在建	公路独塔斜拉桥
望安北盘江特大桥	望安北盘江特大桥是望安高速公路第4合同段中的关键节点工程，位于北盘江东岸望谟县油迈乡东南	双塔双索面预应力混凝土斜拉桥	折"H"形	1×150m＋1×328m＋1×150m混凝土斜拉桥	827.5	在建	—
贵遵乌江特大桥	位于开阳县楠木渡	双塔双索面混凝土斜拉桥	折"H"形	1×150m＋1×288m＋1×150m混凝土斜拉桥	—	在建	贵州省桥面最宽的斜拉桥
平塘特大桥	位于平罗高速毕节至都格段第1合同段，跨越槽渡河峡谷，隶属平塘县通州镇所辖	三塔双索面叠合梁斜拉桥	—	1×245m＋2×550m＋1×245m混合式叠合梁斜拉桥	2 124	在建	贵州省唯一的一座三塔双跨斜拉桥，塔高318m，为世界塔高第三的斜拉桥

注：以上不含地方市政桥梁，均为高速公路上的桥梁。

表 1.6

贵州山区大跨径斜拉桥工程照片或效果图

桥梁名称	工程照片或效果图
龙井河特大桥  	
六冲河特大桥  	
武佐河特大桥	

续上表

桥梁名称	工程照片或效果图
毕都北盘江特大桥	
马岭河特大桥	
红枫湖大桥	

续上表

桥梁名称	工程照片或效果图
贵黔鸭池河特大桥	
红水河特大桥	
六广河特大桥	

续上表

桥梁名称	工程照片或效果图
道翁乌江大桥	
道翁芙蓉江大桥	

续上表

桥梁名称	工程照片或效果图	
望安北盘江特大桥		
贵遵乌江特大桥		
平塘特大桥		

1.2 斜拉桥结构体系

根据斜拉桥主梁的受力状态进行分类，可将其分为以下 4 种结构体系：飘浮体系、支承体系、塔梁固结体系和刚构体系。

1.2.1 飘浮体系

塔墩固结，塔梁分离，主梁除两端支承在桥台上外，中间全部用缆索吊起，此时主梁相当于一种在纵向可稍作浮动的单跨而中部具有弹性支承的梁[图 1.3a)]。在密索的情况下，主梁的平面性能犹如一根弹性地基梁，梁的各截面的变形和内力的变化均较匀称平缓，且塔柱处的主梁截面无负弯矩峰值，温度、收缩和徐变内力均较小。由结构计算分析可知，飘浮体系的弯矩图比较均匀柔和，在塔柱处没有突变。

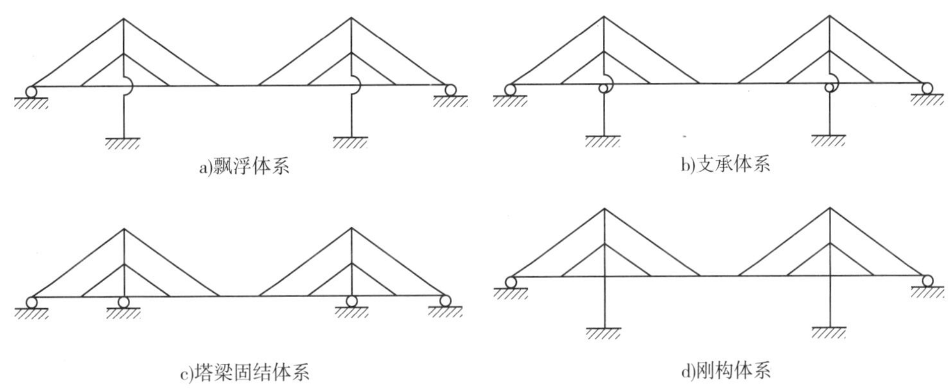

图 1.3 斜拉桥结构体系

飘浮体系由于主塔的柔性和主梁的飘浮状态，使结构的纵向周期大大增加，而相应的地震力的动力响应大大降低，提高了结构的抗震性能。但由于飘浮体系的水平位移较大，应设置适量的水平伸缩装置，必要时在端部设置高阻尼的主梁水平弹性限位装置。另一方面，空间动力分析表明，斜拉索是无法对梁提供有效的横向支承的，飘浮体系不能任其在风力等作用下随意横向"摆动"，需要施加一定的横向约束。

飘浮体系在采用悬臂施工时，主梁需设置临时固结或于桥塔处设置临时支撑以确保施工过程中的稳定性，主要用于抵抗不平衡力矩和纵向力。

根据飘浮体系的特点，其一般适用于跨度较大、索距较密或对抗震要求较高的地区修建的斜拉桥。我国采用飘浮体系的一部分斜拉桥见表 1.7。

我国部分典型飘浮体系斜拉桥　　表 1.7

名　称	竣工正式通车时间(年)	主　跨(m)
天津永和桥	1987	260
武汉长江二桥	1995	400
重庆长江二桥	1997	444

续上表

名　　称	竣工正式通车时间(年)	主　跨(m)
重庆大佛寺长江大桥	2002	450
湖北鄂黄长江公路大桥	2002	480
湖北荆沙长江公路大桥北汊桥	2002	500
上海杨浦大桥	1993	602

1.2.2　支承体系

塔墩固结,塔梁分离,主梁在塔墩上设有竖向支承,此时主梁接近于一种在跨度内具有弹性支承的三跨连续梁[图 1.3b)]。这种体系的主梁内力在塔墩支点处产生较急剧的变化,出现较大的负弯矩峰值,因此通常需要加大塔墩处支承区段的主梁截面。另外,此种体系的温度、收缩和徐变内力均较大。为了避免主梁在塔墩处的不利受力,可在墩顶设置一种可以用来调节高度的支座或弹簧支承替代从塔柱中心悬吊下来的拉索(一般称为"零号索"),并在成桥时调整支座反力,以消除或减缓塔墩处弯矩峰值和大部分收缩、徐变等不利影响,且在经济和减小纵向漂移方面也有一定的益处。

支承体系的主梁一般均设置活动支座,以避免因不对称约束而导致不均衡的温度变位时,使无水平约束一侧的塔柱内产生极大的附加弯矩;也可以不设支座而在飘浮体系设置零号索的基础上,在塔和主梁间设置纵向阻尼器、弹性索等纵向限位装置。与飘浮体系一样,支承体系也应在桥台和塔柱处对主梁施加横向水平约束,以改善整体的动力性能。

设有固定支座的支承体系仅适用于跨度较小的斜拉桥,而作为支承体系中的一种的半飘浮体系可以像飘浮体系一样用于跨度较大、索距较密或对抗震要求较高的地区修建的斜拉桥。国内外采用半飘浮体系的部分斜拉桥见表 1.8。

国内外部分典型支承体系斜拉桥　　　　表 1.8

名　　称	竣工正式通车时间(年)	主　跨(m)
中国南京长江二桥	2001	628
中国安庆长江大桥	2004	510
中国武汉军山长江大桥	2001	460
中国润扬长江大桥北汊桥	2005	406
挪威 Helgeland 桥	1991	425

1.2.3　塔梁固结体系

塔墩分离,塔梁固结并支承在桥墩上,这是一种完全的三跨而中部具有弹性支承的连续梁结构体系[图 1.3c)]。主梁与塔柱内的内力及梁的挠度直接同主梁与塔柱的弯曲刚度比值相关。此种体系取消了承受很大弯矩的梁下塔柱部分,取而代之为一般的桥墩结构,使得当索力平衡得很好时,塔梁固结处的弯矩很小,主梁所受的内力分布均匀,塔柱和主梁的温度内力极小(甚至可以忽略不计),主梁中央区段承受的轴向拉力显著地减小,与支承体系相比,主梁在塔墩处的负弯矩也减小了，这是此种体系的主要优点。

这种体系的缺点是刚度较小，挠度较大。当中跨满布荷载时，主梁在墩顶处的转角位移会导致塔柱倾斜，使塔顶产生较大的水平位移，从而显著地加大了主梁的跨中挠度和边跨的负弯矩。

另一方面，塔梁固结体系中的全部上部结构的重量和活载都需经由支座传递给桥墩，因此需要设置很大吨位的支座，因此特大跨径的斜拉桥不宜采用此种体系。

国内外部分采用塔梁固结体系的斜拉桥见表1.9。

国内外部分典型塔梁固结体系斜拉桥　　表1.9

名　　称	竣工正式通车时间(年)	跨径组合(m)
中国红水河铁路斜拉桥	1981	48+96+48
中国广东南海九江大桥	1988	2×160
中国上海泖港桥	1982	85+200+85
法国 Brotonne 桥	1974	70+143.5+320+143.5+70

1.2.4 刚构体系

主梁、索塔、桥墩三者之间固结，形成了中间具有弹性支承的刚构[图1.3d)]。这种结构体系整体刚度较大，主梁和塔柱在外荷载的作用下挠度小。然而，体系刚度的增大是由塔、梁、墩固结处抵抗很大的负弯矩换来的。因此，这种体系在固结处附近区段内的主梁的截面必须加大。

刚构体系由于塔、梁、墩相互固结，就不需要设置支座，结构维护起来比较容易，且施工时不需要临时固结措施，施工稳定性较好，最适合采用悬臂法施工。然而，在刚结点和塔脚处将会出现很大的温度附加弯矩，且会随着跨度和温度变化的增大而变大。为了消除或减小这种极大的温度内力，通常在主跨中部设置一种可以水平移动的剪力铰或直接设挂梁，这就转化为T形刚构桥。

根据刚构体系的特点，其一般使用于单面索斜拉桥和独塔斜拉桥。国内外部分采用刚构体系的斜拉桥见表1.10。

国内外部分典型刚构体系斜拉桥　　表1.10

名　　称	竣工正式通车时间(年)	跨径组合(m)
中国广州海印桥	1988	35+85.5+175+85.5+35
中国长沙湘江北大桥	1990	105+210+105
中国广东金马大桥	1999	60+283+283+60
中国广东崖门大桥	2002	50+115+338+115+50
美国 Dame Point 桥	1988	198.2+396+198.2

为了适应某些具体情况，常常对上述的4种体系的结构上加一些其他措施，如加设外边孔或加设边孔辅助墩，以加强全桥的整体刚度，减小塔顶水平位移和主梁的跨中挠度，改善塔和梁的内力状态；采用倒Y形塔墩替代立柱式塔墩以改善塔脚的弯矩等。

1.3 斜拉桥结构构造

1.3.1 索塔

索塔作为斜拉桥的关键结构部分，高高耸立，引人瞩目，是斜拉桥的特有标志。

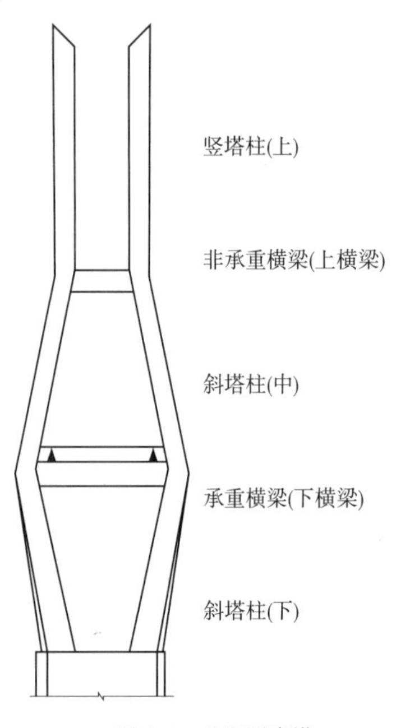

图 1.4 花瓶形索塔

1)索塔组成

索塔是由塔柱、横梁和其他连接构件组成，其中以承受压力为主的塔柱是索塔中最主要的构件。塔柱可以是完全垂直于地面的竖塔柱，也可以是与地面形成一定倾斜角度的斜塔柱。塔柱之间的横梁分为两种类型：第一种是承重横梁；第二种是非承重横梁。承重横梁一般是设置主梁支座并承受主梁荷载的受弯横梁，或者连接塔柱转折处的受拉横梁；而非承重横梁是塔顶横梁或者连接索塔无转折部分的联系梁，主要作用是增加索塔的侧向位移刚度。连接构件一般为索塔顶部起连接作用的附属构件。如图 1.4 所示，为常见的花瓶形索塔，整个塔柱可以分为上、中、下三段，下横梁为承重横梁，主梁的支座一般设置在下横梁上，下横梁不但要承受主梁的荷载，还要承受塔柱因转折而产生的拉力。上横梁为非承重横梁，主要起连接塔柱的作用，需要时也可以在塔顶增设横梁。

2)索塔材料

按材料划分，斜拉桥索塔一般可分为钢筋混凝土索塔、钢索塔、钢-混凝土混合索塔和钢管混凝土索塔等。由于索塔以受压为主，而钢筋混凝土索塔可以充分发挥混凝土的高抗压性能，并且施工速度快、便于后期维修养护，造价较低，应用广泛。钢索塔后期养护工作量大且造价较高，在我国应用很少，但在欧美及日本等国较为常见。其中日本主要是由于产钢量大和较多考虑地震的因素而采用钢索塔，如著名的多多罗大桥。钢-混凝土混合索塔主要是指拉索锚固区采用钢锚板、钢锚箱或钢锚梁，其他部位采用混凝土材料的索塔。其造价比普通的钢筋混凝土索塔昂贵，常用于跨径较大、索力很大的斜拉桥中，如青岛海湾大桥、杭州湾跨海大桥及苏通长江大桥。虽然钢-混凝土混合索塔的钢结构部分需要专业的工厂加工，但这种混合结构可以充分发挥钢材的抗拉性能和混凝土的抗压性能，有效地减轻了主塔的自重，所以在现代斜拉桥中应用广泛。

3)索塔结构形式

从顺桥向看，斜拉桥索塔结构形式主要有单柱式、A 字形及倒 Y 形等。单柱形主塔构造相对较为简单、外形轻盈美观、施工方便、经济性好，但顺桥向刚度较小，因而要求其主梁必须有较高的抗扭刚度。A 形及倒 Y 形顺桥向刚度大，能有效地抵抗较大的负弯矩，有利于索塔两侧斜拉索的不平衡拉力，还可以提高桥梁的整体抗震性能，但施工工艺较为复杂，应用较少。目前，顺桥向单柱形在国内外的多数斜拉桥中得到广泛应用。

从横桥向看，斜拉桥索塔结构形式有单柱形、门形、A 形、倒 Y 形及钻石形等。单柱形索塔构造简单，但其承受水平荷载的能力较低，且只适用于单索面。门形索塔构造简单，施工方便，在两塔柱之间设有横梁，抵抗横向水平荷载的能力较强，常用于桥面宽度不大的双索面斜拉桥。倒 Y 形及钻石形索塔横向刚度大，但构造和受力较为复杂，施工难度大。对于较大跨径的斜拉桥，从增加抗扭刚度的角度来讲，倾向于采用倒 Y 形及钻石形索塔。

另外，不管索塔的布置形式如何，索塔都存在一个最佳高度。如果索塔过高，拉索的长度也会越长，很不经济，但索塔过低，斜拉索与水平面的夹角过小，容易产生过大的水平拉力，对斜拉桥主梁的受力十分不利，因此在索塔选形的同时，也要推算出最适合的索塔高度。

4)索塔布置形式

斜拉桥的索塔高耸醒目，造型新奇多变，是斜拉桥特有的标志。从塔的数量上看，有独塔、双塔、多塔斜拉桥；从塔的具体形态，比如高度、倾角来看，有斜塔斜拉桥、矮塔斜拉桥和高低塔斜拉桥。

(1)斜塔斜拉桥

近些年来，为了满足城市桥梁在美观上的较高要求，斜塔斜拉桥应运而生。斜塔斜拉桥在小跨径、宽桥面的桥梁中有着巨大的优势和潜力，不仅继承了普通斜拉桥桥体轻盈、线条流畅的特点，而且倾斜的索塔更给人带来了不对称的美感及强大的视觉冲击力。斜塔斜拉桥一般分为两类：一种是斜塔有背索斜拉桥；另一种是斜塔无背索斜拉桥。

斜塔有背索斜拉桥的斜塔一般都是直线形，倾斜度控制在 20°以内，当然也有将斜拉桥索塔设计成折线形和曲线形的情况，但无论是直线形还是折线形或曲线形索塔，其力学特性基本一致。

斜塔有背索斜拉桥的索塔和拉索的受力情况与索塔的倾斜方向有关。

斜塔有背索斜拉桥的索塔向主跨方向倾斜时，可以有效地增大主跨方向斜拉索与主梁的角度并且减小主跨方向的斜拉索长度，这样相应地减小了主跨方向斜拉索的索力及长索带来的非线性影响，不仅主梁的轴力得到很大的削弱，塔高也可得到降低，边跨斜拉索虽略有增加，但斜拉桥总体用索量还是减少的。这种桥型的最大缺点就是索塔的塔底处本来就存在很大的向着主跨的弯矩，而塔倾斜方向无疑将这个塔底弯矩更加放大，因而必须加强边跨的背索索力并且塔身倾角不宜过大。

斜塔有背索斜拉桥的另一种形式就是斜拉桥索塔向边跨方向倾斜，这种形式应用较多。虽然这种斜塔斜拉桥的主跨的拉索相对较长，非线性问题比较显著，但是塔身的受力情况良好，塔身向边跨倾斜和边跨拉索带来的索塔底部恒载弯矩较好地平衡了桥梁主跨带来的恒载弯矩，使塔底弯矩保持了向边跨侧的较大储备，并且主跨索力与边跨索力的合力更接近于塔身，更适合结构的承载要求。

西班牙 Lerez River Bridge(图 1.5)就是索塔向边跨方向倾斜斜拉桥的典型代表。该桥主跨 125m，为单索面，边跨为双索面，索塔倾角 18°，于 1995 年建成通车。Lerez River Bridge 的新颖之处在于边跨双索面沿横桥向方向锚固在地锚块体上，因而形成了一个华丽的扭曲面，给人强烈的视觉冲击。

斜塔斜拉桥的进一步发展就是只保留主跨拉索，取消边跨拉索，形成只有半个索面的斜拉桥，这就是斜塔无背索斜拉桥。这种斜拉桥索塔更加倾斜，主梁更轻，外形独特，但由于没有背索，就要首先保证结构的静力平衡和稳定性，其次桥塔质量的增减对结构内力有着直接的关系，质量增大时弯矩也大幅增加，所以设计和施工难度远远大于一般的斜拉桥。尽管如此，无背索斜拉桥融建筑、结构、美学于一身，是一种大胆、新颖、独特的桥梁结构，常常作为地方的标志性建筑。

长沙市洪山庙大桥(图 1.6)为国内竖琴式斜塔无背索斜拉桥的先驱，主跨为 206m，桥塔垂直高度为 136.8m，塔身倾角为 32°，该桥在同类型桥梁中跨度和斜塔高度均居世界第一。

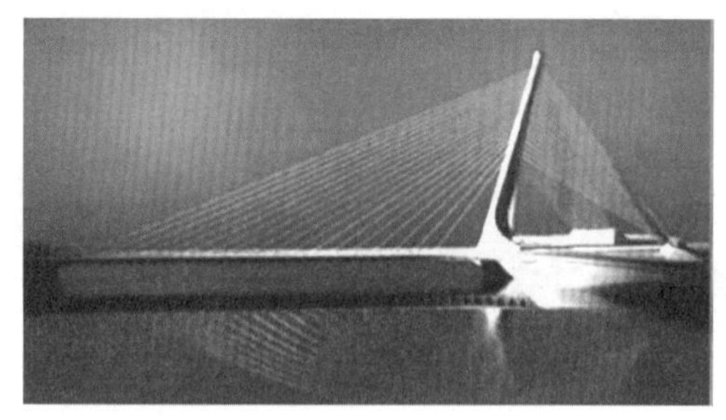

图 1.5　西班牙 Lerez River Bridge

图 1.6　长沙市洪山庙大桥

(2)矮塔斜拉桥

矮塔斜拉桥亦称部分斜拉桥，是介于梁桥和传统的斜拉桥之间的新型桥梁结构。其性能相当于梁式桥用体外索来进行加固，与连续梁相比可减小梁高约一半，与传统斜拉桥相比可减小塔高一半多，属于斜拉桥和梁桥的协作体系。

从受力特征上来说，连续梁是以梁的受弯、受剪承受竖向荷载，斜拉桥是以梁的受压和索的受拉承受竖向荷载，而矮塔斜拉桥则是以梁的受弯、受压和索的受拉来承受竖向荷载。因此，三者最大的差别在于梁和索的受力行为不同。从构造特征上看，矮塔斜拉桥中的拉索与常规斜拉桥中的拉索的不同之处在于塔上的锚固形式，常规斜拉桥中的拉索在塔顶上锚固或张拉，而矮塔斜拉桥则基本采用鞍座式，斜拉索在塔顶连续通过，由于摩擦力的存在及固定装置，拉索在塔顶不能滑动。矮塔斜拉桥的适用跨径宜在 100～300m 之间，若主梁采用钢与混凝土混合结构，跨径有望突破 400m。

图 1.7　重庆嘉悦大桥

2010 年建成的重庆嘉悦大桥(图 1.7)是目前国内最大跨度的矮塔斜拉梁桥(主跨 250m)。双塔双索、人车分流，嘉悦大桥为“Y”形矮塔斜拉桥，主桥 778m。嘉悦大桥共有两层，上层行车，下层行人，两侧各有宽 3.5m 的“观光长廊”，在我国属于首创。

(3)高低塔斜拉桥

在双塔和多塔斜拉桥中塔高不一致时称为高低塔斜拉桥，是斜拉桥桥塔布局形式的新的发展。高低塔斜拉桥的受力特点介于独塔斜拉桥与等高双塔斜拉桥之间。如果高低塔塔高相差悬殊，则相当于高塔部分作为独塔斜拉桥与较低的矮塔部分组成协作体系；如果高低塔塔高相差不大，则高塔和低塔都作为结构体系的控制性构件，受力与两等高双塔斜拉桥类似。

在河流水文、地质、河床形态等条件需要时，采用高低塔的形式往往可以获得合理而又经济的桥跨布局，从桥梁景观方面考虑，塔高不一可消除相同塔高的单调之感，克服千篇一律的格局，给人以错落多变的印象。但在此情况下各塔高度相差不宜过大。此外，高低塔斜拉桥的不对称性虽然会给设计带来一定困难，但正因为它的不对称性，使得高低两塔组成部分对整个结构受力和变形有不同程度的影响，反而会给设计带来较大的灵活性，使设计者能获得结构整体性能最优的结果。

图 1.8　荆岳长江公路大桥

荆岳长江公路大桥(图 1.8)位于湖北、湖南两省交界处的长江城螺河段上，主桥为主跨 816m 的混合梁斜拉桥，跨度布置为(100＋298)m＋816m＋(80＋2×75)m，桥塔为 H 形，南塔高 224.5m，北塔高 267m；北滩桥为 100m＋5×154m＋100m 七孔预应力混凝土连续梁桥。荆岳长江公路大桥是世界上跨径最大的高低塔斜拉桥。

(4)独塔斜拉桥

独塔斜拉桥是一种常见的斜拉桥孔跨布置形式，桥塔数目只有一个，主梁通过倾斜的直线斜拉索直接锚固于桥塔。独塔斜拉桥的主孔跨径往往比双塔三跨式斜拉桥要小，所以特别适用于跨越中小河流、交通道路以及谷地，还可用于跨越较大河流的主航道部分。独塔斜拉桥可以布置为两跨不对称的形式，即分为主跨和边跨；可以布置为两跨对称也就是等跨形式，其中以两跨不等跨径形式居多。

在河床地形、地质条件比较均匀一致时，独塔斜拉桥与双塔斜拉桥相比，具有以下优点：

①独塔斜拉桥比较经济，可以省掉一个基础。独塔斜拉桥往往在总体布置上，设较长的无索区，使拉索用量减少。

②独塔斜拉桥受力性能比较有利。活载挠度较双塔小，最大挠度发生在拉索区内，对受力有利；而双塔斜拉索最大挠度发生在无索区，会形成拉弯区。

③独塔斜拉桥布置上较为灵活。塔梁墩固结时，梁可采用变高，更适合斜拉桥的受力；便于与 T 构配合，形成组合体系，以进一步扩大跨径。

④施工上较为有利。仅有一个主塔基础，便于抢出洪水期。可以用转体方法进行施工。

图 1.9　重庆石门大桥

重庆石门大桥(图 1.9)跨越嘉陵江，坐落于重庆市沙坪坝。主桥采用不对称跨径布置(230＋200)m，为独塔单索面预应力混凝土斜拉桥，塔梁墩固结体系。桥面设 4 车道，全宽 25.5m。桥墩高约 50m，自桥面以上桥塔高 113m。斜拉索采用平行索布置，索距为 7.5m。主梁采用预应力混凝土箱梁，加劲骨架悬臂浇筑施工。

(5)多塔斜拉桥

跨越大河平湖或海洋洋面，当水域既宽又深时，可以考虑采用多跨多塔斜拉桥，多跨多塔斜拉桥是指具有 3 个及以上桥塔的斜拉桥。多跨斜拉桥对大跨径或中、小跨径皆可适用，其关键意义是化大跨为较小跨。由于跨径变小，上部构造变得更为轻型，而且多跨重复，设计施工难度降低，经济性较好，可以获得特殊的景观效果。

它的显著特点是：

①在荷载作用下，两塔斜拉桥的桥塔由于有边锚索固定，其纵向水平位移得以有效控制；而多塔斜拉桥的中间塔却因无边锚索固定，故中间塔的水平位移将加大，从而使结构变形过大。

②两边塔的端锚索可能使应力幅偏大，必要时可适当增大面积以提高其刚度。

图 1.10　嘉绍大桥

③由于塔多，基础相应增多，要考虑到通航情况下可能存在的船撞问题。

嘉绍大桥（图 1.10）北起嘉兴海宁，南接绍兴上虞，是继杭州湾跨海大桥后，又一座横跨杭州湾的大桥。嘉绍大桥全长 10.137km，桥面宽 40.5m，8 车道，大桥采用斜拉桥设计，主桥由连续的 5 跨斜拉桥组成，每跨 428m。嘉绍大桥是世界上最长、最宽的多塔斜拉桥，索塔数量、主桥长度规模位居世界第一。

1.3.2　主梁

按照材料的不同，斜拉桥的主梁可分为钢梁（包括实腹钢梁和钢桁梁）、叠合梁、混凝土梁 3 种。其中，钢主梁（包括钢板梁、结合梁、钢箱梁）的主要特点是跨越能力大，施工速度快，质量可靠。缺点是价格较贵，后期养护工作量大，抗风稳定性较差。与钢主梁相比，混凝土主梁的优点包括：造价低，刚度大，挠度小，抗风稳定性好，后期养护费用低。缺点是跨越能力不如钢结构大，施工速度相对较慢。叠合梁是指在钢主梁上用预制混凝土桥面板代替常用的正交异性钢桥面板。它除了具有与钢主梁相同的优缺点外，还能节约钢材，且刚度和抗风稳定性高于钢主梁。

1.3.3　拉索

斜拉索是斜拉桥的重要组成部分，必须具备抗疲劳性能、耐久性和良好的抗腐蚀性，特别是在腐蚀性环境中要选择好斜拉索的结构和防护形式。斜拉索施工工艺的不断进步，对斜拉桥的不断发展做出了重要的贡献，而且斜拉索的造价约占全桥总造价的 25%～30%，所以对斜拉桥的用材、构造及防护都应予以高度重视。

斜拉索的构造主要由三大部分组成：锚具、过渡段、钢索。钢索承受拉力，设置在钢索两端的锚具用来传递拉力。斜拉索的索力要根据设计要求进行调整，使结构体系处于最佳工作状态。从这个意义上，可以将斜拉桥中的斜拉索比拟为一种巨大的体外预应力索。斜拉索的技术经济指标主要有：强度、刚度、耐疲劳性能、耐腐蚀性能、施工难易、造价等。

目前，我国斜拉索的种类主要分为平行钢丝斜拉索和钢绞线斜拉索。斜拉索的生产和制作现在已由斜拉桥的施工中分离出来，成为一个独立的生产部门，由专业厂家在厂内制作或现场安装。

1）斜拉索锚具

目前常用的斜拉桥的斜拉索锚具有以下 4 种：热铸锚、镦头锚、冷铸锚及夹片群锚。前 3 种锚具都是事先安装固定在拉索上，张拉时千斤顶张拉锚具，称为拉锚式锚具；配装夹片群锚的拉索，张拉时千斤顶直接拉钢索，张拉结束后锚具才发挥作用，所以夹片群锚又称拉丝式锚具，斜拉索锚具应便于张拉和换索，宜先考虑采用镦头锚和冷铸镦头锚。随着钢绞线斜拉索的发展，夹片式群锚也将成为首选锚具。

2)斜拉索钢索

(1)平行钢筋索

平行钢筋索是由若干根高强度粗钢筋平行布置而成，钢筋的直径有16mm、26.5mm、32mm、38mm等几种规格，索中每根钢筋在截面中的位置由带孔定位板来保持和隔离，所有钢筋全穿在一根粗大的聚乙烯套管中，待索力调整完毕后，在套管内压注水泥砂浆，将钢筋之间的空隙填封密实以对钢筋进行防护。这种钢索配用夹片群锚。

平行钢筋索必须在现场架设过程中形成，操作过程繁杂。另外，由于钢筋出厂长度一般小于拉索长度，使索中每根钢筋都有接头，对斜拉索的疲劳强度有影响，因此，这种平行粗钢筋索很少采用。

(2)平行钢丝索

平行钢丝索是将若干根钢丝平行布置并拢扎成一束，然后穿入聚乙烯套管，在张拉结束后注入水泥浆来防护，适合在现场制作。

将若干根钢丝平行并拢、经左旋轻度扭绞成钢绞索，扭绞角为2°～4°。钢丝束外面沿索长连续缠绕右旋的细钢丝，最外层直接裹上聚乙烯索套作为防护，就成为半平行钢丝索。这种索挠曲性能好，可以盘绕，便于长途运输，具备工厂机械化生产的条件，正在逐步取代纯平行钢丝索。

(3)钢绞线索

钢绞线索是由多股钢绞线平行并拢或经轻度扭绞而成，具有弹性模量低、非线性变形较大的特点。平行钢绞线索一般在现场制作，半平行钢绞线索一般在工厂制作好后运到工地。平行钢绞线索配用夹片锚具，先逐根张拉建立初应力，再整索张拉到规定应力。半平行钢绞线索配用冷铸镦头锚。

(4)封闭式钢缆

封闭式钢缆是以核心部分由多层圆形钢丝组成，在它的外面有若干层梯形断面的钢丝，再外面为若干层Z形截面钢丝，相邻各层钢丝的旋扭方向相反，最后形成一根粗大的钢缆。这种钢缆结构紧密，具有最大面积率，防水性能好，因此称为封闭式钢缆。

这种钢缆使用镀锌钢丝制作，在钢丝上涂防锈脂，最外层再涂防锈涂料防护。封闭式钢缆配用热铸锚具，只能在工厂中制作，盘绕后运到施工现场。

3)斜拉索技术特点

斜拉索技术是在混凝土预应力技术的基础上发展起来的，但又与一般的预应力有些不同：

①斜拉索是暴露在大气中的，首先必须考虑妥善的防护问题。

②由于可能发生腐蚀失效因而需考虑换索问题。

③要考虑风的静力荷载。根据计算，一座跨径600m的斜拉桥，作用在斜拉索上的风载相当于作用在梁上的风载。

④斜拉索存在风载问题，包括涡振、尾流驰振(两相距很近的拉索)和与塔梁之间的参数共振等。

⑤斜拉索除承受轴向荷载外，侧向风力和动荷载所引起的主梁变形，均将使斜拉索发生挠

曲而承受弯矩二次应力，加上斜拉索因钢丝的紧密排列组成而具有刚度和锚具的约束，这种约束更为严重。因此斜拉索在构造细节上应有妥善的缓解措施消除上述影响，以确保其抗疲劳的性能。

⑥斜拉索弹性模量的降低。水平或倾斜的斜拉索，由于自重力会发生垂驰度。当斜拉索受力伸长时，除弹性伸长外还会由于垂驰度减少(更张紧)而产生非弹性伸长，其实质相当于弹性模量的降低。

1.4 斜拉桥施工

通常情况下，斜拉桥都是由索塔、主梁以及斜拉索三部分组成的，因此斜拉桥的施工过程也主要包括索塔施工、主梁施工以及斜拉索施工三大部分。

1.4.1 索塔施工方法

1)混凝土索塔

混凝土索塔通常由基础、承台、下塔柱、下横梁、中塔柱、上横梁、上塔柱拉索锚固区段及塔顶建筑等组成。一般横梁采用支架就地浇筑混凝土，但在高空中进行大跨径、大断面、高强度预应力混凝土的施工难度较大。混凝土索塔施工大体上分为搭架现浇、预制吊装、爬模施工等几种方法。

(1)搭架现浇

搭架现浇工艺成熟，无需专用的施工设备，能适应复杂的断面形式，对锚固区的预留孔道和预埋件的处理也较方便，但其缺点是施工周期较长。跨度200m左右的斜拉桥，一般塔高在40m左右，采用搭架现浇比较合适。

(2)预制吊装

预制吊装要求有较强起重能力的吊装设备，当桥塔不是太高时，可以加快施工进度，减轻高处作业的难度和劳动强度。混凝土结构一般采用卧式预制，由绞车和滑轮配合锚固于对岸山壁上的钢丝绳和滑轮进行吊装。

(3)爬模施工

爬模施工的最大优点是施工进度快，适用于较高的直立塔及倾斜塔的施工。

变形观测是指导施工及相应测量工作的依据。索塔施工中因受大气温度及日照的影响，塔柱将会发生扭转，这样在不同时刻进行的观测，就会有不同的结果，这就需要研究掌握索塔在自然条件下的变化规律。另外，在主梁施工过程中，为掌握索塔在索力影响下偏离平衡位置的程度，也需要进行索塔施工的变形观测。

索塔的施工方法宜根据结构特点、施工环境和设备能力等综合确定。索塔施工期间，应只有必要的起重设备和安全通道。索塔施工时应对其平面位置、断面尺寸、倾斜度、应力和线形等进行监测和控制。施工要点如下：

①塔柱节段施工长度的划分，宜根据索塔结构形式、钢筋定尺长度和施工条件等因素确定；塔柱模板应具有足够的强度、刚度和稳定性，用于高塔且风力较大地区的模板应进行抗风

稳定性验算。

②塔座及塔柱实心段施工时，除应控制好模板的平面位置和倾斜度外，还应对混凝土采取降低水化热和温度控制的措施；同时宜采取适当措施缩短塔座与承台、塔柱与塔座之间浇筑混凝土的间隔时间，间隔期不宜大于10d。

③索塔与主梁不宜交叉施工，必须交叉施工时应采取保证质量和施工安全的措施。索塔施工时宜设置劲性骨架，所设置的劲性骨架应能起到保证钢筋架立、模板安装和拉索预埋导管空间定位精度的作用。劲性骨架应采用型钢制作，不得使用管材。

④横梁施工时，应设置可靠的支架系统。支架系统应进行专门设计，其强度、刚度和稳定性应满足使用要求，同时应考虑变形和日照温差等因素对支架系统的不利影响。

⑤塔柱和横梁可同步施工或异步施工。但异步施工时塔柱和横梁之间浇筑混凝土的间隔时间不应超过30d，并应采取措施使塔梁之间的接缝可靠连接，不得产生收缩裂缝。

⑥混凝土浇筑施工时应根据索塔的高度及混凝土供应能力选择适宜的输送方式，采用物送泵时宜一泵到顶。浇筑混凝土时，布料应均匀，保证混凝土不产生离析。浇筑完成后还要及时养护。

2)钢索塔

钢主塔施工，应对垂直运输、吊装高度、起吊吨位等施工方法充分考虑。钢主塔应考虑工厂分段焊接加工，事先进行多段立体试拼装合格后方可出厂。主塔在现场安装，常常采用现场焊接接头、高强度螺栓连接、焊接和螺栓混合连接的方式。经过工厂加工制造和立体试拼装的钢塔，在正式安装时应予以测量控制，并及时用填板或对螺栓孔进行扩孔来调整轴线和方位，防止加工误差、受力误差、安装误差、温度误差、测量误差的累积。

钢主塔的防锈蚀措施，可以采用耐候钢材，也可采用喷锌层。但国内外绝大部分钢塔仍采用油漆涂料，一般可保持使用年限为10年。油漆涂料常采用二层底漆，二层面漆，其中三层由加工厂涂装，最后一道面漆由施工安装单位最终完成。

1.4.2　主梁施工方法

斜拉桥主梁施工方法，除要考虑施工技术设备和现场环境条件等因素外，还与桥梁结构特点如结构体系、索型、索距和主梁断面形式等密切相关。

主梁的施工方法一般采用支架法、顶推法、悬臂法以及平转法4种方法，其中悬臂法是最常用的施工方法。它可以是在支架上建造边跨，然后中跨采用悬臂施工的单悬臂法，也可以是对称平衡施工的双悬臂法。悬臂法一般分为悬臂拼装法和悬臂浇筑法两种。

1)混凝土主梁的悬臂浇筑法

混凝土斜拉桥经常采用的施工方法就是悬臂浇筑法，由于混凝土具有徐变、收缩以及超重等特性，因此必须对挂篮立模的高程进行严格的把关，牵索式挂篮是最常用的挂篮方式，由于斜拉桥结构的自身特点，施工时应高效地发挥结构性能，从而适当地减轻施工的荷载。与主梁的悬臂拼装法相比，悬臂浇筑法的施工工期更长。

①主梁悬臂的浇筑分段。主要分为半个索距、一个索距和两个索距，并且距离应控制在4～8m的范围内。

②无索区域的主梁施工。在托架或支架上进行预压的施工，为了避免主梁出现变形的情

况，应施加预应力并进行挂蓝处理，然后再进行悬臂浇筑处理。

③悬臂浇筑挂篮。由于斜拉桥主梁具有抗弯能力差、高跨小以及梁体纤细的特点，采用传统的挂篮方式就会增加工程的施工成本，因此建议选择牵索式挂篮。

2）钢主梁的悬臂拼装法

钢箱以及钢桁架在进入施工现场前就应是成品了，在施工现场进行吊装就位和拼装，拼装节段的长度最好选择一根或是两根。拼装式还应注意结合挂篮，而常用的起重设备主要有大型浮吊机、悬臂起吊机以及缆索起吊机等。

3）混凝土主梁的悬臂拼装法

在塔柱的区域内应先浇筑出一段能够放置起吊设备的梁段，之后再使用起吊设备从两侧开始进行安装预制节段，这样悬臂就会不断地伸长一直到合龙。与悬臂浇筑法相比，悬臂拼装法应用得并不广泛，其施工的工期更短、受混凝土的徐变和收缩的影响小、高空作业的次数更少，上下部要平行的施工，其施工质量也更容易保证。

4）顶推法

顶推法只适用于塔梁固结、梁墩分离的斜拉桥体系，并分为纵移和横移两种情况。

纵移与连续梁所用顶推法大致相同，施工时需在跨内设置若干临时支墩，且在顶推过程中，主梁要反复承受正、负弯矩的作用。为了满足施工阶段内力要求，有时主梁需配置临时预应力筋。因此，纵移只适用于桥下净空较低，修建临时支墩造价不高且不影响桥下交通，主梁抗拉和抗压能力相同、能承受反复弯矩的斜拉桥。

横移是指在平行于桥轴线的桥位一侧修建上部结构，然后横向顶推到桥轴位置。由于横移能使交通中断时间减少，因此比较适于替换旧桥。

1.4.3 斜拉索施工方法

1）拉索的安装

拉索安装是指拉索吊运就位后，将其两端锚头安装到索塔和梁的预留孔道位置上。由于拉索的无应力长度小于其理论长度，又由于索的自重影响，往往在其一端的锚具装上后，其另一端的锚具还留在孔道内或还未能进入预留孔道，因此需要采取一定的措施。

（1）单吊点法

拉索运上桥面后，利用索塔上的滑车组和从索塔孔道内伸下的吊绳，连接拉索的上端，将拉索起吊并穿入索塔管道内，引出孔口，安装上端锚具。此法简便，安装迅速。但应注意索的弯折和缠包索套的破损，单吊点法适用于缠包玻璃布套的柔软拉索。

（2）多吊点法

从索塔上部，安装一斜向的天线，在天线上按规定距离拴上滑轮组，组成多吊点，用人工拉滑轮组绳索，配合吊绳均匀起吊拉索，穿入孔道后，两端安装锚具固定拉索。此法吊点分散，受力较小，但操作需统一指挥，以均匀起吊。

（3）导索法

在安装拉索的上方设置斜向天线即导索，拉索运到导索下端，从索塔管道内伸下牵引绳，拴在拉索的上端，并在导索上装上第一个滑环，牵引拉索沿导索上升，并按一定距离装挂滑环，随升随挂，直到拉索上升穿入索塔孔道，安装锚具固定。此法对成卷的拉索施工尤为方便。

(4)起重机安装

按拉索长度在桥上设一台或两台起重机,用特制的长扁担捆拉索起吊。拉索上端由索塔孔道内伸出的拉绳引入索塔孔道,下端穿入主梁孔道,装锚具固定。

拉索锚具的安装,通常都是先安装固定好下端主梁的锚具,然后设法装妥索塔上的上端锚具。上锚具的安装,以往常用的办法是用倒链或绞车紧拉拉索,使锚具穿过预留孔道,现在则较常利用张拉千斤顶直接拉紧拉索的办法,分为软牵引和硬牵引两种方法。

拉索安装应注意:拉索不能与孔道壁接触,以防振动磨损,锚头可在允许移动的间隙内调整位置,该调整的偏移量需在安装前测定,并在锚下垫板上标明锚头位置,使锚头可对线安装。

2)拉索张拉

①拉索张拉可于塔端或梁端单端进行,也可顶升索鞍支座进行。平行钢丝拉索宜采用整体张拉,平行钢绞线拉索可用整体或分索张拉,分索张拉应按"分级"、"等力"的原则进行,每根同级的索力允许误差为1%。

②拉索应按设计要求同步张拉。对称同步张拉的斜拉索,张拉中不同步的相对差值不得大于10%。两侧不对称或设计索力不同的斜拉索,应按设计要求的索力分段同步张拉。顺桥向两侧拉索应同步张拉以避免索塔向一侧偏斜,导致索塔根部出现裂缝;横桥向两侧拉索应同步张拉以避免侧向受力不均匀、发生扭转,导致梁体出现裂纹。

③拉索锚固时不宜在锚环与承压板间加垫,需要加垫时,其垫圈材料和强度应符合承压要求,并应设计成两个密贴带扣的半圆。

④每组拉索张拉完成后,悬臂施工跨中合龙前后,全桥拉索全部张拉完成后,主梁体内预应力钢筋全部张拉完成,且桥面及附属设施安装完成后,应采用传感器或振动频率测力计检测各拉索索力值,并进行修正。

⑤拉索张拉完成后应检查每根拉索的防护情况,发现破损应及时修补。

桥梁工程中的斜拉桥的施工是一项复杂并且系统的工程,在其施工的过程中对其各部分的施工方法必须准确熟练地掌握,同时还要了解各个施工阶段和施工环节中的注意事项、常见问题以及解决的办法,从而真正地保证斜拉桥工程的施工质量,提高斜拉桥工程的使用性能和服务质量。

本章参考文献

[1] 李晓莉．独塔斜拉桥的设计理论研究[D]．上海:同济大学,2006.

[2] 孙超．斜塔有背索斜拉桥的受力行为研究[D]．西安:长安大学,2012.

[3] 王伯惠．斜拉桥结构发展和中国经验[M]．北京:人民交通出版社,2003.

[4] 杨志军．高低塔斜拉桥力学行为分析及预拱度设置方法研究[D]．西安:长安大学,2013.

[5] 刘士林,王似舜．斜拉桥设计[M]．北京:人民交通出版社,2006.

[6] 林元培．斜拉桥[M]．北京:人民交通出版社,1997.

[7] Housner G W,Bergman L A,Canghey T K,eta1. Structure Control:Past,Present,and the Future[J]. Journal of Engineering Mechanics,1997,123(9):897-971.

[8] 郑珍珍,胡雷．我国公路桥梁发展趋势分析[J]．城市建设理论研究,2014,(14).

[9] 覃耀柳．大跨度支架现浇斜拉桥施工控制技术研究[D]．成都:西南交通大学,2012.

[10] 卢剑桥．山区公路大跨度桥梁设计关键问题的探讨[J]. 科技创新导报,2012,(14):129.

[11] Nazmy A. S,Abdel Ghaffer A. M. Three—Dimensional Nonlinear Static Analysis of Cable—Stayed Bridges [J]. Computers and Structures,1990,34(34): 257-271.

[12] Song T T,Dargush G F. Passive Energy Dissipation System in Structure Engineering [M]. State University of New York,Buffalo,1997.

[13] 李昌铸．公路桥梁管理系统(CBMS2000)的开发与应用[J]. 公路交通科技,2003,03: 84-90.

[14] 王晓晶,娄学全．南京二桥综合管理系统[J]. 公路交通科技,2005,01:101-104.

[15] 季云峰,张启伟．新一代桥梁管理系统的研究与发展[J]. 世界桥梁,2004,01:61-65.

[16] 徐伟．桥梁施工[M]. 北京:人民交通出版社,2008.

[17] 张彬．桥梁工程施工技术详解[M]. 北京:机械工业出版社,2012.

[18] 张彬．桥梁工程施工速学手册[M]. 北京:中国电力出版社,2010.

第2章

贵州山区大跨径斜拉桥建设条件和建筑材料

2.1 概述

贵州属于中国西南部地区，地形变化多端，地质条件复杂，是世界上岩溶地貌发育最典型的地区之一，容易发生滑坡、崩塌、塌陷、泥石流、岩堆等病害。同时，山区河流曲折迂回，岸坡较陡，水流冲刷及破坏力都较大，而山区高原气候条件(特别是风环境)也较为特殊。因此，在这种地区修建大跨径斜拉桥将面临许多平原地区少见的工程问题。

山区建设大跨度斜拉桥面临的首要问题是边坡的稳定性问题，这也是影响桥梁安全的关键性问题。贵州地区地质条件复杂，桥梁的边坡稳定性受地形地貌、地层岩性、岩体完整程度、结构面组合条件以及强度、水文地质条件和地震附加荷载等因素影响，通常需根据桥位的具体情况作专项研究。

山区建设大跨度斜拉桥面临的第二个问题是常用施工方法的适应性问题。贵州山区地质条件复杂，大型施工设备难以运送到桥位现场，斜拉桥梁段通常无法通过山区现有等级不高的公路运输，而西部山区河流通常水面较窄，甚至无水，大型运梁船只不能达到梁段待安装位置下方。主梁现浇段也通常由于支架、挂篮拼装均受现场条件限制，导致施工困难大。因此，山区大跨度斜拉桥梁段架设无法采用以往跨越大江大河上的常用施工方法，必须根据山区地形地貌的具体特点，因地制宜地制订施工方案。

与平原或沿海地区相比，山区建设大跨度斜拉桥时还面临材料的不确定性问题。受交通限制，山区建设大跨度斜拉桥所需材料如水、砂石和混凝土等通常都为就地取材，其材料特性的不确定性将影响桥梁承载力和耐久性。结合贵州地区的环境特点，研究机制砂大体积、高泵送、高性能混凝土是可行的解决方法。

山区高原气候条件也是影响大跨度斜拉桥的重要因素。恶劣的气候条件会增加斜拉桥拉索的抑振和减振难度，降低拉索使用寿命，带来桥梁安全隐患，增加养护和维修成本。

2.2 建设条件

2.2.1 地形条件与山区风场特点

贵州山峦重叠、沟深谷幽的复杂地形地貌使其风环境和桥梁结构具有和其他地区显著不同的特点。下面分4个方面对贵州山区风场特点进行阐述。

1)风速风向

贵州西部崇山峻岭,河谷幽深,山谷风盛行。复杂的地形对风速影响极大,风向、风速时空差异明显,既带有明显的季风环流基本规律,又带有明显的区域特征。地形对风速、风向的影响主要有:

①狭管效应的影响。当气流通过山口峡谷时,流线加密,风速增大。

②山谷风效应。高山和河谷、盆地间容易形成山谷风,谷底风向与河谷走向一致。

③海拔高度及高空急流的影响。

高山及高海拔地区受大气环流影响明显,容易形成持久的大风,风向服从大气环的基本规律。贵州西部大风区域明显受到地形影响。根据研究人员在北盘江特大桥桥区所在地贵州西南山区关岭、晴隆两大气象观测站进行的风速测试(表2.1):晴隆风速比关岭大得多。原因有两个:一是晴隆气象站海拔比关岭高近500m,因而该地区风速随高度增加明显;二是关岭气象站受地形影响,其风速削弱明显。

累年各月平均风速(0.1m/s)(1961～2000年)　　表2.1

观测站＼月份	1	2	3	4	5	6	7	8	9	10	11	12	平均
关岭	11	13	16	17	16	13	16	11	11	11	11	10	13
晴隆	23	27	31	33	32	30	32	26	27	27	26	23	28

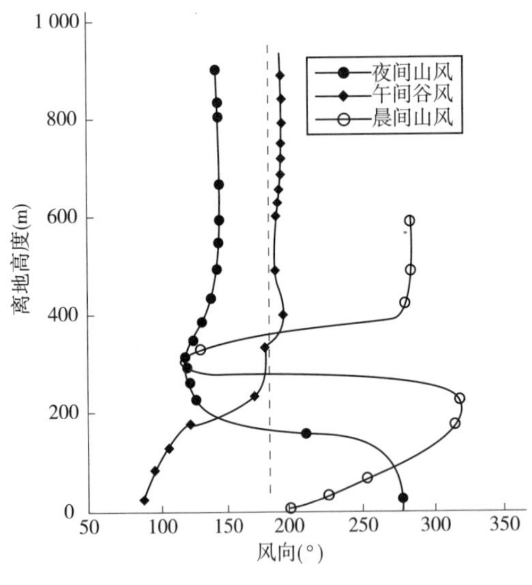

图2.1　山谷风向随高度的变化

山区风向受地形影响非常明显,从谷底至山顶风向变化较大,山谷谷底的强风向与山谷走向一致;峰顶附近的风向与大气环流形成的风向基本一致,受地形影响小,山谷风向随高度的变化曲线见图2.1。

2)气流攻角

气流攻角对桥梁结构断面的三分力系数、颤振临界风速、涡激共振发振风速及涡振振幅影响较大。平原地区的气流攻角较小,风洞试验采用的攻角多为±5°。但山区风场因受山谷风或焚风效应的影响,其攻角大于平原地区的,如在北盘江大桥桥区风特性研究中,测得观测点风的攻角变化范围在−8.9°～14.3°之间。山区气流正攻角受上升气流影响大,如山脉的向风侧或幽深的河谷;山区气流负攻角受下降气流的影响大,尤其是背风侧,为焚风效应多发地区。当山谷风、焚风盛行或附近有较大孤立山坡影响时,平原地区的气流攻角的取值对山区的气流攻角取值没有参考价值,山区气流的攻角应以实测数据为主。

3)风剖面

地势平坦地区,因大气边界层作用,离地面越高,风速越大,达到一定高度后,风速基本不变,其风速轮廓线见图2.2。

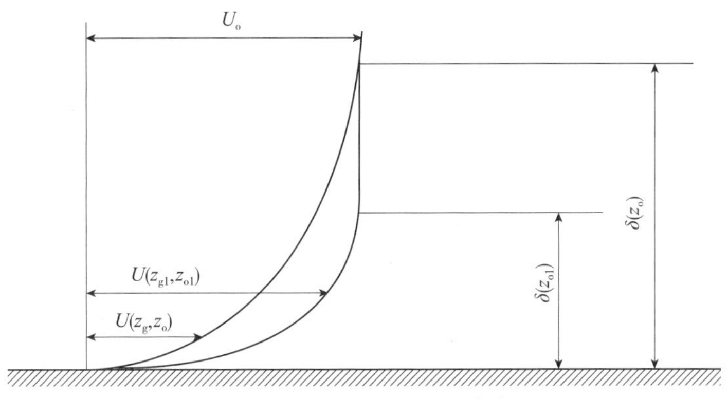

图 2.2 平坦地图的风速轮廓线

U-风速；δ-大气边界层厚度；z_o、z_{o1}-粗糙度；z_g、z_{g1}-参考点高度

山区风剖面的形状，尤其是山谷的风速轮廓线形状比平原地区要复杂得多。其原因是：

①山区风剖面零风速位置确定困难。理论上说，贴地层风速为零，但山区地表起伏较大，边界层厚度沿水平方向伸展，不同位置处得到的同一高程的风速不同。

②山区的粗糙度系数确定困难。《建筑结构荷载规范》(GB 50009—2012)以及《公路桥梁抗风设计规定》(JTG/T D06-01—2004)中的 4 类地表没有包括山区，因而导致推算山区桥梁的设计风速困难。

③山地的风剖面复杂，并非均遵守幂指数规律。因此，山区的风剖面分布规律尚需深入研究。

对于贵州地区，复杂的山区地形无法归类于风工程规范定义的任何一类地貌，少量平均风速剖面模型只能应用于简单的二维坡地，复杂的山地风特性参数可结合桥位地形特征，通过风速观测分析和风环境试验研究获得。

4)紊流度与阵风因子

紊流度反映了风的脉动强度，是确定结构脉动风荷载的关键参数，风的脉动强度也可用阵风因子表示，阵风持续期越长，阵风因子越小。如北盘江特大桥桥位区 30m 高度的阵风因子平均值为 1.68，变化幅度在 1.28～2.26 之间。但研究表明：山地风场因受上游山峰或植被的影响，紊流参数中含有大量受特征尾流影响的参数。不同的地形地貌对紊流特性有着不可忽视的影响。因而贵州各山区紊流特性应由具体观测试验分析得到。

2.2.2 岸坡稳定性及其加固

贵州山区是我国典型的喀斯特地貌地区，在该地区修建的大跨径斜拉桥的边坡稳定性对桥梁的长期安全至关重要，因此，进行系统的定性分析和定量计算十分必要。根据现场工程地质条件以及边坡对桥墩的影响，工程区边坡主要为沿桥轴线方向的陡峻纵坡和横向长大顺层岩质坡的稳定性问题。

桥梁两岸的陡斜坡的稳定是否满足控制性标准，直接涉及主墩基础的稳定性和线路方案的可行性。因此结合拟建桥梁的地质资料采用地质力学计算方法，分析坡体沿与河谷正交方向潜在不利结构面在不同工况条件下的安全稳定储备，将是稳定性评价的关键和核心内容。

1)边坡稳定性影响因素分析

影响边坡稳定性的主要因素有地形地貌、地层岩性、岩体完整程度、结构面组合条件以及强度、水文地质条件、地震附加荷载等。

(1)地形地貌

桥墩所在位置在陡崖斜坡的台地之上。边坡所受重力荷载大,陡崖斜坡上易于产生张性裂缝,局部易于倾倒、崩塌或错落。地表水、地下水容易对陡崖坡脚产生有害的作用,不利于边坡稳定。

(2)地层岩性

地层岩性是构成边坡的物质基础。岩性决定了岩石的强度、抗风化能力、遇水软化等性质,这些都会直接影响边坡的稳定性。地层中的节理、软弱夹层及其空间分布若形成不利组合,则这些不利组合就构成边坡稳定性的控制性结构面(层位),如该区泥质灰岩、角砾岩强度相对较低,抗风化能力差、易于软化,强度若进一步降低,与平行于河谷走向的节理、溶蚀缺陷等组合,可以控制边坡的稳定性。

(3)岩体完整程度

岩体完整程度主要取决于岩体受构造作用的影响程度以及岩石本身的结构(有完整结构、发育破碎、极破碎之分)。显然,岩体越破碎,边坡的稳定性就越差;越完整,则边坡的稳定性就相对提高。能形成陡崖的岩层说明岩体不是特别破碎,节理没有完全贯通。如果节理裂隙发展,其长期稳定性得不到保证。

(4)结构面组合条件以及强度

结构面(包括岩层层面、似层面)条件往往是影响边坡稳定性的一项主要因素,在结构面强度与边坡岩体强度差别较大时,结构面强度往往成为影响边坡稳定性的决定因素,一般而言,结构面为陡崖边坡稳定性的控制性因素。

(5)水文地质条件

水是影响边坡稳定性的重要因素,其作用表现在水对岩体及其结构面的软化作用,增大岩土体的重度进而增大下滑力,产生动静水压力等方面。由于该区的地表水主要是雨水,地表形状、汇水面积、径流条件、漫流条件、降雨强度、持续时间、渗流条件等都直接影响地下水对岩石的作用。在该区以碳酸盐岩为主,雨水易于通过节理、溶蚀裂隙等进入岩体,在节理裂隙内会产生静水压力。

(6)地震附加荷载

地震附加荷载简化为水平作用力作用于岩体。悬崖、陡坎处坡体较高,质量大,地震烈度大时附加水平地震作用力大,容易在这些地段产生倾倒、崩塌、垮落式滑移。

(7)工程荷载

该区的工程荷载为作用于桥墩位置的竖向轴力、弯矩与剪力。针对以上主要影响边坡稳定性的因素,结合六广河特大桥边坡的实际状况,地表浅层错落滑动影响深度和范围有限,对桥基区影响较小。影响黔西岸和息烽岸陡崖边坡稳定性的主要因素是地层中的节理、软弱岩层及其空间分布形成的不利组合,再加上溶蚀缺陷、工程荷载以及地震荷载的作用,可能产生潜在较深层的岩层失稳;如果该区陡崖边坡发生破坏,将对桥墩基础构成威胁。

2)边坡稳定性分析方法

边坡稳定性分析方法归纳起来可分为两类:确定性方法和不确定性方法。

确定性方法是边坡稳定性研究的基本方法,它包括极限平衡法、数值方法、块体理论法、赤平极射投影法等。它们将影响边坡稳定性的各种因素都作为确定的量来考虑。例如,极限平衡法是通过对潜在滑体的受力分析,引入摩尔—库仑强度准则,根据滑体的力(力矩)平衡,建立边坡安全系数表达式,进行定量评价。由于安全系数的直观性,这种方法至今仍被工程界广泛应用,目前我国边坡工程研究中根据工程实际引入临界滑移理论进行露天边坡的评价也属于此法。这种方法的关键在于正确判断临界破坏面的位置和选定计算参数,这些都需要依靠经验确定。

20 世纪 60 年代数值方法被引入边坡稳定性分析中,它包括有限元法、边界元法、离散元法及混合法等。数值方法能从较大范围考虑介质的复杂性,全面地分析边坡的应力应变状态,有助于对边坡变形和破坏机理的认识,较极限平衡方法有很大改进和补充。

约在 20 世纪 70 年代初,不确定性方法出现在边坡稳定性分析中。一方面是由于一些新理论和方法如可靠性理论、模糊数学、灰色预测系统、分形几何、人工智能等的出现。另一方面是由于在边坡工程设计和分析中涉及有大量不确定性因素,如岩体性质、荷载等物理方面的不确定性,取样、试验的统计不确定性,计算模型的不确定性和人为过失造成的不确定性等。这些不确定性造成的影响尽管通过提高岩石测试和计算技术的精度能在一定程度上减少,但局部试验的精确性、确定性并不能消除岩石性状宏观判断上的随机性和模糊性,而且不可能无限度提高单项试验的精度、规模和完善确定性计算方法,因此用较简单的测试手段,对岩土工程进行大量的信息采集上,应用和发展各种随机理论和方法,以提高边坡工程质量状态判断的精度,就显得十分必要。目前常用的边坡稳定分析的不确定性方法主要有:可靠性方法、模糊数学法、灰色系统预测法、分形几何法、人工智能法等。虽然上述各种不确定性方法在对边坡进行稳定性分析时不同程度地考虑了边坡岩体和边坡工程本身的不确定性,对边坡工程的复杂性和非线性性质的认识是确定性方法所不能比拟的;但是它们普遍存在着理论不完善的问题,这就限制了它们在工程中的应用,使得它们目前还不能代替传统的确定性方法来进行边坡稳定性分析。

3)岸坡防治设计应遵循的原则

①塌岸防治应根据塌岸带岸坡岩土体类型、水动力条件、塌岸方式等因素,在库岸稳定性分析、塌岸主要影响因素分析的基础上,针对不同的库岸类型及沿岸需要保护设施的分布情况,选择安全有效、经济合理的防治措施。

②虽然目前可选用的塌岸防治措施较多,但每种措施都有其相应的适宜性及最佳配置组合。因此,在选择工程措施及其配置组合时,要突出针对性和适宜性,并充分论证对提高库岸稳定和安全性的贡献。

③塌岸防治的各项工程措施,应充分吸收当地成功的已有治理经验,尽量因地制宜,就地取材,采用技术可行、经济合理且施工方便、可操作性强的工程结构。

④工程措施选择时,要充分考虑到工程岩土体的性质及其蓄水后的变化,与相邻工程的结合及对相邻工程的影响,施工技术条件及施工环境等具体制约因素和环境保护的要求。

4)防治加固措施

当边坡处于极限平衡状态或达不到工程安全储备要求时,须采用合理的工程措施对其进行处理。边坡防治措施的一般原则可概括为"砍头、截腰、压脚、引排"八个字,具体有削坡减载、压脚、截排水、改良岩土体性质、支挡加固措施等。

(1)非结构性措施

非结构性措施主要是指不实施工程结构物对塌岸变形破坏进行直接的控制和防治,而是以消除和减弱诱发库岸塌岸发生的外部作用因素为主的工程措施。非结构性措施主要包括:排水、削方减载及回填压脚,以及丁坝、顺坝等工程措施。非结构性措施单独使用往往很难达到完全根治塌岸的目的,一般常与其他防治措施联合使用。

①地表排水。

地表排水工程主要采取截、防、排等综合措施,根据库岸地形、地质条件,进行地表排水沟渠的合理布置,避免大量地表水渗入地下,从而提高岸坡的稳定性。排水沟可采用浆砌石或混凝土结构,水泥砂浆勾缝,防止其渗漏。地表排水工程如图 2.3 所示。

图 2.3 地表排水

②地下排水。

当水库蓄水后,地下水位将随之抬高,土体物理力学参数降低,岸坡的稳定性下降;当库水位骤降时,岸坡内的地下水降落滞后于坡外水位的降落,从而形成动水压力,动水压力是库岸边坡失稳的最主要因素,由于动水压力作用边坡的稳定性显著下降。因此,降低岸坡或滑坡体内的地下水位、减小地下动水压力是改善岸坡及滑坡体稳定性的有效措施。

地下排水工程应根据库岸岩土体含水层与隔水层的水文地质结构及地下水动态特征,选用隧洞排水、钻孔排水、渗沟排水、盲沟排水、排水层排水等排水措施。当采用自排时,其排水出口应高出水库水位,防止库水倒灌。

③削方减载及回填压脚。

该措施主要用于易产生滑移塌岸的各类库岸防治,其实质是消减推动岸坡滑移产生区的物质和增加阻止滑移产生区的物质,通过对岸坡变形体前部加载(回填压脚),以增加抗滑力;对岸坡后部(主滑段和牵引段)削方减重,以减小下滑力,达到稳定岸坡的目的。

削方宜选用合适的坡率,在主滑段及其上部由上而下进行;反压应明确抗滑段位置,有针对性地进行,无抗滑段时,可在岸坡前缘处反压。库岸回填压脚需对回填体进行地下水渗流和库岸冲刷处理,设置反滤层并采取防冲措施。回填压脚采用的填料宜就地取材,回填时应分层碾压。根据三峡库区实际情况,一般采用碎块石或碎石土填筑,控制压实度不小于 95%。削方减载及回填压脚应尽可能减少对周围环境的影响,并应避免出现新的地质灾害。

(2)结构性措施

与非结构性措施相反,结构性措施是指直接用于遏制塌岸变形破坏的各种工程结构物。目前常用的塌岸防治结构性措施主要有:抗滑支挡工程(常用抗滑桩和抗滑挡墙)、锚固工程等。

①抗滑桩。

抗滑桩因具有施工简便、设桩灵活、受力明确、传力可靠等优点，在塌岸治理中被广泛应用，主要适用于对滑移型塌岸，也就是通常所说的库岸滑坡的治理。抗滑桩的设置如图2.4所示。

图2.4　抗滑桩

抗滑桩设置的一般原则：根据区域地质、地形条件，设置在土体较薄、锚固段地基强度较高的地段；抗滑桩排列方向，宜与土体的滑动方向垂直，其间距一般取桩宽（或桩径）的3～5倍。

当抗滑桩悬臂较长时，宜采用埋入式抗滑桩，或采用其他能减少桩内力值的措施；抗滑桩的长度不宜大于30m，高宽比不宜大于2.0，在岩质地层的嵌固深度不宜小于桩总长的1/4，土质地层不宜小于1/3。

当设桩处的岸坡土体为黏性土且较潮湿或位于水库正常蓄水位以下，桩间土体易被冲刷淘蚀而产生坍塌时，应在桩间增设防止坍塌的防护工程，如钢筋混凝土挡板或砌石拱形挡板。

②抗滑挡墙。

塌岸治理采用的抗滑挡墙主要是指重力式抗滑挡墙，主要依靠挡墙及凸榫、反向斜坡增加抗滑力，适用于阻滑段土体不超过6m的塌岸治理。采用重力式抗滑挡墙时应与排水、减载、护坡等其他工程措施相结合。结合本段库岸失稳特点，挡土墙应加密排水孔的布设。抗滑挡墙的设置如图2.5所示。

③锚固工程。

塌岸治理工程中采用的锚固工程主要是指预应力锚索、预应力锚杆。通过穿过岸坡土体锚固在稳定地层内的锚索或锚杆施加预应力，提高岸坡土体的稳定性。预应力锚固工程可直接用于岩质岸坡的加固，特别是倾角大于300°的陡滑面，预应力锚索或预应力锚杆与喷锚网结合可用于破碎岩质岸坡加固，预应力锚索与设置在岸坡坡面上的钢筋混凝土梁、格构组合使用可用于土质岸坡加固。这种结构的优点是不必开挖扰动岸坡，施工安全快速，具有抗滑支挡、岸坡防护及美化等综合功能，特别是对由松散堆积物质构成、削坡条件受到限制的不稳定岸坡整治加固。缺点是预应力锚固工程布置在库水位变动带附近时，应特别注意锚索或锚杆的防腐防锈处理；对于设置在结构较为松散的岸坡中的预应力锚索，还应对锚索预应力的损失做充分的估计，并应优先做好补偿设计，以防因坡体蠕变等造成预应力损失，从而造成防治工程失效。锚固工程如图2.6所示。

（3）表面防护措施

表面防护措施主要是指将构筑物材料直接敷设在库岸临水坡面上，防止在坡面水流及波浪的冲刷淘蚀下岸坡表面物质被冲刷带走或坡脚被冲蚀淘空而产生的塌岸破坏，以及因库水升降交替变化而加剧风化的岩质岸坡塌岸破坏。由此可看出表面防护措施体现了先期预防为主的防治思路，表面防护措施主要用于冲刷磨蚀型塌岸的防治，也可用于坍塌后退型和冲刷浪坎型等塌岸发生早期的预防性塌岸防治，其护坡范围一般为库水位变化区间及波浪影响范围，水上重要的边坡也需采取表面防护措施。

表面防护措施主要包括干砌块(条)石、浆砌块(条)石、预制混凝土块、喷锚支护等各种类型的护坡,以及抛石、土工织物枕、混凝土铰链排、模袋混凝土块体等护脚工程。

图 2.5　抗滑挡墙

图 2.6　锚固工程

①干砌块(条)石护坡。

该防护措施常与其他防护措施联合使用或单独适用于坡度较缓(坡比小于 1∶2)的土质岸坡、岩土混合岸坡和风化十分严重的碎裂岩体岸坡。该护坡取材广泛,在库区可就地取材,造价低廉。干砌石护岸在坡下应铺设砂砾垫层,以便在库水位下落时坡内地下水能较为顺畅地排出,而不会造成对护坡体过大的水压力,保证了护坡体的稳定。

②浆砌块(条)石护坡。

该防护措施一般用于坡度较陡的土质岸坡、岩土混合岸坡及风化十分严重的碎裂岩体岸坡。除具有与干砌石护坡相同的优点外,其护岸整体性较好,抗冲刷能力更强,外表面平整美观;缺点是不利于岸坡地下水的顺畅排泄,当然在坡体中增加排水管或泄水孔可解决部分排水问题。浆砌块(条)石护坡如图 2.7 所示。

③预制混凝土块护坡。

此护坡形式与前述两种护坡形式类似,只不过用预制的混凝土块代替了石材。预制的混凝土块一般有方形和六边形两种,每块中心均留有泄水孔,便于护岸坡体内部的水排出。该护岸形式较美观,常和其他护岸措施联合运用,现已较广泛地应用于三峡库区各码头或城镇库岸的护坡。缺点是工程造价相对较高。

④喷锚支护。

该防护措施主要应用于整体稳定性较好但表层强风化严重的泥岩岸坡防护。该类岩质岸坡抗风化能力差,遇水易软化,受干湿交替作用风化加剧,表层岩体风化后强度显著降低,极易被侵蚀、冲刷、剥离。对于此类库岸,需清除表层强风化层后采取挂网喷混凝土进行护岸处理。喷锚支护如图 2.8 所示。

⑤抛石护脚。

该措施一般用于岸坡缓于 1∶2、垂线平均流速不大于 3m/s 的情况下,将块石或片石抛掷于水下坡脚部位,以防库水对坡脚的冲刷。抛石护岸具有取材容易、价格低廉、护岸效果好的优点;但在不利条件下,如在水深流急、抛方量不足,或岸坡坡度较陡时,可因石块在岸坡上发生位移而流失,导致护岸工程失效。

⑥土工织物枕。

土工织物枕是指用聚丙烯编织布和聚乙烯尼龙绳制成枕垫和枕袋，代替块石等铺护水下岸坡。土工织物枕具有强度高、耐磨性能好、塑性良好的优点，且造价低，材料来源广；但在弯道迎流顶冲的塌岸段不适宜采用，因为它的抗冲和调整能力均不如石材。

图 2.7　浆砌块石护坡

图 2.8　喷锚支护

⑦混凝土铰链排。

排体由铰链式连接的混凝土板和土工织物组成，混凝土板既能护面又起压重作用，土工织物起反滤防冲刷作用。混凝土铰链排主要用作平铺的护岸材料，制作和铺设需要大量昂贵的场地和设备，只在要做大量的水下护岸工程并有连续性需求时才使用它。

⑧模袋混凝土护坡(脚)。

模袋混凝土护坡(脚)是指在由人造纤维组成的柔性编织袋内灌注混凝土，并以此来进行护坡。模袋混凝土整体性强，铺盖面大，能适应不规则的坡面和地基，且能抵御较大能量的波浪冲击，但模袋混凝土成本较高，且整体缺乏柔性。

2.3　建筑材料

2.3.1　机制砂混凝土

根据贵州地区的原材料特点以及工程需求，结合贵州地区的环境特点，研究机制砂大体积混凝土水化放热规律、配合比优化、温控施工设计与控制技术、温控养护技术，解决施工中的内部温控和抵抗温度开裂问题，形成一整套全方位的材料选择、配比优化、混凝土养护、全程监测与温差控制等综合措施，为贵州省桥梁建设的应用提供技术和经验支持。

1)大体积混凝土

(1)大体积混凝土的定义和特点

①大体积混凝土的定义。

大体积混凝土是一个相对的概念，是指构件及结构的规格尺寸，要求必须采取相应的技术措施，妥善处理温差、沉降、干缩等的变化，正确合理地减少或消除变形变化所引起的内应力，且必须把裂缝开展控制到最低程度的现浇混凝土。在工业与民用建筑中，一般现浇的连续墙式结构、地下构筑物及设备基础等是容易由温度收缩应力引起开裂的结构，也可以将其统称为“大体积混凝土结构”。

②大体积混凝土的基本特点。

a. 结构体量大。大体积混凝土结构物或构件体积相对庞大，因此混凝土用量也相对很大。

b. 工程条件复杂。由于大体积混凝土结构比较复杂，从而导致工程条件也是复杂多样。

c. 大体积混凝土水泥水化热散发困难。混凝土在浇筑后温度升高幅度大，出现可观的膨胀量；到了后期降温阶段，又会出现相应的可观的温度收缩。大体积混凝土中配筋量一般相对较小，容易在后期降温阶段，因为温度收缩过大、过快而使混凝土中出现严重的贯穿性裂缝，严重降低大体积混凝土的整体性、抗渗能力等。因此，在某种程度上，对大体积混凝土质量的控制实际上是对混凝土温度裂缝的控制。

d. 对裂缝的控制要求高。大体积混凝土多用于坝体、基础等，对构件的要求除了一般的强度、刚度、稳定性等，还有整体性、防水性、抗渗性等诸多要求。所以在大体积混凝土质量控制中，混凝土裂缝的控制成为问题的关键。大体积混凝土结构通常是不配钢筋或钢筋数量相对很少，如果出现了拉应力，就要依靠混凝土本身来承受。

(2)混凝土原材料选择与大体积混凝土的配合比优化技术

根据贵州地区混凝土原材料的特性，需注意水泥、集料、掺和料、外加剂等原材料的选择及品质要求。按照复合外加剂技术，充分利用贵州地区矿物掺和料和集料，研究大掺量矿物掺和料的机制砂大体积混凝土的配合比，并重点研究其混凝土内部水化热的温升变化规律，为制定混凝土温控技术提供理论基础。

①合理选用水泥。

混凝土主要考虑抗裂性能好，兼顾低热和高强两方面的要求。水泥水化放热是混凝土升温的内热源，选用水化热低的水泥，也就降低了水化放热，从而达到降低混凝土的绝热升温的目的。优先选用矿渣硅酸盐水泥、粉煤灰硅酸盐水泥、火山灰质硅酸盐水泥等。当混凝土除抗裂性能要求外，还要求抗冻融性、耐磨性、抗蚀性、强度较高及干缩较小等时，则可以采用强度等级较高的中热硅酸盐水泥。当环境水具有硫酸盐侵蚀时，应采用抗硫酸盐水泥。

②适当掺用混合材料。

实验资料表明，在混凝土内可以掺入一定数量的粉煤灰。由于粉煤灰具有一定活性，不但可以代替部分水泥，而且能改善混凝土的黏塑性，改善混凝土的可泵性，降低混凝土的水化热。另外根据大体积混凝土的强度特性，初期处于高温条件下，强度增长较快、较高，但后期强度增长缓慢，这是由于高温条件下水化作用迅速，随着混凝土龄期增长，水化作用慢慢停止的缘故。掺加粉煤灰后可改善混凝土的后期强度，但是其早期抗拉强度及早期极限拉伸值均有少量降低。因此在工程中常在混凝土中掺加粉煤灰作外掺料。

③合理掺用外加剂。

混凝土外加剂包括减水剂、引气剂、缓凝剂、早强剂、膨胀剂等多种类型。减水剂是最常用、最重要的外加剂，它具有减水和增塑作用，在保持混凝土坍落度及强度不变的条件下，可减少用水量，节约水泥、降低绝热温升。引气剂的作用是在混凝土中产生大量微小气泡，以提高混凝土的抗冻融耐久性。膨胀剂可以使混凝土在硬化过程中产生体积膨胀，部分或全部补偿混凝土在硬化过程中所产生的冷缩和干缩，在内外约束条件下以及配筋足够时产生一定的内压应力，这种内压应力与冷缩或干缩产生的拉应力相抵消，以使内压应力与抗拉强度的总值等于或大于因温差收缩产生的拉力，因此，膨胀对温差有补偿效应。实质上就是膨胀应力对温差收缩产生拉应力的补偿。利用这种温差补偿效应，取得了防渗抗裂的效果，减少或避免了混凝土的开裂。目前应用较多的膨胀剂有UEA膨胀剂、FH复合膨胀剂、PG硫铝酸盐型膨胀剂、FN-M明矾石膨胀剂等。其中UEA膨胀剂最为常用，在混凝土中掺入10%～12%，其限制膨胀率为0.02%～0.04%，可在钢筋中建立0.2～0.7MPa预压力，从而抵消混凝土在硬化过程中产生的全部或大部分拉应力。

④优化混凝土配合比。

优化混凝土配合比，降低水泥用量，减少水泥水化热，这样就降低了混凝土的绝热升温。一般方法有：减小坍落度，掺大块石（毛石混凝土），使用减水剂、缓凝剂，掺混合材料，采用先进的搅拌工艺等。同时，严格控制砂石料的含泥量，在保证混凝土稠度及流动条件下，尽量节省水泥，降低混凝土绝热温升。

(3)不同配比对贵州地区机制砂大体积混凝土胶凝材料体系水化热的影响

根据贵州地区实际原地材料情况，探究不同配比对贵州地区机制砂大体积混凝土胶凝材料体系水化热的影响。

①胶凝材料水化热试验方案（表2.2）。

胶凝材料水化热试验方案　　表2.2

试验序号	水泥掺量(%)	掺和料类型	掺和料掺量(%)	减水剂类型	减水剂掺量(%)
H1	100	—	0	—	0
H2	85	粉煤灰	15	FDN	2
H3	85	粉煤灰	15	200D	1
H4	75	粉煤灰	25	200D	1
H5	75	粉煤灰	25	300D	1

②相同粉煤灰掺量、不同减水剂类型对胶凝材料水化热的影响。

a.粉煤灰掺量为15%，减水剂分别为FDN、200D。

试验采用3组配比、粉煤灰掺量相同，掺量为15%，减水剂不同，分别为FDN、200D，试验结果见表2.3和图2.9、图2.10。

相同粉煤灰掺量(15%)、不同减水剂类型(FDN,200D)胶凝材料水化放热量　　表2.3

试验序号	放热量(J/g)		
	1d	3d	7d
H1	165.71	270.21	335.01
H2	53.91	189.97	290.52
H3	89.19	248.53	333.48

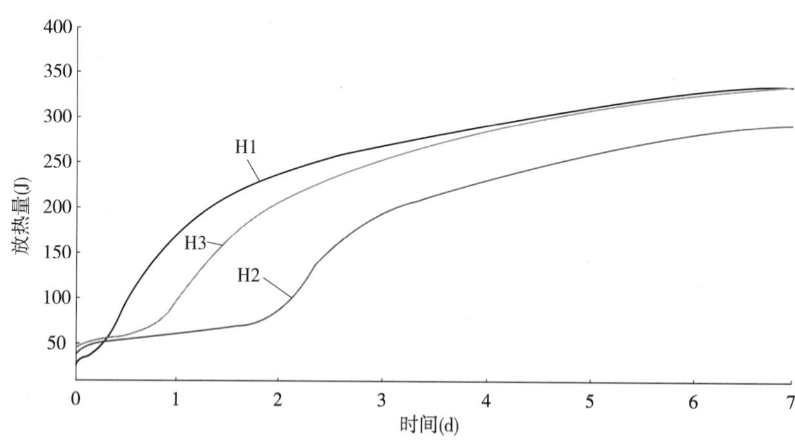

图 2.9　相同粉煤灰掺量(15%)、不同减水剂类型(FDN,200D)胶凝材料水化放热量

表 2.3 和图 2.9 给出了相同粉煤灰掺量、不同减水剂类型对胶凝材料水化放热量的影响。可以看出:基准组的放热量较之掺加减水剂 FDN 和 200D 的参比组放热量比较大,但是各自具有区别;掺加 FDN 减水剂组从初始至 2d 时总的放热量远较之基准组和 200D 组小,从 2d 之后才开始比较大,但直至 7d 时总量仍保持较小;掺加 200D 组从初始至 1d 时放热量较小,但随着水化的进行从 1d 之后逐渐增大,逼近基准组,至 7d 时几乎与基准组一致。

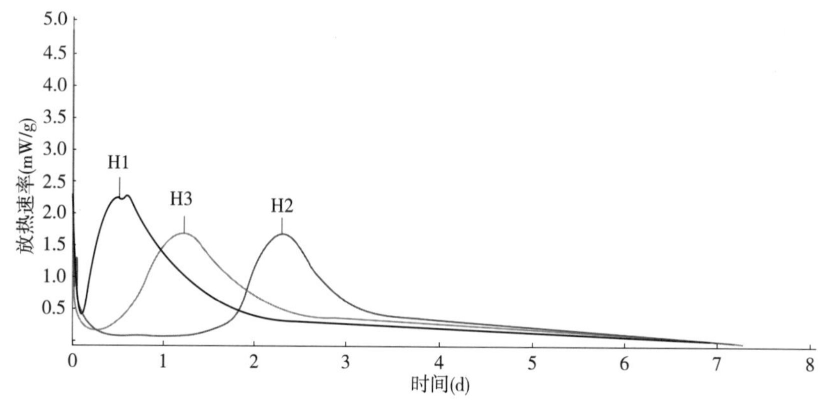

图 2.10　相同粉煤灰掺量(15%)、不同减水剂类型(FDN,200D)胶凝材料水化放热速率

图 2.10 给出了相同粉煤灰掺量、不同减水剂类型对胶凝材料水化放热速率的影响。可以看出:3 组的放热速率具有明显差别。基准组主要放热最快阶段集中于初始至 1.5d 左右,而掺加 200D 组则主要在 0.5～2d 时间段放热,掺加 FDN 组的放热速率较快的时间段则是从 2d 至 3d,明显比以上两组延迟。

b. 粉煤灰掺量为 25%,减水剂分别为 200D、300D。

试验采用 3 组配比,粉煤灰掺量相同,掺量为 25%,减水剂不同,分别为 200D、300D,试验结果见表 2.4 和图 2.11、图 2.12。

相同粉煤灰掺量(25%)、不同减水剂类型(200D,300D)胶凝材料水化放热量　　表 2.4

试验序号	放热量(J/g)		
	1d	3d	7d
H1	165.71	270.21	335.01
H4	91.54	231.78	315.92
H5	59.93	208.01	290.84

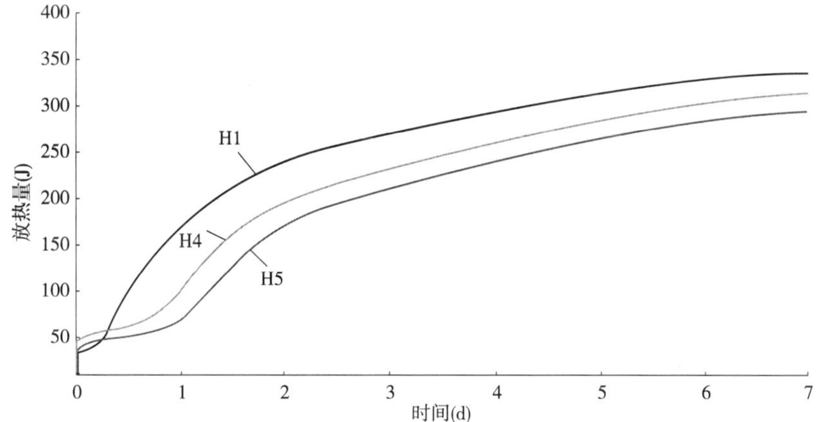

图 2.11　相同粉煤灰掺量(25%)、不同减水剂类型(200D,300D)胶凝材料水化放热量

表 2.4 和图 2.11 给出了相同粉煤灰掺量、不同减水剂类型对胶凝材料水化放热量的影响。可以看出:基准组的放热量较之掺加减水剂 300D 和 200D 的参比组放热量比较大;掺加 300D 和 200D 减水剂组放热曲线形状相似,都是从 1d 之后开始走高,之后持续上升,两组的放热值都没有超过基准组。

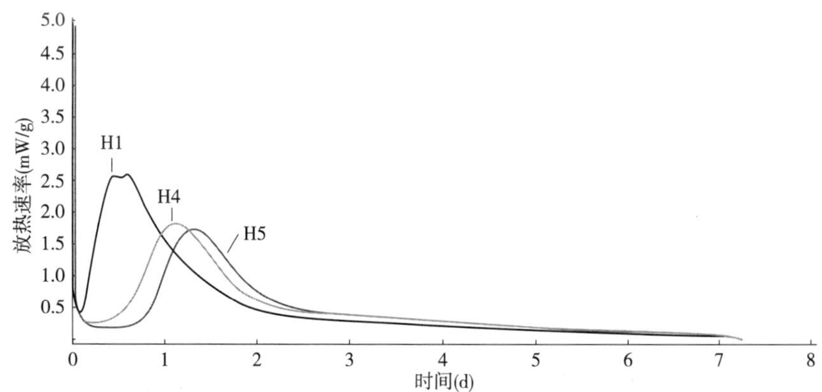

图 2.12　相同粉煤灰掺量(25%)、不同减水剂类型(200D,300D)胶凝材料水化放热速率

图 2.12 给出了相同粉煤灰掺量、不同减水剂类型对胶凝材料水化放热速率的影响。可以看出:放热速率掺加 300D 组与掺加 200D 组还是具有相似性。基准组主要放热最快阶段集中于初始至 1.5d 左右,而掺加 200D 组则主要在(0.5～2)d 时间段放热,掺加 300D 组同样是在大概(0.5～2)d 时间段放热速率最大,经过峰值后放热速率变小,之后逐渐平稳。

③相同减水剂及掺量、不同粉煤灰掺量对胶凝材料水化热的影响。

本组对比试验减水剂同为200D,粉煤灰掺量分别为15%、25%,试验结果见表2.5、图2.13、图2.14。

相同减水剂及掺量、不同粉煤灰掺量胶凝材料水化放热量 表2.5

试验序号	放热量(J/g)		
	1d	3d	7d
H1	165.71	270.21	335.01
H3	89.19	248.53	333.48
H4	91.54	231.78	315.92

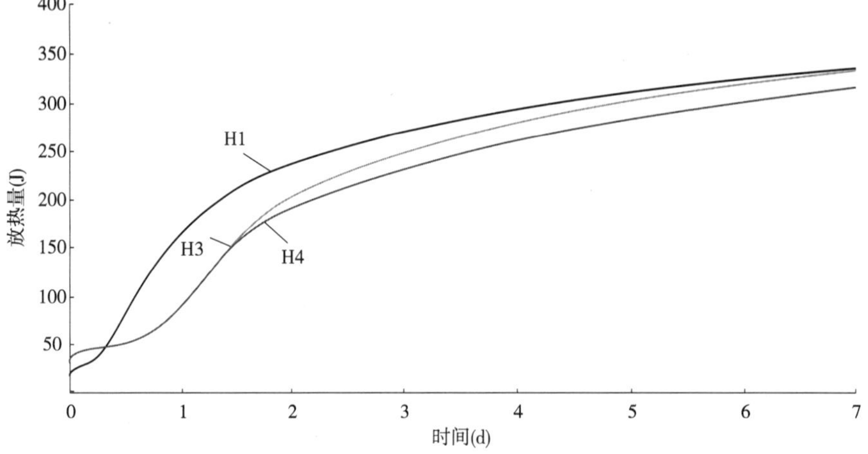

图2.13 相同减水剂及掺量、不同粉煤灰掺量胶凝材料水化放热量

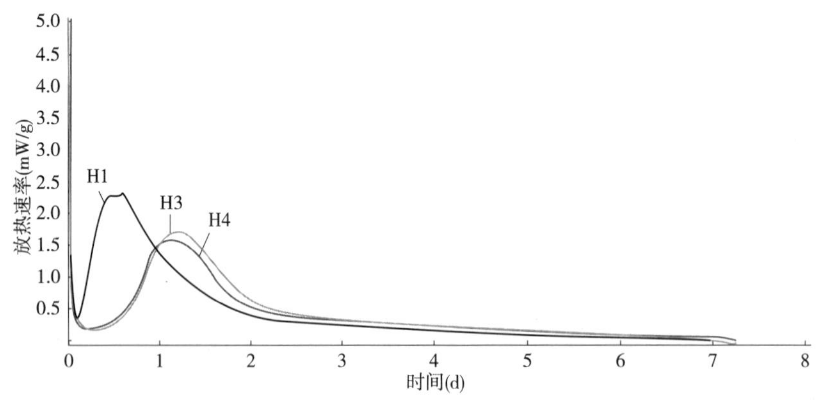

图2.14 相同减水剂及掺量、不同粉煤灰掺量胶凝材料水化放热速率

表2.5和图2.13给出了相同减水剂及掺量、不同粉煤灰掺量对胶凝材料水化放热量影响。可以看出:随着粉煤灰掺量的增加,水化放热减小;图中粉煤灰掺量为25%的曲线与掺量为15%的曲线规律相似,但是放热量小;从放热量值来看,粉煤灰掺量25%组和15%组差别不大。

图 2.14 给出了相同减水剂及掺量、不同粉煤灰掺量对胶凝材料水化放热速率影响。可以看出：较之基准组，粉煤灰掺量 25%组和 15%组的放热速率也相似，都从 0.5d 左右开始升高，到 2d 左右变小，之后趋于平稳。

(4)大体积混凝土的养护技术

实践证明，混凝土常见的裂缝，大多数是不同深度的表面裂缝，其主要是由温度梯度造成。另一方面，贵州地处高原地区，经常性的温度骤降也容易形成裂缝。因此机制砂大体积混凝土的保温养护对防止表面早期裂缝尤其重要。

混凝土的养护分为浇筑时的养护和浇筑后的早期及后期养护，各种方法的中心内容都是降低浇筑时的混凝土温度和调节浇筑后的混凝土体内外温差，养护的过程既是调节温度的过程又必须达到保湿的目的。

①仓面喷雾养护。

仓面喷雾机将清水通过离心式压力雾化喷嘴雾化成细小雾滴后，用风力将雾滴均匀吹送到混凝土浇筑面上方形成雾层，一方面雾滴吸热蒸发，另一方面雾层阻隔阳光直射，从而降低浇筑面上环境温度。

②流水养护。

表面流水养护可使混凝土早期最高温度降低 1.5℃左右，但因浇筑仓面一般平整度较差，仓面难以做到全部有流水，同时对相邻坝段混凝土施工有较大干扰，故而实施时有一定难度。

③表面保护。

引起表面裂缝的原因是干缩和温度应力。干缩引起的表面裂缝一般仅数厘米深度，主要靠养护解决。引起表面拉应力的温度因素有气温变化、水化热和初始温差。气温变化主要有气温骤降、气温年变化和日变化。在混凝土施工过程中，有时要留一些缺口供过水之用，与低温水接触后，在缺口的底部与两侧，往往会出现裂缝。理论与实践经验都表明，表面保护是防止表面裂缝的最有效措施，特别是混凝土浇筑初期内部温度较高时，尤应注意表面保护。

(5)大体积混凝土的温度监测技术

为了控制裂缝的产生，这不仅要在混凝土成形之后，对混凝土的内部温度进行监测，而且应在一开始，就要对原材料、混凝土拌和、入模和浇筑温度进行系统的实测。测温办法可以采用先进的测温方法，如在底板测温中测温设备采用 LD-C20-64 智能检测温度仪，测温传感器采用 Cu100 型铜电阻，如有经验也可采用简易测温方法。这些经验和监测工作会给施工组织者及时提供信息，反映机制砂大体积混凝土浇筑块体内温度变化的实际情况及所采取的施工技术措施效果，为施工组织者在施工过程中及时、准确采取温控对策提供科学依据，实现情报化施工。

①大体积混凝土的监测要点如下：

a. 大体积混凝土的监控施工中，除应进行水泥水化热的测定外，在混凝土浇筑过程中还应进行混凝土浇筑温度的监测，在养护过程中应进行混凝土浇筑块体升降温、内外温差、降温速度及环境温度等监测。这些监测结果能及时反馈现场大体积混凝土浇筑块内温度变化的实际情况，以及所采用的施工技术措施的效果，为工程技术人员及时采取温控对策提供科学依据。

b.混凝土的浇筑温度是指混凝土振捣后位于混凝土上表面以下 50～100mm 深处的温度。混凝土浇筑温度的测试每工作班(8h)应不少于 2 次。大体积混凝土浇筑块体内外温差、降温速度及环境温度的测试一般在前期每 2～4h 测一次,后期每 4～8h 测一次。

c.大体积混凝土浇筑块体温度监测点的布置应以能真实反映出混凝土块体的内外温差、降温速度及环境温度为原则,一般可按下列方式布置:

a)温度监测的布置范围以所选混凝土浇筑块体平面图对称轴线的半条轴线为测温区(对长方体可取较短的对称轴线),在测温区内温度测点呈平面布置。

b)在测温区内,温度监测的位置可根据混凝土浇筑块体内温度场的分布情况及温控的要求确定。

c)在基础平面半条对称轴线上,温度监测点的点位不宜少于 4 处。

d)沿混凝土浇筑块体厚度方向,每一点位的侧点数,宜不少于 5 点。

e)保温养护效果及环境温度监测点数量应根据具体需要确定。

f)混凝土浇筑块体底表面的温度,应以混凝土浇筑块体底表面以上 50mm 处的温度为准。

g)混凝土浇筑块体的外表温度,应以混凝土外表以内 50mm 处温度为准。

d.测温元件的选择应符合下列规定:测温元件的测温误差应不大于 0.3℃,测温元件安装前,必须在浸水 24h 后,按相应的要求进行筛选。

e.测温元件的安装及保护应符合下列规定:

a)测温元件安装位置应准确,固定牢固,并与结构钢筋及固定架金属体绝热。

b)测温元件的引出线应集中布置,并加以保护。

c)混凝土浇筑过程中,下料时不得直接冲击测温元件及其引出线;振捣时,振捣器不得触及测温元件及其引出线。

②温度监测内容与方法。

a.温度监测内容:

a)基础混凝土浇筑及初凝过程中的温度监测。

b)当基础混凝土内外温差大于 25℃或温度陡降大于 10℃时,提出预警和施工处理措施,以防止温度裂缝的产生。

b.测试方法:混凝土内部温度采用温度传感器测量,大气及保温层温度采用水银温度计测取。测温从混凝土浇筑 3h 后开始,24h 不间断。监测频率为:

第 1～6d,每 2h 测温一次。

第 7d,每 4h 测温一次。

第 8～9d,每 6h 测温一次。

第 9d 以后,每 12h 测温一次。

2)高墩泵送混凝土

泵送混凝土与一般混凝土的主要区别在于:其不仅要满足设计要求的强度、耐久性等,还要有良好的工作性及可泵性,即拌和物在输送管道中摩擦阻力小、黏聚性好,不离析、不堵管(图 2.15)。尤其在大高差、长距离泵送条件下,原材料的选择与质量控制和配合比设计是实现高墩泵送混凝土的良好工作性能的首要基础。

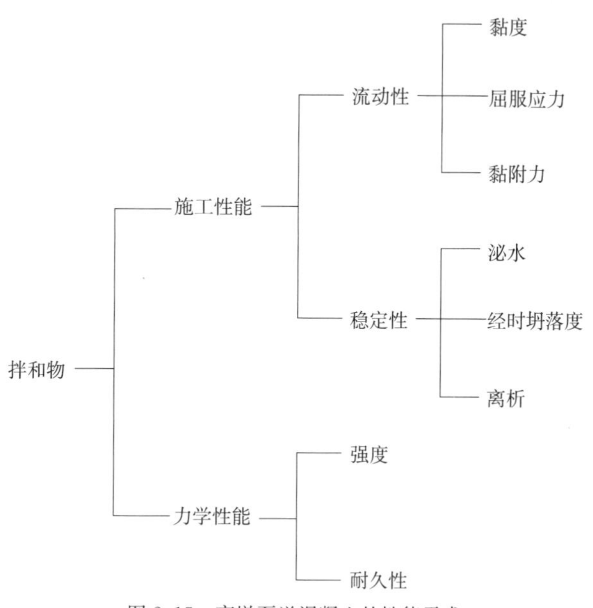

图 2.15 高墩泵送混凝土的性能需求

(1)机制山砂高墩泵送混凝土的性能需求

新拌混凝土是由固相、液相、气相组成的一种非均质、非密实、各向异性的,且随时间、温度、湿度和受力状态在不断演变的弹-黏-塑性混合物。根据流变学原理可以确定其流变方程为:

$$\tau=\tau_0+\eta_0\frac{\mathrm{d}v}{\mathrm{d}t}$$

式中:τ_0——屈服应力;

η_0——黏度系数;

$\frac{\mathrm{d}v}{\mathrm{d}t}$——剪切速率。

屈服应力 τ_0 是阻碍浆体进行塑性流动的最大剪切应力,在新拌混凝土的分散体系中,剪切应力主要由以下几个方面组成:粗集料与砂浆相对流动产生的剪应力;粗集料由于本身的重力作用而产生的剪应力以及粗集料间相对移动所产生的剪应力等。混凝土屈服应力既是混凝土开始流动的前提,又是混凝土不离析的重要条件。黏度系数是指分散体系进行塑性流动时应力与剪切速率的比值,它是反映流体与平流层之间产生的与流动方向相反的黏滞阻力大小,其大小支配了拌和物的流动能力。新拌高墩泵送混凝土必须具有自行流动通过钢筋间隙并填充模具的性能,因而要求混凝土流动性高、可塑性大、抗分散性好以及易密性高。从流变特征来考虑,则要求自密实新拌混凝土有:最小的屈服值 τ_0;流变过程中最小的塑性黏度 η_0;在一定的剪切应力下有较大的应变值 e 以及较大的内聚性 c 和较小的内摩擦 η。为了满足高墩泵送混凝土拌和物各个方面的性能,在配合比设计时,应对影响流动性的重要因素进行系统考虑。

泵送混凝土是以混凝土泵为动力,通过管道将搅拌好的混凝土混合料输送到建筑物的模板中的混凝土。它与非泵送混凝土相比较,两者的不同点在于非泵送混凝土是根据工程建设所需的强度进行配制的。石子为骨架,砂子填充石子的空隙,水泥浆填充细集料空隙,并使集料黏结在一起。在配合比设计时,施工机具不是着重考虑的问题。与此相反,泵送混凝土除了根据工程设计所需的强度外，还需要根据泵送工艺所需的流动性、不离析、少泌水的要求配制可泵性的混凝土混合料。混凝土的可泵性表示其可压缩性的大小。塑性大、和易性好的混凝土，泵送性能也好，但与可泵性还有区别。可泵性良好的混凝土必须满足压送阻力减少与防止离析这两个条件。具体来说，可以用坍落度与压力泌水总量两个指标表达，前者反映拌和物的流动性，后者主要反映拌和物的稳定性与保水性。

对于机制山砂泵送混凝土，集料级配不合理，细颗粒总量多，内聚性差，在管内作柱塞运动时，阻碍形成合适的润滑层，导致流动阻力增加。因此机制山砂超高混凝土提高可泵性的技术关键是增大混凝土内聚性，减小流动阻力。

机制山砂泵送混凝土配合比设计时，除应满足混凝土设计的强度等级和弹性模量的要求外，还应保证混凝土的可泵性，即要求混凝土具有一定的流动性、和易性、保水性，保证混凝土在连续浇筑过程中不发生离析和泌水，防止混凝土在泵送过程中发生卡管堵塞而影响混凝土浇筑质量。

(2)机制山砂高墩泵送混凝土的配合比设计原则

普通水泥混凝土为悬浮密实结构，其强度形成机理是靠水泥的水化反应产生的凝结力获得的。混凝土强度不仅服从水灰比定则，还要服从密实度定则。由于普通混凝土较易捣实，在某种程度上容易把密实度看成次要因素，而只注意水灰比与强度的关系。然而，泵送混凝土对其可泵性有特殊的要求，即要求混凝土具有建筑工程所要求的强度需求，同时要满足长距离泵送的需要。换句话说，就是混凝土在达到可泵性要求时应服从于阿布拉姆斯(D. A. Ablams)水灰比定则。

此外，泵送混凝土的集料分离系数应尽可能小。也就是说：混凝土要有足够的黏聚性，使其在运输、泵送、施工中不发生分离。因为骨料离析，造成砂浆分布不匀，部分粗骨架空隙没有密实填充，从而使混凝土泵送时发生堵塞，且混凝土工程质量强度没有达到设计要求。故此，混凝土配合比的设计尤为重要。高墩泵送混凝土配合比的设计原则为：

①建立稳定骨架所需集料用量原则。

②最大限度密度填充原则。

③混凝土可泵性原则。

④集料离析系数最小原则。

高墩泵送混凝土(图 2.15)对粗集料有特殊的要求。如 125 输送管要求可用卵石最大粒径为 40mm，碎石为 30mm；150 输送管要求混凝土所用卵石最大粒径为 50mm，碎石为 40mm。同时，泵送混凝土对粗集料的级配也十分敏感。主要原因就是粗集料的外形及粒径大小直接关系到其表面积及包裹物对其的附着力，从而影响细集料和灰浆的使用量，泵送高程达到一定程度时，最大粒径应不断减小。

(3)机制山砂高墩泵送混凝土的原材料要求

①水泥。

配制泵送混凝土，应采用矿物组成合理、细度合格的高强度水泥，但并非所有的水泥都能用于生产高墩泵送混凝土。一般常用比规定强度较高的硅酸盐水泥或普通硅酸盐水泥。

②粗集料。

粗集料主要控制指标为最大粒径、针片状含量、压碎指标和级配。根据泵送混凝土施工技术规范，最大粒径与输送管管径之比为：泵送高度＜50m 时，＞1∶3；泵送高度在 50～100m 时，宜为(1∶3～1∶4)；泵送高度＞100m 时，宜为(1∶4～1∶5)。最大粒径为 25～31.5mm。通常粗集料最大粒径小于 31.5mm 时可得到最大强度。级配应连续，针片状颗粒含量应＜10%。针片状颗粒含量多和级配不良时，输送管弯头处的管壁易磨损，同时易造成管道堵塞。根据《公路桥涵施工技术规范》(JTJ 041—2000)，混凝土用粗集料母材强度为混凝土设计强度的 1.5 倍以上。粗集料的选择应本着就地取材、经济适用的原则。必要时，应对集料进行冲洗，将含泥量降到最低。

③细集料。

采用机制山砂，机制山砂的主要特性如下：

a. 机制山砂是采用硬质岩石经机械破碎制得，加工后有较尖锐的棱角，针片状颗粒及软弱颗粒含量大，硬度比河沙小。

b. 机制山砂级配较集中。一般 1.25mm 以上颗粒占总重 45%左右(河沙约 20%～30%)，0.160～0.315mm 范围内的颗粒仅占 10%左右(河沙约 20%左右)。

c. 机制山砂的空隙率在 40%左右，略小于河沙。

因此，机制山砂的质量标准应控制如下：

a. 级配范围：累积筛余量符合混凝土用砂级配要求。

b. 云母含量、含泥量及其他杂质含量应满足施工技术规范的要求。

c. 对 C30 以上的混凝土和有抗冻、抗渗要求的混凝土，砂的压碎指标不应大于 35%；对 C30 以下的混凝土，砂的压碎指标不应大于 50%。

d. 石粉含量：小于 0.08mm 的颗粒含量不大于 10%。

e. 机制山砂细度模数应控制在 2.6～3.0。

④水。

混凝土拌和用水不得含有影响水泥正常凝结与硬化的有害物质。一般 pH＞4 的水即可使用。

⑤外加剂。

目前国内常用的配制高强混凝土的减水剂主要有萘系、脂肪族、氨基磺酸盐、聚羧酸系减水剂和木质素磺酸盐系减水剂等。其中前 3 种减水剂系高效减水剂，实际减水率可高达 25%左右，抗压强度可提高 10～20MPa，同时也能提高混凝土的抗拉强度和弹性模量，减少徐变，对钢筋和混凝土的耐久性也无不利影响。必要时应选用引气剂、增黏剂等。

(4)机制山砂高墩泵送混凝土的配合比设计

①配合比设计要点。

a. 严格控制大颗粒含量。

要求机制山砂中大于 5mm 颗粒含量不超过 10%。当 5mm 以上颗粒含量过多时，会影响粗集料级配，使混凝土拌和物易出现泌水、离析现象，造成混凝土强度不均匀；泵送时易产生卡管堵塞。

b. 选择合理的砂率。

选择合理的砂率能使混凝土具有较大的流动性，保持良好的黏聚性、保水性和可泵性，砂率还影响混凝土的强度。由于机制山砂在加工过程中大于 5mm 的颗粒含量较高，因此在进行混凝土配合比设计时,应适当提高砂率,可取 45%~55%。砂率偏低,易造成混凝土粗糙,坍落度小,不易拌和、浇注和振捣;在运输过程中易产生泌水、离析,影响正常泵送;混凝土易产生蜂窝、麻面且外观质量差。砂率偏高,会造成混凝土拌和物坍落度大,水泥用量多,混凝土收缩徐变大,使混凝土强度不均匀,易产生表面裂缝。因此应根据混凝土强度、施工工艺和外观质量要求,选择合理的砂率。

c. 石粉含量。

石粉含量按规定不应超过 10%。在施工过程中通过反复试验,适当提高石粉含量对混凝土强度无显著影响,但能有效提高混凝土的和易性、黏聚性、保水性和流动性,这样可改善混凝土的工作性能,易于混凝土的运输、浇注和振捣,同时保证混凝土外观质量。石粉含量最高不宜超过 12%,否则混凝土和易性大,易产生表面收缩裂缝,强度低,弹性模量亦减小。

d. 用水量。

混凝土具有良好的和易性是保证混凝土正常浇注和强度的基本要求。通过试验得出对于相同强度等级混凝土,在水泥用量、水灰比、砂率相同的条件下,用机制山砂比用河砂和易性差,混凝土拌和物坍落度小、流动性差、易离析。为了保证混凝土拌和物具有较好的和易性,在掺入必要外加剂的同时,混凝土拌和用水量比使用河砂时增加 8%左右。

e. 添加合理的外加剂。

混凝土配合比设计时,应掺加适量减水剂、消泡剂或引气剂等,以改善混凝土的可泵性,避免造成卡管堵塞现象。

②配合比参数确定。

a. 水灰比的确定。

混凝土强度是由胶空比 J/K 和密实度决定的,以胶空比讨论混凝土水泥浆体的强度,可以直接说明内部结构的形成状态。但是在实际配合比设计过程中,应用水灰比 W/C 更为方便实用。水灰比、强度指标和混凝土可泵性对泵送混凝土来说存在着互相制约的因素。因此,高墩泵送混凝土配合比设计最重要的是根据强度和可泵性来考虑水灰比值。

b. 坍落度的取值。

对于混凝土可泵性的评定和检验目前还没有一个统一的标准,一般石子粒径适宜,流动性和内聚性比较好的塑性混凝土,其泵送性能基本上也是好的。因此,现在仍然以坍落度或稠度来评定混凝土可泵性。以往泵送混凝土的施工经验表明,坍落度在 90~130mm 的情况下均可顺利进行泵送施工。但在实际施工中考虑到当地夏季气温持续偏高,坍落度的损失较大,还有输送距离、输送高度、时间、集料级配差异等因素,因此坍落度按 160~200mm 控制。但坍落度过大对可泵性不一定有利,反而会引起集料沉淀,使结构物上下部位的质量不均匀,也同样影响其使用性能。因此在施工过程中应对坍落度进行严格控制,以保证混凝土质量和混凝土浇筑的顺利进行。

c. 砂率的确定。

砂率对泵送混凝土也有一定影响,水泥砂浆在泵送过程中使输送管道内壁形成砂浆润滑层,所以混凝土拌和物能够在管道中被压送。当混凝土拌和物通过非直管或软管时,粗集料颗粒间相对位置将产生变化。此时,如果水泥砂浆量不足,则混凝土拌和物变形不够,便会产生堵塞现象。一般情况下砂率过大,集料的总表面积和孔隙率都增大,混合料显得干稠,流动性较小。如砂率较小，则砂浆量不足，也将降低混合物的流动性；对于泵送混凝土，坍落度较大，砂率过小会引起混凝土的离析及泌水。因此，合理砂率值应为黏聚性及保水性保持良好，且混合物坍落度值为最大时所对应的砂率值。此外，砂率对混凝土强度的影响在一定范围内并不明显。因此，合理的砂率主要应根据混合物的坍落度及黏聚性、保水性等特性来确定。各组强度试验结果作为分析时参考之用。

(5)配合比的选配

泵送混凝土配合比的选配是试验工作中的最后一项工作。一般混凝土坍落度在12～15cm时，泵的工作压力大，泵机、泵的输送管工作振动大，并容易堵管。坍落度在18～20cm时，泵的工作压力小，且比较平稳，泵送效果好。

(6)高墩泵送混凝土的施工质量控制

①原材料的质量控制。

对每批进场材料在使用前按标准抽检，合格后方能使用。重点控制指标为：

a.水泥凝结时间、安定性及3d强度。

b.集料颗粒级配、最大粒径、针片状颗粒含量及含泥量。

c.外加剂使用前3d试拌混凝土，测定拌和物性能及3d强度。

②过程控制。

a.拌和时严格执行施工配合比，确保拌制时间1～2min。并定期校验配料机的计量准确性。

b.入泵前拌和物坍落度控制在180～220mm，确保在浇筑地点坍落度为160～180mm。

c.采用连续性泵送工艺，停泵时间＞15min。

d.捣固时防止过捣、漏捣。

3)高性能混凝土

(1)高性能混凝土的定义

高性能混凝土由于具有高耐久性、高工作性、高强度和高体积稳定性等许多优良特性，被工程界和各国学者所接受，也被认为是今后混凝土技术的发展方向。中国混凝土学会高强、高性能混凝土委员会于2000年在苏州召开的会议上，建议将高性能混凝土定义为：以耐久性和可持续发展为基本要求并适合工业化生产与施工的混凝土。即高性能混凝土是以耐久性为基本要求，能够满足工业化预拌生产、机械化泵送施工的混凝土。

(2)战略需求

西部大开发战略的实施使西部地区经济迎来了发展的黄金时期，各种基础设施陆续开工、建成，高速公路作为推动社会经济快速发展的重要设施得到了快速的发展。山区大跨度桥梁混凝土工程建设越来越多，山区建设桥梁、混凝土工程技术等显得尤为宝贵。

贵州地区处于山区，具有冬季寒冷、昼夜温差大、多风等气候条件。因此，山区高寒环境下高性能混凝土技术对促进西部工程建设具有重要的指导意义。另一方面，贵州地区的混凝土原材料特性及特征与其他地区有明显的差异，尤其广泛采用机制砂。因此，利用机制砂配制C60高性能混凝土，并在工程中推广应用具有重要意义。

(3)C60机制砂高性能混凝土配合比设计影响因素和设计原则

①高性能混凝土配合比设计主要影响因素。

a.工作性。良好的工作性是使混凝土质量均匀、获得高性能且安全可靠的前提。没有良好的工作性就不可能有良好的耐久性。高性能混凝土拌和物具有高流动性、可泵性。同时,拌和物还应具有体积稳定、不离析、不泌水等特性。为了保证施工的质量,配制时还要考虑减小流动性损失。影响高性能混凝土拌和物工作性的因素主要有水泥砂浆用量(包括水胶比、胶凝材料用量以及砂率)、集料级配、减水剂品种及用量等。

b.强度。影响强度的主要因素有水胶比和矿物细掺料的用量等。受界面的影响,粗集料粒径、砂率和浆体数量也会对强度有一定的影响。

c.耐久性。高性能混凝土配制的最终目标主要是优良的耐久性,而对于承重结构,则应同时满足不同构件的强度要求。因为大多数造成混凝土劣化的(物理的或化学的)侵蚀都是有害介质通过水的渗入而发生的,所以低渗透性是混凝土的第一道防线。影响混凝土渗透性的主要因素是混凝土的内部结构。因此,配制混凝土时,影响耐久性的因素是拌和物的均匀性、稳定性,以及硬化混凝土的密实度、中心质网络的形成、界面结构、尺寸稳定性和所用原材料的品质等。

②高性能混凝土配合比设计原则。

a.掺入高效减水剂。在保证混凝土拌和物所需流动性的同时,尽可能降低用水量,减小水灰比,使混凝土的总孔率特别是毛细管孔隙率大幅度降低。

大量的研究与应用实践表明:大掺量高效减水剂时混凝土在水胶比很低的条件下,仍能具有较大的流动性,可以成形密实,生产强度与耐久性良好的高强与高性能混凝土。配制高强混凝土时,高效减水剂的掺量通常要接近或等于其饱和掺量。超塑化剂应通过试验,根据与水泥(胶凝材料)的适应性,在萘系和多羧酸系的超塑化剂中选择;必要时复配其他成分,以保证混凝土拌和物大流动度、低坍落度损失等性能。

b.掺入高效活性矿物掺和料。掺入活性矿物掺和料的目的在于改善混凝土中水泥石的胶凝物质的组成。活性矿物掺和料(如硅灰、矿渣、粉煤灰等)中含有大量活性氧化硅及活性氧化铝,它们能和硅酸盐水泥水化过程中所产生的游离石灰及高碱性水化硅酸钙产生二次反应,生成强度更高、稳定性更优的低碱性水化硅酸钙,从而达到改善水化凝胶物质的组成并消除游离石灰的目的。

c.高性能耐久混凝土的配合比参数的优化。高性能混凝土的配合比参数主要有水胶比、水胶比确定下的浆集比(一定水胶比下的胶凝材料总用量或用水量)、水胶比和浆集比确定下的砂石比(反映一定浆集比下的砂率或粗集料体积)和超塑化剂用量。这些参数不是孤立地影响混凝土的个别性能,而是相互制约的。如为了保证高流动性,就要用较大的浆集比和砂率。高性能混凝土配合比设计的任务是正确地选择原材料和配合比参数,使其中的矛盾得到统一,获得保证高耐久性的混凝土。

(4)山区高寒环境下C60机制砂高性能混凝土施工技术

①原材料要求。

水泥应满足配制高性能混凝土强度等级要求,选用硅酸盐水泥或普通硅酸盐水泥,其品质指标应符合现行国家水泥标准。按配合比设计要求掺入高效减水剂和活性掺和料。集料原则上应在入冬以前备足所用数量,并保证级配及泥污含量符合规定,避免施工时用水冲洗,造成材料冻冰,增加施工难度。

外加剂和掺和料产品质量必须满足高性能混凝土用外加剂和掺和料的产品质量要求,购买外加剂和掺和料时厂方应附产品合格证及使用说明书。

②温控措施。

山区高寒环境下，高强高性能混凝土施工入模温度应不低于5℃，因此水泥、高效减水剂和掺和料应在使用前运入暖棚内进行自然预热，但不得直接加热。混凝土拌和用水可以加热，但最高加热温度不得超过80℃，搅拌时应先投入集料和加热的水，拌匀后再投入水泥。当加热拌和水尚不能满足混凝土温度要求时，可将集料均匀加热，其加热温度不应高于60℃。

加热拌和水是最有效的方法，不但容易做到，而且加热水所消耗的能量仅是同质量骨料的1/4。但拌和水的加热程度要适当，且应保证每盘混凝土之间温度相差不太悬殊。为避免发生速度或假凝现象，太热的水不要直接与水泥或外加剂接触。为此，可采用加热水与集料先行拌和的搅拌工艺制度。

③配料、拌制和浇筑技术。

材料配料允许偏差应符合下列规定(按质量计)：胶凝材料(水泥、掺和料等)为±1%；外加剂为±1%；粗、细集料为±2%；拌和用水为±1%。

山区高寒环境下，混凝土搅拌时间应较常温施工延长50%左右，一般不少于3min。

砂石集料原则上不能有冻块并保持在正温，如是负温或含有冻块时，优先采用在搅拌时先投入砂石料和热水(或通热蒸汽)搅拌60s，注意控制搅拌机内砂石和水的混合温度不超过35℃，然后投入水泥及外加剂再搅拌120s的方法。有条件的工点可以设砂石料保温棚，通蒸汽管加热集料。不宜用钢板或铁锅直火热炒砂石料，这样因集料内干热且温度不均匀，易造成混凝土内部骨料周围的水泥石失水而产生毛细裂纹。

混凝土搅拌设备应设置在暖棚内，避免风雪直接影响搅拌刚出机的混凝土。混凝土出机温度应控制在5～25℃。混凝土灌筑捣固后温度控制在10～25℃为宜。当混凝土入模温度过高，捣固完后如发现表面产生假凝，应待其温度降至25℃以下并在初凝之前重新捣固一遍才能继续接灌上层混凝土。

④养护及测温。

山区高寒环境下，机制砂高强与高性能混凝土灌筑后应及时覆盖保温，在未达到抗冻临界强度之前不得受冻。混凝土灌筑后保温养护方法有：

a.蓄热法。适合于表面系数小于4的较大体积混凝土。靠自身水化热产生的热量进行热养，用草袋、草帘、锯末、棚布等物覆盖厚5～10cm。

b.电热法。适合于表面系数较大的小体积混凝土，或因蓄热保温不够，混凝土将要受冻时采取的补救措施。就是将电热器(可采取油热电暖器、电热毯等)贴在混凝土表面(外裹保温层)，接通电源，使电能变为热能，以提高混凝土的表面温度。

c.蒸汽加热法。现场配备小型移动蒸汽锅炉。施工方法有两种情况：

补助加热，作用同电热法。就是混凝土灌筑完毕，罩上棚布，通蒸汽进行热养，棚内温度控制在35℃以内恒温，直至混凝土达到抗冻临界强度为止。

蒸养法，适合于混凝土构件厂施工，也可将小型移动蒸汽锅炉移到可望而不可即的墩、台构筑物边进行蒸养。蒸养混凝土时，要求加温均匀并设有排除冷凝水的装置，防止结冰。其升温速度：混凝土表面系数≥6的结构，每小时不超过15℃；混凝土表面系数<6的结构，每小时

不超过10℃；配置钢筋稠密的薄型结构，每小时不超过20℃。混凝土在开始通蒸汽前本身温度应不低于5℃。恒温的最高温度一般控制在40～45℃，恒温时间根据混凝土需要达到的强度决定。蒸养完毕混凝土降温冷却要慢，一般每小时不大于10℃。同时，在混凝土冷却至5℃后方可拆模。如果拆模时，混凝土与外界气温差大于20℃时，拆模后仍及时覆盖保温，避免混凝土产生温度应力裂缝。

混凝土温度测量：混凝土搅拌、灌筑时每一工班分别测量4次。

混凝土灌筑时，在构件的不同位置（中心位置、距模板15～20cm位置、混凝土表面保温层内位置）都预留测温孔。在混凝土养护期间，当混凝土未达到抗冻临界强度之前应随时测量混凝土表面及内部温度情况。一般在混凝土灌筑后头一天每2h测量一次，第2～3d每6h测量一次，以后每天测量两次，直至混凝土达到抗冻临界强度拆除保温材料为止。测温资料应详细记录。

测量混凝土内温度的温度计应不受外界温度的影响，测温时，温度计在孔内至少停留3min，各测温孔应编号并绘制温孔布置图。

⑤混凝土质量检查。

山区高寒环境下施工，混凝土检查试件，除按常温施工时必须制作的试件在标养28d（或56d）试压作为评定工程混凝土质量之用外，至少再增作2组与结构同条件养护。一组用以检查预养期内混凝土受冻前强度（确定抗冻临界强度，即：同条件养护试件的抗压强度不低于设计强度的30％时），另一组则是构件拆除保温层时继续与构件同在负温下养护不少于3d（为N），然后移入标养室再养护28d（或56d）测得的强度为$N+28$，结果强度不小于设计强度，证实构件混凝土没有受冻。

随结构同条件养护的试件应放置在灌筑后混凝土表面（上面），并覆盖保温材料，以保持试件温度与结构温度同步。如试件制作后工程尚未灌完，试件应暂时放置于与拌和物入模温度相似的环境中，待工程灌筑完后移置于结构表面养护。

2.3.2 高强度钢筋

建筑业是我国国民经济的支柱产业之一，目前我国的建筑物的结构材料仍以钢筋混凝土为主，随着我国经济持续高速增长，建筑用钢筋的消耗量也在飞速增加。据统计，我国现有建筑面积约500亿m^2，每年新增建筑面积约20亿m^2。建筑业作为资源消耗量较大行业之一，为实现可持续发展，就需要调整建筑材料消耗结构，走节约型发展道路。而推广应用高强钢筋具有很好的经济、环境和社会效益，是建筑、钢铁两行业节能减排、转型调整的可靠途径。

高强钢筋是指抗拉屈服强度达到400MPa及以上级的螺纹钢筋，其具有强度高、综合性能优的特点，可有效节约钢材用量。为落实《国务院关于印发"十二五"节能减排综合性工作方案的通知》中有关工作部署，住房和城乡建设部、工业和信息化部印发了《关于加快应用高强钢筋的指导意见》，加快推进400MPa级及以上高强度钢筋在建筑工程中的应用。意见中明确提出主要目标是：加速淘汰335MPa级钢筋，优先使用400MPa级钢筋，积极推广500MPa级钢筋。2013年底，在建筑工程中淘汰335MPa级钢筋。

《混凝土结构设计规范》（GB 50010—2010）中已经取消HPB235相关内容，增加了

HRB500 相关内容，同时提出纵向受力钢筋宜采用 400MPa 级以上的钢筋。交通运输部也已经在《公路钢筋混凝土及预应力混凝土桥涵设计规范》(JTG D62—2004)的修订征求意见稿中，增加了 HRB500 的相关内容。

根据以上的相关文件、标准和规范的要求，在我国的高速公路建设中加速应用高强度钢筋已是燃眉之急。

1)研究现状

高强钢筋常作为混凝土结构纵向受力钢筋使用，由于其屈服强度高、屈服应变大，配有高强钢筋混凝土构件的屈服位移也较大，在相同极限变形条件下配置高强纵筋构件的位移延性偏低，且高强钢筋应用后绝对配筋量会减少，从而引起对其抗震性能的担心。如何对配置高强钢筋混凝土结构(构件)承载力及抗震性能进行综合评价，通过合理的配筋数量与构造措施保证结构性能，是推广高强钢筋需要解决的主要问题。

小直径 500MPa 及强度大于 500MPa 高强钢筋作为箍筋使用，可以节约箍筋用量，并可为混凝土构件提供更好的约束作用，是近年来高强钢筋应用的另一个趋势。预应力混凝土钢棒(简称“PC 钢棒”)是一种采用热处理方式提高强度的二次加工钢种，从日本引进我国后主要用于预应力混凝土管桩，并编制了钢材产品标准。冶金生产部门改进加工技术后，性能提高的 PC 钢棒可作为箍筋使用，国内已开展了一些研究和试点工程应用。箍筋应用的最主要技术问题就是体积配筋率和构造要求，《混凝土结构设计规范》(GB 50010—2002)中目前箍筋最高只允许应用到 500MPa 级钢筋，需要以研究为基础补充完善这部分内容。

(1)国外研究现状

国外对 HRB500 级钢筋的研究较早，近几年其研究成果如下：

①2002 年，El-Hacha，R. 和 Rizkalla，S 进行了高强钢筋混凝土圆形短柱轴压试验，同时进行了配置普通钢筋的混凝土圆形短柱试验作对比，高强钢筋纵筋的屈服强度为 827MPa，普通钢筋的屈服强度为 420MPa。研究结果表明：与普通钢筋相比，高强钢筋具有较好的延性性能。

②2007 年，Patras 大学评估了对承受低周反复荷载作用的 S500s 钢筋，在受到试验室盐水喷雾逐步腐蚀的条件下破坏的情况。试验表明：锈蚀的钢筋承载能力与可用能量逐渐减少。

③2008 年，Patras 大学研究了使用质量指标，对锈蚀技术钢筋 B500c 和 S500s 的力学性能进行了对比。试验表明：未腐蚀的 B500c 钢筋比 S500s 钢筋具有更好的力学性能，但是经过腐蚀后 B500c 钢筋比 S500s 钢筋质量指数下降明显。

④2009 年，美国沙加大学对 BS460B 与 BSB500B 钢筋进行了低周疲劳寿命的预测。试验表明：BSB500B 钢筋比 BS460B 钢筋能耗散更多的能量。

(2)国内研究现状

HRB500 级钢筋应用技术的研究是 2004 年国家 863 课题中重要研究项目之一。在加速推进我国高强度钢筋研发大环境下，针对 HRB500 级钢筋，全国各研究机构与高校进行了大量试验研究。研究结论如下：

①2000 年，郑州工业大学对 HRB500 级螺旋肋钢筋混凝土构件进行了受弯性能的试验研究，分析了 HRB 500 级钢筋基本材性以及其作为主筋受弯构件的承载力、刚度、裂缝等性能。试验结果表明：500 级螺旋肋钢筋混凝土受弯构件具有良好的受力性能和延性。

②2007 年，华侨大学进行了 HRB500 级钢筋混凝土简支梁受弯性能的试验，对高强度混凝土与 HRB500 级钢筋匹配下梁变形特点、承载力性能与破坏形态进行了分析。试验结果表明：受弯构件承载力规范计算值和试验值相符合，梁挠度实测值较规范计算值偏大，梁裂缝宽度与裂缝间距实测值比规范计算值偏小。

③2007 年，湖南大学进行了以 HRB500 级钢筋作为受力主筋的 10 块受弯混凝土板试验，分析了在不同的配筋率情况下，板的受弯承载力，以及正常使用条件下裂缝、挠度等问题。试验结果显示：HRB500 级钢筋混凝土受弯构件在正常使用极限状态下，其裂缝宽度、挠度根据《混凝土结构设计规范》(GB 50010—2002)规定的公式进行计算时需要做适当修正，在设计时建议对配置 HRB500 级钢筋的混凝土受弯性能的板进行挠度验算。

④2007 年，湖南大学进行了以 HRB500 级钢筋为受力主筋、但配筋率不同的 11 根混凝土梁受弯试验，详尽记录试验过程中的裂缝开展情况、挠曲变形与破坏特征等情况，按《混凝土结构设计规范》(GB 50010—2002)计算混凝土梁受弯承载力合理取值。

⑤2008 年，郑州大学进行了 7 根(4 根先张法、3 根后张法)配置 HRB500 级钢筋的混凝土简支梁在静载作用下的受力性能试验，分析了部分 HRB500 级钢筋预应力梁从加载开始至构件破坏的全过程中，混凝土、钢绞线和非预应力钢筋的挠度和裂缝开展、荷载—应变规律。进行 3 根简支梁(1 根后张法、2 根先张法)疲劳受力性能的试验，分析在疲劳荷载作用下的非预应力钢筋的疲劳强度，以及预应力钢绞线的应力变化规律，提出了 HRB500 级钢筋的疲劳应力幅限值。

上述这些试验从多种角度对 HRB500 级钢筋混凝土构件进行研究，为规范的修订提供了技术准备与试验依据，加速行业规范对高强度钢筋进行调节与完善的进程。只有尽快在规范中明确规定 HRB500 级钢筋计算理论、施工工艺、性能指标等问题，实现应用 HRB500 级钢筋有法可依、有章可循，才可以真正在全国范围内推广应用 HRB500 级钢筋。

2)应用分析

高强钢筋具体而言就是 HRB400 和 HRB500。《公路钢筋混凝土及预应力混凝土桥涵设计规范》(JTG D62—2004)中对结构验算的主要控制指标是强度和裂缝宽度。对于以强度控制为主的构件，替换原 HRB335 钢筋后，可以充分发挥其强度高的特性，可提高强度并节约钢筋用量；对于以裂缝宽度控制为主的构件，截面的配筋率是控制性因素，与钢筋强度无关，高强钢筋的特点难以得到充分应用。

高速公路上的桥梁以中小跨径的梁式桥为主，主要是 20m 预应力混凝土装配式箱梁、30m 预应力混凝土 T 形梁和 40m 预应力混凝土 T 形梁，这 3 种跨径的桥梁占到桥梁总量的 90%以上。其余是特殊设计的桥梁，有预应力连续刚构、钢筋混凝土连续梁、钢筋混凝土箱形拱以及斜拉桥、悬索桥等。

中小跨径桥梁的上部构造中梁是受弯构件，多采用预应力混凝土结构，由钢绞线和混凝土提供结构承载力，钢筋多为构造钢筋。在结构的整体计算中，并没有考虑钢筋的作用。因此，将上部构造中的钢筋由原设计的 HRB335 等数量等直径改为 HRB400 或 HRB500，并没有直接发挥出高强钢筋的特性，但是对提高局部构件(如悬臂板)的强度、提高结构的安全度有相应的好处。

中小跨径桥梁的下部构造中双柱式圆墩、桩基和承台是以强度控制为主的构件，主筋等强度替换为 HRB500 级钢筋后，可以满足相关规范要求，钢筋用量降低；盖梁是以裂缝宽度控制为主的构件，主筋等数量等直径替换为 HRB500 级钢筋后，可以提高结构的承载力，而裂缝宽度仍然在设计容许的裂缝宽度要求内。

总之，高强钢筋应用的范围集中在中小跨径桥梁的下部构造，包括盖梁、墩柱、承台和桩基，应以定量分析为主，其余特殊设计的桥梁则以定性分析为主。

3)工程实例

结合织纳高速公路武佐河特大桥主塔承台建设实例，对高强钢筋在贵州省大跨径斜拉桥建设中的应用进行研究。

织纳高速公路武佐河特大桥 15 号、16 号主塔承台、塔座顶层及底层钢筋原设计采用 HRB400 钢筋，其余钢筋为 HRB335 钢筋。根据高总司办公会议纪要(黔高总司纪要[2012]147 号)要求，设计单位结合武佐河大桥的实际情况，对 15 号、16 号主塔承台和塔座的钢筋进行了设计变更，原设计顶层和底层的 HRB400 钢筋变更为 HRB500 钢筋，其余钢筋仍采用 HRB335 钢筋。依据设计单位的变更图纸，施工单位中铁大桥局采购了 HRB500 钢筋，并进行了加工、安装，目前已经顺利完成了 16 号墩承台施工和塔座钢筋安装。对该工程实例的研究，可得出以下结论：

①预应力混凝土连续刚构的上部构造的形式是箱梁，由钢绞线和混凝土提供结构承载力，钢筋多为构造钢筋，直径多在 20mm 以下。等直径等数量替换为 HRB400，可提高结构的安全度。下部构造为双肢薄壁空心墩，根据计算分析，薄壁空心墩为裂缝宽度控制构件，将主筋等直径等数量替换为 HRB500，可提高结构的安全度。

②斜拉桥、悬索桥的主塔是钢筋混凝土构件，主塔是裂缝宽度控制构件，将主筋等直径等数量替换为 HRB500，可提高结构的安全度；但是不能减小结构的裂缝宽度，也不能减少钢筋用量。

③钢筋混凝土连续梁可以充分发挥高强钢筋的特点，节约钢材用量；对于预应力混凝土连续梁、预应力连续刚构、斜拉桥、悬索桥而言，承台、桩基可以充分发挥高强钢筋的特点，节约钢材用量；其他部位等直径等数量采用高强钢筋后，可提高结构的安全度，而裂缝宽度仍然在设计容许的裂缝宽度要求内。

④盖板涵的涵台台帽和盖板两个部位的材料采用了钢筋混凝土，其中涵台台帽是按构造配置钢筋，钢筋是 HRB335 的 $\phi12$ 和 R235 的 $\phi8$ 两种，可以分别用 HRB400 的 $\phi12$ 和 HRB500 的 $\phi8$ 取代，对结构安全度和耐久性均可以提高，但是裂缝宽度不变。钢筋混凝土盖板涵和钢筋混凝土箱涵用 HRB500 或 HRB400 取代等直径等数量 HRB335 后，能够满足规范各项要求。结构安全度有所提高，而裂缝宽度仍然在设计容许的裂缝宽度要求内。

⑤16 号主塔承台塔座使用 HRB500 钢筋约 445t，原材料增加成本为 17.4 万，另加套筒及易损件消耗增加费用约 3.6 万元，成本增加约 21 万元。因此 16 号主塔承台塔座使用 HRB500 钢筋节约造价为 52.9－21＝31.9 万元，与变更前比较，造价降低约 31.9÷(0.665×524)＝9.1％。如果是在 HRB335 钢筋的基础上进行变更，则造价可以降得更多，因为数量减少更多。16 号主塔承台施工完成后效果较好，未发现裂纹。

本章参考文献

[1] 刘健新,李加武. 中国西部地区桥梁风工程研究[J]. 建筑科学与工程学报,2005,22(4):32-39.

[2] 杜振华. 大跨度斜拉桥钢-混结合梁组合效应研究[D]. 成都:西南交通大学,2009.

[3] 刘才华,陈从新. 层状岩质边坡稳定性[M]. 北京:科学出版社,2012.

[4] 李安洪,周德培. 顺层岩质边坡稳定性分析与支挡防护设计[M]. 北京:人民交通出版社,2011.

[5] 张艳娇. 三峡库区川东造船厂岸坡稳定性分析及防护措施研究[D]. 成都:西南交通大学,2004.

[6] 徐伟栋. 配置高强钢筋的混凝土柱抗震性能研究[D]. 上海:同济大学,2007.

[7] 周建民,陈硕,王晓锋,等. 高强钢筋混凝土梁短期变形计算方法研究[J]. 同济大学学报:自然科学版,2013,41(4):503-509.

[8] 叶列平,Asad U Q,马千里,等. 高强钢筋对框架结构抗震破坏机制和性能控制的研究[J]. 工程抗震与加固改造,2006,28(1):18-24.

[9] 王晓锋. 配置高强钢筋混凝土框架柱抗震性能研究[D]. 北京:中国建筑科学研究院,2013.

[10] 邓惠晗. 高强钢筋在桥梁结构工程中的应用[J]. 城市道桥与防洪,2013,(8):353-356.

第3章 贵州山区矮塔斜拉桥建设

随着混凝土桥梁的设计向着大跨发展，设计上越来越注重自重的减少、主梁的轻型化、施工性能和经济性能的提高、维护管理水准的提高，桥梁形式与外观上注重与周边环境的协调。考虑到经济性、施工性，对100～200m跨度的桥梁采用介于预应力箱梁桥和一般斜拉桥之间桥梁形式比较合适，从而导入了兼有梁桥和斜拉桥优点的矮塔斜拉桥形式。本章以龙井河大桥为工程实例，对矮塔斜拉桥的设计、施工进行详细的介绍，为国内同类桥梁建设提供参考。

3.1 矮塔斜拉桥特点

与一般斜拉桥相比，矮塔斜拉桥具有以下特点：

①矮塔斜拉桥是由主梁承受主要外部荷载，体外索引起大偏心弯矩从而改善结构性能的桥梁形式。因此，矮塔斜拉桥的设计梁高在支座位置为$L/35$～$L/30$、跨中位置为$L/60$～$L/50$。

②矮塔斜拉桥主塔的高跨比(主塔高度/中间跨长)为1/12～1/8，比一般斜拉桥的1/5要小。因为斜拉桥的拉索是为了支承主梁，而矮塔斜拉桥的体外索是为了提高有效偏心位置，所以矮塔斜拉桥的主塔高度不需要很高。

③由于活荷载引起的应力变化较小，疲劳的影响较小，虽然矮塔斜拉桥与一般斜拉桥均使用体外索，但矮塔斜拉桥体外索的安全度为1.67($0.6f_{pu}$)，远大于一般斜拉桥。

④矮塔斜拉桥上部结构重心相对较低，基础施工量较小，较为经济。

3.2 贵州山区矮塔斜拉桥龙井河特大桥工程实例

3.2.1 概述

1)工程背景

龙井河特大桥位于厦门至成都高速公路贵州境织金至纳雍段，位于贵州省纳雍县寨乐乡境内，为跨越山间河谷而设。桥位沿陡斜坡地段延伸后上跨“V”形河谷，地形横坡陡，自然坡

图 3.1　龙井河特大桥桥位地貌

度角 25°～60°。两岸桥台位于斜坡地带，基岩大部分出露。桥区地貌类型属构造侵蚀、溶蚀型低中山地貌。地质平面图如图 3.1 所示。

桥区上覆残坡积(Q^{el+dl})粉质黏土、块石土；岩堆体(Q^{c})块石土。下伏地层为三叠系下统永宁镇组第一段(T_1yn^1)灰岩；三叠系下统永宁镇组第二段(T_1yn^2)灰岩、钙质泥岩；三叠系下统永宁镇组第三段(T_1yn^3)灰岩。

2)总体方案设计

综合考虑桥址处的地形、地貌、地质条件以及周围的环境景观的要求，根据交通量的大小和道路的通行能力，桥面横向布置为 0.5m(防撞护栏)＋11.25m(行车道)＋4.5m(中央分隔带)＋11.25m(行车道)＋0.5m(防撞护栏)，左右幅整体设计，桥梁全宽 28.0m。

其中，主梁采用箱梁设计，选用单箱三室截面；主塔选用矮塔；拉索采用双排单索面形式。

3)设计要点和主要材料参数

(1)主要材料参数

混凝土采用 C25～C55 混凝土；普通钢筋采用 R235 钢筋和 HRB335 钢筋两种；钢材及型钢一律采用 Q235 普通碳素结构钢。

(2)桥型布置

桥梁在引桥部分左右幅分幅设计，主桥部分左右幅整体设计，上部结构布置左右幅为 6×30m预应力混凝土 T 梁＋(86＋160＋86)m 预应力混凝土部分斜拉桥＋5×30m 预应力混凝土 T 梁，桥梁全长左幅为 671.998m，右幅为 675.790m。主桥范围内桥面设 4%的单向横坡。桥型效果图如图 3.2 所示。

图 3.2　桥型效果图

(3)主桥上部主梁设计

上部箱梁为变截面单箱三室断面，箱顶宽 28m，底宽 13～16m；箱梁高度从箱梁根部断面至跨中方向 51.50m 范围按 2.0 次方抛物线由 6.50m 变化至 3.20m；其余梁段为箱梁等高段，梁高 3.20m。箱梁截面顶、底板厚度等尺寸，也根据截面受力不同进行相应变化，此处不做详细介绍。

(4)主桥主梁预应力设计

箱梁采用三向预应力体系，对结构分别配置纵向、横向、竖向预应力。

其中横向、纵向预应力采用公称直径 15.2mm 的预应力钢绞线；竖向预应力钢筋采用公称直径 32mm 的精轧螺纹粗钢筋。

(5)主塔设计

采用花瓶形索塔，下塔柱为两端刚性固结的钢筋混凝土矩形实心墩，均为双肢墩。双肢墩墩身部分横桥向宽度为 13.0m，顺桥向宽度为 2.0m，双肢间净距为 3.0m；上塔柱为 4.5m×4.2m 矩形实心塔柱，总高度为 28.5m，桥墩承台为 14.0m×17.6m 矩形承台，厚度为 5.0m，下设 C25 混凝土垫层。

(6)斜拉索设计

全桥共计 24 对 $43\phi_s15.20$(15-43)钢绞线斜拉索,塔上锚固采用索鞍形式,斜拉索通过索鞍在塔上贯通,塔上斜拉索竖向间距为 1m,横向间距为 2m;梁上锚固在索塔两侧对应的斜拉索锚固横隔板上,每个横隔板上锚固两根斜拉索,梁上顺桥向锚点间距为 8m,横桥向锚点间距为 2m。

(7)过渡墩和辅助墩设计

过渡墩均为钢筋混凝土双柱框架墩,墩身为单箱单室薄壁矩形空心墩,薄壁墩身部分横桥向宽度均为 6.5m,顺桥向宽度为 3.5m;桥墩承台为 8.8m×12.0m 矩形承台,厚度为 4.0m,下设 C25 混凝土垫层。两过渡墩处均设 240mm 的模数式型钢伸缩缝过渡至引桥。

3.2.2 结构分析

采用 RM Bridge V8i 空间有限元分析软件建立模型,并按规范要求对结构施工阶段和成桥阶段进行验算。

1)主桥纵向计算参数

(1)材料及参数

各构件材料及参数见表 3.1。

材料参数表(MPa) 表 3.1

构件	主梁混凝土	索塔(上塔柱、下塔柱)	斜拉索	预应力钢束
材料	C55 混凝土	C50 混凝土	环氧喷涂钢绞线	$\phi_s15.20$ 钢绞线
弹性模量	3.55×10^4	3.45×10^4	1.95×10^5	1.95×10^5
抗压强度	35.5	32.4	—	—
抗拉强度	2.74	2.65	1860	1860

(2)主要计算荷载

①永久荷载。

主梁混凝土自重:重度取 26.0kN/m^3。

主塔自重:重度取 26.0kN/m^3。

桥面铺装:沥青混凝土重度取 24kN/m^3。

收缩与徐变:程序按规范自动计算。

②可变荷载。

汽车荷载:公路—Ⅰ级(六车道)。

温度:整体升温取 20℃,整体降温取 20℃。

索、梁温差:±10℃。

梯度温度:按规范取值。

③荷载组合。

具体见表 3.2。

荷载组合 表3.2

组合工况	承载能力极限状态（基本组合）	正常使用极限状态（短期组合）	正常使用极限状态（长期组合）	持久状况和短暂状况（标准组合）
自重	√	√	√	√
收缩徐变	√	√	√	√
预应力	√	√	√	√
斜拉索索力	√	√	√	√
汽车荷载	√	√	√	√
均匀温升	√	√	√	√
均匀温降	√	√	√	√
正梯度温度	√	√	√	√
负梯度温度	√	√	√	√

注:"√"代表相应荷载组合包含该项荷载类别。

2)计算模型

采用 RM Bridge V8i 空间有限元分析软件,建立空间模型进行静力分析。模型共680个单元,203个节点;其中主梁与主塔采用梁单元模拟(单元数196个),拉索采用索单元模拟(单元数48个),支座采用弹簧单元模拟(单元数8个),预应力筋单元428个。

边界条件:主墩墩底为固结,主梁与主墩固结,主梁在过渡墩顶设竖向支座。

结构计算模型如图3.3、图3.4所示。

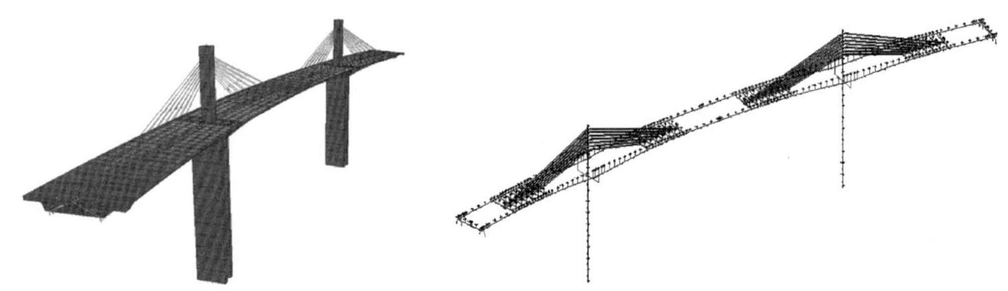

图3.3 结构计算模型　　图3.4 结构离散图

3)主梁计算结果

①活载作用下,竖向最大挠度67.97mm,挠跨比为0.067 97÷160.5=1/236 1<1/600,竖向刚度满足规范要求。

②主梁各截面抗弯承载力的抗力值能完全包络设计值,满足规范要求。

③主梁应力为:

a. 短期组合主梁上缘内外侧均未出现拉应力,满足规范要求。

b. 短期组合主梁下缘内外侧均未出现拉应力,满足规范要求。

c. 标准组合主梁上缘内外侧最大压应力为16.1MPa<$0.5f_{ck}$=17.75MPa,满足规范要求。

d. 标准组合主梁下缘内外侧最大压应力16.67MPa<$0.5f_{ck}$=17.75MPa,满足规范要求。

4)桥塔计算结果

桥塔为钢筋混凝土构件，按钢筋混凝土构件设计。

(1)桥塔内力及截面承载力

桥塔在基本组合作用下截面内力与截面的承载力见表3.3(压为正)。

基本组合下截面内力与抗力　　表3.3

类　型	轴　力(kN)	抗　力(kN)	安全系数
下塔柱最大轴力	205 861	580 782	2.82
上塔柱最大轴力	73 915	214 850	2.90

(2)桥塔截面裂缝验算

桥塔下塔柱各截面在短期效应组合最大裂缝宽度0.172mm<0.2mm，满足规范要求。

桥塔上塔柱各截面在短期效应组合最大裂缝宽度0.179mm<0.2mm，满足规范要求。

5)斜拉索索力计算结果

①运营阶段标准组合下各拉索索力最大值为5 576kN，折算应力为932.9MPa，小于部分斜拉桥拉索容许应力$0.6f_{pk}=0.6\times1\ 860=1\ 116$MPa，满足规范要求。

②运营阶段拉索最大索力幅为595kN，折算应力幅为99.5MPa<200MPa，满足规范要求。

3.2.3　关键技术问题及对策

由于本桥地处山区，地形复杂，规模较大，且为曲线部分斜拉桥，在国内缺少充足的设计施工经验，对设计施工技术要求较高，因此拟通过下列几项关键技术研究解决：①山区曲线部分斜拉桥结构体系与结构性能；②山区曲线部分斜拉桥主要构件的构造形式；③山区曲线部分斜拉桥空间效应与分析方法。

1)山区曲线部分斜拉桥结构体系与结构性能

(1)结构体系力学性能界定

部分斜拉桥的主要受力构件是梁、索、塔三种构件。通常将梁和塔一起考虑，取塔梁刚度比做参考，可以将部分斜拉桥分为柔塔刚梁部分斜拉桥和刚塔柔梁部分斜拉桥。刚梁部分斜拉桥受力特性更接近连续刚构桥，柔梁部分斜拉桥的受力特性更接近斜拉桥，而这仅从概念上做了区分，难以确定一个明确参数来衡量。

以索来区分部分斜拉桥，目前研究的较多，基本从索承担的荷载和斜拉索应力幅值来区分。日本学者(山崎淳，山縣敬二等)提出缆索竖向刚度与主梁刚度的比值γ和竖向荷载分担比例β两个参数来描述部分斜拉桥的特征。

$$\gamma=\sum_i\frac{\frac{1}{\delta_{si}}}{\frac{1}{\delta_{Gmax}}}=\frac{\sum_i\frac{E_{ci}A_{ci}\sin^2\alpha_i}{L_{ci}}}{\frac{E_GI_G}{L_G^3}} \tag{3.1}$$

$$\beta=\frac{缆索分担竖向荷载}{全部竖向荷载}\times100\% \tag{3.2}$$

式中：　δ_{si}——i号缆索单位张力的伸长量的竖直分量；

δ_{Gmax}——该缆索出主梁在单位竖向力作用时的竖向位移；

E_{ci}、A_{ci}、L_{ci}、α_i——分别为第i根索的弹性模量、截面积、长度、角度；

E_G、I_G、L_G——分别为主梁的弹性模量、截面惯性矩、中孔跨度。

山崎淳，山縣敬二等对日本的部分斜拉桥和斜拉桥作了统计分析，得出结论：当β等于30%时，为部分斜拉桥和斜拉桥的分界点；小于30%时，为部分斜拉桥；反之则为常规斜拉桥。与β相对应，部分斜拉桥的拉索应力变幅在50MPa以下，而常规斜拉桥的拉索应力在50MPa以上。

基于目前的研究状况，部分斜拉桥受力性能差别较大，要明确部分斜拉桥的计算方式和受力特点，有必要对部分斜拉桥从力学性能方面作进一步的界定。

此处采用竖向荷载分担比例β的概念，将39座部分斜拉桥和10座普通斜拉桥的竖向荷载分担比例β和斜拉索的应力幅$\Delta\sigma_{max}$进行统计。

其中有5座部分斜拉桥的斜拉索竖向荷载分担比例β超过了30%，并且斜拉索应力幅值大于50MPa。有理由认为，此时部分斜拉桥的受力性能已经接近或者就是普通斜拉桥的受力性能。同时可以将部分斜拉桥分为A类部分斜拉桥和B类部分斜拉桥。A类部分斜拉桥的受力性能靠近于梁式桥梁的受力性能；B类部分斜拉桥的受力性能靠近于普通斜拉桥的受力性能；有7座桥的斜拉索应力幅超过了50MPa，但是其斜拉索竖向荷载分担比例β仍然小于30%，可认为这个区域内的部分斜拉桥的受力性能偏向于B类部分斜拉桥。

统计结果中27座斜拉索竖向荷载分担比例β小于30%，并且斜拉索应力幅值小于50MPa，这个区域就是传统的部分斜拉桥。也就是上面定义的A类部分斜拉桥。其受力性能接近于梁式桥，主梁刚度较大，主梁承受主要的竖向荷载，斜拉索辅助受力，此时斜拉索可看作是主梁的体外预应力筋。A、B类部分斜拉桥的力学特征见表3.4。

A、B类部分斜拉桥力学特征 表3.4

参数指标	A类部分斜拉桥	B类部分斜拉桥
索梁荷载比β	≤30%	索梁荷载比>30%或 拉索应力幅>50MPa
拉索应力幅值	≤50MPa	
主梁刚度EI	较大	较小
主塔刚度EI	较小	较大
建议曲线部分斜拉桥采用A类形式，因为主梁刚度大，对抗扭有利		

(2)适宜结构体系

对于曲线部分斜拉桥而言，半飘浮体系、塔梁固结体系、刚构体系三种结构体系都可以设计。相比较，塔梁固结和刚构体系更适宜设计成曲线桥，当主墩较矮时可设计成塔梁固结体系，但边中支座存在抗扭设计问题；当墩较高时可设计成刚构体系，可避免因结构纵横向位移大而带来的支座剪切破坏问题。无论部分斜拉桥是直桥还是曲线桥，都推荐采用箱梁结构。箱形截面梁具有较好的抗弯、抗扭性能，满足悬臂施工要求。

通过改变龙井河大桥的曲率半径，分析曲线部分斜拉桥随曲率变化时各主要受力构件的力学规律，如图3.5、图3.6所示。分析结果发现，在曲率半径小于650m时，主梁扭矩急剧变化，主梁根部边跨侧扭矩急剧增加，中跨侧扭矩急剧减小；边跨侧负弯矩增速变大；塔根部横向弯矩也急剧增大。此时曲率半径对主梁和主塔的受力影响变大，在这种情况下采用刚构体系比塔梁固结体系要好，同时避免了支座受力不利的情况，而且能够减小主梁和主塔不利的受力状况。

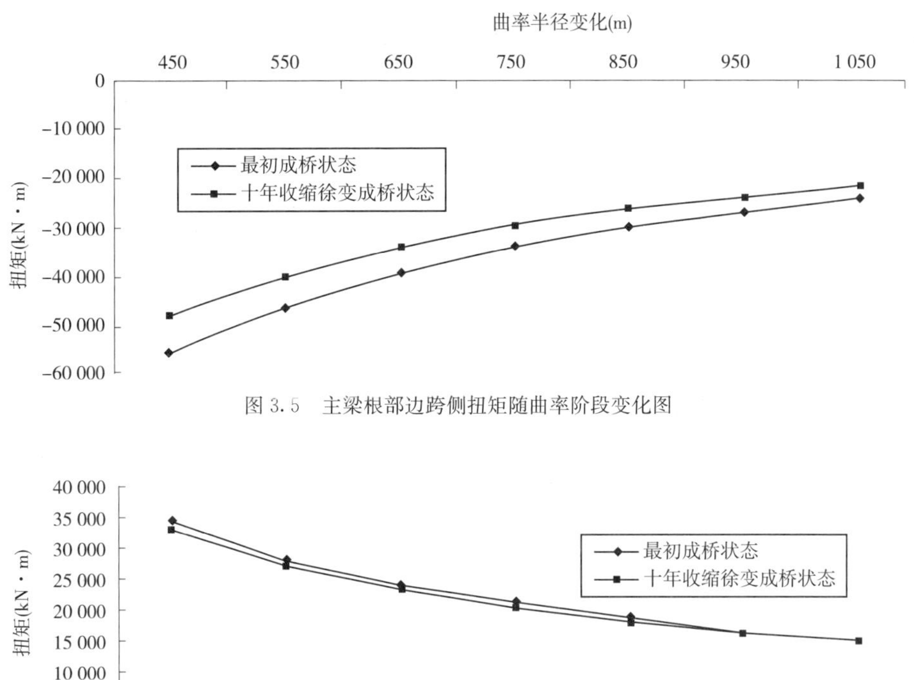

图 3.5 主梁根部边跨侧扭矩随曲率阶段变化图

图 3.6 主梁根部中跨侧扭矩随曲率半径变化图

由此得出结论：当曲率半径 $R>650\text{m}$ 时，推荐采用塔梁固结体系和刚构体系；当曲率半径 $R\leqslant 650\text{m}$ 时，推荐采用刚构体系。

(3)主要设计参数

①索设计强度取值。

原则上讲，应力幅值大的斜拉索，应该将容许应力设定得低一些，应力幅值小的斜拉索，可将容许应力设定得高一些。由于部分斜拉桥应力幅值小于斜拉桥，所以其疲劳强度有富余，可以使其容许应力大于斜拉桥容许应力。

根据日本规范：斜拉桥和部分斜拉桥的斜拉索对竖向荷载的分担比例 β 与活荷载导致的应力幅值几乎呈线性关系，采用斜拉索应力幅值作为指标，来确定部分斜拉桥的斜拉索容许应力。根据斜拉索的疲劳试验结果，部分斜拉桥拉索的容许应力大多设定为 $0.4f_{pk}$ 和 $0.6f_{pk}$，如果疲劳应力强度(容许应力)设定在这两者之间，可以通过图 3.7 进行插值。对于现场制作的钢绞线斜拉索，容许应力可按式(3.3)进行采用，对于工厂加工的钢材斜拉索，容许应力可按式(3.4)进行采用。

$$[\sigma]=\begin{cases}0.6f_{pk} & (\Delta\sigma\leqslant 70\text{MPa})\\(1.067-0.006\,67\Delta\sigma)f_{pk} & (70\text{MPa}<\Delta\sigma\leqslant 100\text{MPa})\\0.4f_{pk} & (\Delta\sigma>100\text{MPa})\end{cases}\tag{3.3}$$

$$[\sigma]=\begin{cases}0.6f_{pk} & (\Delta\sigma\leqslant 100\text{MPa})\\(1.267-0.00667\Delta\sigma)f_{pk} & (100\text{MPa}<\Delta\sigma\leqslant 130\text{MPa})\\0.4f_{pk} & (\Delta\sigma>130\text{MPa})\end{cases}\tag{3.4}$$

根据索梁活载比增加，斜拉索应力变幅也随之增加的关系，对柔塔刚梁部分斜拉桥（常规部分斜拉桥）的容许应力给出了参考取值，如图 3.8 所示。对于索梁活载比小于 0.3 的部分斜拉桥，容许应力建议采用 $0.6f_{pk}$，对于索梁活载比大于 0.7 的部分斜拉桥，容许应力建议采用 $0.4f_{pk}$，对于索梁活载比介于 0.3～0.7 之间的部分斜拉桥，容许应力按照直线内插取值。

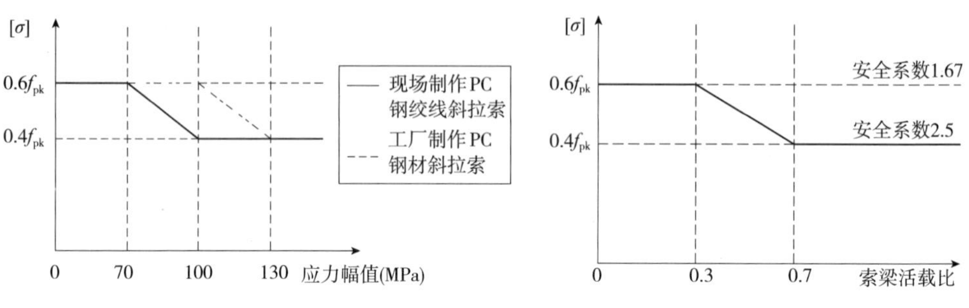

图 3.7 日本容许应力与应力幅值关系

图 3.8 索梁活载比确定容许应力

我国《公路斜拉桥设计细则》(JTG/T D65-01—2007)规定部分斜拉桥斜拉索可按体外索设计，容许应力可采用 $0.6f_{pk}$；当部分斜拉桥的拉索应力幅值 $\Delta\sigma\leqslant 50$MPa 时，拉索容许应力采用 $0.6f_{pk}$，当 $\Delta\sigma>50$MPa 时，根据已有的工程经验，在 $0.4f_{pk}$～$0.6f_{pk}$之间取值，并往往偏安全地取小值。

这与前面界定的 A、B 类部分斜拉桥限制条件也是吻合的，对于 A 类部分斜拉桥拉索容许应力采用 $0.6f_{pk}$；B 类部分斜拉桥容许应力采用 $(0.4～0.6)f_{pk}$；B 类中拉索应力幅值在 50～100MPa 之间时按照直线内插取值，应力幅值大于 100MPa 时取 $0.4f_{pk}$，取值情况如图 3.9所示。容许应力按照式(3.5)计算。

$$[\sigma]=\begin{cases}0.6f_{pk} & (\Delta\sigma\leqslant 50\text{MPa})\\(0.8-0.004\Delta\sigma)f_{pk} & (50\text{MPa}<\Delta\sigma\leqslant 100\text{MPa})\\0.4f_{pk} & (\Delta\sigma>100\text{MPa})\end{cases}\tag{3.5}$$

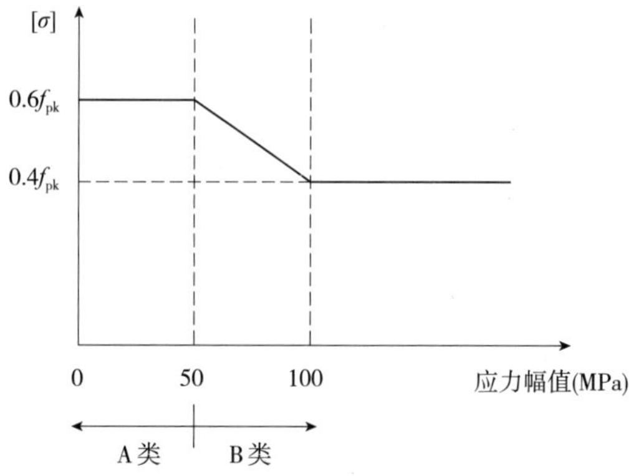

图 3.9 采用 A、B 类确定容许应力

②索塔高度与跨径比值。

关于塔的高度，根据规范“部分斜拉桥塔高度与斜拉索的配置有密切关系，需考虑斜拉索悬吊的效率或景观后再确定塔的高度”，发现换算跨度和塔高之间存在比例关系，根据以往实例，斜拉桥塔高度在 $H/L=1/5\sim1/3$ 之间，部分斜拉桥塔高度在 $H/L=1/15\sim1/8$ 之间（L 为换算跨度）。

仍然沿用塔跨比来研究我国部分斜拉桥的塔高度，现对我国已建 26 座部分斜拉桥的塔跨比进行统计，绘制出我国部分斜拉桥的塔高与换算跨度的关系，如图 3.10 所示。

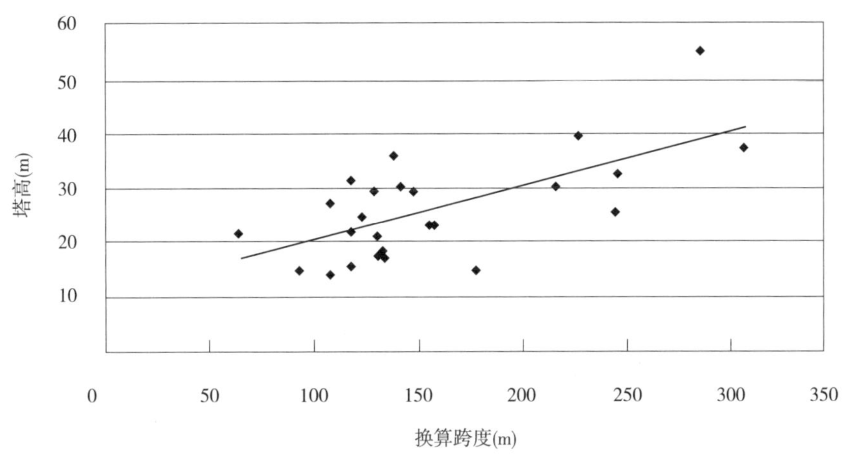

图 3.10 我国已建部分斜拉桥跨度与塔高的关系

通过线性回归，拟定的趋势线斜率为 0.098，由此估算出部分斜拉桥的塔高与换算跨度的比值 $H/L=0.08\sim0.17$。鉴于我国所修建的部分斜拉桥大多为单箱三室或多室的整体式箱梁结构，所以这个塔高的范围可以认为是整体式箱梁塔高的初步拟定范围。

③边中跨比。

经过大量统计对比分析得出：边中跨比在 0.5～0.6 之间较好，要比连续梁的边中跨比小，比斜拉桥的边中跨比大。曲线部分斜拉桥的施工方法与大跨径弯梁桥类似，则曲线部分斜拉桥的边中跨比的适用范围也在 0.5～0.6 之间。曲线部分斜拉桥边中跨比增大能减小扭矩，在曲线半径较小时，边中跨比在条件允许时应尽可能地取大一些，但会减小结构刚度，悬臂施工也使现浇段增加。

④梁高与跨径比值。

由国际规范可知：中间支点梁高为换算跨度的 $L/45\sim L/35$，跨中部位梁高为换算跨度的 $L/60\sim L/50$。对我国部分斜拉桥的情况进行统计分析，如果是曲线部分斜拉桥，不论是独塔还是双塔及多塔，一般都应该按以上规定的取偏大值，这是由于曲线部分斜拉桥恒载作用下就有较大的扭矩，往往需要通过扭矩和弯矩共同控制梁高的设计。

⑤梁底曲线。

针对部分斜拉桥的梁底曲线问题，下面给出我国已建部分斜拉桥梁底曲线次数统计表，见表 3.5。

我国部分斜拉桥梁底曲线次数统计　　表 3.5

<table>
<tr><td colspan="2">梁底曲线</td><td>2次</td><td>1.8次</td><td>1.6次</td><td>圆曲线</td></tr>
<tr><td rowspan="2">桥名</td><td>独塔</td><td>厦门同安银湖大桥</td><td>—</td><td>湛河一桥</td><td>江苏吴淞江大桥</td></tr>
<tr><td>双塔及以上</td><td>山西汾河特大桥，岐江河大桥，开封黄河二桥主桥，京杭运河宿迁南二环大桥，常州东环公路京杭运河桥，惠青黄河公路大桥，潮白河大桥主桥，山西汾阳—离石高架桥，株洲湘江四桥，柳州三门江大桥，福建漳州战备大桥，兰州小西湖黄河大桥，柳州静兰大桥</td><td>广州沙湾大桥</td><td>—</td><td>珠海江珠荷麻溪大桥</td></tr>
<tr><td colspan="2">共计(座)</td><td>14</td><td>1</td><td>1</td><td>2</td></tr>
</table>

由表 3.5 可知，总结目前常用部分斜拉桥的梁底曲线规律，按照经验我国修建的部分斜拉桥绝大部分都青睐于 2 次抛物线，而对于主跨小于 200m 的部分斜拉桥采用高次曲线(一般选用二次抛物线)是合理的；对于大跨径(主跨大于 200m)部分斜拉桥，采用低次曲线(结合连续刚构的研究结论，建议采用 1.8 次)是合适的。圆曲线与二次抛物线对梁高的影响不大，所以可视情况综合考虑采用。曲线部分斜拉的梁底曲线可以参考直线部分斜拉桥的取值，尽量取小值，因为主梁在塔根部扭矩较大，曲线次数小，梁高较高，对抵抗扭矩是有利的。

⑥跨径适用范围。

根据目前的共识，部分斜拉桥的跨径适用范围不宜大于 300m。曲线部分斜拉桥的跨径适用范围应该更小，因为其主梁由弯矩和扭矩共同控制设计。

曲线部分斜拉桥的曲率半径不宜过小，主要控制其半径的因素是主塔和拉索的布置区域。此外，由于曲线部分斜拉桥主塔不高，在曲率半径较小时，拉索曲面可能影响桥面净空。目前认为，曲线部分斜拉桥的曲率半径不宜小于 400m。

(4)小结

①对于索梁荷载比≤30%且拉索应力幅≤50MPa 的部分斜拉桥，属于 A 类部分斜拉桥；对于索梁荷载比>30%或拉索应力幅值>50MPa 的部分斜拉桥，属于 B 类部分斜拉桥。

②当曲率半径 R>650m 时，曲线部分斜拉桥推荐采用塔梁固结体系和刚构体系；当曲率半径 R≤650m 时，曲线部分斜拉桥推荐采用刚构体系。

③主要设计参数取值。

斜拉索容许应力：对于 A 类部分斜拉桥拉索容许应力采用 $0.6f_{pk}$；B 类部分斜拉桥容许应力采用$(0.4 \sim 0.6)f_{pk}$；B 类中拉索应力幅值在 50～100MPa 之间时按照直线内插取值，应力幅值大于 100MPa 时取 $0.4f_{pk}$。

塔高与跨径比值：单箱三室单索面部分斜拉桥塔高与换算跨度的比值宜为 $H/L=0.08 \sim 0.17$。

边中跨比：曲线部分斜拉桥的边中跨比的适用范围宜为 0.5～0.6。

梁高与跨径比值：单箱三室部分斜拉桥的经验值建议塔根部高跨比在 1/35～1/21，跨中高跨比 1/60～1/40，曲线部分斜拉桥，宜按以上规定取偏大值。

梁底曲线：主跨小于 200m 的部分斜拉桥采用 2 次抛物线；主跨大于 200m 部分斜拉桥，建议采用 1.8 次抛物线，曲线部分斜拉桥宜取偏小值。

适宜范围：跨径不宜大于 300m；曲率半径不宜小于 400m。

2）山区曲线部分斜拉桥主要构件的构造形式

（1）斜拉索位置、布置形式与间距

①斜拉索的布置形式。

斜拉索设计时，必须根据上部结构的宽度和断面形状、跨度、塔的高度或形状等情况，充分把握这些因素之间的功能性关系，综合考虑后再做决定。从桥梁侧面看，斜拉索的配置形状大致分为三种形式，辐射形、扇形、竖琴形。另外，斜拉索的配置面数分为单索面和双索面。

由已建和在建部分斜拉桥的实际状况可知：对于双索面部分斜拉桥，一般采用扇形索面较多，对于锚固在主梁中间的单索面部分斜拉桥，考虑斜拉索的张拉和锚固方便，大都采用双排单索面。由于索面的形式与主梁和主塔的形式密切相关，因此索面的布置基本应服从主梁和主塔的结构形式要求。

②索间距与无索区长度。

根据已建和在建部分斜拉桥的实例，将已建或在建的独塔两跨部分斜拉桥的斜拉索布置参数的统计数据绘制成散点图，通过统计分析，得到索间距与无索区长度初步计算公式，见表 3.6。

索间距与无索区长度统计公式　　表 3.6

项　　目	y	统计公式	
		独塔两跨	双塔三跨或多塔
索间距	梁上索间距	$y=0.0037x+4.424$	$y=0.0037x+4.4254$
	塔上索间距	$y=0.0003x+0.5911$	$y=0.0023x+0.2909$
无索区长度	塔根无索区长度	$y=0.1967x+6.9229$	$y=0.0952x+12.562$
	跨中无索区长度	—	$y=0.3147x-21.125$
	边跨无索区长度	$y=0.1592x+4.536$	$y=0.3761x-8.0817$

注：表中 x 表示主跨跨径，单位为 m。

通过改变背景工程主梁塔根和边、中跨无索区的长度，计算分析无索区长度对结构力学性能的影响，可得到如下结论：

①塔根无索区长度的变化对结构的影响较边、中跨无索区明显，所以在设计中可将塔根无索区长度的调整作为改善结构受力性能的一个措施。

②边、中跨无索区长度变化对主梁最大扭矩的影响较塔根无索区长度变化的影响要大。

③塔根无索区长度宜控制在(0.16～0.35)L；跨中无索区长度宜控制在(0.06～0.25)L，相应边跨无索区长度为(0.05～0.16)L。

（2）斜拉索单双索面适用性

①单双索面的优势。

以龙井河大桥为背景，分别建立单索面和双索面模型，限值条件为主塔横向刚度相等，以曲线半径为研究参数，研究曲线部分斜拉桥的受力特点，并对单双索面布置形式进行比较。计算模型如图 3.11、图 3.12 所示。

改变单、双索面两种形式的结构模型的曲率半径，分析结构的主要受力性能，得出结论：在曲线部分斜拉桥初步设计中，单索面和双索面作为设计参数时，可以不考虑曲线半径的影响。双索面布置形式对降低主梁扭矩的优势不显著，而单索面布置形式由于桥塔设计的简洁而在经济性上比双索面具有更大的优势。

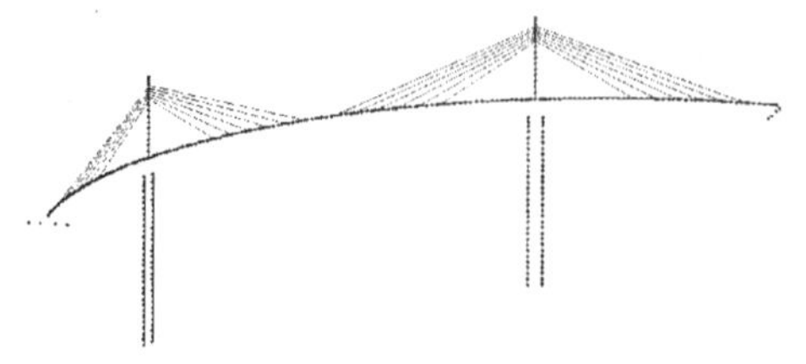

图 3.11　曲线半径 200m 的单索面模型

图 3.12　曲线半径 200m 的双索面模型

②索塔横向布置位置与索梁核心距。

曲线部分斜拉桥索面在平面上的布置根据索塔和拉索梁上锚固轴线的相对位置不同而不同。首先，索塔或塔上锚固点可位于 3 种布置位置（图 3.13）。图中布索区范围为 OO'，索塔或塔上锚固点位于拉索梁上锚固轴线中心线，两侧对称考虑以尽可能减少弯梁可能引起的扭矩，A 点为 OO' 曲线切线交点，B 点为 OO' 曲线中点，C 点为 OO' 曲线弦线中点。索塔或塔上锚固点分别位于 AB 范围内、B 处或 BC 范围内时，可标记该索面布置位置为切线布置、双弦线布置和弦线布置。切线布置时索塔相对梁上锚固轴线外倾；弦线布置时索塔相对梁上锚固轴线内倾；而双弦线布置时索塔垂直梁上锚固轴线。

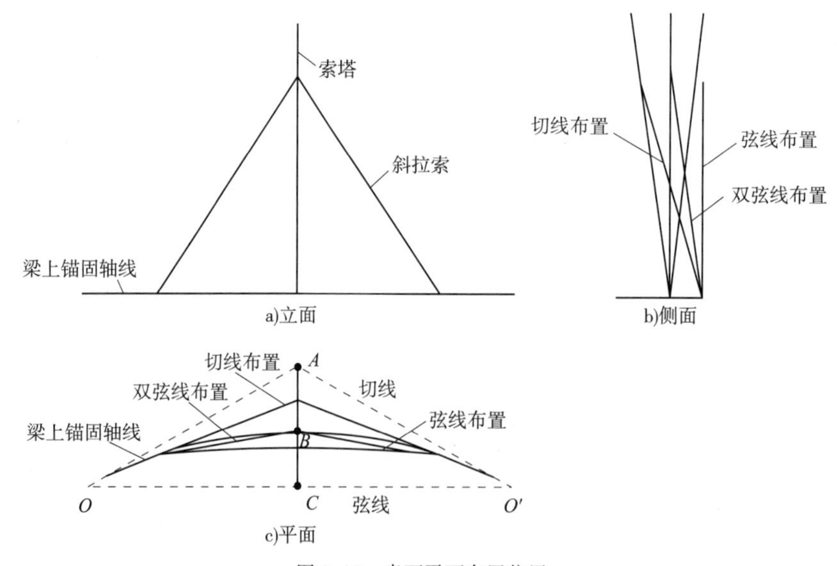

图 3.13　索面平面布置位置

索面采用切线布置时[图 3.14a)]，索塔受索力径向分量的作用为向心力，且索塔距离锚固轴线越近，索塔向心力作用越小；梁受索力切线分量的作用为压力，受径向分量的作用有两种情况。当斜拉索梁上锚固点位于索塔到梁上锚固轴线的切线以外时，梁受索力径向分量的作用为向心力作用；而当锚固点位于切线以内时，梁受索力径向分量的作用为离心力作用，故梁径向受力合力大小为向心力还是离心力与索塔到梁上锚固轴线的切线位置，也即索塔位置有关。

索面采用双弦线布置时[图 3.14b)]，索力对索塔和梁的作用比较明确，索塔受索力径向分量的作用为向心力；梁受索力切线分量的作用为压力，受径向分量的作用为向心力。

索面采用弦线布置时[图 3.14c)]，索塔受索力径向分量的作用有两种情况，当斜拉索梁上锚固点位于索塔的弦线以外时，索塔受索力径向分量的作用为向心力作用；而当锚固点位于索塔的弦线以内时，索塔受索力径向分量的作用为离心力作用，故索塔受索力径向分量的作用合力大小为向心力还是离心力与索塔位置有关。

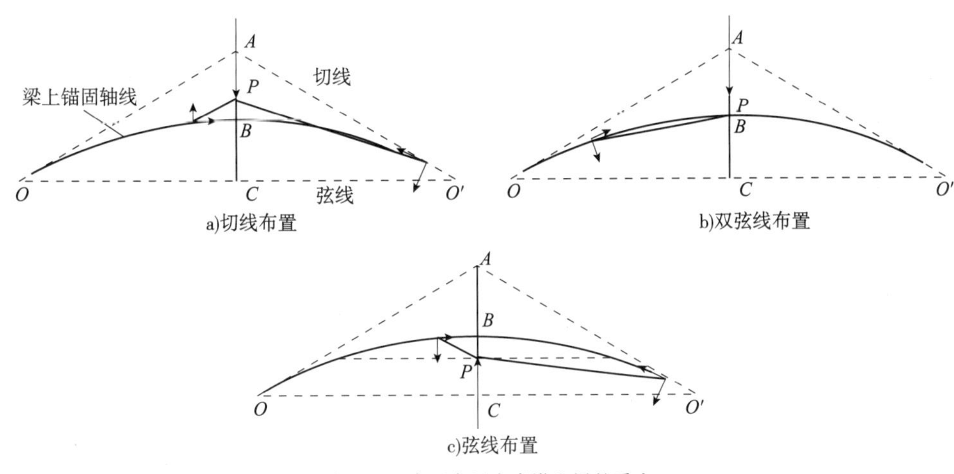

图 3.14　索面布置中索塔和梁的受力

在曲线部分斜拉桥初步设计中，索塔的径向布置宜位于塔核心距 x_1 和梁核心距 x_2 以内(图 3.15)，一般分析中可以不考虑塔顶横向位移的影响，采用式(3.6)计算塔梁核心距。

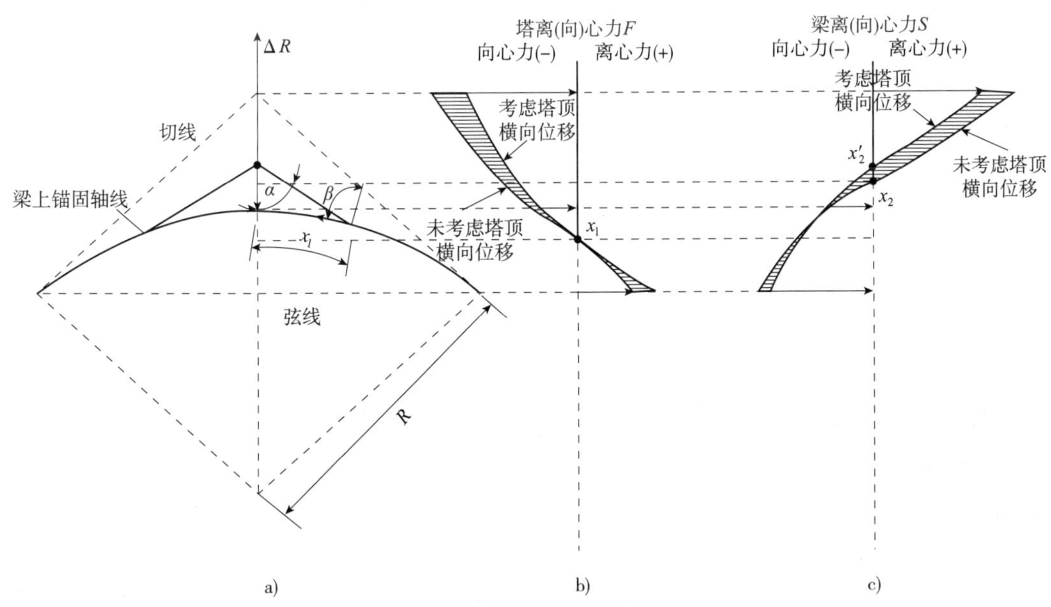

图 3.15　考虑塔顶横向位移后索塔和梁径向受力情况

$$x_1=-x_2=2R-\sqrt{4R^2+\frac{L^2-L_1^2}{4(\ln L-\ln L_1)}}=-2R(\sqrt{1+\xi\phi^2}-1) \tag{3.6}$$

其中，
$$\xi=\frac{1-\left(\frac{L_1}{L}\right)^2}{16\ln\left(\frac{L}{L_1}\right)},\phi=\frac{L}{R}$$

式中：R——主梁中心线弯曲半径(m)；

L——曲梁中跨跨径(m)；

L_1——近索塔无索区长度(m)。

(3)主梁、主塔与单双索面关系

从曲线部分斜拉桥的实例来看，曲梁截面大多采用抗扭刚度较大的箱梁截面，也有采用肋板梁形式的截面，如 Sunnniberg Bridge，但该桥桥面较窄，桥面布置仅为两车道。而我国桥梁荷载等级较高，桥面大多较宽，箱梁截面形式被广泛应用。单索面曲线部分斜拉桥可以采用大悬臂的箱梁截面，而双索面形式下，为保证斜拉索索力的有效锚固和传力，截面箱室宽度与桥面宽度相同，在桥较宽的情况下，可以设置锚固横梁。

索塔外形是最能体现斜拉桥设计的部分，是斜拉桥设计中最富想象力和创造力的部分。部分斜拉桥的塔墩设计主要取决于索面布置形式、上部结构和下部结构的连接形式。部分斜拉桥由于塔高较低，为不影响桥面净空和视距，从美观和舒适性角度出发，单索面设计成独塔，而双索面设计成双塔。

从经济性来说，独塔的设计形式更为经济，且节约下部结构造价。桥墩的设计和部分斜拉桥的整体受力相关。采用单索面时，可以采用塔梁固结，墩顶设支座，也可以采用塔梁墩固结形式；墩顶设支座时，桥墩承担较小的弯矩作用；而采用塔梁墩固结时，活载作用下索力增量较小，可以采用更低的梁高，但是桥墩承担的弯矩将较大。采用刚度较小的梁时，则需要设计刚度较大的索塔，且采用塔梁墩固结的形式；若梁刚度较大，则对塔梁与桥墩的连接形式要求较低。桥墩设计越高，则由温度、收缩徐变和活载产生的弯矩也越大，要满足承载力要求，独柱墩的设计尺寸势必很大，此时可以采用双薄壁墩设计。特别是在地震区，双薄壁墩因刚度更低而优于独柱墩。

(4)曲线桥索塔设计问题

曲线部分斜拉桥主塔除了会承受顺桥向的不平衡荷载，产生顺桥向的弯曲外，在恒载和活载作用下还会承担横桥向的不平衡荷载，产生横桥向弯曲，有时横向位移还较大，成为限制主塔结构尺寸的主要因素。

从受力角度看，如果主塔不布置在箱梁中心线处，而是在径向上相对主梁能够有一定偏移，能有效减小主塔的横向力，然而实际的桥面布置时难以做到这一点，这样会极大影响桥面布置和行车道使用范围。

曲线部分斜拉桥主塔横向位移过大的改善措施主要有：

①增加主塔截面尺寸，主要用于增加主塔截面横向刚度。

②增加主塔竖向预应力，改善主塔根部局部应力。

③刚构体系部分斜拉桥适当降低主墩高度或增加主墩横向刚度，减小主墩横向偏位的累计效果。

(5)曲线部分斜拉桥的剪力滞

为了描述箱梁剪力滞效应的影响,通常采用剪力滞系数 λ。考虑到曲线箱梁的弯扭耦合效应,定义曲线箱梁的广义剪力滞系数为

$$\lambda=\frac{\text{曲线箱梁截面各点的实际正应力}}{\text{曲线箱梁截面的平均正应力}} \tag{3.7}$$

这一系数既可描述曲线箱梁横截面上纵向应力分布的不均匀情况,也可反映工程应用所关心的某点应力情况。由 λ 计算公式可知,当 $\lambda \geqslant 1$ 时,翼板和肋板相接处的正应力比远离肋板的正应力大,此时为正剪力滞系数;反之,当 $\lambda < 1$ 时,为负剪力滞。

应用桥梁空间有限元分析系统 Bridge XLQ 建立龙井河大桥模型,研究预应力、索力和弯曲半径分别对曲线部分斜拉桥主梁剪力滞效应的影响;并考虑各施工阶段关键截面,在索力、预应力和自重荷载共同作用下,最大双悬臂阶段和各施工阶段主梁顶底板的受力特性和剪力滞效应。可得出如下结论:

①由于箱梁内预应力的作用,改变了箱梁内的应力分布状况,在施加预应力后箱梁截面的剪力滞现象加剧;同时由于上部结构按照悬臂施工,在边跨 1/2 截面、0 号块端截面、中跨 1/4 截面,预应力对主梁截面上顶板的剪力滞系数影响明显,对底板的剪力滞系数影响较小,在跨中 1/2 截面,有中跨合龙束预应力的作用,对底板也有较大影响;但由于预应力的作用,使得主梁截面始终处于受压状态,而且压力储备较大,预应力对结构的受力情况有很大的改善。

②索力对边跨 1/2 和中跨 1/4 截面上顶板的剪力滞现象影响较大,对其他位置处的剪力滞现象影响较小。

③弯桥半径对边跨 1/2 截面、0 号块端截面、中跨 1/4 截面的剪力滞系数影响巨大,对跨中 1/2 截面的剪力滞系数影响较小;主梁弯曲半径逐渐变化时,曲线箱梁截面的应力分布不对称,随着弯曲半径的减小,应力的不均匀分布更加剧烈,主梁截面内外侧的剪力滞系数差异也越大。

④主梁悬臂施工阶段,弯桥内外径方向的剪力滞系数不同,截面顶板内径方向的剪力滞系数大于相同位置处外径方向的剪力滞系数,截面底板内径方向的剪力滞系数小于相同位置处外径方向的剪力滞系数。

⑤悬臂施工阶段,预应力钢筋和斜拉索锚固作用位置附近剪力滞效应较严重,因此,在实际施工过程中,对某些部位集中荷载作用区域要引起重视。

(6)小结

①通过统计分析,提出了部分斜拉桥索间距与无索区长度初步计算公式。

②通过统计分析,部分斜拉桥塔根无索区长度宜控制在(0.16~0.35)L、跨中无索区长度宜控制在(0.06~0.25)L,相应边跨无索区长度在(0.05~0.16)L。

③通过单双索面适用性分析,索塔的径向布置宜位于塔核心距 x_1 和梁核心距 x_2 以内,且一般分析中可以不考虑塔顶横向位移的影响。

④曲线部分斜拉桥应重视主塔的横向刚度设计,并根据曲率半径大小考虑是否采取预应力措施来改善主塔的横向位移和内力。

⑤曲线箱梁应力横向呈现不对称现象,并且平曲线内外侧的剪力滞系数不同,曲率半径对此不均匀现象影响显著,在锚固区等部位剪力滞效应严重。

3)山区曲线部分斜拉桥空间效应与分析方法

(1)专用程序 Bridge XLQ

目前桥梁工程上较多地采用梁单元进行有限元计算,但是梁单元计算存在一定的局限性,目前工程上计算软件运用的实际情况是:①新建的预应力桥梁多采用三向预应力,单梁模型难以计算三向预应力效应;②曲线结构空间效应十分明显,有必要建立三维空间模型,而常用的空间结构计算软件建模过程较复杂,用户使用不够方便。鉴于此,开发三维预应力空间分析系统 Bridge KF,并在此基础上引入拉杆单元和拉索单元,进一步开发了曲线部分斜拉桥专用分析软件 Bridge XLQ。

Bridge XLQ 软件采用 8 节点实体单元作为基本计算单元,应用该软件分析连续梁(刚构)桥、斜拉桥等桥梁结构形式,能得到详细准确的计算数据,特别是对曲线部分斜拉桥结构的分析,Bridge XLQ 软件更是提供了专业高效的计算工具。

(2)结构性能研究

以龙井河大桥跨径布置和曲率半径为基础,构造连续刚构桥和一般斜拉桥(图 3.16～图 3.18),并与龙井河大桥对比计算结果,得到 3 种桥型之间的荷载效应结果。

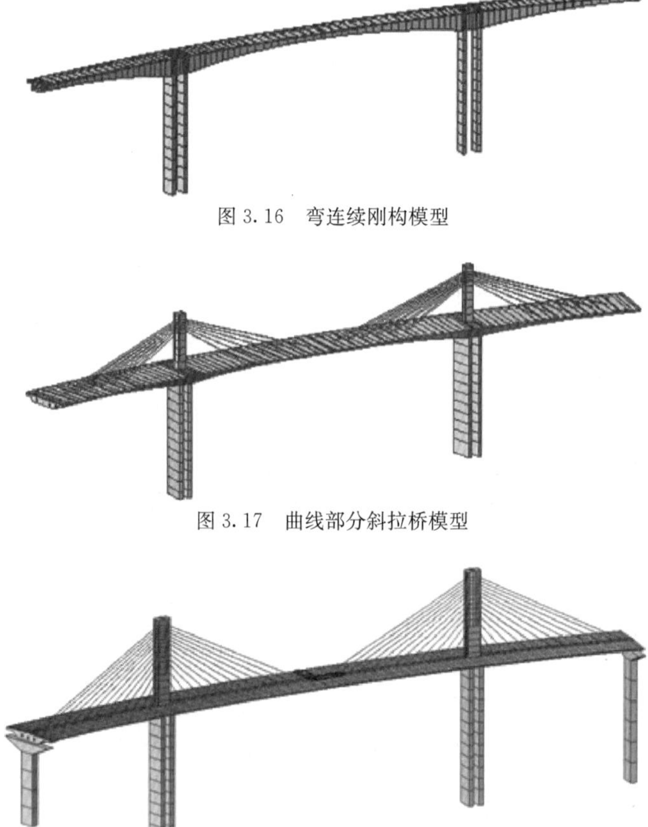

图 3.16 弯连续刚构模型

图 3.17 曲线部分斜拉桥模型

图 3.18 曲线斜拉桥模型

连续刚构桥的恒载作用效应在结构形式确定以后是固定的,成桥状态只有通过改变截面形式和调整体内预应力束等方式来改变成桥状态。斜拉桥的主梁是压弯构件,主梁承受较小的弯矩和较大的轴力，其成桥状态是通过调整斜拉索的索力来实现。部分斜拉桥是以主梁受弯为主、以斜拉索受拉为辅的受力形式，所以主梁刚度较大，成桥之后主梁的负弯矩较大，但比同等跨径的连续刚构桥负弯矩小得多，主跨跨中和有索区，主梁弯矩值较小，这与斜拉桥类似。

由于单索面部分斜拉桥一般按照单幅桥设计。中载加载的部分斜拉桥，主梁可能出现的最大横向弯矩、横向位移和扭转角在平曲线内外侧均会出现，且正负效应的绝对值大小接近。

由于部分斜拉桥的斜拉索能够起提升作用，承担少量的竖向荷载，活载作用下中跨可能出现的最大位移要较连续刚构桥小，而斜拉桥在活载作用下的竖向位移与结构的整体刚度有关。

由于部分斜拉桥有斜拉索参与受力，混凝土收缩徐变作用下，与连续刚构桥相比，主梁跨中长期下挠值得到较好的改善。

部分斜拉桥的温度荷载取值，目前多以斜拉桥的设计规范（或细则）为依据，因此部分斜拉桥斜拉索索力会受到一定的影响。

（3）结构曲率变化对主要参数的影响

以龙井河大桥为结构基础建立有限元模型，通过改变结构的曲率半径来分析曲率半径对结构的主要参数的影响。曲率半径设置为 450m、550m、650m、750m、850m、950m、1 050m 共 7 种，以此分析各效应随曲率变化的规律（图 3.19）。

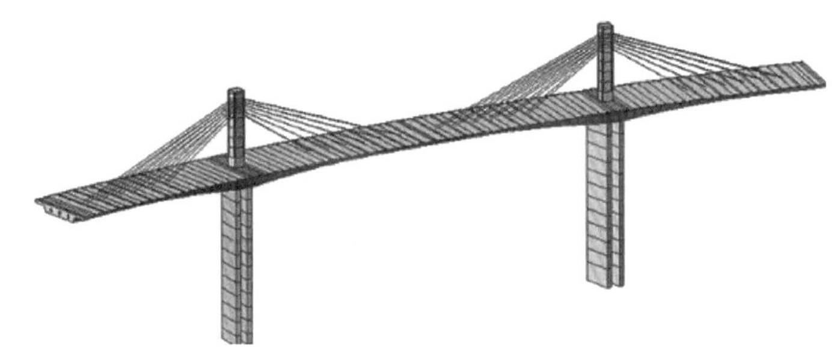

图 3.19 曲率半径 850m 的部分斜拉桥有限元模型

①塔顶横向位移。

选取左半侧的桥塔、最大悬臂状态和最终成桥状态下的塔顶位移进行说明。塔顶横向位移随施工阶段曲率半径变化如图 3.20 所示。

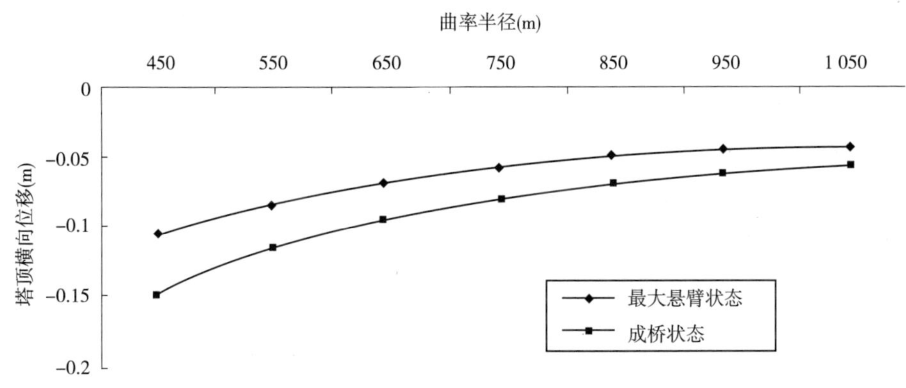

图 3.20 塔顶横向位移随施工阶段曲率半径变化图

由图 3.20 可知，在最大悬臂状态和成桥状态，随着曲率半径的增大，塔顶横向位移逐步减小。在同一个曲率半径的时候，成桥状态的塔顶横向位移比在最大悬臂状态下大，随着施工阶段的进行塔顶横向位移呈增大的趋势。

②跨中挠度。

由图 3.21 可以看出，在最初成桥状态时，跨中挠度为向上的，曲率半径的改变对桥梁跨中挠度的影响不是很大，总的趋势是随着曲率半径的增大上拱量越多。而在十年收缩徐变成桥状态曲线可以比较明显看出跨中挠度有所下降，随着曲率半径的增大跨中挠度降低量有所减小，即曲率半径越小，收缩徐变对结构跨中挠度的影响越大。

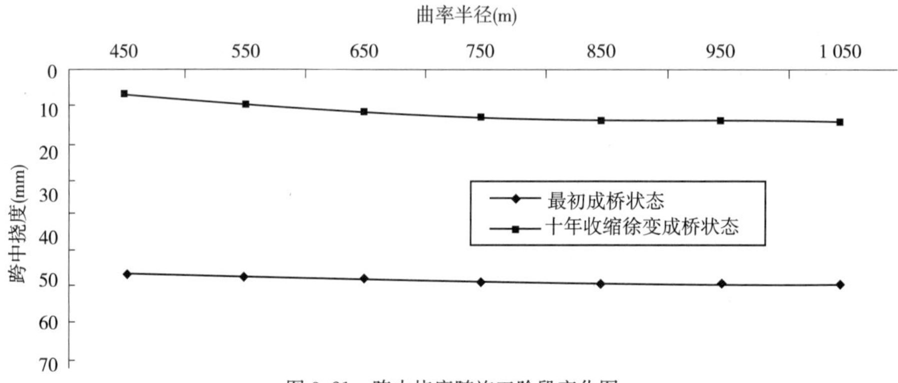

图 3.21　跨中挠度随施工阶段变化图

③主梁根部扭矩和竖向弯矩。

主梁中支点部位边、中跨扭矩分别如图 3.22 及图 3.23 所示。

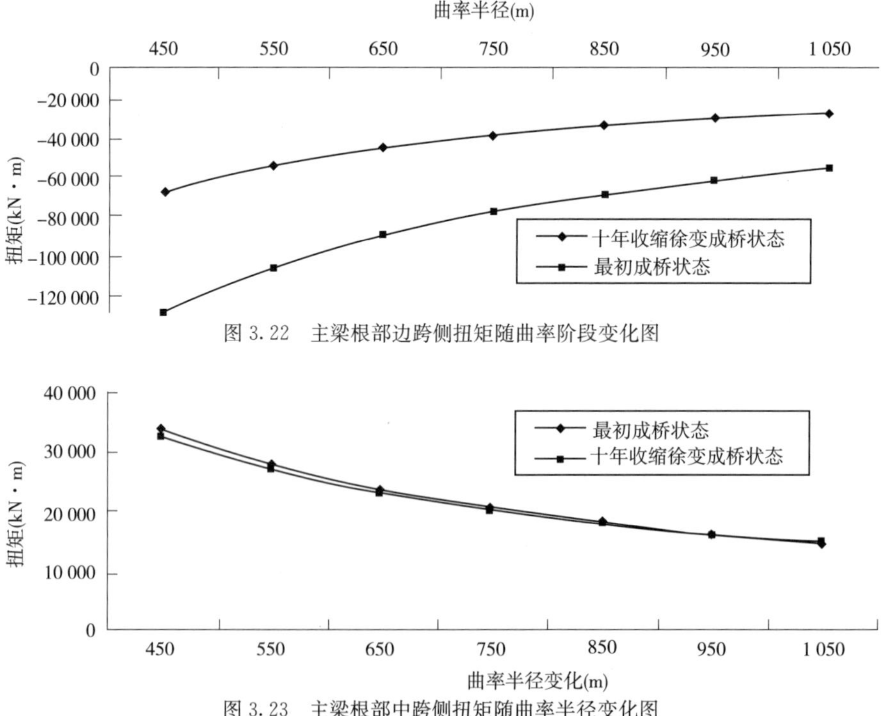

图 3.22　主梁根部边跨侧扭矩随曲率阶段变化图

图 3.23　主梁根部中跨侧扭矩随曲率半径变化图

由图 3.22 及图 3.23 可知,所取的两个施工阶段主梁根部的扭矩随着曲率半径的增大而减小,不难发现在主梁根部的左右侧扭矩的方向发生了改变。对比同一半径下两个不同的施工阶段,后期的收缩徐变对主梁根部扭矩的改变不大。

主梁中支点部位边、中跨弯矩分别如图 3.24 及图 3.25 所示。

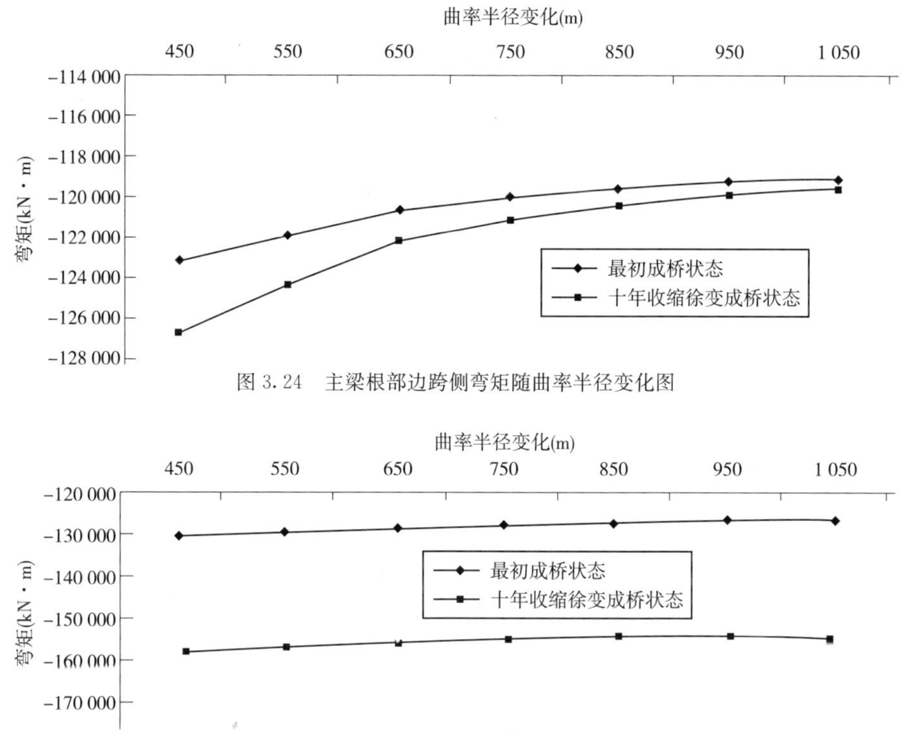

图 3.24　主梁根部边跨侧弯矩随曲率半径变化图

图 3.25　主梁根部中跨侧弯矩随曲率半径变化图

由图 3.24 及图 3.25 可知,主梁中支点部位边、中跨侧均为负弯矩,且曲率半径对主梁根部的弯矩改变不是很大。

④主塔根部横向弯矩。

不同曲率半径下,主塔根部横向弯矩如图 3.26 所示。

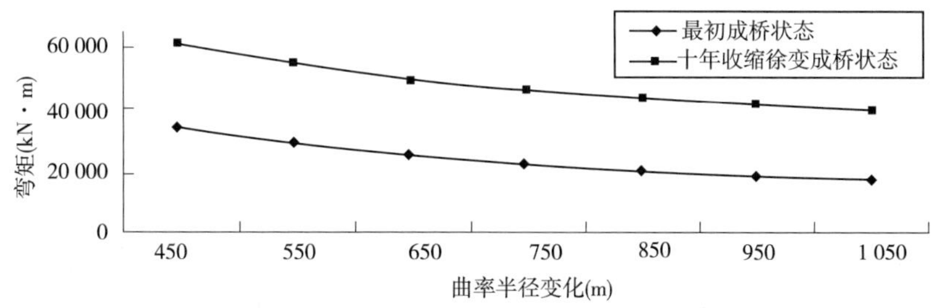

图 3.26　主塔根部横向弯矩随施工阶段变化图

由图 3.26 可知,两个施工阶段状态下,都随着曲率半径的增大,主塔根部横向弯矩减小。比较同一曲率半径,十年收缩徐变后主塔横向弯矩比初期成桥大,且两者差值较大,这也说明了后期的收缩徐变比曲率半径对主塔根部的横向弯矩影响更大。

⑤索力。

依据设计图纸,确定斜拉索的初张力,拉索初张力值如图 3.27 所示。

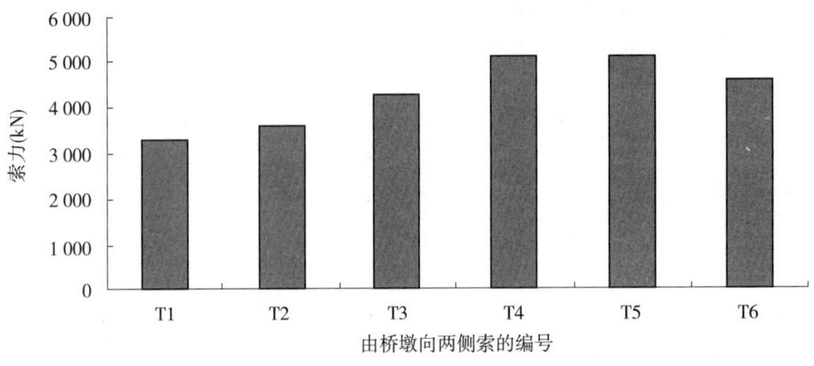

图 3.27 斜拉索初张拉索力

由在二期荷载作用下全桥的索力随半径的变化图(图 3.28)可以得知,随着曲率半径的变化,索力的变化很小,曲率半径对斜拉索索力影响不大。

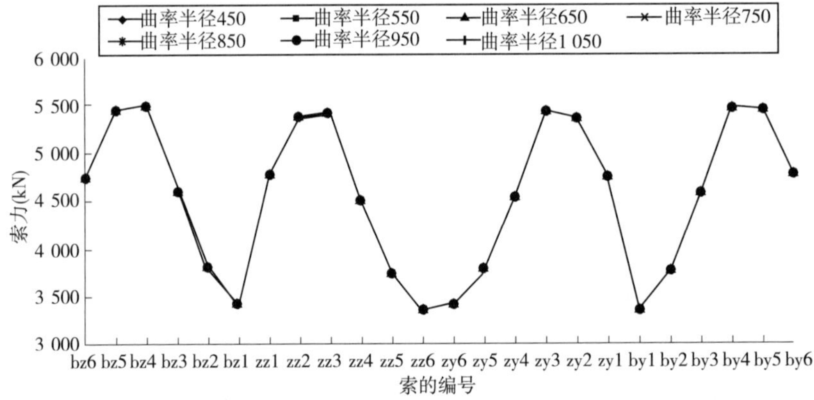

图 3.28 施加二期恒载后不同曲率半径的索力图

(4)小结

①在原有三维预应力空间分析程序 Bridge KF 基础上增加拉索单元,形成曲线部分斜拉桥专用分析软件 Bridge XLQ。

②对比分析了曲线部分斜拉桥、弯连续刚构桥和曲线斜拉桥的力学性能。

③曲率半径的变化对结构主要参数的影响:对塔顶的横向位移影响比较大,随着曲率半径的增大,塔顶的横向位移逐渐减小;对跨中挠度影响比较小,长期收缩徐变仍会导致部分斜拉桥跨中长期下挠;对主梁扭矩产生较大影响,随着曲率半径的增大,中支点部分的扭矩逐步的减小;对主梁的弯矩影响不大;随着曲率半径的减小,主塔横向弯矩增大,且长期收缩徐变会增加主塔根部横向弯矩;几乎对施工和成桥阶段的斜拉索索力不产生影响,长期收缩徐变会降低斜拉索索力。

3.2.4 施工方法

该桥为织纳线控制性工程,施工主要包括主塔施工和上部主梁施工,主塔及上部主梁施工的同时安排引桥下部、引桥上部施工。

1)主梁施工

(1)主梁施工方法

由于目前国内外修建的部分斜拉桥以预应力混凝土桥梁为主，其主梁刚度较大，故常用的施工方法主要是挂篮悬浇施工。

(2)0 号块施工

部分斜拉桥主梁墩顶段构造比较复杂，在墩顶横梁内设置钢筋众多，有横向预应力钢束、纵向预应力钢束、竖向预应力钢束，以及横梁及主塔部分普通钢筋，故保证主梁墩顶段混凝土的浇筑密实成为主梁墩顶段的关键问题。

当采用悬臂浇筑法施工时，由于 0 号块位于桥墩上方，灌注 0 号块段相当于给挂篮提供一个安装场地。0 号块的长度依两个挂篮的纵向安装长度而定，有时当 0 号块设计较短时，常将对称的 1 号段浇筑后再安装挂篮。0 号梁段为墩顶块，墩顶块采用钢管支架方案浇筑施工。主墩施工时，钢管斜置，钢管之间采用槽钢连接，以增加整体稳定性。在墩身顶部预埋型钢，在型钢上布置分配梁，在分配梁上安装临时钢结构托架，作为墩顶块的现浇支架。支架拼装后，为确保结构稳定性，尽量消除制作不均匀沉降影响，施工时必须确保承台外部基础处质量。0 号梁段施工前对支架进行预压，以消除基础、结构的非弹性变形。

墩梁分离的桥梁，当采用悬臂施工时一般要设置临时锚固来抵抗施工中出现的不平衡力矩，临时支撑拆除应对称均衡，无损结构及外观。墩顶断面宜全断面一次浇筑完成，当梁段过高一次浇筑完成难以保障质量时，可沿高度方向分两次浇筑，但宜将两次浇筑混凝土的龄期差控制在 7d 以内。

由于 0 号块混凝土方量较大，在混凝土浇筑过程中应监测 0 号块混凝土的温度变化，若水化热效应显著，则应采取加强养护等措施，防止由于水化热造成 0 号块混凝土开裂。

索塔应在 0 号块完成后就开始施工，在 1 号块悬臂施工前尽量完成。

(3)合龙段施工

当采用满堂支架法施工部分斜拉桥主梁时，可以采用设置合龙块的施工方案，或者是主梁一次成型、不设置合龙块的方案；当采用悬臂浇筑法施工主梁时，合龙时一般采用对称方式(不要求同步)进行逐孔合龙。即先合龙边跨，再合龙主跨；对部分斜拉桥边跨来说，当挂篮难以移至边跨现浇段梁底而形成吊架体系，以及在水中搭设满堂支架的难度较大及安全性难以保障时，常采用托架法施工边跨合龙段。

(4)线形控制

混凝土主梁施工时的控制宜以调整挂篮立模高程为主；主梁为钢梁时宜以调整梁顶高程为主。

2)索塔施工

(1)主塔施工

部分斜拉桥主塔的高跨比(主塔高度/中间跨长)为 1/12～1/8，比一般斜拉桥的 1/5 要小，因为斜拉桥的拉索是为了支承主梁，而部分斜拉桥的体外索是为了提高有效偏心位置，所以部分斜拉桥主塔高度不需要很高，由于主塔高度较低，一般采用翻模法、整体模板法、吊装施工法等施工方法。

通常桥塔应在0号块施工结束后进行施工,并保证其在梁体进入有索区施工前达到设计强度。主塔施工流程如图3.29所示。

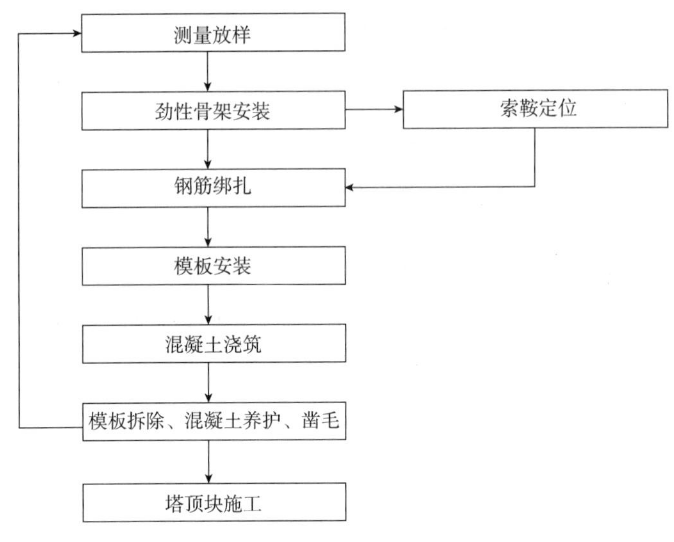

图3.29 部分斜拉桥主塔施工流程

(2)索鞍施工

目前部分斜拉桥拉索在塔上锚固主要有鞍座和锚箱两种模式。鞍座方式主要有双套管式和分丝管式。

具体安装施工步骤如下:

①安装拉索的索鞍前,应检查分丝管数量是否正确,有无孔洞等;安装时宜采用劲性骨架进行定位,保证索鞍位置符合设计规定的精度要求。

②在浇筑索鞍区混凝土时,应按索鞍分排的情况一次浇筑;振捣混凝土时不得碰撞索鞍区的预埋钢管,并应特别注意索鞍区下方混凝土的浇捣,保证索鞍区下方混凝土的密实性。

③抗滑锚块压注环氧砂浆时,应采用专用的环氧砂浆压浆机进行压注,并应封闭索鞍管口,防止环氧砂浆进入索鞍内。

3)斜拉索施工

(1)施工方法

采用先安装HDPE套管后装PE护套钢绞线的施工方法,拉索需采用逐根钢绞线安装的施工方法。

(2)等值张拉

部分斜拉桥斜拉索张拉一般会使每根索中各钢绞线索力均匀,单根张拉时采用等值张拉法,在随后的施工过程中以及成桥后不做调整,因此在张拉施工过程中对索力的精确度要求控制较为严格。

所谓等值,就是每根钢绞线在施工过程中所持应力值相等。它是基于锚具相对于梁、塔来说可以看作一个点,梁、塔受力变形对锚具内各根钢绞线影响是相等的这一前提。

在每根斜拉索中选择一根钢绞线作为首先张拉的钢绞线，在这根钢绞线上安装一个临时锚具和配套的压力传感器，利用压力传感器的度数和张拉千斤顶的油压表度数相等的方法保证所有钢绞线的张拉力相同。在单根张拉过程中，中、边跨应同时均衡进行加载，力求两端伸长值的不均匀值控制在设计允许范围之内。

采用单根等值法张拉，然后整体张拉到位，可控制每根斜拉索各股钢绞线的离散误差不大于规定的数值，很好地控制了各索间的离散性，达到了设计要求。

张拉拉索时，对平行钢丝拉索每张拉完一根拉索，或对钢绞线拉索每张拉完一根钢绞线，均应对索鞍两侧的管口进行封堵，保证雨水与杂物不进入管内。

(3)施工流程

斜拉索施工工艺流程如图 3.30 所示。

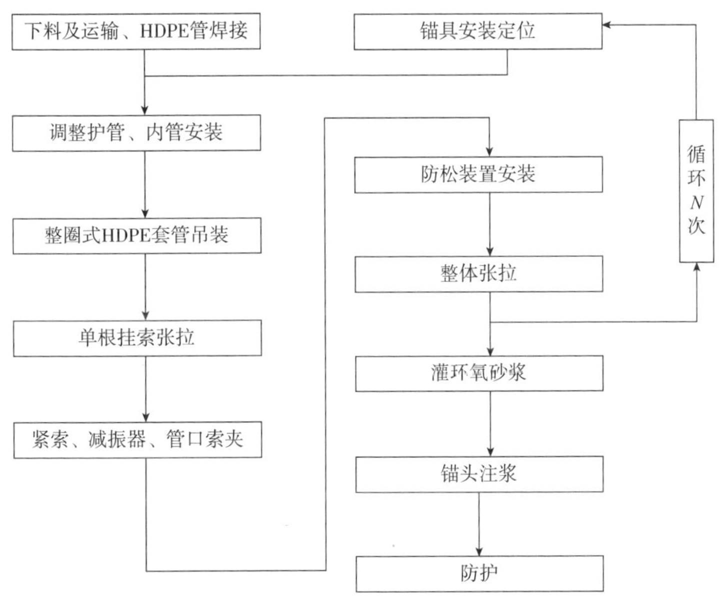

图 3.30　斜拉索施工工艺流程

本章参考文献

[1] 刘士林，王似舜．斜拉桥设计[M]．北京：人民交通出版社，2006.

[2] 王伯惠．斜拉桥结构发展和中国经验[M]．北京：人民交通出版社，2003.

[3] 林元培．斜拉桥[M]．北京：人民交通出版社，1997.

[4] 刘士林，梁智涛，侯金龙，等．斜拉桥[M]．北京：人民交通出版社，2002.

[5] 严国敏．现代斜拉桥[M]．成都：西南交通大学出版社，1996.

[6] 周念先，杨共数，等．预应力混凝土斜拉桥[M]．北京：人民交通出版社，1989.

[7] 铁道部大桥工程局桥梁科学研究所．斜拉桥[M]．北京：科学技术文献出版社，1992.

[8] 山崎淳，山縣敬二，春日昭夫，等．斜材にょされたコンクリ-ト橋の構造特性[J]．橋梁と

基礎,1995,12:33.

[9] 小宫正久.ェクスラドーズド道路橋の設計に関する-考察[C]. 土木工程學會論文集,1995,516(VI-27):27.

[10] 张元海,李娜娜,刘勇. 箱型梁正负剪力滞判别的广义力矩法[J]. 土木工程学报,2011,33(9):108-110.

[11] 缪长青,王义春,黎少华. 矮塔混凝土斜拉桥成桥索力优化[J]. 东南大学学报,2012,42(3):526-530.

第4章 贵州山区大跨径混凝土梁斜拉桥建设

本章主要介绍贵州山区大跨径混凝土梁斜拉桥，在总结混凝土梁斜拉桥的特点后，以贵州六冲河特大桥混凝土梁斜拉桥为工程实例，对贵州山区大跨径混凝土梁斜拉桥从设计、结构分析、施工等方面进行介绍，并对贵州山区大跨径混凝土梁斜拉桥建设关键问题进行阐述，为贵州山区桥梁建设积累经验并为我国同类桥梁建设提供参考。

4.1 混凝土梁斜拉桥特点

与钢梁斜拉桥相比，混凝土梁斜拉桥有以下几方面的特点：

①混凝土桥塔能够将拉索传来的巨大重力荷载传递到基础上。因此，在一座混凝土斜拉桥中，钢索承受拉力，而混凝土主要承受压力和弯矩，两种材料均最好地发挥了各自的优势，从而使整个结构趋于受力合理。

②斜拉索的水平分力给混凝土梁提供了免费预应力，增强了混凝土主梁在压弯状态下的抗裂性能，而这种压力对于很薄的钢板梁却是不利因素，经常造成麻烦。

③由于混凝土斜拉桥比钢斜拉桥重，混凝土斜拉桥梁和索的自重应力比活载应力大得多。在车辆荷载作用下梁的挠度较小，各个构件中的应力变化幅度较小，从疲劳强度观点来看还可以使钢索采用较大的容许应力。

④混凝土结构的振动衰减系数是钢结构的振动衰减系数的两倍。

⑤混凝土便于做成任何需要的流线形截面，因此，混凝土斜拉桥的抗风稳定性一般比较可靠。

⑥混凝土斜拉桥需要耗用大量的当地砂石材料，也需要较多的劳动力，因此修建混凝土桥会带动当地经济发展。

⑦造价方面，在最常见的主跨500m以内的混凝土斜拉桥较钢斜拉桥低，且较少受到市场的材料价格波动的影响。对于发展中的国家，尤其钢材还需进口的国家，这一点更为重要。

⑧混凝土梁斜拉桥的后期维修养护工作也比钢斜拉桥简单和经济。

20世纪80年代后期混凝土梁斜拉桥的这些特点逐步被人们认识和接受，混凝土梁斜拉桥大量兴起，并展现了强大的竞争力和生命力。下面以贵州六冲河特大桥、武佐河特大桥和龙井河特大桥3座混凝土梁斜拉桥为工程实例对其逐一介绍。

4.2 贵州山区大跨径斜拉桥六冲河特大桥工程实例

4.2.1 概述

1)工程背景

该工程处于毕节市黔西县与织金县交界处,是跨越六冲河的一座特大桥(图 4.1)。桥梁的荷载等级为公路—Ⅰ级,设计速度为 80km/h,桥址黔西岸属黔西县沙井乡金寨村,织金岸属官寨乡白马村,桥位上游 2km 建有洪家渡水电站。此工程是洪家渡水电站对外公路的重点工程,对于施工期间内外运输及两岸的交通联系意义重大。

图 4.1 六冲河特大桥侧面图

六冲河特大桥的桥区属溶蚀、侵蚀低中山峡谷地貌,位于六冲河下游,桥位处为"U"形峡谷,两岸为陡崖及陡斜坡,两岸台地为宽缓山地地形,大部分基岩裸露,局部灌木发育。桥位河谷宽约 235m,河谷底高程约 954m,两岸台地最高 1 200m,相对高差 246m。

桥区上覆残坡积(Q^{el+dl})黏土、(Q^{C})块石土,下伏地层为三叠系下统永宁镇组(T_1yn)灰色、深灰色灰岩、灰白色、浅红色白云岩、紫红色、暗黄色泥质白云岩偶夹灰绿色、暗绿色薄层泥岩。场区属中亚热带季风湿润气候,灾害性天气有凝冻、冰雹、倒春寒、伏旱等。

2)总体方案设计

综合考虑桥址处的地形、地貌、地质条件以及周围的环境景观的要求,根据交通量的大小和道路的通行能力,采用混凝土梁斜拉桥桥型。双向四车道,中间设 1.5m 的中央分隔带,斜拉索的锚固区两侧宽均为 1.05m,桥面全宽为 24.1m。

由于主塔高,跨径大,桥面宽度也较大,因此设计中考虑塔柱采用"钻石"形空间索塔。

拉索的布置:从横桥向布置上来看,拉索布置主要有单索面、平行双索面和空间双索面,由于地形的原因,两个主塔均很高,且桥面较宽,因此设计中采用双索面扇形密索体系,以提供主梁较强的刚度和稳定性。纵桥向拉索间距主要根据施工及使用阶段主梁内力、拉索张拉力、施工吊装能力、材料规格及经济性等因素综合考虑。

考虑到桥位处地形条件,本桥的主要施工工艺为下部桩基人工挖孔,索塔采用爬模施工,主梁 0 号段、现浇段采用托架施工,其余梁段均采用前支点挂篮悬浇,主塔与主梁连接处在主梁悬浇过程中临时固结，全桥合龙后解除。

计算分析结果表明在边跨加设辅助墩对梁、塔的内力和变形改善有利，因此考虑采用在边跨设辅助墩方案。

支承体系作为结构的边界条件，其选型与布置非常重要。设计中采用塔柱处无负弯矩峰值、温度收缩徐变内力较小、抗震性能效果好的飘浮体系。

3)主要材料参数及设计要点

(1)主要材料参数

混凝土采用C25～C60；钢筋采用HPB235和HRB335两种钢筋，钢板、型钢除注明外，一律采用Q235普通碳素结构钢；纵、横向预应力采用ϕ_s15.20mm低松弛预应力钢绞线，纵向预应力采用直径32mm的40Si2MnMoV精轧螺纹粗钢筋；斜拉索采用低松弛镀锌高强钢丝，拉索采用冷铸镦头锚。

(2)设计要点

①桥型的布置及支承体系。

a. 桥型布置。

该桥主桥为整幅设计，引桥为分幅设计，上部结构为3×30m先简支后结构连续T梁＋195m＋438m＋195m预应力混凝土斜拉桥＋19×30m先简支后结构连续T梁，全桥长1 508.016m。为了提高主梁刚度、改善结构动力特性，两岸各设一辅助墩，辅助墩距理论跨径线50.325m。主桥平面均位于直线段，纵坡为±0.6%，中跨设R＝50 000m凸曲线。桥面宽度24.1m。斜拉桥的桥型布置图如图4.2所示。

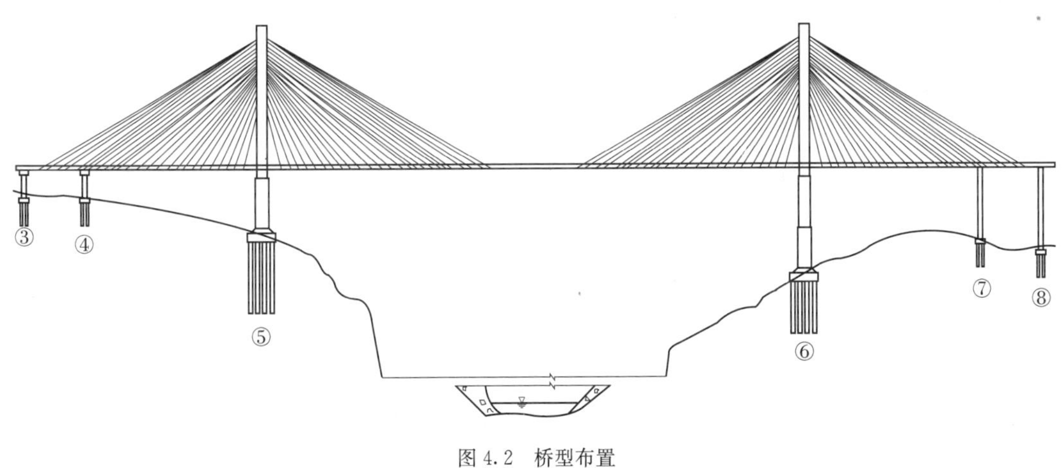

图4.2　桥型布置

b. 支承体系。

主塔处塔梁间采用纵向飘浮体系，过渡墩处竖向均设活动盆式橡胶支座，横向均设抗风防震挡块，辅助墩处竖向均设拉压支座，塔处主梁设置0号索，塔梁之间设置纵向阻尼器。

②主桥上部主梁设计。

主梁的基本断面形式是边主梁，断面顶面全宽24.1m，梁高2.7m，主梁顶板厚0.32m，设双向2%横坡。边肋有带底板翼缘截面，宽度为2.95m，实体截面，宽度分别为2.95m、3.25m、4.15m、4.85m。主塔与主梁连接处在主梁悬浇过程中临时固结，全桥合龙后解除。

横梁的基本间距是 7.8m、6.5m、5.5m，横梁间距与斜拉索相对应，横梁均设有预应力钢绞线。除辅助墩附近横梁厚度为 0.45m 外，其余横梁厚度均按 0.35～0.3m 变化。

在 195m 边跨、438m 中跨跨径内设有合龙段，合龙段长度分别为 2.0m、3.0m。根据结构受力特点，该桥设计的合龙顺序为：先合龙 195m 边跨，再合龙 438m 中跨。

为方便主梁检修，在主梁顶面外设置了检修道栏杆，在主梁梁端、辅助墩和主塔处设置上下检修楼梯。技术阶段仍采用肋板式边主梁形式，主梁标准段横断面如图 4.3 所示。

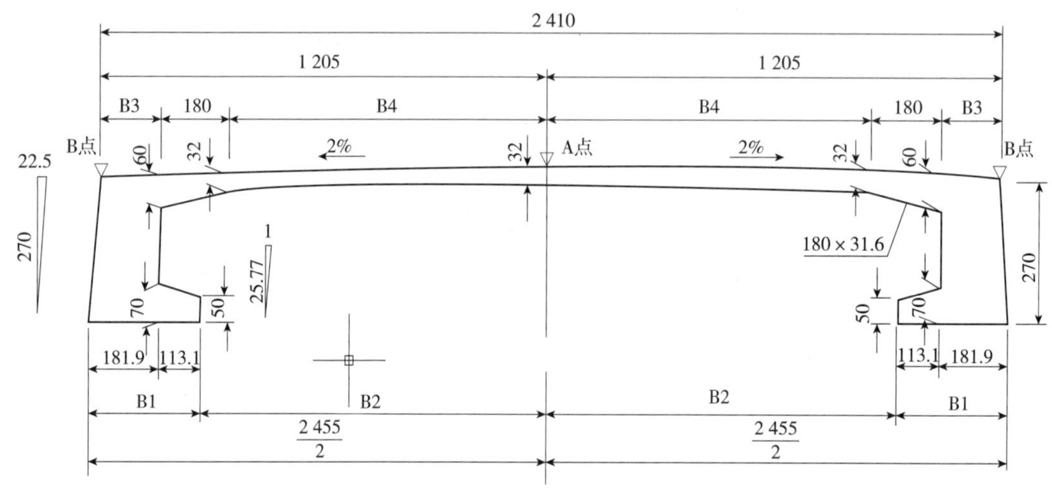

图 4.3　主梁标准段横断面(尺寸单位：cm)

③主桥主梁预应力钢束及布置。

纵向预应力：纵向预应力钢束分为悬浇顶板束(CT、JT)、悬浇底板束(CB)、边跨顶板钢束(SH)、中跨顶板钢束(MH)、中跨底板束(MB)、边跨底板束(SB)六类。纵向预应力除 JT 束采用公称直径 32mm 的精轧螺纹粗钢筋外，其余均采用公称直径 15.20mm 的预应力钢绞线。CT、CB、SH、SB、MH 束，每束采用 19 根钢绞线，锚具采用 XXX. M15-19；MB 束每束采用 22 根钢绞线，锚具采用 XXX. M15-22。所有 SH、SB、MH、MB 均采用两端张拉方式，CT、JT、CB 束除 0 号节段对应钢束采用两端张拉外，其余均采用一端张拉，联接器连接。

横梁预应力：横梁预应力采用公称直径 15.20mm 的预应力钢绞线，每束 3、15、19、22 股钢绞线。15-3 采用 BM15-3 扁锚体系，其余均采用 XXX. M15-15、XXX. M15-19、XXX. M15-22 锚具，采用两端张拉方式。

④主桥主塔设计。

主塔由塔座、塔墩、下塔柱、中塔柱、上塔柱、塔冠、上横梁、下横梁组成(图 4.4)。

塔柱采用“钻石”形空间索塔，下横梁以下塔高 46m，下横梁以上塔高 111.6m，塔顶高程为 1 411.570m。上塔柱横桥向宽 4.5m，顺桥向宽 7.2m，中塔柱横桥向宽 4.5m，顺桥向宽 7.2～8.8m，下塔柱横桥向宽 4.5～7.6m，顺桥向宽 8.8～10.8m。为减小风阻力，塔柱采用多棱形空心截面；为增加塔柱的稳定，在上塔柱顶部设置横隔板。每个索塔设置上、下两道横梁，截面采用矩形截面。

6 号塔墩高 32.5m，横桥向宽 26m，顺桥向宽 12.2m，采用单箱三室截面。

承台采用 23.2m×35.2m 矩形承台，厚度为 6.0m。承台上设 2.5m 高的塔座。5、6 号塔承台底各采用 24 根直径为 2.8m 的桩基，扣除基层倾斜的影响后，桩基分别嵌入单轴极限抗压强度不小于 50MPa 的风化基岩中的深度不小于 6.5m，且桩长不小于设计桩长。在塔柱、塔座、承台及横梁表面设置一层 D6 CRB550 级带肋焊接钢筋网。

上塔柱为斜拉索锚固区，锚索端局部构造采用凸齿式，表面以厚 1cm 的钢板包裹，以利于拉索定位。在上塔柱锚固区，采用 U 形预应力束以平衡斜拉索水平分力。主塔柱设有劲性骨架，以便于施工定位，同时参与受力，上塔柱拉索锚固区的劲性骨架，施工时结合管道定位适当调整。为满足施工及检修的需要，在塔柱内设置检修楼梯。

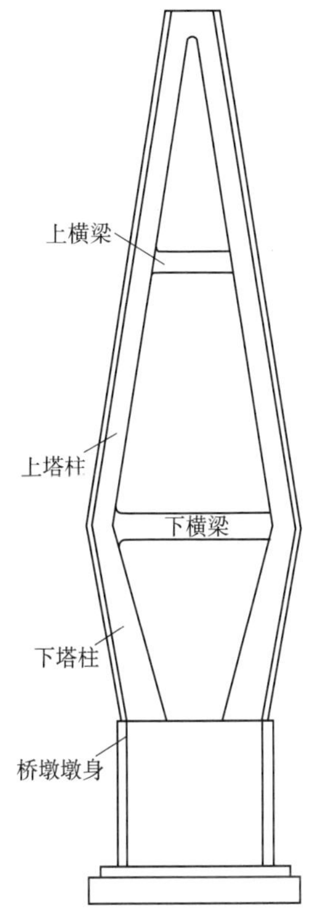

图 4.4 主塔立面图

⑤斜拉索设计。

斜拉索布置为双索面、扇形密索体系，每个主塔布有 27 对空间索，主跨斜拉索在梁上的索距为 7.8m，边跨随着节段长度的变化，索距相应变化为 6.5m、5.5m。斜拉索采用 PES7-283、PES7-241、PES7-223、PES7-199、PES7-163、PES7-139 六种规格。锚具采用相应规格的 PESM 冷铸锚。拉索截面示意图如图 4.5 所示。

⑥过渡墩和辅助墩设计。

3 号、8 号过渡墩和 4 号、7 号辅助墩均采用门式框架空心薄壁墩，承台采用 8.5m×8.5m 矩形承台，厚度分别为 3.0m、3.5m，每个承台布置 4 根直径为 2.0m 的桩基础，桩基分别嵌入单轴极限抗压强度不小于 50MPa 中风化基岩的深度扣除基岩倾斜的影响后不小于 8.0m，且桩长不小于设计桩长。3 号、4 号、7 号、8 号墩桩基均采用人工挖孔，桩基按嵌岩桩设计。

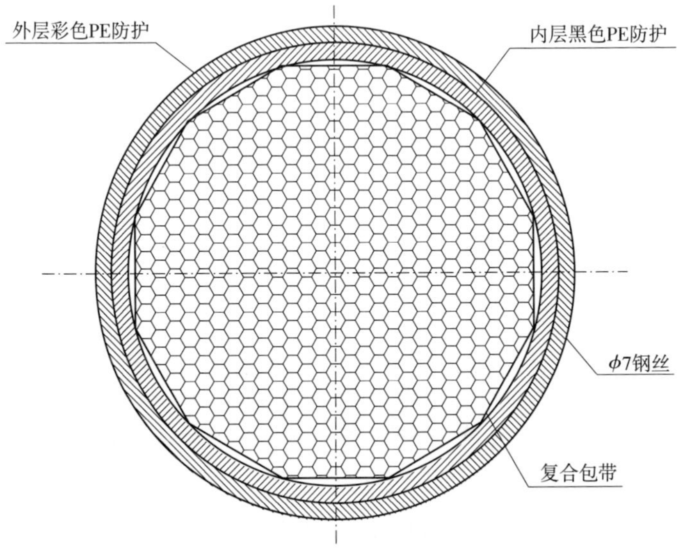

外层彩色PE防护
内层黑色PE防护
ϕ7钢丝
复合包带

图 4.5 拉索截面示意图

4.2.2 桥梁结构分析

采用桥梁博士程序进行静力计算，并采用 MIDAS 进行复算校核。静力计算按施工流程分阶段建立模型，并按规范要求对结构施工阶段和成桥阶段进行验算。

1)整体分析计算

(1)计算模型和计算方法

计算模型采用桥梁计算专用软件 MIDAS/Civil 来建立。主梁采用“脊骨梁模型”，其优点是计算规模小，刚度模拟准确，是斜拉桥静力计算中模拟常用的计算模式。计算中主梁的刚度集中于“脊骨”，横梁采用大刚度空间梁单元来模拟，桥塔严格按照图纸布置和截面形状采用空间梁单元模拟，斜拉索采用索单元模拟，使用大刚度梁单元锚于塔和主梁相应位置，锚点坐标严格按照设计单位提供的坐标。

边界条件按以下方式处理：

①桥塔采用塔墩固结，主梁支撑于桥塔横梁上，主梁横桥向和竖向被约束。

②边跨主梁在支座位置将横桥向和竖向自由度约束。

③桥塔在墩底承台处采用固定约束。

根据施工工序示意图和节段划分，建立相应施工计算工况；在施工二期恒载后，考虑3 650d 收缩徐变，全桥有限元模型包括梁单元 594 个，索单元 220 个。有限元模型图如图 4.6 所示。

图 4.6 有限元模型图

(2)计算荷载

①结构自重：根据材料重度和截面特性由程序自动计算。

②二期恒载：74.7kN/m；桥面铺装采用 10cm 沥青混凝土。

③温度：整体温变按±20℃计算。

④桥面温升梯度：14℃；温降梯度：−7℃。具体梯度温度模式按《公路桥涵设计通用规范》(JTJ D60—2004)执行。

⑤索梁温差按±10℃考虑。

⑥基础不均匀沉降：0cm(桩基奠基在基岩)。

⑦预应力：控制应力 1 395MPa。

⑧冲击系数：0.05。

⑨风荷载：按抗风规范规定，与汽车组合时主梁最大风速取为 25m/s。

⑩收缩徐变：按《公路钢筋混凝土及预应力混凝土桥涵设计规范》(以下简称《桥涵规范》)(JTG D62—2004)计算，计算至二期恒载施工完成后 3 650d。

⑪地震荷载:时程波。

(3)计算依据

《公路工程技术标准》(JTG B01—2003)。

《公路桥涵设计通用规范》(JTJ D60—2004)。

《公路钢筋混凝土及预应力混凝土桥涵设计规范》(JTG D62—2004)。

《公路斜拉桥设计细则》(JTG/T D65-01—2007)。

《公路桥梁抗风设计规范》(JTG/T D60-01—2004)。

《公路桥梁抗震设计细则》(JTG/T B02-01—2008)。

(4)施工阶段计算工况

根据实际结构的施工过程,对计算模型进行施工工况划分,具体计算工况划分见表 4.1。

施工阶段计算工况 表 4.1

计算工况	施工内容	计算工况	施工内容
1	桥塔施工	63～65	中跨合龙
2	0 号块施工	66	拆除临时固结,安装 0 号索
3～45	施工 1～21 号块	67～68	安装边跨压重
46	安装辅助墩	69	桥面铺装
46～56	施工 22～27 号块	70～76	调整索力
57～58	现浇边跨	77	收缩徐变 3 650d
59～62	合龙边跨		

(5)静力计算结果

①施工阶段分析(表 4.2)。

施工阶段构件应力分析表 表 4.2

构件应力 \ 阶段				施工 1～27 号块	边中跨合龙	成　桥	收缩徐变完成	是否满足
主梁		上缘应力	拉应力	/	/	/	/	满足
			压应力	11.1	11.5	11.9	11.5	满足
		下缘应力	拉应力	2.2	/	/	/	满足
			压应力	12.2	15.9	16.3	14.7	满足
主塔	塔柱	上缘应力	拉应力	—	—	/	/	满足
			压应力	—	—	/	11.1	满足
		下缘应力	拉应力	—	—	/	/	满足
			压应力	—	—	/	11.6	满足
	上横梁	上缘应力	拉应力	—	—	/	/	满足
			压应力	—	—	4.63	4.53	满足
		下缘应力	拉应力	—	—	/	/	满足
			压应力	—	—	4.79	4.73	满足

续上表

构件应力 \ 阶段				施工 1～27号块	边中跨 合龙	成　桥	收缩徐变完成	是否满足
主塔	下横梁	上缘应力	拉应力	—	—	/	/	满足
			压应力	—	—	8.07	8.04	满足
		下缘应力	拉应力	—	—	/	/	满足
			压应力	—	—	5.43	5.13	满足

注：表格中数据的单位均为MPa，"/"表示无该项数据，"—"表示不考虑该项。

通过计算可知，在整个施工过程中，主梁在张拉前几对斜拉索时下缘出现2.2MPa拉应力>0.7f_{tk}的情况，可通过索力调整以及配置防裂钢筋解决。其他应力均满足规范要求。

②成桥阶段分析。

a.持久状况正常使用状态（表4.3）。

持久状况正常使用状态构件应力分析　　表4.3

构件应力 \ 状态			正常使用状态		是否满足
			短期效应组合	长期效应组合	
主梁		上缘压应力(min)	1.43	—	满足
		上缘压应力(max)	—	17.7	满足
		下缘压应力(min)	1.91	—	满足
		下缘压应力(max)	—	18.1	满足
		最小主拉应力(min)	1.01	—	满足
		最大主压应力(max)	—	18.1	满足
主塔	上横梁	上缘拉应力(min)	/	—	满足
		上缘压应力(max)	—	6	满足
		下缘拉应力(min)	/	—	满足
		下缘压应力(max)	—	6.2	满足
	下横梁	上缘拉应力(min)	/	—	满足
		上缘压应力(max)	—	10.13	满足
		下缘拉应力(min)	/	—	满足
		下缘压应力(max)	—	6.88	满足
拉索		拉应力(max)	—	665	满足
		活载应力幅值(max)	—	66	满足

注：表格中数据的单位均为MPa，"/"表示无该项数据，"—"表示不考虑该项。

b.持久状况承载能力极限状态。

a)桥塔。主桥验算截面位置示意如表4.4所示。

主塔验算截面位置示意 表4.4

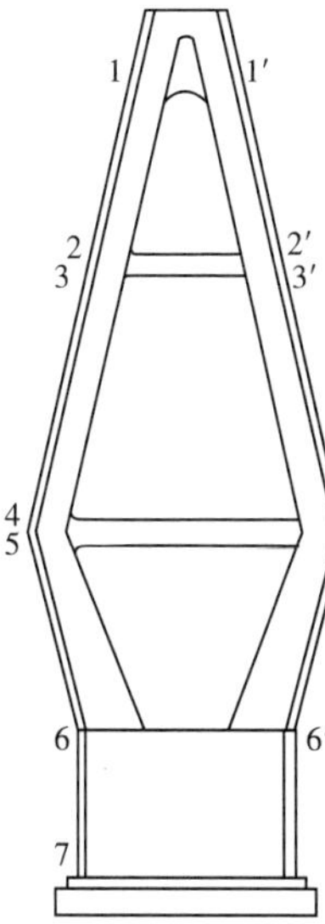

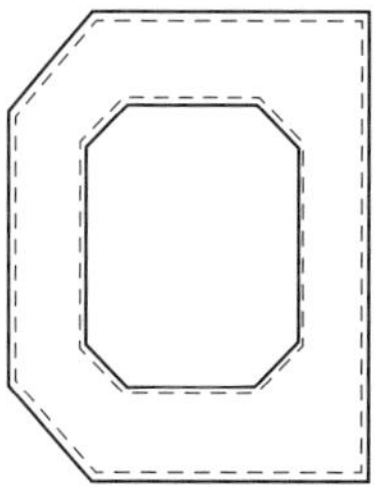

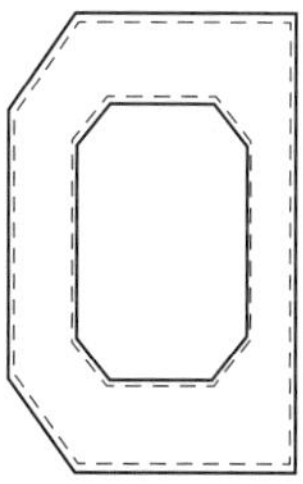

	截面 A(1、2、3、1′、2′、3′)	截面 B(4、4′)
	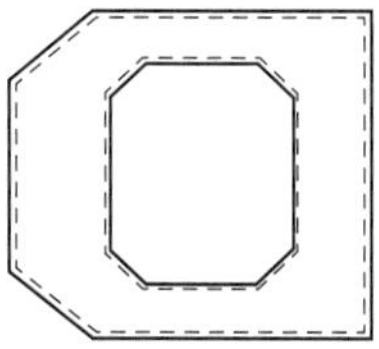 截面 C(5、5′)	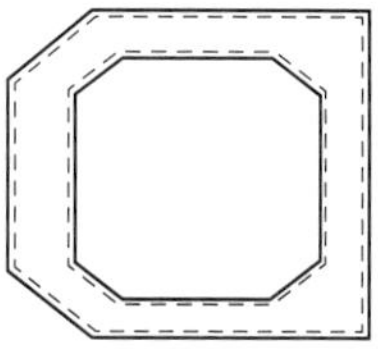 截面 D(6、6′)
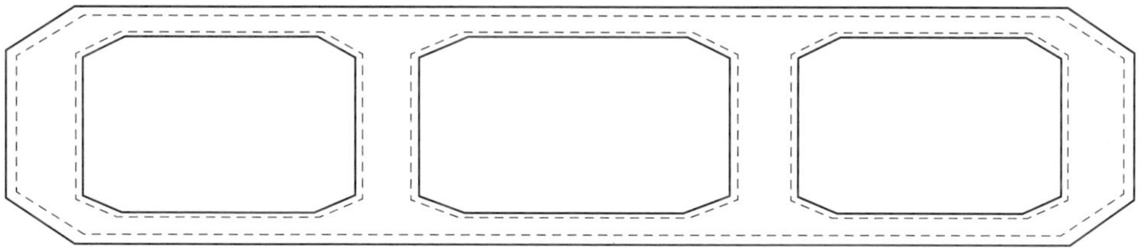 截面 E(7)		

注:N 表示轴力(单位:kN),以压力为正,拉力为负;M_y 表示顺桥向弯矩(单位:kN·m);M_z 表示横桥向弯矩(单位:kN·m)。

b)主梁。

由图4.7可知,主梁荷载效应均小于结构抗力(不考虑普通钢筋)。

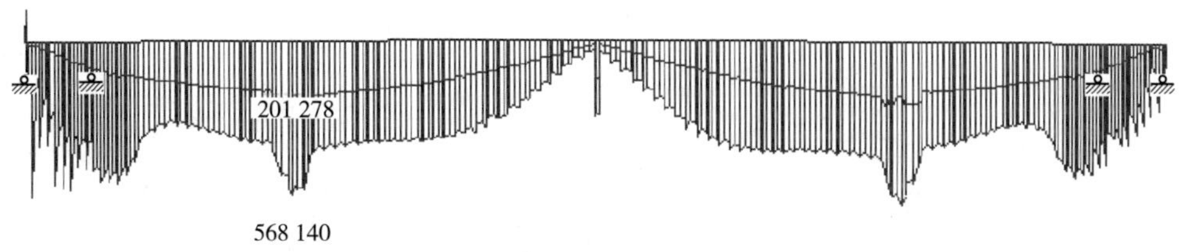

图4.7 主梁弯矩与抗力图(单位:kN·m)

对6号索塔验算了13个截面。

限于篇幅,以下只给出各静力荷载组合下关键1和6截面承载力检算结果(表4.5、表4.6)。

塔柱截面 1 承载能力极限状态验算 表 4.5

荷载组合		荷载效应			承载力 N_R	$\frac{N_R}{\gamma_0 N_s}$
		$\gamma_0 N_s$	$\gamma_0 M_{ys}$	$\gamma_0 M_{zs}$		
承载能力	N_{max}	66 409	−4 543	16 800	473 162	7.13
	N_{min}	86 799	−29 617	20 016	461 122	5.31
	M_{ymax}	68 516	5 526	18 252	477 471	6.97
	M_{ymin}	84 142	−44 614	18 668	439 116	5.22
	M_{zmax}	84 228	−23 804	22 651	460 622	5.47
	M_{zmin}	67 710	−19 630	13 865	471 853	6.97

注：弯矩单位为 kN·m，承载力单位为 kN。

塔柱截面 6 承载能力极限状态验算 表 4.6

荷载组合		荷载效应			承载力 N_R	$\frac{N_R}{\gamma_0 N_s}$
		$\gamma_0 N_s$	$\gamma_0 M_{ys}$	$\gamma_0 M_{zs}$		
承载能力	N_{max}	281 739	92 861	−41 432	924 455	3.28
	N_{min}	354 045	255 022	−35 915	862 985	2.44
	M_{ymax}	349 769	381 564	−17 951	786 981	2.25
	M_{ymin}	284 690	18 727	−57 488	925 241	3.25
	M_{zmax}	283 149	208 063	−6 965	849 446	3.00
	M_{zmin}	340 264	132 837	−66 974	903 827	2.66

注：弯矩单位为 kN·m，承载力单位为 kN。

经计算结果分析可知，塔柱各截面在各静力荷载组合下，承载能力极限状态检算满足规范要求。

③汽车荷载作用下的应力及变形。

a. 活载应力幅。

图 4.8～图 4.9 为主梁上下缘的活载应力幅值。

图 4.8 主梁上缘活载应力幅值(单位：MPa)

从图 4.8～图 4.9 可知，主梁上缘的应力幅为 5.02MPa，主梁下缘的应力幅为 6.57MPa。

b. 活载变形幅。

图 4.10～图 4.11 为汽车活载作用下结构的变形。

图 4.9 主梁下缘活载应力幅值(单位:MPa)

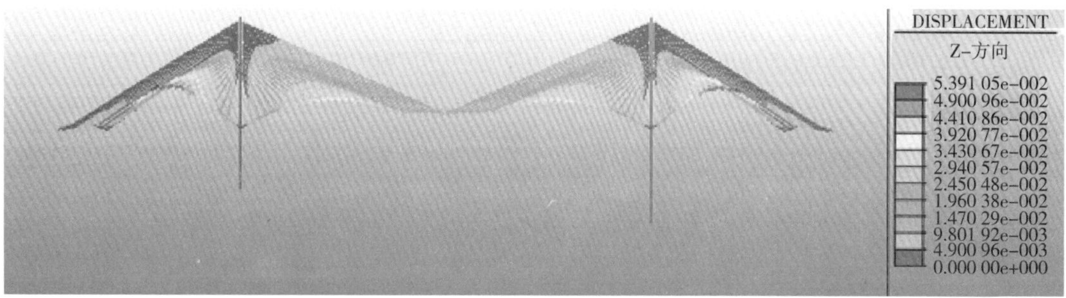

图 4.10 结构向上变形(单位:cm)

图 4.11 结构向下变形(单位:cm)

由图 4.10～图 4.11 可知,在汽车荷载作用下,主梁向上的最大位移为 5.4cm,位于边跨跨中,塔顶最大水平正向位移为 6.5cm,主梁向下的最大位移为 19.43cm,位于中跨跨中,塔顶最大水平负向位移为 10.7cm。

综上所述,在汽车活载作用下,主梁的竖向变形幅值为 21.5cm,位于跨中(向上位移为 2.1cm,向下位移为 19.4cm),竖向变形与跨径比值=0.215/438=1/2 037<1/500,刚度满足要求。

2)索塔拉索锚固区局部分析计算

(1)计算方法及计算工具

采用 MIDAS 建立杆系模型进行初步估算并获得有效预应力,然后用 ANSYS 建立空间实体模型,采用降温法模拟预应力,对拉索锚固区进行分析验算(拉索的编号沿索塔底部往上依次为 S1～S27)。

(2)计算荷载

由全桥整体计算得出斜拉桥各拉索正常使用极限状态下的最不利索力，选取S1～S27号拉索索力施加在锚固段局部计算模型上，整体计算得出的索力见表4.7。

正常使用极限状态荷载组合拉索索力　　表4.7

拉索编号	索　力(kN)	拉索编号	索　力(kN)
S1	744.6	S15	854.4
S2	515.8	S16	886.2
S3	494.4	S17	854.4
S4	519	S18	936.2
S5	543	S19	968.6
S6	565	S20	980.8
S7	585.8	S21	998.4
S8	607.2	S22	1 083
S9	629	S23	1 102
S10	655	S24	1 115.6
S11	685.6	S25	1 128.8
S12	720.6	S26	1 141.6
S13	756.8	S27	1 204.8
S14	742.8		

由全桥整体计算中得出的在正常使用极限状态荷载组合下的最不利弯矩和最不利轴力，选取最不利S27、S18号拉索锚固区截面，整体计算得出的结果如图4.12所示。

(3)计算模型

采用桥梁博士和ANSYS两种计算程序分别建立节段长1.655m的拉索锚固段模型，进行局部平面和空间有限元分析，得到该区域详细的应力分布情况。其中桥梁博士所建立的平面有限元模型仅供参考，同时为ANSYS所建立空间模型提供有效预应力。ANSYS建立空间计算模型由两种单元组成，其中索塔锚固段由实体单元SOLID45模拟，塔内预应力索由杆单元LINK10模拟。预应力采取在预应力作用平面定义硬点，在该硬点之间生成杆单元，然后再用索塔实体的网格划分的方式来建模，对预应力的模拟采取对杆单元降温的方法模拟，这样不仅确保了预应力束的位置准确，而且可以模拟预应力钢束的沿程损失。拉索锚固区计算模型如图4.13所示，左图为桥梁博士有限元模型，右图为ANSYS有限元模型。

(4)预应力体系

索塔S1～S7号拉索的锚固段布置的是$12\phi_s^j15.2$的预应力束，S7～S21号拉索的锚固段布置的是$19\phi_s^j15.2$的预应力束，S21～S27号拉索的锚固段布置的是$22\phi_s^j15.2$的预应力束。整个索塔锚固段分为三个区域，其中S1～S7号拉索的锚固段为区域一，S7～S21号拉索的锚固段为区域二，S21～S27号拉索的锚固段为区域三，对这三个区域分别选取区域内最大索力进行验算。

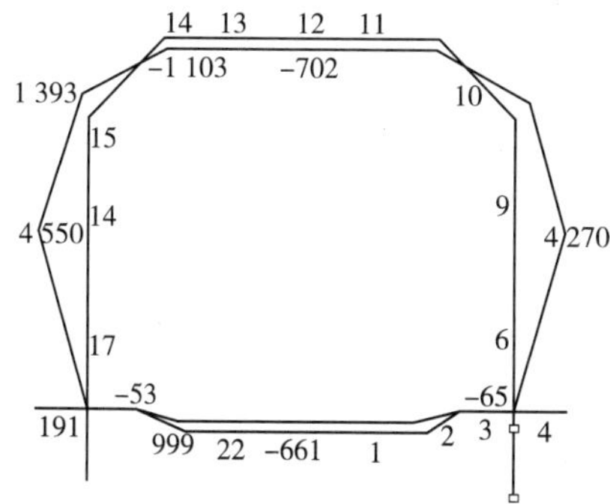

a)S18号索锚固区截面弯矩

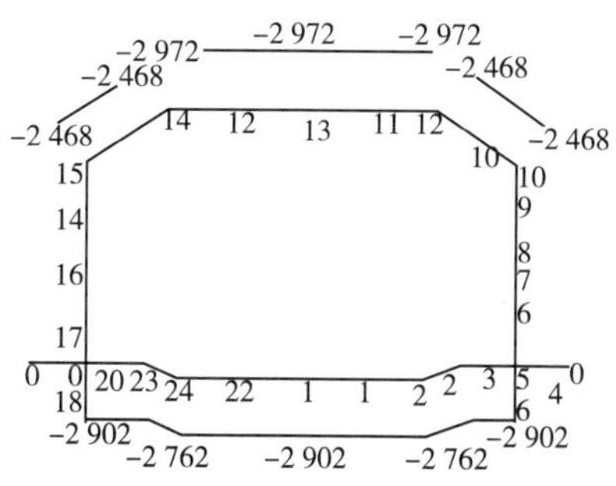

b)S18号索锚固区截面索力

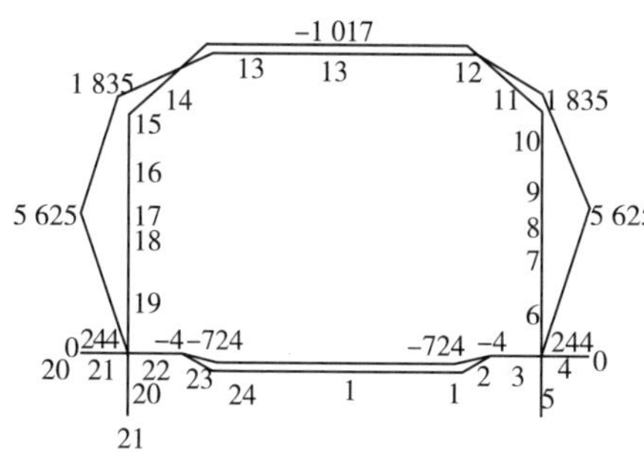

c)S27号索锚固区截面弯矩

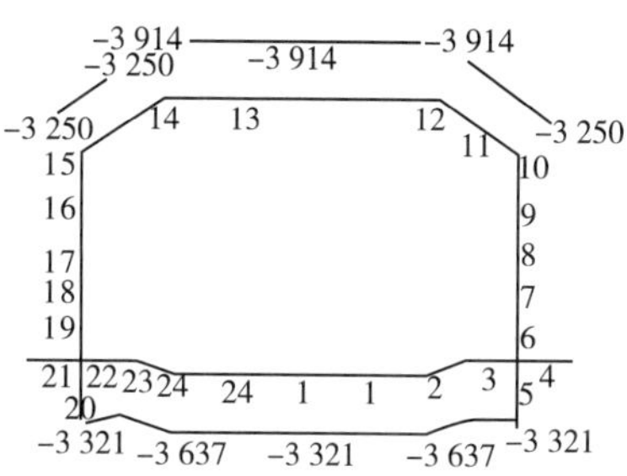

d)S27号索锚固区截面索力

图 4.12　拉索锚固区正常使用极限状态荷载组合

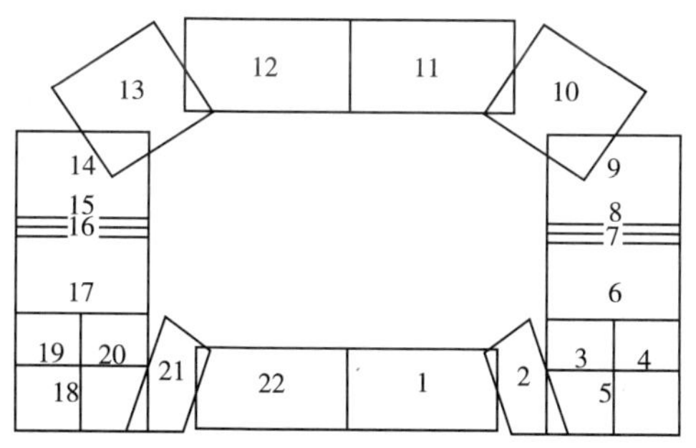

图 4.13　拉索锚固区计算模型

(5)计算结论及建议

由 ANSYS 空间计算模型计算结果可以得出，顺桥向、横桥向法向应力最大压应力分别为 5.91MPa、6.29MPa，四周侧壁法向拉应力最大为 0.839MPa，满足《桥涵规范》要求。

正截面抗弯承载力验算：27 号索外侧截面弯矩效应组合为 1 118.7kN · m，小于截面抗力 5 006.1kN · m，内侧截面弯矩效应组合为 796.4kN · m，小于截面抗力 4 182.28kN · m；18 号索内侧截面弯矩效应组合为 842.6kN · m，小于截面抗力 4 472.71kN · m，外侧截面弯矩效应组合为 596.2kN · m，小于截面抗力 3 721.38kN · m，承载能力极限状态满足要求。

正截面抗拉承载力验算：27 号索截面拉力效应组合为 3 914kN，小于截面抗力 8 133kN；18 号索截面拉力效应组合为 2 902kN · m，小于截面抗力 7 472.8kN，承载能力极限状态满足要求。

3）稳定性分析

对于施工阶段，一般来说随着主梁悬臂的伸长，结构的一类稳定系数逐渐降低，因此施工阶段以最大双悬臂、最大单悬臂为最不利工况。对于运营阶段，全桥恒载是结构的基本状态，是应验算的工况；对于活载，通常验算半跨布载和全跨布载两种工况，这里仅给出全跨布载情况（按 0.4 倍 4 车道满布考虑），如图 4.14～图 4.17 所示，计算结果见表 4.8。

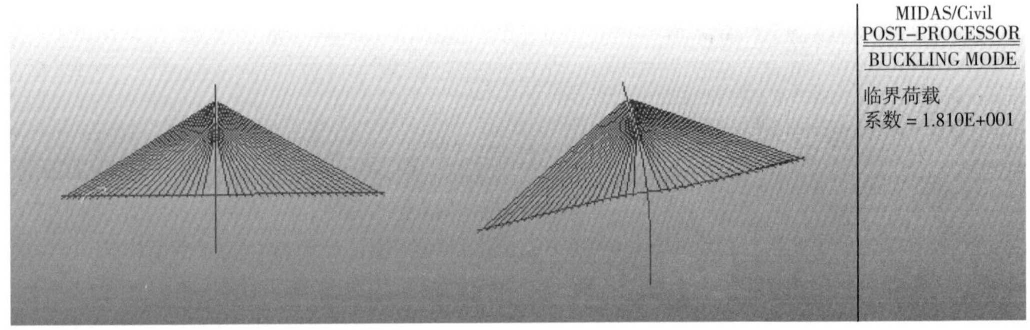

图 4.14　最大双悬臂（稳定系数 λ=18.1）

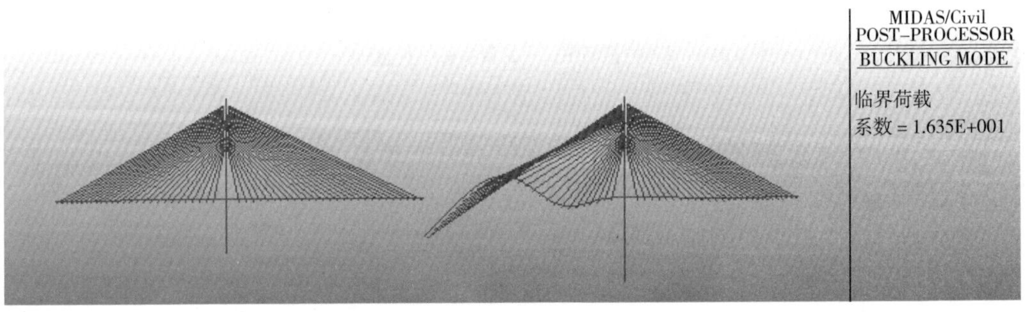

图 4.15　最大单悬臂（稳定系数 λ=16.4）

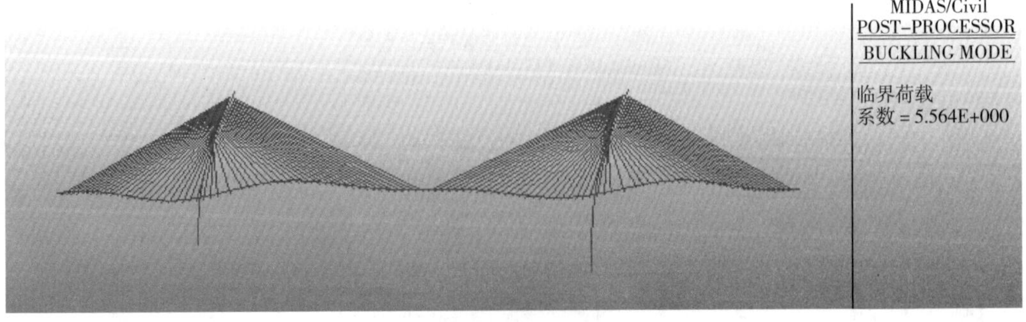

图 4.16　全桥恒载（稳定系数 λ=5.56）

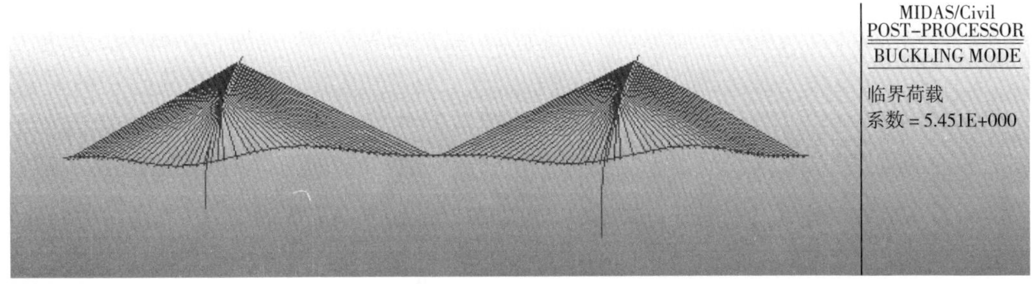

图 4.17　全桥恒载＋汽车(稳定系数 λ=5.45)

最小稳定系数汇总　　表 4.8

工　况	最小稳定系数	屈曲模态
最大双悬臂	18.1	桥塔纵向失稳
最大单悬臂	16.4	桥塔纵向失稳
全桥恒载	5.56	桥塔纵向失稳
全桥恒载＋活载	5.45	桥塔纵向失稳

从表 4.8 可知，无论哪一种工况，结构的屈曲系数均在 5.45 以上，均超过了规范建议的 4.0 稳定系数。

4.2.3　关键技术问题及对策

由于本桥规模较大，技术较复杂，关键技术拟通过下列几项专题研究解决：①山区高寒环境下 C60 机制砂高强与高性能混凝土配合比设计与配制技术；②混凝土 0-1 号段主梁施工关键技术；③大体积混凝土一次浇筑温度控制。

1)山区高寒环境下 C60 机制砂高强与高性能混凝土配合比设计与配制技术

(1)技术问题

随着西部大开发的推进，近年来贵州省基础建设规模不断扩大，混凝土技术得到了长足的发展和进步，然而还存在着一些问题，主要表现在以下几个方面：

①重视强度而忽视耐久性。

高强混凝土技术的发展对建设事业起着重大作用，近 50 年，混凝土的强度不断提高，是科学技术不断进步的体现，并促进了建设事业的发展。然而在贵州地区，由于特殊的地质环境和气候，对混凝土的耐久性有更高的要求。但是目前大多数人仍把高性能和高强联系在一起。甚至有人盲目追求混凝土的高强、“超高强”以至“特超高强”，并以此为“水平”的标准，却忽视了混凝土耐久性的问题，在工程设计施工中对于耐久性的考虑欠少，造成了混凝土结构开裂、使用年限小等工程问题。

②机制砂品质参差不齐。

在贵州省，由于特殊的地理条件，机制砂混凝土得到了广泛的应用，然而随着公路桥梁建设规模的扩大和建设等级的提高，传统的机制砂混凝土也表现出一些不足和缺点：如水泥用量大、水化热高、抗裂性能差等。贵州地区机制砂普遍存在级配不良、石粉含量高、含泥量高等特性，根本是由机制砂的生产工艺所决定。在应用过程中，需正确认识这些材料特性对混凝土性能带来的影响，并应作出相应的调整。要继续大力推广机制砂，需要从各个方面加强工作：正确认识机制砂品质特点、加强机制砂混凝土应用相关的研究工作、提高机制砂产品质量与品质，加大机制砂宣传与导向，这是促进机制砂在混凝土行业中健康、持续的发展应用的关键。

③对矿物掺和料的认识不足。

在很多工程建设中，虽然混凝土中掺入矿物掺和料越来越广泛，然而却严格限制了矿物掺和料的掺量，尤其是粉煤灰的掺量，造成这种现状的原因是对矿物掺和料的认识不足，认为掺入矿渣或者粉煤灰必然影响强度。然而，随着建筑结构的不断发展，对混凝土耐久性的要求越来越高，混凝土中掺入适量的矿物掺和料可以有效提高混凝土的耐久性，对强度尤其是后期强度的影响不大。而且，掺入矿物掺和料还可以有效地消纳当地的工业废渣，具有明显的技术经济效益。

鉴于上面的问题，以下对山区高寒环境下C60机制砂高强与高性能混凝土配合比设计与配制技术进行了深入的研究，不仅为六冲河大桥的施工提供技术指导，而且为未来的西部大开发建设提供经验。

(2)配合比设计目标与思路

①设计目标。

利用黔西到织金段六冲河大桥施工现场原材料，通过优化原材料、配制出C60强度等级的机制砂高强高性能混凝土，研究各种参数的变化对混凝土的性能影响规律，并对其力学性能、耐久性及混凝土的微观结构进行研究，最终研究得出适合高寒地区使用的C60机制砂高强高性能混凝土的配合比技术，进而指导工程应用。

C60混凝土的具体设计目标：

a. 坍落度和扩展度：坍落度180～220mm，扩展度≥500mm。

b. 坍落度保持性：1h坍落度损失不大于30mm，扩展度≥500mm。

c. 抗压强度：3d抗压强度≥30MPa，7d抗压强度≥55MPa，28d抗压强度≥70MPa。

d. 28d弹性模量：混凝土28d弹性模量应不小于3.5×10^4MPa。

②设计思路。

a. 根据最紧密堆积理论，选择合理的大小石子比例，使其堆积密度最大，空隙率最小。

b. 合理的配合比参数，使新拌混凝土具有较好的工作性能；合理的胶凝材料用量，实现混凝土工作性、强度、耐久性及经济性的统一。

c. 在满足新拌混凝土工作性能的条件下，适当地降低水胶比，以保证早期强度。

d. 掺入适量的矿物掺和料，改善混凝土的工作性和耐久性，同时降低混凝土的成本。

e. 选择合适的外加剂品种，推荐使用聚羧酸减水剂，保证混凝土具有良好的工作性；同时适当引气，提高混凝土的抗冻性，使其适用于高寒地区。

f. 综合优化设计高强高性能混凝土。

(3)C60机制砂高强高性能混凝土配制试验

①粗集料的级配。

试验中采用16.0～31.5mm和4.75～16.0mm两种粒径的粗集料，以最紧密堆积理论为指导，需要选择大小石子最紧密堆积的比例，从而使得粗集料的空隙率最低，大大减少浆体的体积，实现最紧密堆积。

根据工程前期试验结果，分别按照 8∶2、7∶3、6∶4 及 5∶5 的比例将大小石子混合，测定堆积密度，并进行筛分（表 4.9、表 4.10）。

不同比例的大小石子的堆积密度　表 4.9

大小石子的比例	8∶2	7∶3	6∶4	5∶5
松散堆积密度（kg/m^3）	1 450	1 484	1 515	1 488

不同比例的大小石子累积筛余　表 4.10

筛孔尺寸(mm)	比例	37.5	31.5	26.5	19.0	16.0	9.5	4.75	2.36
累计筛余率(%)	8∶2	0.8	8.1	39.9	61.0	72.1	85.9	99.3	99.9
	7∶3	0.7	7.1	34.9	53.3	63.2	80.3	99.0	99.9
	6∶4	0.6	6.1	29.9	45.7	54.3	74.6	98.8	99.9
	5∶5	0.5	5.1	24.9	38.1	45.3	69.0	98.5	99.9
规定范围		0	0～5		15～45		70～90	90～100	95～100

从表中可以看出，大小石子比例为 6∶4 堆积密度最大，空隙率最低，有利于实现最紧密堆积，减少浆体用量。从级配情况来看，由于大石子中粗颗粒含量较大，尤其是 31.5mm 以上的石子量较多，即便大小石子以 5∶5 比例混合，大于 31.5mm 的颗粒含量依旧稍多。综合堆积密度和级配情况，选择 6∶4 的大小石子比例。

②基准配合比的确定。

a. 初试配合比检验。

在前期大量试验的基础上，初始配合比选择：水胶比 0.3，胶凝材料总量 550kg/m^3，砂率 45%，大小石子的比例根据前面实验结果选定 6∶4；混凝土密度按照 2 500kg/m^3 进行计算（表 4.11）。

初始配合比及混凝土拌和物的状态　表 4.11

编号	水胶比	胶材总量	机制砂种类	砂率	外加剂种类及掺量	初始 T 和 K	1h 后 T 和 K	倒坍落度筒时间	状　态
1-4	0.32	550	机制砂 1	45%	高缓[1]，2.5%	20/41	—	47s	很黏
1-5	0.32	550	机制砂 1	45%	高缓[1]，2.8%	26/62	—	25s	状态不错
1-6	0.32	530	机制砂 1	45%	高缓[1]，2.8%	23/51	很小	41s	1h 后难以成型
1-7	0.32	530	机制砂 1	45%	聚羧酸，2%	22/53	—	51s	非常黏

1-4 组混凝土的配合比，混凝土状态不错，如图 4.18所示；但是混凝土非常黏稠，倒坍落度筒流出时间为 47s。

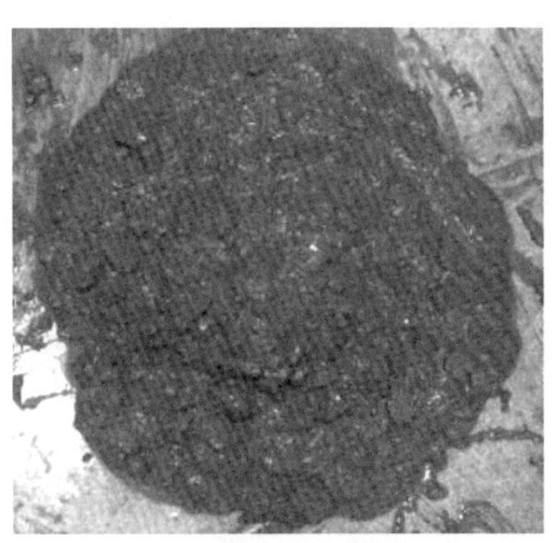

图 4.18　1-4 组混凝土的状态

在 1-4 的基础上，将减水剂的掺量增大到 2.8%，混凝土状态如图 4.19 所示。该组混凝土的坍落度和扩展度较大，超出了坍落度 18～22cm 范围，但是该组混凝土的黏度大大下降，倒坍落度筒时间降低到 25s。通过这两组实验，可以推知外加剂最佳掺量在2.6%～2.7%之间。

后续考虑到 1-5 组坍落度和扩展度较大，且混凝土的黏度较大，所以1-6组保持外加剂掺量等因素不变，将胶凝材料总量降低至530kg/m³；1-6组混凝土状态如图4.20所示。

图4.19 1-5组混凝土的状态

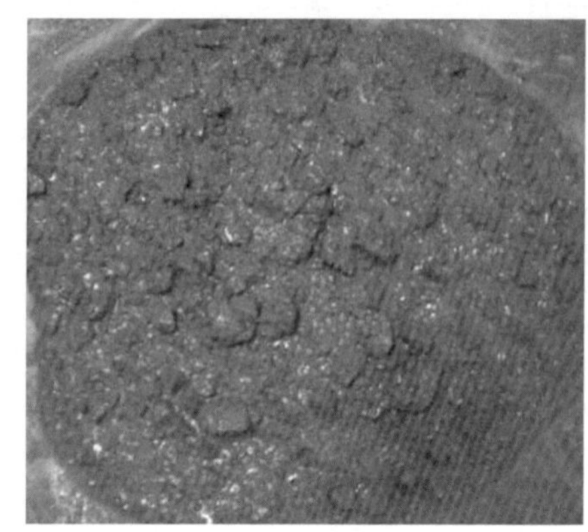
图4.20 1-6组混凝土初始状态

混凝土坍落度和扩展度基本满足要求，但是黏度并没有下降，反而还是非常黏稠，这点从倒坍落度筒时间可以反映出来。这可能是由于胶凝材料总量减少导致石子流动困难，尤其是大石子含量较多且粒径较大，难以快速从坍落度筒的小口中快速流出。该组混凝土测试了1h后的坍落度和扩展度，1h后混凝土非常干，成形都非常困难，可见混凝土的坍落度保持性差。

1-7组采用了聚羧酸减水剂进行对比，该减水剂的推荐掺量是0.6%～1.2%。初始掺量选择0.8%，但是混凝土的工作性差，几乎没有流动性，这主要是由于机制砂1中含泥量过高，对聚羧酸减水剂吸附量过大造成的。后续逐步增大减水剂的掺量至2.0%，混凝土出现轻微泌水，但是还是非常黏稠。聚羧酸减水剂最佳掺量估计为1.8%。

这四组混凝土非常黏稠，但是坍落度和扩展度还是比较好，通过调整外加剂的掺量等可以达到要求。但是混凝土坍落度经时损失如此之大肯定不能满足要求。

根据表4.12可知，各组试块的早期强度都比较高，胶凝材料用量较少的1-6和1-7两组混凝土的3d和7d的抗压强度稍低，胶凝材料用量对混凝土的早期强度有一定影响。但从28d强度结果来看，胶凝材料用量在一定范围内变化时对混凝土强度影响不是特别明显。

各组混凝土的强度 表4.12

编号	水胶比	胶材总量	机制砂种类	砂率	矿物掺和料	外加剂种类及掺量	抗压强度(MPa)		
							3d	7d	28d
1-4	0.32	550	机制砂1	45%	—	高缓1,2.5%	56.6	69.7	81.3
1-5	0.32	550	机制砂1	45%	—	高缓1,2.8%	58.6	66.3	79.9
1-6	0.32	530	机制砂1	45%	—	高缓1,2.8%	54.1	63.4	80.3
1-7	0.32	530	机制砂1	45%	—	聚羧酸,2%	54.1	65.0	81.4

注：抗压强度试块为100mm×100mm×100mm，数值为测试原始值，表中的强度数据如无特别说明都是小试模的原始测试值。

b. 初试配合比的进一步优化。

考虑的上述各组混凝土的黏度过大而且坍落度经时损失过大，所以对初始配合比进行优化，调整配合比参数及外加剂的用量和种类(表4.13)。

初始配合比的进一步优化　　表4.13

编号	水胶比	胶材总量	机制砂种类	砂率	矿物掺和料	外加剂	初始 T 和 K	1h 后 T 和 K	倒坍落度时间
1-8	0.30	550	机制砂 3	45%	—	高缓 1,2.7%	26/68	23/42	24s/26s
1-9	0.30	550	机制砂 3	45%	15%FM+5%SF	高缓 1,2.5%	22/52	18.5/30	18s/27s
1-12	0.30	550	机制砂 2	45%	—	高缓 1,2.5%	22.5/60	22/53	—
1-13	0.29	550	机制砂 3	45%	—	聚羧酸,1.0%	23/52	22/30	—
1-15	0.30	550	机制砂 3	43%	—	聚羧酸,1.2%	22/50	19/40	—
1-16	0.30	550	机制砂 3	41%	—	聚羧酸,1.2%；3%缓凝剂	24/55	23/53	—
1-17	0.30	550	机制砂 3	42%	—	聚羧酸,1.2%	22/50	18/40	—

试验结果如下：

a)1-8 组混凝土的配合比为初始配合比，采用机制砂 3，初始状态不错，但是非常黏稠。

b)1-9 组掺加矿物掺和料(15%粉煤灰和 5%硅灰代替水泥)，在减水剂掺量为 2.5%时混凝土的流动性就可以达到要求，而且混凝土的黏度适宜，状态为各组中最好的。可见矿物掺量的加入可以很好地降低混凝土的黏度，在水胶比和用水量相同的情况下提高混凝土的流动性能。

c)1-12 组主要是为了对比机制砂 2(工地机制砂经过大批量水洗)，机制砂 2 在水洗后，细颗粒大大降低，小于 0.075mm 的颗粒约为 2%，因此该组混凝土在减水剂掺量为 2.5%时离析比较严重，大石子和浆体的黏聚性差，有一定程度的跑浆。

d)1-13 组采用聚羧酸减水剂进行对比，掺量为 1.0%。混凝土状态不错，但是也是非常黏稠，而且坍落度保持性同样不佳。对比 1-7 组可以发现，机制砂 3 需要的聚羧酸减水剂掺量较小，可以说明其中含泥量低。此外，1h 后坍落度和扩展度的测试结果表明，两种减水剂的保坍性都不佳，这可能是由于机制砂 1 和机制砂 3 中石粉含量过高造成的，对比可以发现经过水洗后的机制砂 2 石粉含量较低，保坍性相对较好。

e)由于混凝土坍落度保持性差，通过调整砂率及添加缓凝剂的方法来进行改善。砂率从 45%适当降低，有利于混凝土的初始状态，砂率为 45%混凝土的浆体含量稍多，砂率为 42%混凝土的状态有所改善。砂率对混凝土坍落度保持性影响不大，掺入缓凝剂可以大大改善混凝土坍落度保持性。

各组混凝土的强度见表 4.14。

各组混凝土的强度 表4.14

编号	水胶比	胶材总量	机制砂种类	砂率	矿物掺和料	外加剂种类及掺量	抗压强度(MPa)		
							3d	7d	28d
1-8	0.30	550	机制砂3	45%	—	高缓1,2.7%	52.0	65.8	80.6
1-9	0.30	550	机制砂3	45%	15%FM+5%SF	高缓1,2.5%	50.0	60.6	86.7
1-12	0.30	550	机制砂2	45%	—	高缓1,2.5%	53.1	65.7	81.5
1-13	0.29	550	机制砂3	45%	—	聚羧酸,1.0%	54.7	65.2	82.4
1-15	0.30	550	机制砂3	43%	—	聚羧酸,1.2%	49.9	65.6	77.6
1-16	0.30	550	机制砂3	41%	—	聚羧酸,1.2%;3%缓凝剂	45.6	62.9	82.7
1-17	0.30	550	机制砂3	42%	—	聚羧酸,1.2%	53.2	62.4	84.5

注:缓凝剂的掺量按照减水剂的量来计算。

从早期强度来看:1-8组混凝土早期强度较高,3d达到了52MPa,7d达到了65.8MPa;掺加硅灰和粉煤灰的1-9组试块,早期强度稍低,但是影响不大;机制砂2和机制砂3在其他参数相同的情况下,强度差别不大;聚羧酸减水剂和高效缓凝剂1对混凝土强度影响不大;缓凝剂的加入对混凝土强度影响不大,砂率在较小的变动范围内对强度影响不大。

28d的强度结果表明,掺入矿物掺量的组别后,强度反而较纯水泥高;机制砂2和机制砂3拌和的混凝土强度差别不大;两种减水剂对混凝土的强度影响不大。

c.不同种类机制砂对混凝土工作性和强度的影响(表4.15、表4.16)。

不同种类的机制砂对混凝土工作性的影响 表4.15

编号	水胶比	胶材总量	机制砂种类	砂率	矿物掺和料	外加剂	初始 T 和 K	1h后 T 和 K
1-5	0.32	550	机制砂1	45%	—	高缓1,2.8%	26/62	—
1-12	0.30	550	机制砂2	45%	—	高缓1,2.5%	22.5/60	22/53
2-1	0.30	550	机制砂3	42%	—	聚羧酸,1.2%;3%缓凝剂;	23/50	22.5/53
2-2	0.30	550	机制砂3	42%	15%FM+5%SF	聚羧酸,1.2%;3%缓凝剂;	24/58.5	25/56
11-1	0.30	550	机制砂4	45%	15%FM+5%SF	聚羧酸,1.35%;3%缓凝剂	18/50	—
11-2	0.30	550	机制砂4	45%	15%FM+5%SF	聚羧酸,1.35%;3%缓凝剂;引气剂0.015‰	22/52	—

不同种类的机制砂对混凝土强度的影响 表 4.16

编号	水胶比	胶材总量	机制砂种类	砂率	矿物掺和料	外加剂种类及掺量	抗压强度(MPa)		
							3d	7d	28d
1-5	0.32	550	机制砂 1	45%	—	高缓 1,2.8%	58.6	66.3	79.9
1-12	0.30	550	机制砂 2	45%	—	高缓 1,2.5%	53.1	65.7	81.5
2-1	0.30	550	机制砂 3	42%	—	聚羧酸,1.2%;3%缓凝剂;	56.1	72.7	84.5
2-2	0.30	550	机制砂 3	42%	15%FM+5%SF	聚羧酸,1.2%;3%缓凝剂;	52.3	67.5	82.1
11-1	0.30	550	机制砂 4	42%	15%FM+5%SF	聚羧酸,1.35%;3%缓凝剂	64.5	66.6	83.1
11-2	0.30	550	机制砂 4	42%	15%FM+5%SF	聚羧酸,1.35%;3%缓凝剂;引气剂 0.015‰	58.5	67.0	81.2

注:11-1 和 11-2 的 28d 强度待测。

从表 4.15 和表 4.16 中可以看出,尽管不同种类的机制砂的级配、石粉含量、含泥量等情况不同,但是通过对初始配合比进行优化,均可以配制出工作性和强度满足要求的混凝土。

根据上述试验的结果,可以确定 C60 基准混凝土的配合比如表 4.17 所示。

C60 混凝土基准配合比 表 4.17

水胶比	胶材总量	矿物掺和料	砂的种类及砂率	外加剂种类及掺量
0.30	550	15%FM+5%SF	机制砂 3,42%	聚羧酸,1.2%;3%缓凝剂

(4)各种参数变化对 C60 机制砂高性能混凝土工作性和强度的影响

①外加剂的种类对混凝土性能的影响(表 4.18)。

在基准配合比的基础上,保持其他参数不变,改变外加剂的种类,对比不同减水剂的作用效果,及引气剂的掺量对混凝土含气量和强度的影响。此外,分别测试了掺加矿物掺和料与否对混凝土的含气量的影响。

外加剂的种类对混凝土工作性和强度的影响 表 4.18

编号	矿物掺和料	外 加 剂	初始 *T* 和 *K*	含气量	1h 后 *T* 和 *K*	状态	抗压强度(MPa)		
							3d	7d	28d
2-1	—	聚羧酸,1.2%	23/50	1.0%	22.5/53	较黏	56.1	72.7	84.5
2-2	FM15%+SF5%	聚羧酸,1.2%	24/58.5	1.5%	25/56	流动性好	52.3	67.5	82.1
2-3	FM15%+SF5%	聚羧酸,1.2%;0.8‰引气剂	22/52	5.8%	20/53	状态很好	48.1	58.9	75.5
2-4	—	高缓 2,2.5%	24/59	1.3%	24/50	稍黏	64.2	74.4	85.6
2-5	FM15%+SF5%	高缓 2,2.5%	23.5/60	1.75%	24/62	黏度适中	54.7	66.1	80.7
2-6	FM15%+SF5%	高缓 2,2.5%;0.7‰引气剂	25/61.5	1.0%	24.5/66	表面起泡较多	53.7	69.1	79.3

注:1.引气剂掺量按照胶凝材料总量计算。

2.该表及后续结果中如无特别说明,聚羧酸减水剂均复配 3%的缓凝剂。

试验结果如下：

a. 在其他参数保持不变的情况下，聚羧酸减水剂拌和的混凝土要比高效缓凝减水剂 2(氨基磺酸盐系减水剂)拌和的混凝土稍黏；后者坍落度保持较好，但是 1h 后混凝土的流动能力还是有明显的降低。

b. 矿物掺和料的加入，均可以降低混凝土的黏度，含气量稍微增加。

c. 对于聚羧酸减水剂而言，加入引气剂后，含气量明显提高，且随引气剂掺量的增加，含气量也增加。加入引气剂后，混凝土的状态明显变好，黏聚性适中，均匀性有所提高。

d. 对于氨基磺酸系减水剂而言，当加入引气剂后，其含气量反而下降，尤其是混凝土刚刚从搅拌机中倒出后表面起泡非常多。这可能是由于氨基减水剂对引气剂的相容性差，与引气剂复配后含气量损失较快的缘故。

e. 从抗压强度来看，掺入矿物掺和料的各组较纯水泥组而言，3d 强度大约低 2～3MPa，7d 强度大约低 5～7MPa，28d 强度比较接近。这可能是由于粉煤灰掺量较大造成早期强度稍低；新拌混凝土含气量提高后，对强度有一定程度的影响，2-3 组混凝土含气量高达 5.8%，和 2-2 组相比，各龄期强度损失在 8%～13%之间；高效缓凝减水剂 2 拌和的混凝土 3d 强度稍高，但 7d 和 28d 强度差别不大，减水剂的种类对混凝土抗压强度影响不大。

②粗骨料级配对其工作性和强度的影响。

在基准配合比的基础上，改变大小石子的级配(7∶3、6∶4、5∶5)，研究其对混凝土工作性和强度的影响(表 4.19)。

粗集料级配对混凝土工作性和强度的影响实验结果　　表 4.19

编号	大小石子的比例	减水剂掺量	初始 T 和 K	1h 后 T 和 K	状态特征	抗压强度(MPa)		
						3d	7d	28d
3-1	7∶3	1.2%	23.5/73	23/65	跑浆，轻微离析	47.3	63.6	79.2
2-2	6∶4	1.2%	25/56	25/56	工作性良好	52.3	67.5	82.1
3-2	5∶5	1.2%	24/62	22/55	稍黏	54.1	65.3	81.4

粗骨料的级配对混凝土工作性影响较大，大小石子比例为 7∶3 时，在减水剂掺量为 1.2%时，混凝土中大石子外露明显，混凝土出现轻微离析；而如果其中小石子含量达到 50%时，混凝土稍黏。大小石子比例为 6∶4 时混凝土工作性良好。

从强度结果来看，除了大小石子比例为 7∶3 时，混凝土离析及不均匀造成强度较低外，另外两组的强度差别不大。

③砂率变化对其工作性和强度的影响(表 4.20)。

在基准配合比的基础上，改变砂率(39%，42%，45%)，研究其对混凝土工作性和强度的影响。

砂率变化对混凝土工作性和强度的影响实验结果　　表 4.20

编号	砂　率	减水剂掺量	初始 T 和 K	1h 后 T 和 K	状态特征	抗压强度(MPa)		
						3d	7d	28d
4-1	39%	1.2%	22.5/59.5	22/55.5	包裹性差	50.1	63.8	83.4
2-2	42%	1.2%	25/56	25/56	工作性良好	52.3	67.5	82.1
4-2	45%	1.2%	24/53	24.5/53	包裹性好，稍黏	52.8	66.5	80.4

砂率对混凝土工作性有一定程度的影响，砂率较低时混凝土包裹性差，石子有些外露；砂率在42%～45%之间时混凝土工作性良好，随着砂率增大，混凝土变得稍黏。砂率较低时影响混凝土的强度，砂率在42%～45%变化时，混凝土强度波动不大。

④粗集料最大粒径变化对其工作性和强度的影响（表4.21）。

粗集料最大粒径对混凝土工作性和强度的影响实验结果　　表4.21

编号	粗集料最大粒径(mm)	减水剂掺量	初始 T和K	1h后 T和K	状态特征	抗压强度(MPa)		
						3d	7d	28d
2-2	31.5	1.2%	25/56	25/56	工作性良好	52.3	67.5	82.1
5-1	26.5	1.2%	24/49	22/45	均匀性好	58.4	73.8	88.4
5-2	19.5	1.2%	20.5/38	18/—	较为黏稠	56.8	73.9	85.0

在基准配合比的基础上，研究粗集料最大粒径（31.5mm，26.5mm，19.5mm）对混凝土工作性和强度的影响。

保持初始大小石子的比例，然后人工筛除超过最大粒径的部分石子，分别进行各组实验。

随着粗集料最大粒径的减小，混凝土均匀性增加，工作性变好，但是最大粒径降低为19.5mm时，混凝土在保持外加剂掺量不变时较为黏稠，坍落度损失较大。

混凝土粗集料最大粒径减小时，强度有明显提高。一方面随着粗集料最大粒径的减小，减小了集料与水泥石界面的应力集中对界面强度的不利影响，另一方面可以增加水泥石与集料界面的黏结，增加水泥石与集料间的界面面积，使混凝土承受荷载时受力更为均匀，提高了混凝土的抗压强度；但集料最大粒径过小，造成浆体过多，对混凝土的收缩变形等不利，而且还会影响混凝土的和易性。

⑤胶凝材料总量变化对其工作性和强度的影响。

在基准配合比的基础上，改变胶凝材料总量，研究其对混凝土工作性和强度的影响；其他参数保持基准配合比，各组具体材料用量见表4.22。

胶凝材料总量变化对混凝土工作性和强度的影响实验结果　　表4.22

编号	胶凝材料总量(kg/m^3)	减水剂掺量	初始 T和K	1h后 T和K	状态特征	抗压强度(MPa)		
						3d	7d	28d
6-1	520	1.2%	23/54	24/56	稍黏	56.8	69.5	79.0
2-2	550	1.2%	25/56	25/56	工作性良好	52.3	67.5	82.1
6-2	580	1.1%	23.5/65	24/63	浆体稍多	52.8	65.9	86.0

随着胶凝材料总量的增加，混凝土流动性变好，尤其是扩展度增加，胶凝材料总量增加时可以适当降低减水剂的用量。胶凝总量低的6-1组混凝土较为黏稠，而6-2组由于胶凝材料总量增大增强了混凝土的流动性，降低了减水剂的用量。

从3d和7d强度结果来看，胶凝材料较低时，混凝土的早期强度反而稍高，这可能是由于混凝土状态造成的，总体上看，早期强度随着胶凝材料总量的变化波动较小。但是28d强度的发展情况来看，胶凝材料总量的提高对抗压强度是有利的。

⑥水胶比变化对其工作性和强度的影响（表4.23）。

在基准配合比的基础上，研究水胶比对混凝土工作性和强度的影响。

水胶比变化对混凝土工作性和强度的影响实验结果　　表 4.23

编号	水胶比	减水剂掺量	初始 T和K	1h后 T和K	状态特征	抗压强度(MPa)		
						3d	7d	28d
7-1	0.28	1.4%	22.5/59	21/56	工作性较好	55.7	72.6	86.0
2-2	0.30	1.2%	25/56	25/56	工作性良好	52.3	67.5	82.1
7-2	0.32	1.1%	25/63	25/64	有点跑浆	50.1	65.1	78.7

随着水胶比的降低，可以逐渐增大减水剂的掺量，从而使混凝土的工作性达到要求，但是混凝土黏度增加。水胶比的变化对强度影响明显。把握水胶比对混凝土强度的影响规律，可以选择合理的水胶比，满足设计要求且强度富余小，节约原材料，降低成本。

⑦矿物掺和料的种类及掺量对其工作性和强度的影响(表 4.24)。

矿物掺和料的种类和掺量对混凝土工作性和强度的影响实验结果　　表 4.24

编号	矿物掺和料的种类及掺量	初始 T和K	1h后 T和K	混凝土状态	立方体抗压强度(MPa)		
					3d	7d	28d
2-1	无	23/50	22.5/53	很黏	56.1	72.2	84.5
8-1	SF 5%	22/49.5	22/46.5	状态较好	62.3	75.1	90.0
8-2	SF 10%	22/47	21/42.5	1h后较黏	56.3	72.6	88.6
8-3	SF 15%	19.5/24.5	14/—	无流动性，黏	59.5	73.3	97.3
8-4	FM 10%	23/57.5	24.5/60	流动性大，黏	56.7	72.3	80.2
8-5	FM 20%	23.5/58.5	23.5/57	和上组差别不大	53.5	70.7	75.3
8-6	S95 10%	23/60	24/58	特别黏，轻微板结	58.4	74.0	83.2
8-7	S95 20%	23.5/58	26/62.5	特别黏，轻微板结	52.3	69.1	82.7
8-8	S95 30%	21.5/58	22/60	气泡较多，跑浆	51.0	68.8	80.3
8-9	5%SF+10%FM	22.5/50.5	22.5/42.5	相对较稀，包裹好	55.3	71.0	80.2
8-10	5%SF+15%FM	24/58.5	25/56	工作性良好	53.0	67.6	82.1
8-11	5%SF+10%S95	24/50	22.5/44	工作性良好	56.5	74.5	88.6
8-12	5%SF+15%S95	22/44	22/35	1h后混凝土无流动性	57.1	73.5	86.0
8-13	10%FM+10%S95	24/54	24/59	特别黏	55.4	66.6	82.0
8-14	5%SF+10%S95+10%FM	23.5/52	24.5/53.5	工作性较好	53.8	66.8	75.1

在基准配合比的基础上，研究矿物掺和料的种类及掺量对混凝土工作性和强度的影响。后续各组根据参数变化确定水泥和矿物掺和料的量。

从矿物掺和料掺量和种类对混凝土性能影响的系列试验中可以看出，矿物掺和料单掺时，工作性都不是很理想。硅灰掺量为 5%时，尽管工作性可以达到要求，但是新拌混凝土流动性较小；其他各组单掺时混凝土黏度较大，难以满足高墩泵送施工的要求。

矿物掺和料复掺，尤其是复掺 5%硅灰时，混凝土的黏度较为适中，以硅灰复掺粉煤灰的效果最好，三种矿物掺和料复掺效果次之，硅灰和矿渣粉复掺及矿渣粉和粉煤灰复掺效果最差。从强度方面来看，复掺后混凝土的强度普通偏低。

(5)综合优化设计高强高性能混凝土

从各组混凝土的工作性及强度来判断，C60 高性能混凝土的最优配合比见表 4.25。

C60 机制砂高强高性能混凝土优化配合比　　表 4.25

水胶比	胶材总量	矿物掺和料	砂率	砂的种类	大小石子比例	外加剂种类及掺量
0.30	550	5%SF+15%FM	42%	机制砂 3	6∶4	聚羧酸，1.2%； 引气剂，0.015‰
0.30	550	5%SF+10%FM+10%S_{95}	42%	机制砂 3	6∶4	聚羧酸，1.2%； 引气剂，0.015‰

注：引气剂掺量按胶凝材料总量计算。

(6)小结

①山区高寒环境下机制砂高强高性能混凝土的配合比设计应遵循以下原则：控制总胶凝材料用量、尽量降低水泥熟料用量；单掺或复掺适量的活性矿物掺和料；优选聚羧酸高性能减水剂；掺加适量引气组分等。

②工地上的原材料波动较大，尤其是砂石等原材料。两个批次的机制砂差别特别大，主要体现在含泥量、石粉含量等方面。原材料波动较大不仅影响混凝土配合比的稳定性，而且还影响混凝土的工作性和长期性能。

③运用工地上的原材料，以最紧密堆积理论为指导，选择合适的粗骨料级配，适量的胶凝材料用量，掺入矿物掺和料，并采用具有引气功能的聚羧酸外加剂或者掺入引气剂，通过配合比优化技术可以配制出使用于毕节地区高寒环境的 C60 机制砂高强高性能混凝土。

④从工作性、力学性能及耐久性等方面综合考虑，建议采用优质原材料：水泥采用 42.5 普通硅酸盐水泥及以上，且确保和外加剂的相容性好；选用优质矿物掺和料、硅灰或者磨细矿渣粉(S95 及以上)、粉煤灰(二级及以上)；粗集料采用连续级配，含泥量控制在 0.5%以内，针片状颗粒含量小于 5%；机制砂的含泥量小于 1%，亚甲蓝 MB 值小于 1.4。

⑤选择合适的机制砂生产工艺，如碎石破碎机制砂工艺，碎石采用水洗工艺，对控制粗细集料低含泥量十分关键。

⑥考虑到原材料的波动，推荐六冲河大桥桥身 C60 机制砂高强高性能混凝土采用如下配合比参数：水胶比 0.30～0.33；胶凝材料用量 520～550kg/m^3；矿物掺和料采用 10%～20%粉煤灰，或 5%硅灰和 15%的粉煤灰等量代替水泥；砂率根据机制砂中石粉含量进行调整，石粉含量<12%，适宜砂率为 45%～48%，石粉含量≥12%，砂率宜取 42%～45%；16.0～31.5mm 和 4.75～16.0mm 两种石子的比例为 6∶4；外加剂的掺量根据外加剂的种类和含量进行调整。

⑦考虑到六冲河特大桥地处毕节地区高寒环境中，因此建议控制混凝土中含气量为 3%～4%，确保其抗冻性满足要求。

2)混凝土 0～1 号段主梁施工关键技术

混凝土斜拉桥两个 1 号拉索之间的无索区范围一般较大，一般采用在支架或者托架施工，见图 4.21。支架或托架浇筑混凝土打到设计强度后挂 1 号斜拉索，然后再拼装挂篮，见图 4.22。其余悬浇段采用挂篮节段悬浇施工。

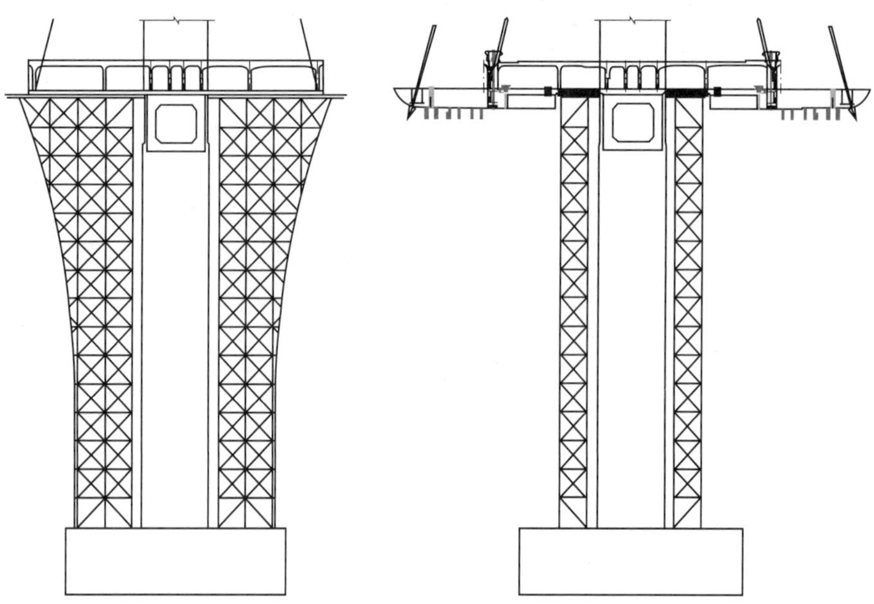

图 4.21 无索区主梁支架施工图　　图 4.22 悬浇段挂篮施工

基于贵州山区地形的特点，斜拉桥的主塔处桥面距地面一般都在 100m 左右，若采用平原地区传统的支架模式或托架一次浇筑无索区的混凝土，则支架高度大，临时措施投入大，施工安全风险大。针对山区高墩混凝土斜拉桥无索区主梁的施工，本桥施工时精心组织设计，对挂篮进行改装，将无索区混凝土分两步施工，其中塔梁处 0 号段大部分位于塔柱横梁上，采用横梁上直接搭设支架，对于伸出横梁部分的混凝土采用在横梁上设小的三角托架施工，具体见图 4.23。

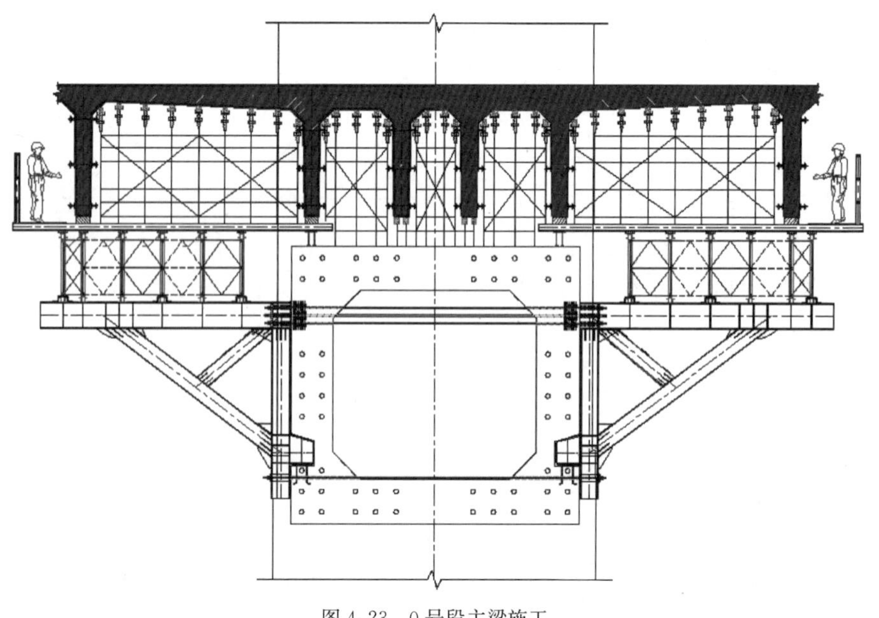

图 4.23 0 号段主梁施工

0 号梁段施工完成后，张拉主梁预应力钢束，然后将挂篮的前半部分起吊安装，后支点锚固在塔根部，前支点利用 1 号斜拉索作为竖向约束，将挂篮的前半部分用作混凝土浇筑的支架，见图 4.24。待混凝土强度达到设计强度之后张拉主梁预应力、张拉 1 号斜拉索。然后再前移挂篮前半部分，最后安装挂篮的后半部分形成悬浇需要的整体挂篮。

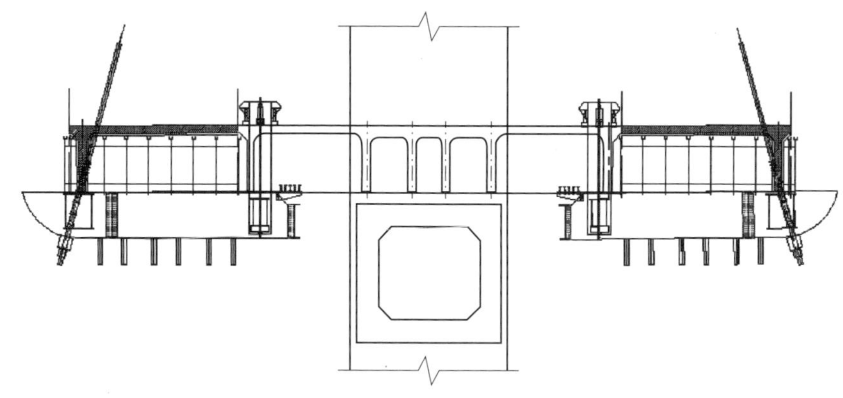

图 4.24 1 号段主梁施工

该方案对传统的挂篮进行改装后，可以有效解决高支架、高成本，高风险的问题，方便操作，合理利用既有临时和永久结构，为山区高墩混凝土斜拉桥无索区的施工提供了良好的案例。

3)大体积混凝土一次浇筑温度控制

《公路桥涵施工技术规范》(JTJ 041—2000)中规定：现场浇筑的最小边尺寸为 1～3m，且必须采取措施以避免水热化引起的温差超过 25℃的混凝土成为大体积混凝土。

大体积混凝土产生裂缝的原因很多，但总的来说，绝大部分是由于混凝土水化热引起的温度应力及收缩作用超过了混凝土的抗拉强度，或更确切地从变化角度来讲，则认为温度及收缩变化而引起的约束拉应变超过了混凝土的极限拉伸值。众所周知，新鲜混凝土具有流动性材料的特性，随时间的增长混凝土逐渐硬化，此期间混凝土的变形性能发生了根本性的变化，龄期愈早变化愈大。早期混凝土的强度极限拉伸变形都较低，而此时混凝土内部温度较高，一方面由于混凝土的传热性能差，结构内部热量不易散发，形成内外温差，导致混凝土发生应变，另一方面结构物的约束会阻止这种应变，产生温度应力，一旦温度应力超过混凝土所能承受的极限抗拉强度，就会产生温度裂缝，而且还会因水化热使温升过高而导致混凝土后期强度明显损失。

(1)温度监控的意义

在大体积混凝土工程施工中，由于受到水泥水化热、外界气候、外部约束条件和混凝土收缩变形的影响，在施工前至养护成龄的过程中易产生有害的温度裂缝。为防止温度裂缝的产生或把裂缝控制在某个界限内，保证工程质量，必须对大体积混凝土的浇筑采取温度监控。

(2)温度控制的措施

①大体积混凝土的配合比优化。

混凝土的导热性能较差，水泥水化热的积聚使混凝土出现早期温升和后期降温现象。合理选择混凝土原材料、优化混凝土配合比能够控制水泥水化热引起的温升，使混凝土具有较大的抗裂能力。

a.水泥品种的选择。混凝土升温的主要热源是水泥在水化反应中产生的水化热。因此选择中热和低热水泥品种是控制混凝土温升的最根本方法。也可选用普通硅酸盐水泥。

b.集料的选择。首先应选择自然连续级配的粗集料配制。它具有较好的和易性、较少的用水量、节约水泥用量、较高的抗压强度等优点，其后根据施工条件和工艺以及配合比设计选用一个最佳的粗集料最大粒径。对于细集料应采用优质的中、粗砂。细度模数宜在2.6～2.9范围内。在满足和易性的前提下尽可能选用较小的砂率。

c.掺加外加料。一是掺用混合材料(混合材料包括矿渣、粉煤灰、烧黏土等)，一般采用粉煤灰较多，可保持混凝土拌和物的流动性不变，减少单位用水量，提高混凝土的密实度，降低混凝土的水化热。二是掺用外加剂，大体积混凝土中主要掺加的是减水剂。它有减水和增塑作用，在保持混凝土坍落度及强度不变的条件下，减少用水量，降低混凝土的绝热温升。

d.控制水泥用量。试验资料表明，每增减水泥用量10kg，其水化热将使混凝土的温度相应升降1℃。一方面在满足混凝土强度和流动性的条件下尽量减少水泥用量；另一方面充分利用混凝土的后期强度，根据混凝土结构实际承载情况，对结构的强度和刚度进行复核。采用或替代设计强度。这样可使水泥用量减少40～70kg。混凝土温升相应减低4～7℃。因此，提出混凝土配合比设计参数达到：

a)粉煤灰用量大于20%，允许情况下，可提高到30%。

b)水泥用量尽可能降低到300kg/m^3左右。

c)减水剂采用缓凝高效减水剂。

②现场施工组织与控制技术。

混凝土的内部温度取决于它本身储存的热能。一般情况下，浇筑后混凝土内部与外界环境有温差存在，新浇筑混凝土与周围环境之间产生热能交换，混凝土内部温度是入模温度、水泥水化热引起的绝对温度与混凝土浇筑后的散热温度三者的叠加，其变化规律是由低到高，又由高到低。根据以往的工程经验，可采取以下温控措施。

a.承台的合理分层浇筑：浇筑块越长，温度应力越大，暴露时间也可能越长。将大体积混凝土分成较小的块体可以有效地避免这些问题。通过合理划分大体积混凝土浇筑块的层厚，可以利用浇筑块的层面进行散热，降低混凝土的内部温度。

b.混凝土出机温度和浇筑温度：通过冷却拌和水、预冷骨料等办法降低混凝土出机口温度。采用加大混凝土浇筑强度、仓面保冷等方法减少浇筑过程中的温度回升。

c.采取两次振捣、两次抹面的工艺，以提高混凝土的密实度和抗裂性。

d.布设冷却水管：在混凝土内预埋水管，并通以循环冷却水，冷却水管的间距应控制在0.8～1.2m的范围内。

e.薄层、短间歇、均匀上升：合理安排混凝土浇筑时间和进度，尽量做到薄层、短间歇(5～10d)、均匀上升，避免突击、薄块和长期间歇以及浇筑块体之间较大的高差及侧面的长期暴露。

f.提高施工质量和改善施工工艺：裂缝的出现与混凝土的不均匀性、密实度有重要的关系。保证施工质量、增加混凝土的密实度就能提高混凝土的抗压强度，从而增强混凝土的抗裂性；而改善混凝土的搅拌工艺可以提高混凝土的极限拉伸值，减少混凝土的收缩。

③大体积混凝土养护技术。

混凝土养护是控制大体积混凝土的内外温差、防止混凝土结构开裂的关键措施之一，应采取如下措施。

a. 混凝土浇筑后养生时的温度控制方法：采取内降外保的方法。内降是指在混凝土浇筑过程中及成形后，通过循环冷却水进行降温；外保是指在混凝土浇筑成形后，混凝土终凝前，对混凝土表面采取覆盖油脂麻袋、干草等，以提高混凝土表面温度，减少温差，同时防止早期混凝土干缩裂缝。

b. 降低混凝土的降温速率：加强养护，在混凝土表面覆盖适当的材料，必要时可采用聚苯乙烯泡沫板，采取保湿保温隔热措施不仅可以减少内外温差、降低混凝土表面温度梯度，而且可以使水泥顺利水化，提高混凝土温度的极限拉伸值，防止产生过大的温度应力和温度裂缝。

c. 控制拆模时间：混凝土拆模时间应考虑气候环境等情况，必须有利于强度的正常增长，并防止混凝土开裂。

(3)温度监控目标

①温度监控目标的内容。

温度监控的目标是使大体积混凝土内部的温度场变化按照预计的方向发展，防止温度裂缝的产生或把裂缝控制在某个界限内。其主要包括以下几部分：

a. 降低核心混凝土的最高温度和最高温升。

b. 降低内外温差，并控制在允许范围内，使混凝土内外温度分布尽量均匀。

c. 控制基础温差，以防止混凝土可能出现的贯穿性裂缝。

d. 控制上下层温差，以防止可能出现的层间裂缝。

e. 控制混凝土降温速率，以防出现冷击。

②温度监控目标的参考值。

a. 混凝土内外温差控制在25℃以内。

b. 混凝土降温速率控制在不大于1.5℃/d。

c. 出水口温度控制在40℃以内。

d. 出水口流量最好能保证在30L/min。

e. 混凝土入模温度控制在10～12℃之间。

f. 混凝土的最高温升控制在75℃以内。

(4)温度监控的实施

现就温度监控几个主要步骤进行说明。

①温度计算。

在升温阶段，混凝土的弹性模量很低，基本上处于塑性及弹塑性状态，约束应力很低。而在降温阶段，弹性模量迅速增加。约束拉应力也随时间增加，在某时刻超过抗拉强度便出现贯穿性裂缝。

a. 计算方法一。

温度计算首先要按经验公式对混凝土内部温度进行计算，估计混凝土中心最高温度。混凝土最大水化热绝热温升值计算公式如下。

$$T'_{max}=\frac{m_c\cdot Q}{C\cdot\rho}$$

式中：m_c——每立方米混凝土水泥用量(kg/m^3)；

Q——每千克水泥水化热量，可取 377kJ/kg(普通 425 号水泥)；

C——混凝土的比热，在 0.84～1.05 之间，可取 0.96kJ/kg・K；

ρ——混凝土的质量密度(kg/m^3)，取 2 450kg/m^3。

混凝土内部最大温度计算公式如下：

$$T_{max}=T_0+T'_{max}$$

式中：T_0——混凝土的入模温度(℃)。

b. 计算方法二。

采用《工程结构裂缝控制》(王铁梦著)中根据最近几年来的现场实测降温曲线及实测数据，统计整理水化热温度状态，可直接应用于相似的工程裂缝控制工作中，并偏于安全地以截面中部的最高温度降温曲线代替平均降温曲线，求得近似的解答。根据列表中的取值进行线性外延，确定 5m 厚的承台在冬季施工的条件下，温升值 $T'=45$℃。

$$T_{max}=T_0+k_1\cdot k_2\cdot k_3\cdot k_4\cdot T'$$

式中：k_1——水泥强度等级修正系数；

k_2——水泥品种修正系数；

k_3——水泥用量修正系数，$k_3=\frac{m_c}{275}$；

k_4——模板修正系数。

②协助施工单位做好温度控制方案。

监控单位进场后及时了解混凝土的配合比、承台的钢筋布置、冷却水管的布置等，参照温度计算结果对温控设计方案、图纸(如冷却水管的布置等)进行详细复核，检验温控方案是否合理，提出合理的意见及建议。

③实时温度监测措施。

实时温度监测是通过对埋入混凝土中的温度测量元件进行实时测量，得到混凝土不同部位温度变化过程，检验不同时期的温度特性和温差标准。当温控措施效果不佳、达不到温控标准时，可及时采取补救措施。当混凝土温度远低于温控标准时，则可减少温控措施，避免浪费。

a. 温度传感器的埋设。

根据承台的对称性，选择承台的四分之一进行温度场的测定。埋入承台的温度传感器共分四层，如图 4.25 所示。每层又设置 13 个测点，位置布置如图 4.26 所示。承台中共埋入 52 个温度传感器。我们所采用的温度传感器的精度为±0.5℃，分辨率为 0.25℃。

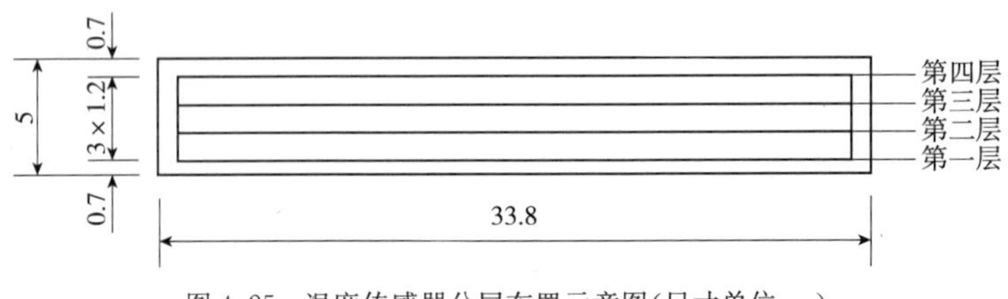

图 4.25　温度传感器分层布置示意图(尺寸单位：m)

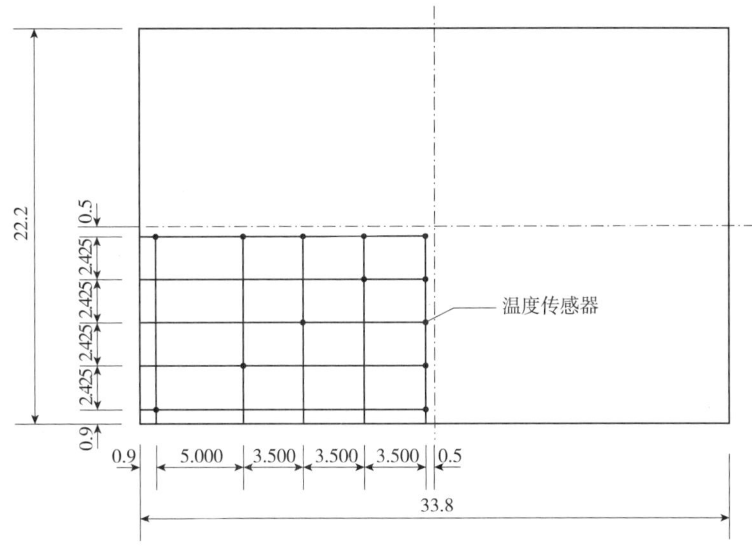

图 4.26　温度传感器平面布置示意图(尺寸单位:m)

b.实时温度监测。

对于承台浇筑的监测时间一般为从混凝土开始浇筑至混凝土浇筑完成后 15d。在此期间,根据混凝土的温度观测值将采取不同的测量频率。大部分水化热是在混凝土浇筑后的前3d 释放,故浇筑完成后的前 3d 我们将采取高密度监测,每 2h 进行一次温度采集;待混凝土温升升到最大值后,将监测周期增大到每 4h 进行一次温度采集;等温度下降均匀后,可将监测周期增大到每 12h 进行一次温度采集。采集的温度数据主要包括:进、出水口的温度;混凝土内部温度传感器的温度;大气温度;混凝土表面的温度。

对温度采集的要求,要求监控的技术人员对监测周期内的天气情况进行记录,对采集到的数据应及时处理,如遇到温度异常,应及时与施工单位技术人员联系,采取有效措施,这包括调整进水的流量和通水时间、养生时准备保温覆盖物、对进水的温度能加以控制(应考虑配置加温设施)等。

c.施工过程的检查。

针对具体工序做现场监查,诸如:是否对砂、石料场及现场周围做洒水降温处理;分层、分块浇筑方案是否严格落实;冷却水管在使用前是否进行压水试验,防止管道漏水、阻水;混凝土浇筑到各层冷却水管高程后是否开始通水,通水时间、流量是否达到设计要求;是否严格控制进出水温度,并在保证冷却水管进水温度与混凝土内部最高温度之差不大于 25℃条件下,尽量使进水温度最低;待通水冷却全部结束后,是否采用同强度等级水泥浆或砂浆封堵冷却水管等。

d.整理并分析监测结果。

根据温度监测结果,绘制测点实时温度曲线,以检验温控措施是否有效、合理,并得出混凝土内部温度场的分布规律,以及实测数据与理论计算结果的对比分析。待全部温度监控工作完成后,撰写温度监控报告。

4.2.4 施工方法

本桥的控制工程为:两岸主墩施工、主梁悬臂浇筑、附属结构安装。应优先安排主墩施工,同时安排引桥下部、引桥上部施工。

本桥桥位处的地形复杂,施工条件恶劣,对主要构件的施工技术要求较高,在施工过程中应遵循《公路桥涵施工技术规范》(JTJ 041—2000)和《公路工程质量检验评定标准 第一册 土建工程》(JTG F80/1—2004)的有关规定,其各构件的施工要点如下。

1)主梁混凝土施工

①0 号、1 号段的施工。0 号、1 号梁段的施工拟在索塔下横梁处预埋牛腿支承的托架上进行,预埋牛腿及托架应根据施工荷载进行施工阶段托架构件及牛腿构件的强度稳定及连接验算,保证其构件有足够的强度和刚度。牛腿、托架安装后应进行预压,尽可能消除非弹性变形。托架必须在 0 号、1 号梁段拉索及纵向预应力钢束张拉完成之后,方可拆架。

②0 号梁段、1 号梁段施工完成后,在其上面拼装前支点悬浇挂篮。挂篮自重(包括模板和全部施工荷载)应控制在 1 900kN 以下,挂篮的承载能力不得小于 5 000kN,其中空载挂篮中支点距已浇梁段前端 0.6m,作用 2 650kN 垂直向下的力,后锚点距中支点的距离根据梁段长度调整,作用 750kN 垂直向上的力,施工采用的前支点挂篮应尽量满足上述受力要求。挂篮拼装完毕后,应进行预压测试,预压重量不得小于挂篮承载能力的 1.2 倍,并记录预压时的弹性变形曲线,尽可能消除非弹性变形和获得高程控制依据。要求 1 号梁段与 2 号梁段的混凝土龄期差不得超过 40d。

③在主梁双悬臂浇筑施工中,梁段混凝土的浇注、钢束的张拉、挂篮和机具的移动等,均应严格按照主梁上部构造施工程序示意图和施工监控指令的要求,遵循对称、均衡、同步的原则进行,每个梁段各个工序应有监控、监测,确保施工质量和安全。平常,梁面上应尽量少堆放材料和施工机具,并注意悬臂两端对称堆放。在特殊情况下两侧不平衡重最大允许偏差 100kN。

④主梁悬浇标准工序如下:

a. 移动挂篮,挂篮精确定位,并将当前斜拉索安装于主塔与挂篮上。

b. 第一次张拉斜拉索。

c. 浇注一半节段混凝土。

d. 第二次张拉斜拉索(索力调整值应根据现场监控计算结果进行)。

e. 浇注另一半节段混凝土。

f. 混凝土达设计强度 90%后,张拉主梁施工用预应力。

g. 将斜拉索置换于主梁上,并第三次张拉斜拉索。

⑤为保证梁段之间的连接强度,梁端需进行凿毛处理,并清洗干净。混凝土浇筑时须确保新老混凝土的结合质量及主梁的整体质量。所有梁段的模板和混凝土接触面应涂抹保湿剂,并注意梁段的养护。

⑥支架(托架或落地支架)应有足够的强度、刚度,支架(托架或落地支架)应进行预压以确保安全和消除非弹性变形,并按实测的弹性变形量和施工控制要求,确定立模高程和预拱度,每端现浇段支架上的预压重量不小于现浇段重量的 1.2 倍。支架立柱必须安装在有足够承载

力的地基上，支架底端应设垫木来分布和传递压力，并保证浇筑混凝土后不发生超过允许的沉降量。

⑦主梁合龙段混凝土浇注采用预压重法，即预先在合龙段两端加水箱按合龙段混凝土重量的一半注水压重，待浇注混凝土时边浇边放水。合龙段刚性连接待压重水灌完后再施焊。为尽量减小温度的影响（设计合龙温度为 15℃），要求焊接合龙段刚性连接、浇注合龙段混凝土应尽量在当天低温时进行，升温时终凝，确保混凝土不因降温而开裂，并尽快浇注合龙段混凝土。由于在混凝土浇注及养护过程中，合龙段刚性连接为承力构件，因此必须确保其稳定可靠及其与主梁两端预埋件的焊接质量。

⑧在主梁悬浇至辅助墩时，辅助墩与主梁间留有 4.5m 墩身待主梁挂篮通过后浇筑，此时应制订利用辅助墩加强主梁的抗风措施；注意在主梁和辅助墩顶预埋抗风连接需要的构件。

⑨预应力钢束锚固齿板应与主梁同时浇筑，以保证齿板与主梁的良好结合。对于齿板上的锚具，压浆后应浇筑混凝土封锚。

⑩阻尼器在梁塔之间体系转换之前安设，体系转换后阻尼器位置会发生变化，调整阻尼器位置至合理位置。

⑪主梁压重块浇筑在全桥合龙后进行，采用托架与落地支架的方式现浇，支架（托架或落地支架）应有足够的强度、刚度，支架（托架或落地支架）应进行预压以确保安全和消除非弹性变形，如在辅助墩盖梁上搭设托架，应加强辅助墩盖梁的施工荷载核算，确保安全，并注意预埋压重块锚固钢筋。

2）主梁预应力施工

①所有预应力钢材不许焊接，预应力钢绞线凡有接头的部位应切除，不准使用。

②所有预应力管道应顺直，波纹管应具有足够的刚度和密水性，接头处严防漏浆和卷口。

③预应力粗钢筋采用交错锚固，交错接长，设置时注意各节段内纵向任何位置连续 50cm 长度范围内连接器数量不得超过主梁横断面内预应力粗钢筋根数的 50%。

④锚垫板必须保证与钢束端部垂直，尤其注意锚下混凝土的振捣质量。

⑤所有预应力施加都应在主梁混凝土强度达设计强度 90%（不得使用早强剂）以上才进行，张拉时间为混凝土浇筑后 7d 以上，并且采用张拉控制力和伸长量双控。

⑥压浆嘴和排气孔可根据施工实际设置，压浆前应用压缩空气清除管道内杂质然后压浆。孔道灌浆要求采用真空灌浆技术，孔道必须密封、清洁、干爽。浆体中必须渗入专用真空灌浆添加剂，配合后浆体的性能要严格控制在真空灌浆技术要求的范围内，不得掺入各种氯盐，28d 强度要求大于 50MPa。

3）主梁普通钢筋施工

①各梁段的纵向连接钢筋均采用焊接，凡因施工需要而断开的钢筋当再次连接时，必须进行焊接。

②当钢筋和预应力管道在空间上发生干扰时可适当移动普通钢筋的位置，以保证钢束管道位置的准确。钢束锚固处的普通钢筋如影响预应力施工时可适当弯折，但待预应力施工完毕后应及时恢复原位。

③施工时应结合施工条件和施工工艺安排，尽量考虑先预制钢筋骨架（或钢筋骨架片）、钢

筋网片。

④如锚下螺旋筋与分布钢筋干扰时，可适当移动分布钢筋或调整其间距。

⑤预应力钢束定位与防崩钢筋如因各钢束曲线段长度不尽相同，施工中可根据实际情况对防崩钢筋做出调整，但应确保防崩钢筋的施工质量。

4)斜拉索施工

①桥塔顺桥向及横桥向对称的斜拉索应同步张拉。

②斜拉索减振措施：在斜拉索两端的索导管入口处各设一个黏弹性高阻尼合成橡胶减振胶圈。

③斜拉索的安装：

a. 制作：ϕ7 低松弛镀锌高强钢丝热挤聚乙烯护层成品索应在工厂制作，制作下料时应考虑到施工误差、斜拉索垂度、混凝土弹模和混凝土收缩徐变等因素。

b. 挂索：采用人工及机械组合的方法保证挂索的顺利进行，并对拉索和锚孔进行编号，拉索、锚孔对号安装，保证斜拉索不在空中交叉、扭转。

c. 张拉：张拉的重点是保证张拉完成后每根拉索的索力准确，索力采用斜拉索安全监控系统的压磁传感器进行检测。

5)主塔施工

①主塔采用 C50 混凝土，其水泥、骨料和砂及其他成分均要求质量均衡、稳定、外观色调一致。混凝土施工应注意满足泵送所必需的流动性、和易性及缓凝、早强。桥塔各施工缝(包括封锚处)应认真凿毛、整修、清洗，混凝土应振捣密实、外观平整、颜色一致。封锚区必要时采用补偿收缩混凝土。

②塔柱竖向主筋接长采用镦粗直螺纹接头连接。钢筋接头位置应相互错开，在接头长度区段内，同一根钢筋不得有两个接头，配置在接头长度区段的受力钢筋，其接头的截面面积占总截面面积的百分率在受拉区不得超过 50%。箍筋和主筋交叉点均采用点焊方式固定。

③塔柱施工时注意预埋检修楼梯、避雷针、塔内照明、导航设施及施工用预埋件等，但切勿将施工用预埋件露出塔体外，以免生锈影响美观。

④上塔柱及上、下横梁混凝土可分次浇筑，混凝土强度必须达到设计强度的 90%以上，且龄期不少于 7d 以上，才能进行预应力张拉。所有预应力钢绞线均采用两端张拉，张拉预应力要求按张拉力与钢束引伸量进行双控，以张拉力为主，以伸长量进行校核。

⑤承台、塔座、塔墩、下塔柱底部实心段以及横梁与塔柱连接处实心段均为大体积混凝土，为有效控制水化热，在施工前应根据骨料、水泥等材料的热特性，进行温控设计，合理确定配合比。施工中应采取冷却管、降低入模温度、缩短混凝土龄期差、加强混凝土养生等有效措施，减小其水化热，以防施工过程中出现裂缝，保证混凝土质量。

⑥塔柱及横梁的拉筋(弯钩单肢箍筋)均应设在箍筋外侧。

4.2.5 结构耐久性

1)六冲河特大桥桥区腐蚀的主要因素

①雨水较多，空气湿度大。

②本桥受矿厂排放等因素可能导致雨水呈酸性。

2)原材料要求

首先从原材料质量入手,严把质量关,尤其对水泥、细集料、粗集料、掺和材料、外加剂以及混凝土拌和用水、养生用水,严格按照相关规范及设计要求选料,并进行验证。

3)混凝土防腐蚀的主要措施

(1)提高混凝土中钢筋的保护层厚度

提高钢筋混凝土保护层厚度是提高混凝土使用寿命的最为直接、简单而且经济有效的办法,但保护层厚度不能过大,否则会导致混凝土出现裂缝反而降低其对钢筋的保护。

(2)严格按有关规范控制裂缝宽度

由于桥址处雨水较多,混凝土开裂会导致钢筋的锈蚀,设计中尽量避免混凝土出现拉应力,如出现拉应力时,严格按照规范控制裂缝宽度。

(3)采用高性能混凝土提高混凝土的密实度、抗渗性

通过在混凝土里渗入粉煤灰、高炉矿渣、微硅粉中的两种或三种掺料,以提高混凝土在特定条件下所需要的特定性能,如提高弹性模量、低渗透性等。这样,可以提高混凝土的密实度和抗渗性。

4)斜拉索防腐

斜拉索系统长期暴露于大气环境中,应注意对斜拉索系统的防腐处理。

PE护套是斜拉索的第一道防护层,直接暴露在自然环境下,除经受高温、严寒外,还受空气中各种有害气体的侵蚀。对于整根拉索来讲,PE护套质量的好坏直接影响着拉索的使用寿命。PE护套在制作过程中产生断裂、裂纹、刻痕、局部厚度不均匀、偏心等现象;在长期使用过程中产生的老化和表面裂缝扩展现象,使水分和空气渗入,这些都将影响拉索防护系统的性能,从而导致拉索体系损坏。

本章参考文献

[1] 刘士林,王似舜. 斜拉桥设计[M]. 北京:人民交通出版社,2006.

[2] 王伯惠. 斜拉桥结构发展和中国经验[M]. 北京:人民交通出版社,2003.

[3] 林元培. 斜拉桥[M]. 北京:人民交通出版社,1997.

[4] 刘士林,梁智涛,侯金龙,等. 斜拉桥[M]. 北京:人民交通出版社,2002.

[5] 严国敏. 现代斜拉桥[M]. 成都:西南交通大学出版社,1996.

[6] 周念先,杨共数,等. 预应力混凝土斜拉桥[M]. 北京:人民交通出版社,1989.

[7] 铁道部大桥工程局桥梁科学研究所. 斜拉桥[M]. 北京:科学技术文献出版社,1992.

[8] 张元海,李娜娜,刘勇. 箱型梁正负剪力滞判别的广义力矩法[J]. 土木工程学报,2011,33(9):108-110.

[9] 缪长青,王义春,黎少华. 矮塔混凝土斜拉桥成桥索力优化[J]. 东南大学学报,2012,42(3):526-530.

[10] 方志,张国刚,唐盛华,等. 混凝土斜拉桥动力有限元建模与模型修正[J]. 中国公路学报,2013,26(3):77-81.

第5章 贵州山区大跨径钢桁梁斜拉桥建设

由于地理条件限制，贵州山区斜拉桥的建造历史较短，而钢桁梁斜拉桥的建造历史更短。直到2013年，贵州省才开始建造第一座钢桁梁斜拉桥——毕都北盘江大桥，随后，主跨为800m的钢桁梁斜拉桥——鸭池河大桥也于2014年开始建造。本章在介绍钢桁梁斜拉桥的受力特点后，以贵州毕都北盘江大桥和鸭池河大桥为工程实例，从桥型选择、结构分析、施工等角度来阐述贵州省山区大跨径钢桁梁斜拉桥的建设技术，为贵州山区桥梁建设积累经验，并为我国同类桥梁建设提供参考。

5.1 钢桁梁斜拉桥受力特点

由于钢桁构件一般都是在工厂由专用设备加工制作，不受季节的限制，加工制造速度快、精度高，质量容易得到控制。钢桁构件模块化便于用悬臂施工法拼装，有成套的设备可用，拼装工艺成熟，同时，钢桥构件易于修复和更换，这些优势使得钢桁梁斜拉桥在铁路、公路桥中得以广泛运用，特别是应用在交通不便的山区。钢桁梁斜拉桥的主要受力特点如下：

①钢桁梁斜拉桥作为一种特殊的桥型，兼具钢结构和斜拉桥的双重特性，结构刚度大。相同荷载作用下，与混凝土梁和实腹钢梁相比，钢桁梁的挠度更小，结构刚度和稳定性都更好。

②桁高、桁宽可随跨度、受力变化较方便地调整，以满足桥梁刚度和强度的要求。

③与单层桥面的其他斜拉桥相比，双层桥面的钢桁梁斜拉桥（通常为公铁两用斜拉桥）受活载的影响更大。

④钢桁梁斜拉桥的主桁结构的空间效应明显，杆件既承受较大的轴向力，也承受弯矩和扭矩，但主要还是承受轴向力；主桁各杆件中，纵梁承受的力最大，其次为上下弦杆、斜拉杆和横梁。

⑤钢桁梁斜拉桥的桥面常采用正交异性桥面板，它是由纵横向相互垂直的加劲肋，连同桥面板组成的整体桥面结构。桥面板不仅直接承受桥面荷载，而且作为主桁的一部分参与桥梁的整体受力，这样桥面板、主桁和上、下平联等的整体性作用得到最大限度发挥，使桥梁轴向刚度、抗弯刚度、抗扭刚度及动力性能得到改善，经济性更好。

从以上特点可以看出，对于大跨径斜拉桥而言，选取钢桁梁作为主梁对于结构受力、行车条件及经济性来说都是有利的。

5.2　贵州山区大跨径钢桁梁斜拉桥北盘江大桥工程实例

5.2.1　概述

1)工程背景

北盘江大桥位于六盘水市水城县都格镇上寨组与云南省宣威市普立乡腊龙村交界的北盘江大峡谷，与规划的云南省杭瑞高速公路普立至宣威段相接(图 5.1)。大桥跨越云贵两省交界处的北盘江，贵州岸位于六盘水市水城县都格镇上寨组，云南岸位于宣威市普立乡腊龙村。道路为双向四车道高速公路，设计行车速度 80km/h；路基宽度 24.5m，桥梁设计荷载为公路—Ⅰ级；桥梁最大纵坡 1.0%，桥面横坡 2.0%；设计洪水频率 1/300；设计基准风速 V_{10} = 26.03m/s (1/100)；地震设防烈度Ⅵ度，地震动水平峰值加速度 0.067g。

图 5.1　桥址区位置示意图

大桥工程位于北盘江流域上游，河流以深切、冲刷作用为主，地表水侵蚀作用强烈。河谷两岸基本成陡壁状，陡壁高度超过 200m(图 5.2、图 5.3)。陡壁向两侧地形稍缓，其中云南岸坡度在 20°～30°之间，贵州岸地形坡度约 30°，桥址区峡谷最大高差约 600m。

图 5.2　桥位区附近三维地形图

a)北盘江大桥两岸地貌

b)北盘江大桥贵州岸地貌

c)北盘江大桥云南岸地貌

图 5.3　北盘江大桥地形地貌

六盘水市属亚热带至温带云贵高原湿润季风气候区，四季分明，无酷暑严寒，气候温和，无霜期较长。桥址区地形起伏较大，垂直温差大，降雨量及蒸发量大，山间沟谷易形成浓雾。桥位处，路线设计高程较高，在冬季地势较陡的山坡路段，易受凌冻影响。北盘江大桥横跨北盘江大峡谷，河流总长 496km，径流量大，水量集中，是境内主要的地质灾害诱发因素。

岩土层的容许承载力及桩周岩土极限摩阻力如表 5.1、表 5.2 所示。

土体地基承载力及桩基参数推荐值表　　表 5.1

层号	岩　性	密实及状态	容许值承载力[f_{a_0}](kPa)	桩侧土摩阻力标准值 q_{i_k}(kPa)
①$_1$	粉质黏土	可塑	250	60
①$_2$	碎石土	松散—稍密	280	110

岩体地基承载力及桩基参数推荐值表　　表 5.2

层号	岩　性	饱和单轴抗压强度(MPa)	承载力基本容许值(kPa)	桩侧土摩阻力标准值(kPa)	部　位
②$_1$	燧石灰岩层	37.1	2 400～2 700(2 000～2 200)	500～550(420～470)	贵州岸
②$_2$	泥质灰岩层	33.7	2 000～2 300(1 700～2 000)	450～500(350～400)	贵州岸
②$_3$	泥质灰岩层	34.5	2 000～2 300(1 800～2 100)	460～510(360～410)	云南岸

根据 2010 年 6 月 24 日《杭瑞高速公路贵州境毕节至都格(黔滇界)段总溪河、抵母河、北盘江大桥初步设计方案审查会议纪要》,在基本组合下:边坡安全系数要求≥1.35,在偶然组合下要求≥1.1,为了满足边坡稳定设计要求,边坡稳定分析推荐的桥梁塔墩布置范围见图 5.4。

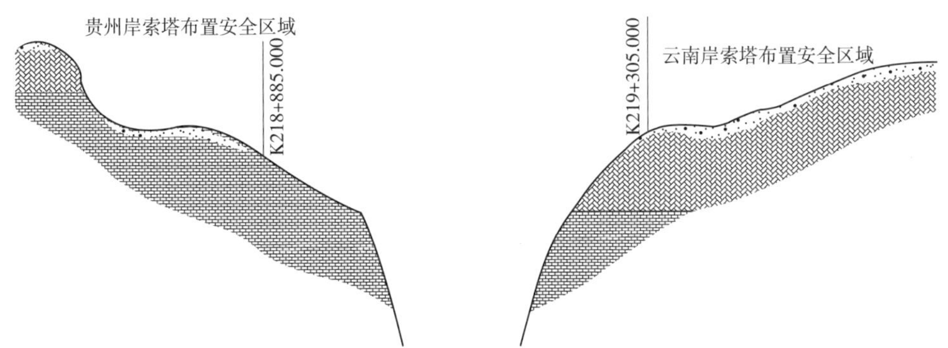

图 5.4　边坡稳定推荐的桥梁塔墩布置范围示意图

场地处于隆升期的云贵高原,附近存在坪地、兰花箐等小规模断裂,均为不活动断裂,桥址区无活动断裂通过,总体来说,场地区域稳定性较好,适合本桥建设。

2)总体方案

总体线位走向,"工可"阶段对北盘江大桥桥位进行了比选,将正线"K 线位"最终选为施工线位。初步设计阶段在"工可"补充报告推荐桥位的基础上,在满足国家高速公路网总体走向顺直的前提下,考虑工程地质条件、北盘江两岸高差条件,对都格镇附近跨江点上下游 20km 范围内可能存在的跨江地点进行了研究分析。另外,考虑到本项目与已开工建设的水盘高速公路衔接,在终点方案的研究时,不宜超出两高速公路衔接点(俄脚法窝)范围之外,以免造成水盘高速公路的较大变更。

如图 5.5 所示,对"工可"推荐胡家寨跨江桥位(粗线所示)上下游方案进行研究后得出如下结论:

①都格下游方案:在不偏离"工可"路线走廊的情况下,考虑选择水盘高速公路走廊,存在短距离共线高程陡降(从 1 900m 降到 1 500m),长距离共线桥隧大幅增加、跨越北盘江和清水河两条大流、工程造价大幅增加的情况。因此,都格下游没有比胡家寨更为合适的桥位。

②都格上游方案:研究了朱家寨(细线位)和李家大地(中线位)两处可能的跨江地点。两处位置均存在明显的绕行现象,增大了云贵两省的工程量,方案明显不合理。

因此,初步设计阶段仍认为胡家寨跨江点为合理的桥位方案。

本桥的主跨跨径不受水位、通航等控制,主要受地形、地质条件控制,而桥跨选择的关键是塔位选择。因此初步设计及方案比选阶段,桥跨布置的原则主要考虑以下因素:

①针对本桥的建设条件特点,重点考虑卸荷裂隙带及边坡稳定问题,避免主塔墩设置在峡谷陡壁上,确保主塔基础的稳定。

②从地质构造角度,桥墩尽可能避开断裂带,保证结构长期的安全性。

③桥跨布置时充分考虑高塔、高墩的稳定性。

④从方案总体把握上,考虑施工因素,减少主、引桥施工难度。

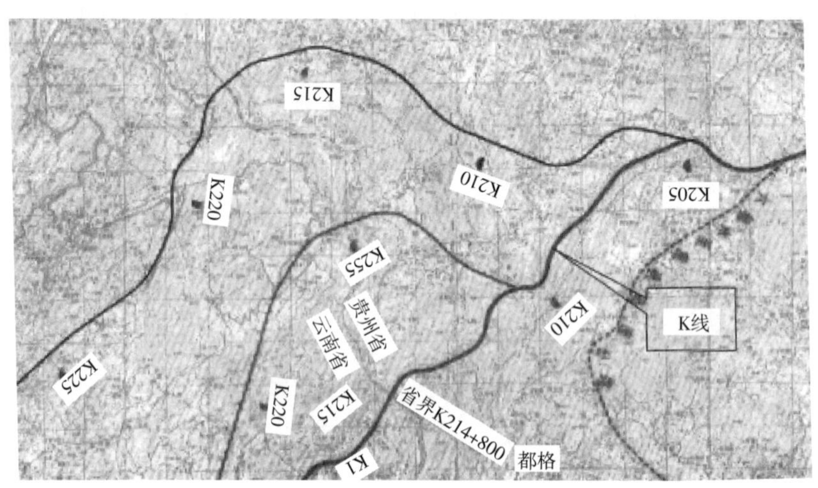

图 5.5　路线方案比选

⑤初步设计阶段，结合地勘对溶蚀、卸荷裂隙的考虑，及边坡稳定局部深化分析的成果，对两岸塔位的选择进行了重点研究。2010 年 5 月后，探明推断断层后增加了 672m 的方案，并进行了重点研究。

结合工程地质条件和施工的难易程度，得出了三种不同的跨径，见表 5.3。

跨径选择　　表 5.3

跨径方案	贵州岸塔位里程桩号(m)	云南岸塔位里程桩号(m)	主跨跨径(m)
方案一	K218+644	K219+364	720
方案二	K218+644	K219+316	672
方案三	K218+564	K219+364	800

3)设计要点

初步设计阶段在“工可”阶段桥位的基础上，结合“工可”补充物探和本阶段地质勘察成果，对桥位进行了两次局部调整。

初步设计阶段前期(2009 年 6 月～2010 年 4 月)，“工可”阶段补充物探成果揭示，贵州岸原桥轴线附近有断层，且桥位位于断层的上盘，为此，将桥位向下游方向平移了 50m 左右，使初步设计桥位位于断层下盘。

2010 年 5 月之后，根据专家组意见，组织进行了地质补充勘察工作。通过现场地质槽探、补充钻孔、补充物探，并经物探与地质勘察专题单位综合研判，该推断断层为溶蚀裂隙带，该位置不再是影响桥位走向的制约因素。

因此，结合地形和路线走向对桥轴线进行了局部优化，将初步设计前期桥位向上游方向进行了平移，贵州岸索塔塔位移动大约 80m，云南岸索塔塔位移动大约 20m，贵州岸桥轴地面线抬高 25m，云南岸桥轴地面线基本保持不变。桥轴线通过两岸制高点，减小了引桥桥跨、主桥索塔和引桥下部结构高度，降低大桥施工难度。

工可桥位、推断断层走向及初步设计(前期和现阶段)桥位的相互关系如图 5.6 所示。

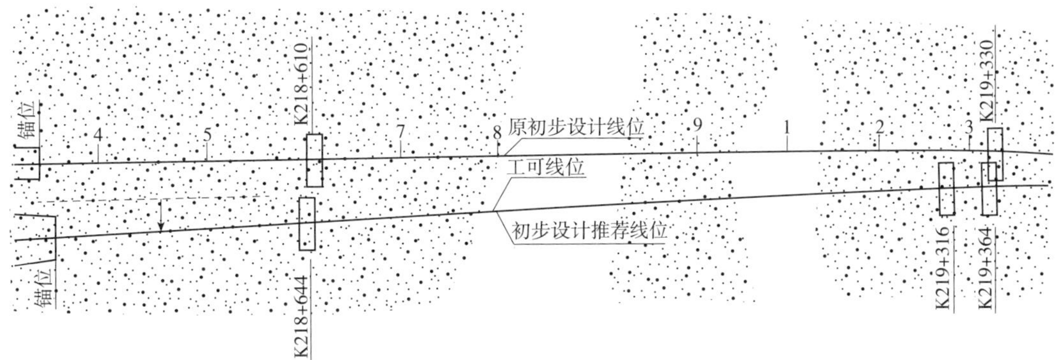

图 5.6　工可桥位、推断断层走向及初步设计(前期和现阶段)桥位的相互关系

初步设计阶段为解决两岸路线的长大纵坡问题，将北盘江大桥附近的路线设计高程抬高了 11m，由“工可”阶段主跨跨中设计高程 1 483.5m，抬高至本阶段的 1 516.7m。

5.2.2　结构分析

针对建桥的基本条件和可能遇到的使用情况，在结构设计中着重考虑桥梁抗震和抗风设计及措施。

1)静力分析主要计算成果

(1)主桥总体静力计算

①计算模型和边界条件。

图 5.7 为全桥分析模型。全桥总体静力分析采用空间杆系程序 MIDAS Civil。

图 5.7　全桥分析模型

边界条件：索塔在承台底固结，主梁与索塔支座竖向连接；辅助墩处设双向活动；过渡墩和桥台为一个单向活动支座和一个双向活动支座、竖向均约束。

②计算荷载及组合。

a. 计算荷载。

a)恒载：结构混凝土重度 $26kN/m^3$，压重混凝土重度 $30kN/m^3$，主梁钢材重度$78.5kN/m^3$。二期恒载集度包括桥面铺装、护栏、检修道和防撞护栏等附属设施的重量，按 65kN/m 计。压重铁砂混凝土布置在边跨密索区。

b)汽车活载：公路—Ⅰ级。

c)风荷载：百年重现期下的桥位处基本风速为 26.03m/s；与汽车荷载组合时，桥面最大阵风风速按 25m/s 考虑。

d)温度：桥位处最高温度 31.6℃，最低温度－11.7℃，年平均气温 12℃，合龙温度取值为 10～15℃，结构体系升温 21.6℃，体系降温为－26.7℃。结构局部温差：索塔截面温差±5℃，索梁温差±5℃。

e)混凝土的收缩徐变参数：大气平均相对湿度按 85％取用。

f)基础沉降：按照主墩沉降 2cm，其他墩沉降 1cm 考虑。

b. 荷载组合。

根据《公路桥涵设计通用规范》(JTG D60—2004)的规定，运营阶段主要考虑 7 种荷载组合，其中纵向 4 种，横向 3 种，如表 5.4 所示。

总体分析荷载组合 表 5.4

方　　向	编　　号	荷 载 组 合
纵向	组合Ⅰ	包络(永久作用＋公路Ⅰ级，永久作用＋公路Ⅰ级＋基础沉降)
	组合Ⅱ	组合Ⅰ＋汽车制动＋活载纵风＋整体升温＋正温差
	组合Ⅲ	组合Ⅰ＋汽车制动＋活载纵风＋整体降温＋负温差
	组合Ⅳ	永久作用＋百年纵风
横向	组合Ⅴ	组合Ⅰ＋汽车制动＋活载横风＋整体升温＋正温差
	组合Ⅵ	组合Ⅰ＋汽车制动＋活载横风＋整体降温＋负温差
	组合Ⅶ	永久作用＋百年横风

③主要计算结果。

a. 刚度。

活载作用下主梁竖向挠度包络图见图 5.8。竖向挠跨比为 0.66/720＝1/1 090＜1/400，竖向刚度满足规范要求。

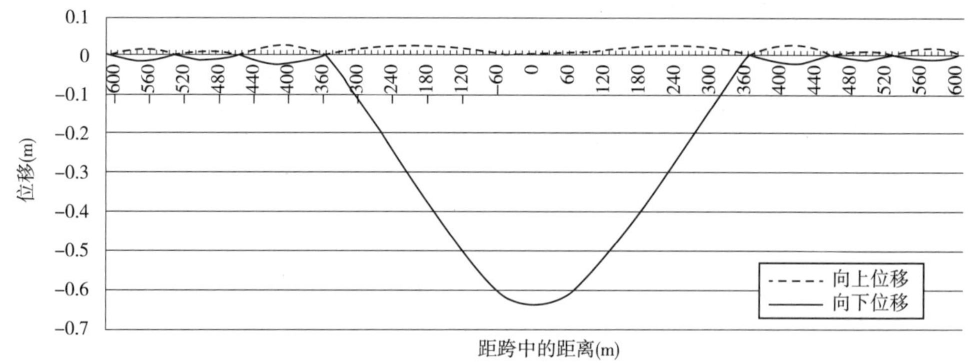

图 5.8　活载作用下主梁竖向挠度包络图

b. 钢桁架杆件应力计算。

a)主桁架杆件。

计算结果表明，主桁各类杆件的受力均满足规范要求。主桁架上下弦杆、腹杆的主要控制工况具体见表 5.5，杆件的容许应力见表 5.6。

主桁架应力(单位:MPa)　　表5.5

位置 荷载工况	上弦杆		下弦杆		竖腹杆(标准)		斜腹杆		主桁竖腹杆(支座处)	
	max	min	max	min	max	min	max	min	max	min
成桥状态	12	−118	55	−116	37	−53	73	−44	47	−69
组合Ⅰ	18	−143	117	−162	68	−92	103	−85	79	−110
最不利工况	36	−177	146	−198	96	−114	123	−126	106	−133

注:表中所给应力为考虑节点刚性的应力值,应力拉为正,压为负,下同。

主桁架杆件的容许应力(单位:MPa)　　表5.6

杆件类型	组合Ⅰ				附加组合			
	强度验算		整体稳定验算		强度验算		整体稳定验算	
	max	min	max	min	max	min	max	min
主桁弦杆	210	−210	210	−184	263	−263	263	−230
主桁竖腹杆	210	−210	210	−189	263	−263	263	−236
主桁斜腹杆	210	−210	210	−110	263	−263	263	−138

注:表中附加组合的容许应力根据规范提高25%。

b)桥面板。

各阶段桥面板第一体系最大压应力见表5.7。

桥面板第一体系应力(单位:MPa)　　表5.7

受力阶段	最大应力	受力阶段	最大应力
成桥状态	−97	最不利工况	124
组合Ⅰ	−106		

c)平联。

计算结果表明,下平联杆件的受力均满足规范要求,下平联主要控制工况具体见表5.8。

平联杆应力(单位:MPa)　　表5.8

位置 荷载	平联杆	
	max	min
成桥状态	49	−43
组合Ⅰ	104	−59
最不利工况	117	−74

d)主横桁架杆件。

主横桁架各杆件验算汇总见表5.9。

主横桁架各杆件验算汇总表　　表5.9

杆件	受力类型	强度验算		刚度验算		总体验算	
		最大应力(MPa)	容许应力(MPa)	最大长细比	容许长细比	最大应力(MPa)	容许应力(MPa)
外侧斜腹杆	轴拉	140	263	76.9	180	—	—
内侧斜腹杆	轴拉	−69	−263	76.9	100	−69	−168
竖腹杆	轴拉	−118	−263	55.9	100	−118	−207

续上表

杆　　件	受力类型	强度验算		刚度验算		总体验算	
		最大应力(MPa)	容许应力(MPa)	最大长细比	容许长细比	最大应力(MPa)	容许应力(MPa)
上弦杆	轴拉	−76	−263	19.6	100	−76	−236
上弦杆(标准)	轴拉	152	263	27.2	130	—	—
上弦杆(加厚)	轴拉	165	263	24.1	130	—	—

注:主要受力构件在各相应组合下均未超过规范限值。

c.斜拉索索力。

斜拉索运营阶段最不利组合下的索力见图 5.9。斜拉索最大索力为 7 208kN,最小为 1 328kN,安全系数均大于 2.5。

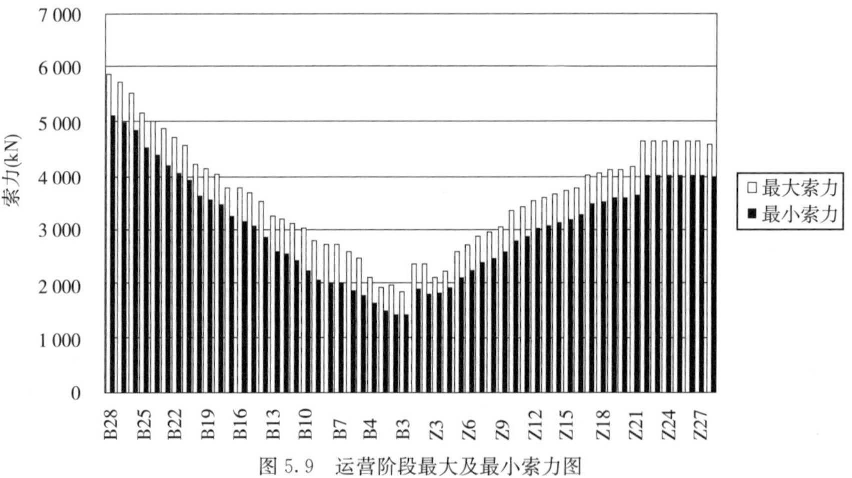

图 5.9　运营阶段最大及最小索力图

斜拉索活载最大应力幅值为 112MPa(小于 200MPa),发生在边跨第 11 对拉索,各斜拉索的应力幅见图 5.10。

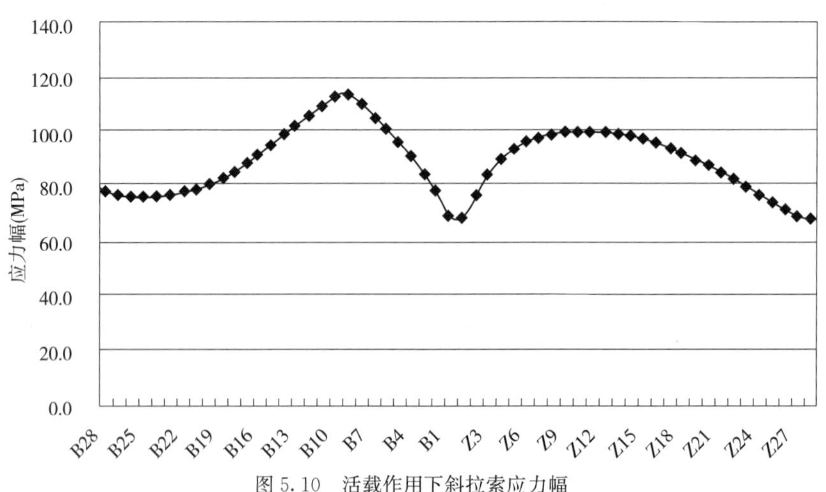

图 5.10　活载作用下斜拉索应力幅

d. 支座反力。

由表 5.10 分析知，各支座均未出现负反力。

支座反力表(单位:kN)　　表 5.10

位　　置		最大反力	最小反力
竖向支座	索塔	8 233	2 987
	近塔辅助墩	14 713	191
	远塔辅助墩	7 810	437
	过渡墩	4 031	170
索塔横向抗风支座		3 605	—

(2)稳定分析

采用空间模型，使用 MIDAS Civil 软件对桥梁运营阶段进行稳定分析。图 5.11 为结构的第一阶失稳模态(索塔纵向失稳)，稳定系数为 6.15，结构稳定性能较好。

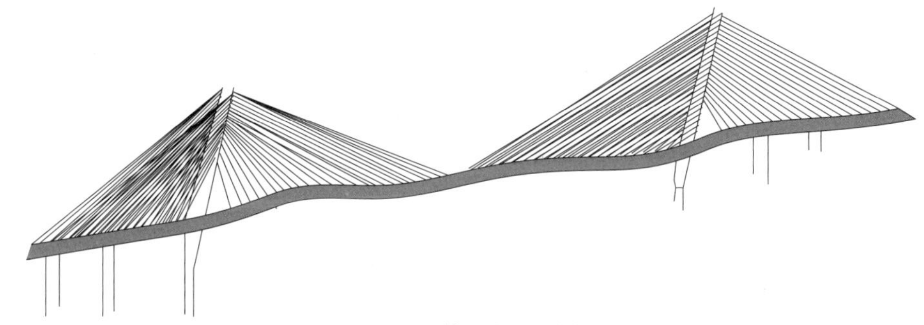

图 5.11　第一阶失稳模态

(3)索塔截面计算

①荷载组合。

索塔截面荷载组合见表 5.11。

荷载组合表　　表 5.11

组合Ⅰ	永久作用＋汽车荷载
组合Ⅱ	永久作用＋汽车荷载＋温度＋汽车制动力＋顺桥向运营风
组合Ⅲ	永久作用＋汽车荷载＋温度＋汽车制动力＋横桥向运营风
组合Ⅳ	永久作用＋顺桥向百年风＋温度
组合Ⅴ	永久作用＋横桥向百年风＋温度
组合Ⅵ	永久作用＋顺桥向地震作用
组合Ⅶ	永久作用＋横桥向地震作用

②塔柱及塔座截面承载力验算。

按照承载能力极限状态法，计算各工况下塔柱控制截面，截面承载力满足要求。控制工况下的塔柱控制截面承载力计算结果如表 5.12 所示。

塔柱控制截面承载力计算　　表 5.12

控制截面位置	控制工况	索塔内力			抗压承载力(kN)	抗力/荷载效应
		轴力(kN)	顺桥向弯矩(kN·m)	横桥向弯矩(kN·m)		
塔底座	组合Ⅴ	786 035	343 890	1 284 396	1 105 362	1.41
塔底座	组合Ⅳ	512 114	1 106 656	129 278	1 152 257	2.25
下塔柱底	组合Ⅶ	465 346	236 342	1 019 749	625 308	1.34
下塔柱底	组合Ⅶ	366 271	687 530	74 966	537 960	1.47
中塔柱底	组合Ⅶ	327 257	607 684	15 896	511 339	1.56
中塔柱底	组合Ⅶ	267 675	401 722	21 623	359 689	1.34
上塔柱底	组合Ⅶ	238 228	337 467	47 819	342 453	1.44

③塔身裂缝宽度验算。

按荷载短期效应组合并考虑长期效应影响，验算各工况下的塔身控制截面的裂缝宽度，均不超过 0.2mm，满足规范要求。塔柱控制截面裂缝宽度计算结果如表 5.13 所示。

正常使用极限状态法塔柱控制截面裂缝宽度计算　　表 5.13

控制截面位置	控制工况	索塔内力			裂缝宽度(mm)
		轴力(kN)	顺桥向弯矩(kN·m)	横桥向弯矩(kN·m)	
下塔柱底	组合Ⅲ	359 945	456 741	468 720	0.011
下塔柱底	组合Ⅱ	302 497	509 790	64 025	0.015
中塔柱底	组合Ⅱ	270 366	465 534	9 698	0.028
中塔柱底	组合Ⅱ	221 129	291 018	16 507	0.059
上塔柱底	组合Ⅱ	196 796	235 657	39 038	0.007

(4)索梁锚固区局部计算分析

计算 ANSYS 程序 Shell63 弹性板单元分析计算。锚箱的结构尺寸、锚垫板倾角等参数取最大索力对应的拉索。空间模型共计 4 299 个单元，节点 4 292 个。图 5.12 为主梁钢锚箱模型图。

计算结果表明，钢锚箱各构件的最大应力为 118MPa，满足规范要求。

(5)正交异性钢桥面板计算分析

针对桥面板及主横桁架受力状态，采用 Shell63 弹性板单元和 Beam44 空间梁单元建立有限单元模型。桥纵向取 4 个节间，全长 48m。边界条件：限制各横梁吊点的竖向位移，限制一侧吊点的横桥向位移，最后一端横梁的顺桥向位移。模型如图 5.13 所示。

长期恒载按面荷载施加在顶板单元上。活载采用《公路工程技术标准》(JTG B01—2003)中公路—Ⅰ级车辆荷载，每辆车总重为 550kN，活载冲击系数取 1.3。车轮按实际作用位置和面积布置在桥面板上。经比选，选取四种最不利的荷载布置工况进行计算分析，如图 5.14～图 5.17 所示。

图 5.18～图 5.21 给出了恒载作用下的竖向变形、von Mises 应力最不利计算结果。

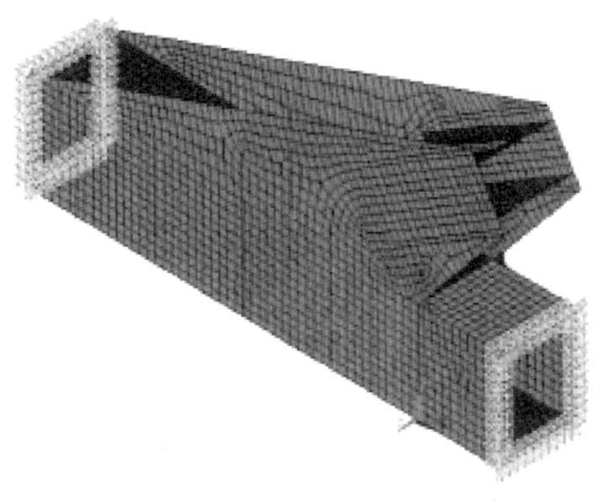

图 5.12 钢锚箱模型图

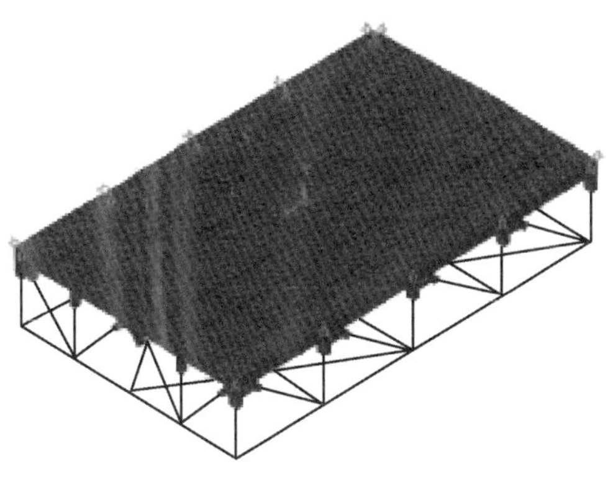

图 5.13 结构模型示意图

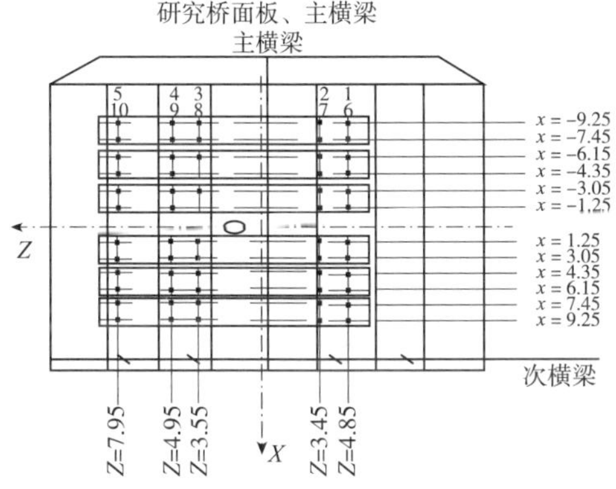

图 5.14 正对称加载桥面板和横梁

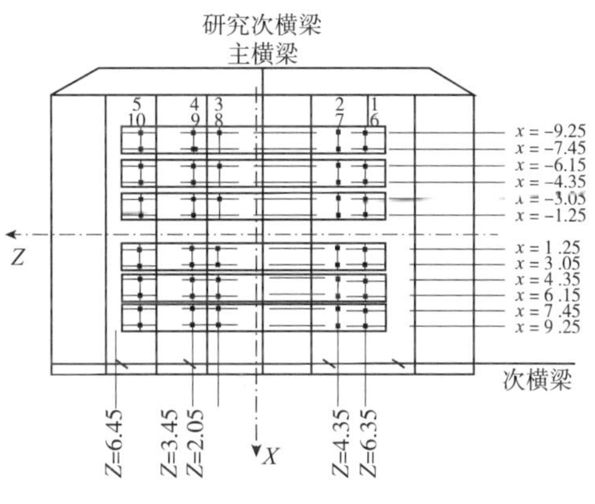

图 5.15 正对称加载次横梁

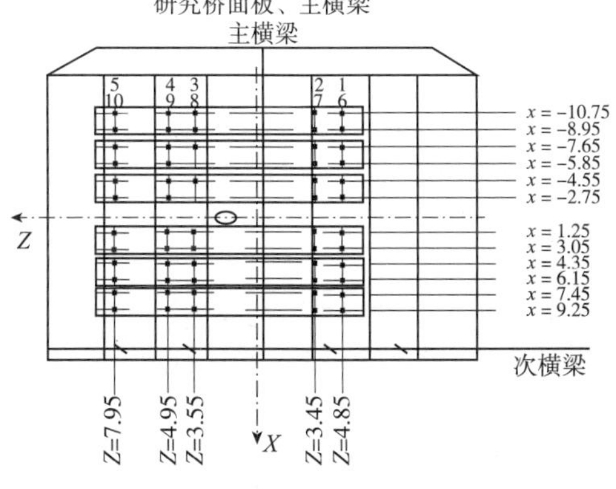

图 5.16 反对称加载桥面板和上横梁

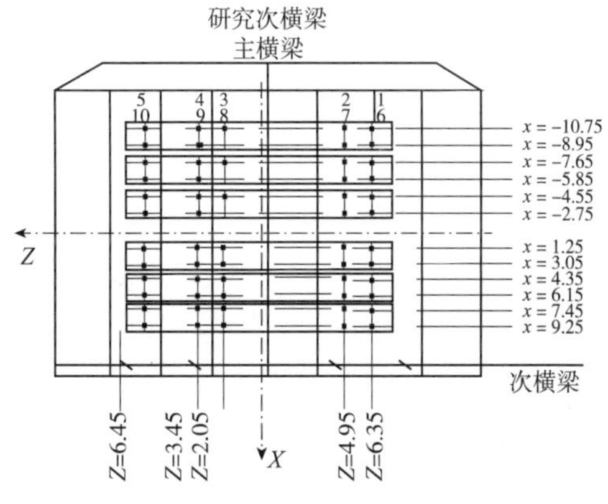

图 5.17 反对称加载次横梁

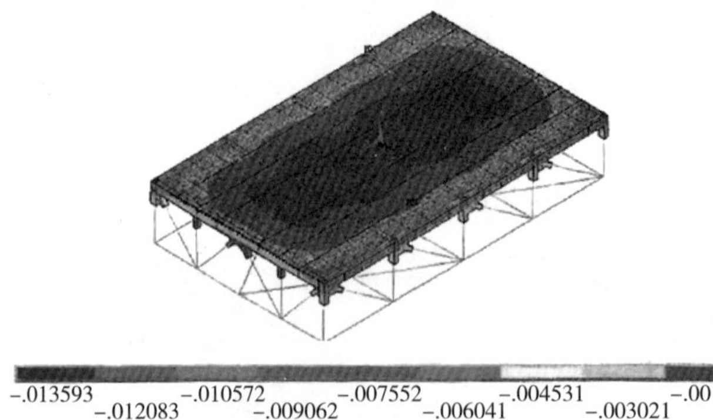

图 5.18　恒载作用下结构位移云图

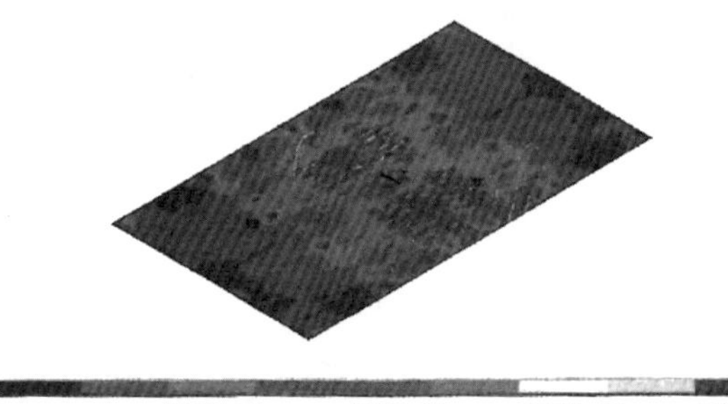

图 5.19　桥面板最不利应力云图

图 5.20　U 肋最不利应力云图

图 5.21　小纵梁最不利应力云图

由分析结果可知,四种加载工况下桥面板、纵向U肋、小纵梁、上主横梁和上次横梁的最不利von Mises应力最大分别为50.0MPa、43.9MPa、65.6MPa、62.3MPa、70.0MPa,均满足规范要求。

(6)墩身截面验算

①墩身截面强度验算。

按照承载能力极限状态法,计算各工况下边墩墩底截面,截面承载力满足要求。控制工况下的边墩墩底承载力计算结果如表5.14。

墩底截面承载力计算 表5.14

边墩位置	控制工况	墩底内力			抗压承载力(kN)	抗力/荷载效应
		轴力(kN)	顺桥向弯矩(kN·m)	横桥向弯矩(kN·m)		
1号墩左侧	组合Ⅳ	71 001	195 931	4 366	77 658	1.09
2号墩右侧	组合Ⅳ	46 979	48 188	6 916	151 214	3.22
5号墩左侧	组合Ⅴ	23 735	39 602	980	33 377	1.41
6号墩左侧	组合Ⅴ	30 234	57 740	16 286	30 234	1.09

②墩身裂缝宽度验算。

按照正常使用极限状态法,按荷载短期效应组合并考虑长期效应影响,验算各工况下的裂缝宽度,均未超过0.2mm,满足规范要求。控制工况下的墩底截面裂缝宽度计算结果见表5.15、表5.16。

正常使用极限状态墩底截面裂缝宽度计算 表5.15

边墩位置	控制工况	索塔内力			裂缝宽度(mm)
		轴力(kN)	顺桥向弯矩(kN·m)	横桥向弯矩(kN·m)	
1号墩左侧	组合Ⅳ	39 949	32 710	0	0.085
2号墩左侧	组合Ⅳ	46 803	−38 785	0	0.099
5号墩左侧	组合Ⅳ	29 955	24 067	0	0.062
6号墩左侧	组合Ⅳ	30 621	17 469	0	0.043

单桩承载力验算表 表5.16

塔墩位置	桩长(m)	桩基直径(m)	控制组合	单桩容许承载力(kN)	单桩最大轴力(kN)	是否满足
1号墩	20.0	ϕ2.0	组合Ⅶ	32 987	21 883	满足
2号墩	20.0	ϕ2.0	组合Ⅶ	32 987	23 981	满足
3号索塔	39.0	ϕ2.8	组合Ⅶ	64 654	55 859	满足
4号索塔	44.0	ϕ2.8	组合Ⅶ	64 654	49 271	满足
5号墩	20.0	ϕ2.0	组合Ⅶ	32 987	23 350	满足
6号墩	20.0	ϕ2.0	组合Ⅶ	32 987	20 609	满足

2)抗震设防标准及性能目标

根据《公路桥梁抗震设计细则》(JTG/T B02-01—2008)的规定,本桥应按A类桥梁进行两水平设防、两阶段抗震设计，即E1地震作用采用475年重现期，E2地震作用采用2 000年重现期，针对北盘江大桥结构各部分的重要性，提出具体的性能目标，见表5.17。

北盘江大桥抗震设防标准及目标　　表5.17

设防标准		设防目标	验算指标
E1(重现期475年)		地震后能够保持其正常使用功能，结构处于弹性工作阶段	主引桥塔墩结构及基础按验算抗弯、抗剪设计强度
E2(重现期2 000年)	主桥	地震主要受力结构不破坏或轻微损伤，不修复或短期内能恢复其正常使用功能，结构局部进入弹塑性工作阶段	主桥塔墩结构及基础按验算抗弯等效屈服弯矩、抗剪标准强度
	引桥	桥墩可形成塑性铰，桩基刚进入屈服	引桥桥墩验算塑性铰转角或墩顶位移等延性指标

采用反应谱分析方法考虑500阶振型，以满足90%以上的有效参与质量。分别进行E1地震作用(重现期约为475年)和E2地震作用(重期约为2 000年)的抗震验算。

3)结构抗震、抗风措施

(1)抗震、抗风性能技术要求

北盘江大桥处于峡谷地区，地形变化急剧，风场变化复杂，边坡稳定突出，需通过合理的结构体系及相应的技术措施，以达到抗震抗风要求。

①减小地震荷载作用下的结构动力响应。

②减小地震荷载作用下的主塔塔底内力，以确保边坡稳定。

③充分考虑峡谷风效应，减小风荷载引起的索塔顶部位移和塔根部弯矩，确保索塔稳定性。

④设置横向抗风支座，以抵抗横向风荷载。

⑤控制风荷载和汽车制动力引起的主梁振动和位移，降低支座和伸缩缝的摩擦，增加其使用寿命。

(2)斜拉桥抗震、抗风性能技术措施

为了使建造的斜拉桥具有合理的受力、良好的抗震和抗风性能，因此需要从结构体系、结构构造和约束体系等多方面综合考虑，以达到抗震、抗风的目的。

①边中跨比较小，设置辅助墩提高了结构的整体刚度，桥塔的变形得到了较大控制，由汽车荷载和风荷载引起的主跨桥面挠度和斜拉索的应力幅得到减小，提高了疲劳强度。

②主梁采用透风的桁架形式，风阻面积小，扭转刚度大，提高了桥梁的抗风性能。

③斜拉桥方案采用纵向半飘浮体系，辅助墩设置双向活动支座，有效地减小了地震作用下的结构内力。

④为防止斜拉索的风雨振，在斜拉索表面采用双螺旋线或设置凹坑的措施，在主梁处设置斜拉索外置阻尼器进行减振。

⑤对索塔的横梁预应力进行加强，横梁与主塔相连接处钢筋加强，以满足抗震性能。

⑥通过抗震模型研究，验证抗震设计的正确性，发现薄弱环节以改进抗震设计。

(3)引桥抗震技术措施

①北盘江大桥引桥主要对桥墩结构采取抗震设计技术措施。

②对桥墩柱潜在塑性铰区域内加密箍筋布置。

③在施工缝处增加短钢筋。

④对于主梁简支端的桥墩，加宽盖梁的宽度并采取防落梁措施。

⑤在桥墩处设置足够间隙，以满足位移需求。

(4)计算评价结论

通过 MIDAS 软件，结合斜拉桥结构设计的模型分析，地震响应分析结果表明：主桥索塔、墩柱的抗弯、抗剪强度均满足 E1、E2 阶段的抗震要求；结构各部分的承载能力均大于或远大于荷载，满足强度要求。

5.2.3 关键技术问题及对策

北盘江大桥处于峡谷地区，地形变化急剧，风场变化复杂，边坡稳定突出，需通过合理的结构体系及相应的技术措施，以达到抗震抗风要求：

①减少地震荷载作用下的结构动力响应。

②减少地震荷载作用下的主塔塔底内力，以确保边坡稳定。

③充分考虑峡谷风效应，减小风荷载引起的索塔顶部位移和塔根部弯矩，确保索塔稳定性。

④设置横向抗风支座，以抵抗横向风荷载。

⑤控制风荷载和汽车制动力引起的主梁振动和位移，降低支座和伸缩缝的摩擦，增加其使用寿命。

为了使建造的斜拉桥具有合理的受力、良好的抗震和抗风性能，因此需要从结构体系、结构构造和约束体系等多方面综合考虑，以达到抗震、抗风的目的：

①边中跨比较小，设置辅助墩提高了结构的整体刚度，桥塔的变形得到了较大控制，由汽车荷载和风荷载引起的主跨桥面挠度和斜拉索的应力幅得到减小，提高了疲劳强度。

②主梁采用透风的桁架形式，风阻面积小，扭转刚度大，提高了桥梁的抗风性能。

③斜拉桥方案采用纵向半飘浮体系，辅助墩设置双向活动支座，有效地减小了地震作用下的结构内力。

④为防止斜拉索的风雨振，在斜拉索表面采用双螺旋线或设置凹坑的措施，在主梁处设置斜拉索外置阻尼器进行减振。

⑤对索塔的横梁预应力进行加强，横梁与主塔相连接处钢筋加强，以满足抗震性能。

⑥通过抗震模型研究，验证抗震设计的正确性，发现薄弱环节以改进抗震设计。

北盘江大桥引桥主要对桥墩结构采取抗震设计技术措施。引桥抗震技术措施：

①对桥墩柱潜在塑性铰区域内加密箍筋布置。

②在施工缝处增加短钢筋。

③对于主梁简支端的桥墩，加宽盖梁的宽度并采取防落梁措施。

④在桥墩处设置足够间隙，以满足位移需求。

5.2.4 施工方法

1)建筑材料和运输条件

(1)主要建筑材料

关于本桥所采用的钢材、水泥、木材等材料，贵州岸从贵阳、水城等地市场购买；云南岸可考虑从昆明、宣威等地市场购买，由铁路、公路联运运输至工地，桥面铺装采用进口沥青。

(2)砂石料

桥位附近的灰岩、玄武岩储量丰富,强度较高,可供应碎、片、块石料,满足工程需要,但必须进行详细的试验,检验集料碱性对混凝土的影响。承台和桩基础要求的混凝土强度等级较低,其所用的砂料可采用当地的机制砂。对于墩身和上部结构,要求的混凝土强度等级较高,如果需采用河砂,可考虑从广西、湖南、四川或重庆等省市购得,通过铁路和公路联运运到现场,碎石、石灰和工程建设用土可就近购买。

(3)特种材料

预应力钢材、大型伸缩缝、特殊支座、大型机具设备由厂家供货,其半成品或成品通过铁路、公路联运运输至工地。

(4)运输条件

六盘水市、宣威市城区均有铁路线经过,外购材料可由火车运往两地,再通过汽车中转运输至工地。大桥工地附近省道212、俄脚到都格的县乡道路、宣威至普立公路等,可为建筑材料的运输提供运输通道。

2)工区及交通组织

根据北盘江大桥所处地形位置、工程特点和现场调研情况,初步考虑全桥分为贵州岸和云南岸两个独立的施工工区,其生产、生活驻地、项目部分别布置在两岸的平缓地带,便于指挥和控制整个工程的实施。每个驻地的主要构造物有拌和场、加工场、住房、办公室、会议室、试验室、职工活动室、食堂、澡堂、停车场等,初步估算,每岸占地面积约 30 000m^2。

通过现场调研和分析研究桥位地理环境,两岸地形陡峭,均须专门修筑施工便道至本岸各塔、墩位和驻地,还应同时对现有的乡村公路进行加宽改造。经现场踏勘,初步估计本桥新修和加宽处理的施工便道总长度至少为20km。

3)供水、供电等

本桥附近目前只有民用电通过,具体施工用电需与当地电力部门协商后,专门架设高压支线于施工现场。根据拟投入的各种主要施工机具的功率大小,估计每侧需要投入两台500kVA 变压器。考虑到各种结构物施工的连续性,为防止因停电而造成停工,建议每岸各配备 1 台 400kW 的发电机以备急用。

生活用水:因谷底北盘江与清水河交汇处的生活用水输水管线站常年流水,经化验,水质良好,生活用水可采用多级水泵抽取,并在拌和站等用水量较大的位置设置相应容量的水塔,以保障工程和生活用水。

4)施工场地安排

根据桥位处地形和工程特点,将全桥分为贵州岸和云南岸两个独立的施工工区。

贵州岸地形复杂,地面起伏大,没有天然的平地,施工场地布置较为困难。右侧的山头处较为平坦,可在该处进行场地平整,作为本岸材料堆放厂,同时布置办公区、试验室、生活区等设施,在桥塔处进行场地平整后,可作为桥塔施工的混凝土搅拌场,钢筋、模板的加工场等。

云南岸地形较为平缓,桥塔处为一平地,可布置索塔施工的混凝土搅拌场,钢筋、模板的加工厂;在过渡墩附近顺等高线平整场地,可作为办公区、试验室、生活区等。

5)施工标段划分建议及进度安排

根据北盘江大桥地理位置特点,保证施工质量、利于施工组织,建议将大桥划分为两个施工标段，建议施工工期为38个月。

5.2.5 耐久性设计

1)混凝土防腐蚀的主要措施

根据《公路工程混凝土结构防腐蚀技术规范》(JTG/T B07-01—2006)的要求，结合本工程的特点，在设计中针对性的采取以下措施来提高混凝土耐久性：

①提高混凝土中钢筋的保护层厚度。适当提高钢筋的保护层厚度，是提高混凝土使用寿命最为直接、简单而且经济有效的方法。

②控制混凝土的水灰比。提高混凝土的密实性会增强混凝土的抗腐蚀性能。

③控制混凝土的碱含量，避免混凝土发生碱骨料反应。

④施工期间加强混凝土结构的养护，防止干缩裂缝的发生。

2)钢结构

本桥钢构件(含钢桁梁、缆索系统及钢支座)长期暴露于空气环境中，需要采取一定的防腐措施才能达到设计使用年限。结合《公路桥梁钢结构防腐涂装技术条件》(JT/T 722—2008)的规定，建议选择不少于25年的长寿命防腐体系。推荐的防腐涂装方案见表5.18和表5.19。

钢桁架梁各部位防腐涂装方案 表5.18

结构部位	涂装用料	道数	厚度(μm)
桥面板上表面(两侧检修道护栏之间)，箱形构件封闭内表面	喷砂(Sa2.5)	—	
	醇溶性无机硅酸锌车间底漆	1道	2.5
构件外表面及桥面板其他外表面	喷砂(Sa2.5)	—	
	醇溶性无机富锌底漆	2道	2×40
	环氧封闭漆	1道	
	环氧中间漆	2道	2×40
	脂肪簇丙烯酸聚氨酯面漆	2道	2×40
箱形构件未封闭内表面	喷砂(Sa2.5)	—	
	环氧富锌底漆	2道	2×40
	环氧厚浆漆	2道	2×75
	环氧面漆	1道	50

钢锚梁和钢牛腿涂装防腐方案 表5.19

结构部位	涂装用料	道数	厚度(μm)
不与混凝土接触面	喷砂(Sa2.5)	—	
	无机富锌底漆	2道	2×40
	环氧封闭漆	1道	
	环氧中间漆	2道	2×40
	脂肪簇丙烯酸聚氨酯面漆	2道	2×40
与混凝土接触面	二次表处(St2.5)	—	
	环氧富锌底漆	1道	50

钢锚梁和钢牛腿(包含套筒)采用表面重防腐涂装进行防腐。斜拉索和套筒之间用斜拉索厂家配套的密封材料填密实。

索夹及索套的防腐涂装方案见表5.20。

索夹及索套防护涂装方案 表5.20

结构部位	涂装用料	道数	厚度(μm)
索夹外表面	喷砂(Sa3.0)表处后电弧喷铝	—	200
	有色金属环氧封闭漆	2道	—
	有色金属环氧中间漆	1道	50
	聚氨酯面漆	2道	2×40
索夹内表面	喷砂(Sa3.0)表处后电弧喷锌	—	200
	有色金属环氧封闭漆	2道	—
索套外表面	喷砂(Sa3.0)表处后电弧喷铝	—	200
	有色金属环氧封闭漆	2道	—
	有色金属环氧中间漆	1道	50
	聚氨酯面漆	2道	2×40
索套内表面	喷砂(Sa3.0)表处后电弧喷铝	—	120
	有色金属环氧封闭漆	2道	—

3)斜拉索的防腐

斜拉索采用钢绞线斜拉索,防腐措施为:每根钢绞丝在绞成钢绞线以前外部涂油脂或蜡,外层同步挤压聚乙烯包裹,在张拉端和固定端之间的自由段,用HPDE双层外套管防护;锚固区的钢绞线由PE导管组件防护,其端部浸泡在油脂中;同时应加强施工组织管理,确保斜拉索施工质量;加强运营期间斜拉索的安全检查和维护并及时更换受损拉索。

4)支座的防腐

支座防腐应当从支座的结构、材料以及外防腐措施等各方面综合考虑,同时在墩顶留有操作空间和检修平台,必要时可检查、维护和更换支座。推荐采用耐久性较好的球形支座。

5.3 贵州山区大跨径钢桁梁斜拉桥鸭池河大桥工程实例

5.3.1 概述

1)工程背景

贵黔高速公路鸭池河大桥,位于中国贵州省黔西县与清镇市交界处,是一座跨越鸭池河的高速公路斜拉桥,桥面宽27.9m,主桥为主跨800m的双塔双索面钢桁架斜拉桥,主塔采用H形索塔,南岸塔高243.2m,北岸塔高258.2m,桥面至水面高约300m,是贵阳至黔西高速公路(G76厦蓉高速公路贵阳至黔西段)的控制性工程,建成后将成为中国主跨最长的钢桁架斜拉桥(图5.22)。高速公路,双向4车道;设计车速80km/h;设计基准期100年;车辆荷载等级为公路—Ⅰ级；路基宽度 24.5m；抗震设防烈度为Ⅵ度；设计地震基本加速度为 0.054g，按Ⅶ设防；设计洪水频率为 1/300；航道等级为规划Ⅵ航道；环境类别Ⅰ类；设计基准风速 25.2m/s；结构安全等级一级。

图 5.22 鸭池河大桥效果图

桥址区未见断层构造通过，区域稳定，桥址区未发现泥石流、滑坡等不良地质作用，靠近岸坡存在错落体，对墩台影响较小，桥址整体稳定性较好，适合本桥建设。桥址区覆盖层主要为第四系残坡积层粉质黏土，局部分布，厚度薄，工程地质性质一般；局部坡脚少量崩坡积层，工程性质一般，不适宜作为基础持力层；下伏基岩为中风化白云质灰岩，岩体较完整，局部较破碎，工程力学性质较好，层位稳定，为基础良好持力层。根据地质调绘及主塔位槽探、钻探，两侧主塔位均未发现平行于陡崖边缘线的贯通张性裂隙，上部岩体较破碎，下部岩体较完整，下部岩溶弱发育，稳定性好，适宜主塔施工建设。部分桥墩(如 5 号墩等)岩溶发育，应注意其对桩基的影响，必要时应采取超前钻探。桥址区局部发育泥岩软弱夹层，桥梁基础应穿过软弱夹层至稳定岩层。本区地震动峰值加速度为 0.054g，地震动反应谱特征周期为 035s，Ⅰ类场地，对应地震基本烈度为Ⅵ度。桥址区地下水对混凝土结构及钢筋混凝土结构中的钢筋具有微腐蚀性。

2)总体方案

桥位平面处于整体式路基及分离式路基段。其中主桥位于平面为直线的整体式路基上，引桥位于整体式路基和分离式路基上，整体式路基在桩号 K54+85.238 4 后变为分离式路基，桥梁在分离式路基范围内左线平面为直线，右线平面为半径 R=3 200m 的右偏圆曲线。

主桥纵面位于纵坡 i=+0.5%的直线，接 R=40 000m 的凸形竖曲线，接纵坡 i=−0.5%的直线段上；引桥纵面左右线均位于纵坡 i=0.5%的直线段接 R=16 000m 的凹形竖曲线接 i=+2.3%上。本桥跨越鸭池河，桥梁全长 1 466.5m，主塔采用 H 形桥塔。主桥中心桩号为 K54+433。桥跨布置为(72+72+76+800+76+72+72=1 240m)+(7×30=210m)=1 450m。

主桥采用 72+72+76+800+76+72+72=1 240m 双塔双索面半飘浮体系的混合梁斜拉桥，边跨为预应力混凝土箱梁，中跨为钢桁梁结构，边中跨比为 0.275。

本桥仅黔西岸设有引桥，桥跨布置为 7×30=210m，采用先简支后刚构的预制 T 梁，T 梁采用全线统一的通用图。引桥平面位于整体式路基接分离式路基上，为适应路基由整体到分离的变化，桥梁均按整体路基的半幅桥梁断面设计，共分 2 联。

引桥桥墩采用双柱墩，圆形截面，根据墩高设置直径 1.6m 和 1.8m 两种形式，基桩采用直径 1.8m 和 2.0m 两种桩径与之匹配。墩高在 9.5～33.5m 之间，墩高超过 15m 设有墩间系梁，桩间均设有桩间系梁。基桩均按端承桩设计。

0 号桥台采用台帽接群桩的桥台，台后接侧墙。14 号桥台采用承台分离式桥台桩基础。桥台桩基础均按端承桩设计。

3)设计要点

主桥采用 72＋72＋76＋800＋76＋72＋72＝1 240m 双塔双索面半飘浮体系的混合梁斜拉桥，边跨为预应力混凝土箱梁，中跨为钢桁梁结构，边中跨比为 0.275。

主梁在主塔下横梁、辅助墩处设置多向球形钢支座；过渡墩处设置一个单向活动支座和一个双向活动支座；索塔处设横向抗风支座。每个塔梁连接处顺桥向安装 4 套黏滞阻尼器，全桥共 8 套，在静力作用下不约束塔梁纵向相对变形，而在动力作用下对结构响应进行耗能。

钢桁梁结构采用 N 形桁架，横向两片主桁，主桁上下弦杆均采用箱形截面。横联采用单层析架结构，由横梁上弦杆、下弦杆、竖腹杆及斜腹杆组成。正交异性钢桥面板由桥面板、U 肋、次横梁及倒 T 形纵梁组成。

钢桁梁设置预拱度，计算按节段切线拼装考虑。预拱度由上弦杆伸缩形成，伸长或缩短的值在上弦杆拼接板的拼缝中变化。主桁的上、下弦杆开口基值为 20mm。

边跨混凝土主梁采用等截面预应力混凝土边箱梁结构，混凝土主梁在两外侧边腹板处设置斜拉索锚固孔。为加强混凝土主梁横向联结，沿桥纵向每 8m 设置一道混凝土横梁，在过渡墩、辅助墩及主塔支座位置增加一道横梁，主塔支座处横梁厚 4m 横梁均设有预应力钢绞线。混凝土主梁按全预应力混凝土设计，采用三向预应力。

为保证钢混接头的有效性和结合面处于均匀的受压状态，沿箱梁四周及腹板布置了纵向预应力钢绞线，预应力钢绞线在钢箱梁一侧锚固在钢承压板上，在承压板及钢箱梁顶底板设置有剪力钉。通过渐变顶板的 U 形加劲肋、底板的倒 T 形加劲肋及腹板的刚度实现混凝土梁与钢梁间的过渡。

主塔采用 H 形桥塔，塔柱均采用箱形截面。主塔上、下横梁均采用箱形等截面，按 A 类预应力构件进行设计，根据计算配置预应力钢束，采用金属波纹管，辅助压浆法进行施工。塔柱底部与承台间以塔座过渡，塔座对应塔柱中心线位置厚 2.0m。塔座下为整体式承台，承台下接群桩基础。

斜拉索塔端采用钢锚梁的锚固方式，每套钢锚梁锚固 1 对斜拉索。单根塔柱有 24 套钢锚梁，每个索塔 48 套，全桥共 96 套。斜拉索在中跨钢箱梁采用锚管式的锚固方式，在混凝土主梁采用箱梁腹板开洞的锚固方式。

辅助墩、过渡墩均采用薄壁空心墩，基础为 4 根直径 2.5m 的混凝土灌注桩，双幅共 8 根，均按端承桩设计。

4)主要材料参数

(1)混凝土

采用 C30～C55 混凝土。

(2)钢材

①Q420D：用于板厚 40mm 加劲钢桁梁上下弦杆。

②Q345D:用于板厚小于40mm加劲钢桁梁上下弦杆与腹杆、横梁上下弦杆与腹杆、下平联、正交异性钢桥面板、桥塔钢锚梁及防撞钢护栏。

③Q235A、Q235B:除基桩检测管材质采用Q235A外,其余附属结构均采用Q235B。

(3)钢筋

采用HPB300热轧光圆钢筋。

(4)预应力钢材

预应力钢绞线:公称直径为15.2mm,低松弛预应力钢绞线,抗拉强度标准值 $f_{pk}=1\ 860MPa$,$E_p=1.95\times10^5MPa$,松弛率小于0.035。

JL32精扎螺纹钢筋:抗拉强度标准值 $f_{pk}=785MPa$,张拉控制应力为标准强度的0.9倍,用于主桥竖向预应力筋。

(5)斜拉索

斜拉索采用镀锌钢绞线,其弹性模量为 $E_p=1.95\times10^5MPa$,标准抗拉强度 $f_{pk}=1\ 860MPa$,拉索钢绞线的容许应力幅值250MPa。

(6)焊接材料

焊接材料应与母材匹配,焊条、焊丝、焊剂应符合《碳钢焊条》(GB/T 5117—1995)、《气体保护电弧焊用碳钢、低合金钢焊丝》(GB/T 8110—2008)、《碳钢药芯焊丝》(GB/T 10045—2001)、《埋弧焊用碳钢焊丝和焊剂》(GB/T 5293—1999)、《埋弧焊用低合金钢焊丝和焊剂》(GB/T 12470—2003)等焊接技术规定的要求。CO_2 气体保护焊的气体纯度不小于99.9%。

(7)高强螺栓

高强度螺栓规格采用M24和M30,性能等级10.9S,材质采用35VB,技术指标应满足《钢结构用高强度大六角头螺栓》(GB/T 1228—2006)的要求,螺母应满足《钢结构用高强度大六角头螺母》(GB/T 1229—2006)的要求,垫圈应满足《钢结构用高强度垫圈》(GB/T 1230—2006)的要求。

(8)其他材料

①伸缩缝:主桥与引桥间采用RBKF1840型伸缩装置,应满足交通运输部行业标准《单元式多向变位梳形板桥梁伸缩装置》(JT/T 723—2008)的要求;引桥桥台及引桥过渡墩分别采用D80型和D160型伸缩缝。

②支座:主桥采用GCQZ球形系列支座及盆式抗风支座;引桥预制小箱梁桥墩处采用GCBZ系列支座,具体构造及要求见全线通用的《公用构造图》。

③预应力管道:金属及塑料波纹管。

5.3.2　结构分析

1)结构体系

(1)主梁设计

主梁在主塔下横梁、辅助墩处设置多向(双向)球型钢支座,过渡墩处设置一个单向活动支座和一个双向活动支座,索塔处设横向抗风支座。每个塔梁连接处顺桥向安装4套黏滞阻尼器,全桥共8套,在静力作用下不约束塔梁纵向相对变形,而在动力作用下对结构响应进行耗能。钢桁梁结构采用"N"形桁架,横向两片主桁,中心间距为27.0m,桁高7.0m,节间长度为8.0m。

(2)钢桁梁构件设计

①主桁。

主桁上下弦杆均采用箱形截面,截面内宽为 840mm,内高为 900mm,为满足结构受力要求,Z0～GX 梁段弦杆截面内高由 900mm 变化成 1 520mm,并在内高变化段腹板上设置一道板式加劲肋,加劲肋外伸宽度为 200mm,板厚为 28mm。根据结构受力需要,弦杆截面采用 28mm、32mm、36mm、40mm 四种板厚。

主桁腹杆除在钢混结合段附近采用箱形截面外,余均采用 H 形截面。箱形截面内宽 568mm,内高 840mm,板厚为 20mm;H 形截面翼缘宽 500mm,腹板高 840mm,翼缘采用 28mm、24mm、20mm 三种板厚,腹板板厚均为 20mm。

②横联。

横联采用单层桁架结构,由横梁上弦杆、下弦杆、竖腹杆及斜腹杆组成,横联下弦杆除在钢混结合段附近采用箱形截面外,其余均采用焊接 H 形截面,横联腹杆采用焊接工字形截面。

横梁上弦杆截面采用 16mm、20mm、28mm 三种板厚。箱形截面横梁下弦杆截面内宽为 560mm,内高为 650mm,翼缘及腹板板厚均为 20mm;H 形截面横梁下弦杆翼缘宽度为 460mm,板厚为 24mm,腹板高度为 552mm,板厚为 16mm。工字形截面横联腹杆高度均为 600mm,翼缘板厚均为 16mm,腹板板厚均为 12mm,竖腹杆翼缘宽度为 360mm,斜腹杆翼缘宽度为 400mm。

③下平联。

下平联采用双交叉形,杆件采用焊接 H 形截面,翼缘宽为 360mm,板厚 16mm,腹板高为 268mm,板厚 12mm;钢混结合段附近截面尺寸加强,翼缘宽为 520mm,腹板高为 650mm,板厚均为 20mm。

④正交异性钢桥面板。

正交异性钢桥面板由桥面板、U 肋、次横梁及倒 T 形纵梁组成,桥面板除在距桥塔范围内 120mm 加厚为 20mm 外,其余均为 16mm。桥面板与横联桁架横梁上弦杆顶面平齐,正交异性钢桥面板参与钢桁梁结构总体受力,正交异性钢桥面板构件均为焊接结构。

(3)钢桁梁预拱度设置

钢桁梁设置预拱度,计算按节段切线拼装考虑。预拱度由上弦杆伸缩形成,伸长或缩短的值在上弦杆拼接板的拼缝中变化。

主桁的上、下弦杆开口基值为 20mm。因线路纵坡、竖曲线导致的开口值已计入节段构造图中,因预拱度导致的开口值应由监控单位结合实际梁段重量给出,报设计单位批准后,提供给制造单位。

上弦杆开口值＝基值＋纵坡竖曲线开口值＋预拱度开口值。

下弦杆开口值＝基值＋纵坡竖曲线开口值。

(4)边跨混凝土主梁

边跨混凝土主梁采用等截面预应力混凝土边箱梁结构,标准梁宽 27.7m,钢混结合段前 4m 变至与主桁同宽的 28.0m,双向 2％横坡,边箱外腹板边缘高 7.924m,边箱底宽 7.4m,顶板厚 0.3m,底板厚 0.3m,靠近路边缘侧腹板厚 0.7m,靠近路中心线侧腹板厚 0.6m。

混凝土主梁在两外侧边腹板处设置斜拉索锚固孔,锚固孔直径为 2m,内外各加厚 0.25m 局部加强,沿孔壁设置一道厚 40mm 的钢套筒调平。

采用挂篮悬浇施工，施工阶段划分：辅助墩顶为 12.0m 的 0 号搭架现浇段接两侧各 7 个 4.0m 的悬浇段。桥塔处 0 号块采用支架施工，其余部分采用单侧挂篮施工，0 号段长 24.0m。悬浇段为 4 个长 4.0m 的部分，单侧悬浇平衡力由支架配合临时支承及压重平衡。

为加强混凝土主梁横向连接，沿桥纵向每 8m 设置一道混凝土横梁，厚 0.4m，在过渡墩、辅助墩及主塔支座位置增加一道横梁，过渡墩端横梁厚 3m，辅助墩横梁厚 2m，主塔支座处横梁厚 4m。横梁均设有预应力钢绞线。

混凝土主梁按全预应力混凝土设计，采用三向预应力，纵、横向预应力材料采用高强钢绞线，竖向预应力采用直径 32mm 的精轧螺纹钢筋。

(5)钢混结合段

边跨混凝土主梁与中跨钢桁梁的钢混接头设有 60mm 钢承压板。钢混结合段全长为 14 000mm，由钢桁梁部分、钢箱部分及内伸至混凝土横梁的上下翼缘板组成，其中钢桁梁段上下弦杆截面内高为 1 520mm，内宽为 840mm，腹板设置一道板式加劲肋，外伸宽度为 200mm，翼缘及腹板板厚均为 40mm，加劲肋板厚为 28mm；钢箱梁段由钢桁梁段通过增加实体腹板和底板演变而来，钢箱梁实体腹板和底板板厚均为 28mm，腹板上设置板式加劲肋，外伸宽度为 200mm，底板上设置倒 T 形加劲肋，板厚均为 28mm；内伸至混凝土横梁的钢板长度为 4 000mm，板厚由 40mm 和 28mm 组合而成。为保证钢混接头的有效性和结合面处于均匀的受压状态，沿箱梁四周及腹板布置了纵向预应力钢绞线，预应力钢绞线锚固在钢箱梁一侧钢承压板上，在承压板及钢箱梁顶底板设置有剪力钉。通过渐变顶板的 U 形加劲肋、底板的倒 T 形加劲肋及腹板的刚度实现混凝土梁与钢梁间的过渡。

2)计算参数的取值

(1)结构自重

结构自重按实际断面尺寸计算，主桁上弦杆换算重度按 131.1kN/m^3 取值，主桁下弦杆换算重度按 127.4kN/m^3 取值；横联上弦杆换算重度按 91kN/m^3 取值，横联下弦杆换算重度按 97.4kN/m^3 取值；主桁腹杆、横联腹杆及下平联换算重度按 79.7kN/m^3 取值；正交异性钢桥面板换算重度按 96kN/m^3 取值。沥青混凝土铺装换算重度按 24kN/m^3 取值，边跨箱梁混凝土换算重度按 26.5kN/m^3 取值，二期恒载按照实际计算。

(2)收缩及徐变

收缩及徐变效应按《公路钢筋混凝土及预应力混凝土桥涵设计规范》(JTG D62—2004)的相关规定进行计算。

(3)温度

根据桥位处气象资料，本桥温度荷载拟定如下：

①合龙温度：15℃。

②体系升、降温：按实际合龙温度 15℃，经综合考虑后计算体系升温 25℃，体系降温 25℃。

③主梁与拉索结构温差：±10℃。

④主塔两侧温差：±5℃。

⑤钢结构与混凝土结构线胀系数分别取 0.000 012、0.000 01。

⑥混凝土主梁梯度温差按《公路桥涵设计通用规范》(JTG D60—2004)第 4.3.10 条规定的梯度温度计算。

正交异性钢桥面板梯度温差参照英国 BS5400 规范的相关规定进行计算,梯度温度加载模式如图 5.23 所示。

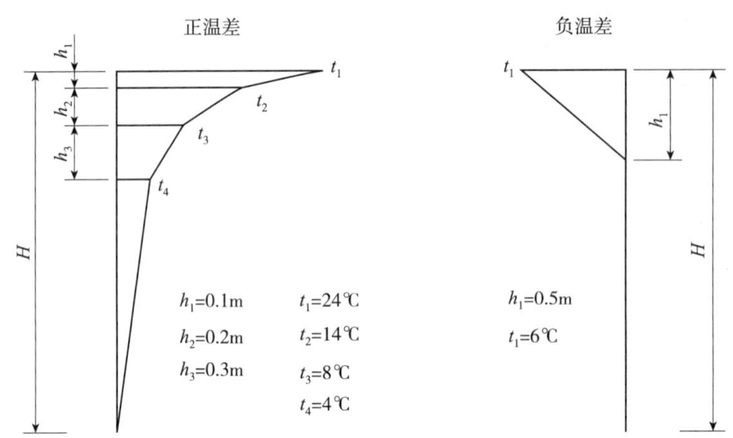

图 5.23　梯度温度加载模式图

(4)风力

桥位处 10m 高处 100 年一遇基本风速为 31.9m/s。与汽车组合的风速按桥面高度处 25m/s 计算,超过 25m/s 不与汽车荷载组合,工程场地桥位处风剖面幂指数 $\alpha=0.3$,阵风系数 $G_v=1.38$。

(5)支座不均匀沉降

主塔基础取值 2cm,辅助墩及过渡墩取值 1cm。

(6)汽车荷载

按公路—Ⅰ级荷载计算,考虑多车道折减系数,6 车道按影响面加载。

(7)制动力

制动力按三车道同方向计算,每一个车道的制动力为车道荷载标准值在加载长度上计算总重力的 10%,三车道制动力为一个车道的 2.34 倍。

(8)地震力

根据《安评报告》,E1 地震动峰值加速度值为 0.054g,E2 地震动峰值加速度为 0.092g。

3)计算分析内容

结构分析主要采用 MIDAS、ANSYS 等软件进行结构静力、动力及非线性分析。主要分的内容包括:

①结构空间计算,对各种工况下(施工各阶段、成阶段)的内力、变位、应力分析。

②结构稳定分析。

③结构动力与抗震分析。

④钢桁梁整体节点板局部应力计算。

⑤钢混结合段局部应力计算。

⑥索塔、主梁锚点局部应力计算。

⑦全桥几何非线性静力分析。

5.3.3　关键技术问题及对策

①边跨混凝土主梁采用挂篮悬浇逐段施工，箱梁0号块待桥墩施工完成后，在墩顶旁搭托架浇筑，因0号块结构及受力均较为复杂，加之纵向及竖向预应力管道集中，钢筋密集，混凝土方量大，为了确保质量并防止有害裂缝出现，浇筑时需采取必要措施控制混凝土水化热的影响。采用分层浇筑时，应注意合理确定分层的位置，各层混凝土龄期差应尽可能的小，避免因各层混凝土收缩的差异导致混凝土的开裂。另外，在顶板浇筑后，应切实注意0号块件内外的浇水养生，加强块件内的通风降温，避免因内外温差过大而造成混凝土的开裂。龄期7d且强度达设计强度等级值的90%后，张拉与过渡段钢结构连接的预应力钢筋。

②箱梁0号节段施工完成后，首先进行墩梁的临时固结，可按相关图纸进行，施工单位也可另外制订可行的临时固结方案。然后在0号块上面拼装悬浇挂篮。设计时采用的挂篮技术参数为：空挂篮全重185.5t(包括模板及机具设备)，前支点与后锚点距离4.5m，空挂篮时前支点反力288.6t，后锚点拉力103.1t。施工单位挂篮的技术参数与上述大体相当时，可不必验算；若两者间相差较大，则应根据实际挂篮参数进行详细计算，重点验算箱梁悬浇阶段的预拱度。挂篮重量宜控制在节段混凝土自重的0.3～0.5之间，挂篮要有足够的刚度，以免因挂篮变形较大而导致块件结合面的开裂或影响成桥线形。挂篮拼装完毕后，应进行预压测试，尽可能消除非弹性变形，并记录预压时的弹性变形曲线，以获得高程控制依据。

③辅助墩箱梁逐段悬浇过程中，梁段混凝土的浇注、钢束的张拉、挂篮和机具的移动等，均应遵循对称、平衡、同步进行的原则。由于桥塔侧悬浇为单悬臂施工，不平衡重量由多点支承的支架结合临时固结及适当压重克服，压重重量按监控指令执行，尤其注意本部分悬浇段预抬高的设置与对称施工不同，应由监控单位根据现场情况仔细核算后确定。梁面上应尽量少堆放材料和施工机具，当必须时，应注意悬臂两端对称堆放。

④悬臂块件浇注时混凝土应由悬臂端向已浇块件方向浇注，以免造成新旧混凝土接缝面处出现竖向裂缝。

⑤所有预应力施加都应在混凝土强度达强度等级值的90%，且混凝土龄期不少于7d后方能张拉钢束，张拉钢束采用张拉力和伸长量双控。箱梁纵向预应力钢束在箱梁横截面应保持对称张拉，同一根纵向钢束张拉时两端应保持同步。

⑥预应力钢束和精乳螺纹钢筋张拉完毕，严禁碰撞锚头和钢束(筋)，钢绞线和精轧螺纹钢筋多余的长度只能采用砂轮切割机切除，严禁火焰切割。

⑦预应力钢束编束时应逐根理顺，绑扎牢固，严禁相互缠绕。

⑧箱梁截面各部分尺寸应按施工规范严格保证，在任何情况下梁段自重误差应在－3%～＋3%范围内。

⑨0号块支架应按100%的恒载进行预压，以确保安全和消除非弹性变形，并按实测的弹性变形量和施工控制要求，确定立模高程和预拱度。

⑩主桥箱梁采用先边跨后中跨的合龙顺序，边、中跨合龙段采用吊架施工，设计采用的吊架重量为100t。施工时首先安装平衡现浇段混凝土重量的压重(如水箱安装内、外刚性支承)，浇筑合龙段混凝土并同步卸除压重重量，待混凝土强度达到强度等级值的90%，且混凝土龄期不少于7d后张拉合龙钢束。合龙段混凝土浇筑后，张拉合龙钢束前，应尽量减少箱梁悬臂的日照温差，

为此可采取覆盖整跨箱梁或加强整跨箱梁顶部的浇水降温等减小温差的措施。混凝土达到要求的强度和龄期后，应尽快张拉预应力钢束。合龙温度应控制在(15±5)℃。

⑪竖向预应力施加的准确与否，对腹板斜截面主应力的影响极大，要求采取可靠的施工方法确保竖向预应力施加的准确，对于精扎螺纹钢筋，建议通过试验确定正确的施加方法：选取若干根长短不一的精轧螺纹钢筋，在锚下设压力盒，用扭力扳手张拉钢筋至设计张拉力的95%，测得扳手扭矩，经换算后作为其他精轧螺纹钢筋张拉的依据。竖向预应力施加一段时间后，用可靠机具(例如扭力扳手)或可靠试验方法检查竖向预应力数值。同时要求每根竖向预应力钢筋锚固后，必须进行二次张拉，严禁遗漏。施工时应采取切实措施防止水泥砂浆进入竖向预应力钢筋的管道，二次张拉完成后及时灌浆封锚。

⑫主桥横、竖向预应力滞后三个节段张拉，即：张拉 n 节段纵向钢束后，张拉 n-3 节段的横、竖向预应力钢束，但 0 号块如结合挂篮施工需要可在纵向预应力施工后，张拉横、竖向预应力。全桥合龙后，张拉剩余节段的所有钢束。

⑬所有预应力管道的位置必须按照预应力钢束设计图用“井”字形定位钢筋进行精确定位，管道应严格保证弯曲坐标和角度，确保管道顺直，定位钢筋应与箱梁纵横向钢筋点焊连接。钢束直线段部分定位钢筋间距不大于1m，曲线段部分不大于0.5m，曲线起止位置及箱梁节段处均应设置，以保证定位准确。锚垫板必须保证与钢束端部垂直。

⑭预应力钢束锚固齿板应与箱梁同时浇筑，以保证齿板与主梁的良好结合。对于齿板上的锚具，压浆后应浇筑混凝土封锚。

⑮所有普通钢筋均应按设计图的要求布置，任何情况下均不能取消。凡因施工需要而断开的钢筋当再次连接时，必须进行等强度焊接，并应符合施工规范的有关规定。凡与预应力束发生冲突的普通钢筋，可适当移动以避开预应力束，以保证预应力束管道位置的准确。钢束锚固处的普通钢筋如影响预应力钢束时，可适当弯折，待预应力施工完毕后及时恢复原位。如锚下螺旋筋与分布钢筋相互干扰时，可适当移动分布钢筋或调整分布钢筋的间距。

⑯对底板设置的竖向钩筋，必须严格按设计图纸执行，不得随意调整其设置位置或钩取钢筋，同时该钢筋的下料长度应尽量准确。对于齿板的定位防崩钢筋，也要求定位准确，同时不能随意调整位置。当有钢筋由于位置重叠、与预应力管道发生干扰等情况出现时，必须由监理及设计单位认可，方能按确定后的方案调整钢筋位置。

⑰悬臂浇筑箱梁节段混凝土时，应尽可能一次完成，当施工条件受限必须分层浇筑时，底板应一次浇筑完成，腹板最多分两层绕筑，分层间隔时间宜控制在混凝土初凝前，且使层与层覆盖住，必须确保新老混凝土的结合质量和加强养生。

⑱主梁采用C55 高性能混凝土，其水泥、骨料和砂及其他成分均应尽可能采用同一厂家、同一品牌或同一料场，以求质量均衡、稳定、外观色调一致。各施工缝(包括封锚处)应认真凿毛、整修、清洗，混凝土应振捣密实，外观平整、颜色一致。必要时，封锚区采用收缩补偿混凝土，封锚混凝土质量要求与主梁同等对待。

5.3.4 施工方法

本桥结构复杂，技术难点多。根据本桥结构设计特点，结合国内施工技术水平，建议在施工过程中重点进行如下项目的试验或研究：

①钢混结合段混合接头局部受力性能试验。

②钢桁梁锚点局部受力性能试验。

③施工过程中的结构应力、变形动态监测。

④全桥竣工后的静动载试验及全桥动力特性试验研究。

⑤山区大跨度钢桁混合梁斜拉桥长期健康监测技术研究并建立相应监测管理系统。

1)施工准备

①施工前应仔细阅读并核对设计图纸及有关设计文件，领会设计意图，对图纸中提供的坐标、高程、钢筋明细以及结构相关几何尺寸等进行详细复核，施工正式开工前，施工单位应对全桥墩、台基础控制点和基桩中心点坐标进行一次全面的放样校核，出现疑问，按有关程序向设计单位反馈，没有明确前不得施工。

②施工过程中应严格遵守《公路桥涵施工技术规范》(JTG/T F50—2011)、《公路工程质量检验评定标准》(JTG F80/1—2004)、《铁路钢桥制造规范》(TB 10212—2009)中明确提出的对桥梁施工工艺、施工要点、质量要求和检验评定标准的规定。

③施工单位在施工前应编制详细的施工组织设计，报监理批准后实施，施工中严格按有关规程执行，确保施工质量和施工安全。

④对特别重要的工序应作为专题和设计进行讨论，制订详细方案，提交监理审批。

⑤应聘请具有相关经验、专业的施工监控单位，针对主桥提出详细完整的施工控制方案，以使施工安全、稳定、可靠，成桥后线形符合设计要求。

2)主桥施工

(1)基桩施工

①本桥基桩成孔在满足国家安全作业规范、规定的前提下，可采用人工挖孔或机械钻孔。不论采用何种工艺，施工中均不得搅动桩底、桩侧的基岩和土层，群桩基础施工时，相邻两孔基桩不得同时开挖、钻孔或浇筑混凝土。清底和竖向偏差应严格按施工规范执行。孔底的沉淀土厚度应不大于 5cm。对采用人工挖孔干处施工的桩基每次混凝土浇注高度不超过 1m，并用插入式振捣器分层振捣密实，每层混凝土初凝前，浇注下一层混凝土，并对上一层混凝土进行充分的二次振捣。

②成孔施工过程中，若发现地质情况与地质钻孔资料不符，或现场取样的力学指标达不到地勘报告中给出的指标，应及时与有关方面沟通，酌情处理。基桩成孔完成后，在成孔过程及基底地质情况基本与地勘报告地质相符的情况下，需进行地质雷达或其他可靠手段，对基底以下 10m 深度进行判断，如无溶洞、大的裂隙等不良地质，可终孔，否则及时与各相关部门联系，确定处理方案。

③基桩设钢质声测检测管，应严格按有关标准检验基桩质量。桩身质量不符合要求时，应研究处理方案，报相关单位处理。

④大直径灌注桩的承载能力与施工质量、施工工艺、施工周期直接有关，孔底沉渣厚度将直接影响桩端阻力的发挥，应做好成孔后的清理工作，控制孔底沉渣。

⑤桩基及墩柱钢筋直径不小于 25mm 的钢筋宜采用直螺纹套筒的方式连接，接头性能必须符合《钢筋机械连接通用技术规程》(JGJ 107—2001)相关要求，同一截面内的接头数量不应超过全部钢筋的 1/2。

(2)承台施工

①承台基坑开挖时,注意基坑边坡的稳定,应根据地质情况和气候条件选用合适的坑壁坡度,必要时作防护设施。

②承台混凝土施工时注意预埋墩身钢筋,预埋应保证钢筋定位的准确。由于承台混凝土体积较大,为防止和减少浇筑大体积混凝土时产生的水热化使混凝土出现裂缝,应严格控制混凝土的入模温度,在施工前应根据实际情况进行大体积混凝土温控的研究,采取适当措施,如使用低水化热水泥并设置冷却水管、混凝土中掺适量粉煤灰等。对于承台大体积混凝土,可分层浇注,浇注下一层的混凝土前将顶面的浮浆、油污清除干净,并对先浇注的混凝土表面进行严格的拉毛处理,以保证新、老混凝土的良好结合。

(3)主塔

①塔柱、横梁采用C50混凝土,在施工前必须进行配合比试验,以保证泵送混凝土的流动性、和易性及缓凝、早强等性能。塔壁壁厚超过1m处应采取降低水化热措施,注意保温和养生,防止因水化热过高而使塔柱开裂。应尽量缩短塔柱起步段混凝土与承台、塔座混凝土之间的龄期差,浇筑下塔柱实心段时应采取必要的温控措施,防止温度及收缩裂缝的产生。索塔各部分的混凝土应尽量采用同一厂家、同一品牌的水泥,并尽可能采用同一料厂的石料、砂料,外加剂也应采用同一产品,以求保持结构外观色调一致。应提前规划好塔柱混凝土的浇筑分段,尽量保证实体段与塔柱壁变化连接处一次浇筑。

②普通钢筋应按照图纸要求加工、定位,保证各类钢筋的净保护层厚度。如果预应力钢束与普通钢筋位置发生干扰,可适当调整普通钢筋位置。索塔中所有箍筋必须焊接成封闭箍,若发生管道(斜拉索管道除外)、劲性骨架、钢筋相互干扰时,一般情况下不得切断主钢筋,但可在满足设计要求的条件下移位调整,若不能移位调整又必须切断时,必须进行局部加强,并要求保证不低于设计技术条件和要求。在斜拉索管道通过的地方钢筋被切断时,钢筋必须对焊在拉索管道上(但不得损坏拉索管道),并进行局部加强,不能低于设计要求。索塔各部的钢筋接长及上、下横梁预埋钢筋外露长度应满足搭接长度的要求,同一个断面内接头数量应满足规范要求。塔柱内主筋连接器在同一断面内的数量应满足规范要求,束筋的间距受连接器直径的控制,但其中距不得大于6cm。

③塔柱采用爬模或翻模逐段连续施工,施工模板均应保证足够的刚度,以确保塔柱混凝土外观质量;每段混凝土的浇筑高度宜控制在4～6m以内,要求各衔接面的处理整齐、清洁。索塔各部的施工缝均应进行凿毛、除油、清洗处理,以保证新、老混凝土的结合。索塔各部表面均应保证无蜂窝、麻面、收缩裂缝,索塔各部混凝土颜色应保持一致,表面应光洁无油污,确保混凝土振捣密实。施工用预埋件在索塔施工完毕后均应割除磨平并满足索塔整体景观的要求。严格控制塔柱倾斜度、高程及各断面尺寸,要求单塔柱倾斜度的误差不大于塔高的 $H/3\,000$ (H 为塔高)且不大于30mm,详细要求按《公路桥涵施工技术规范》(JTG/T F50—2011)及《公路斜拉桥设计细则》(JTG/T D650-01—2007)执行。塔柱施工时,应随时观测塔柱的变形,并进行相应调整,以保证塔柱的几何形状符合设计要求。

④塔柱施工时应设置临时水平支撑,以避免塔柱因施工荷载和自重产生过大的横向水平位移,水平横撑与两塔柱固结,水平横撑必须有足够的强度与刚度,待索塔施工完成后拆除。水平横撑的间距、强度和刚度应根据施工工序进行检算后确定,建议间隔15m左右。水平横

撑设计时应特别注意施工期横桥向风荷载影响，确保支撑和塔柱的安全。考虑塔柱施工时的变形，塔柱立模时必须设置相应的预偏量，预偏量数值应根据具体的施工方案计算确定，从而保证塔柱受力和变形符合要求。

⑤上塔柱索塔混凝土施工与钢锚梁安装同时进行，由于预埋了钢锚梁钢板和大量的剪力钉，混凝土应严格按照要求振捣密实并加强养生。斜拉索锚固点高程允许偏差±10mm，为消除索塔混凝土收缩、徐变和弹性压缩的影响，索塔应设置必要的预抬量，预抬量数值由监控单位根据施工时实测塔身混凝土的弹模计算确定，并参照塔柱分段临时测点的高程变化动态监控，随时修正预抬量，以确保斜拉索在塔上锚固位置的准确。上塔柱预应力钢筋应逐根对称张拉到位，严禁遗漏。张拉完成后应对张拉槽口被切断主筋进行补强，并注意封锚混凝土与已浇混凝土之间接缝顺直，以满足索塔整体景观要求。

⑥塔柱施工时，应注意预埋钢锚梁、索塔爬梯、排水系统、防雷系统、航空障碍标志灯等各种预埋件，应根据施工监控要求预埋检测系统预埋件；塔顶顶板表面应进行抹面处理，以利于排水。

⑦上、下横梁浇筑。采用在塔柱上预设牛腿，牛腿上架设横桥向一端可活动的劲性骨架立模，一次性浇筑混凝土，一次张拉预应力钢束；横梁施工应在其高度范围内塔柱完成预应力钢束张拉后进行。

⑧索塔及横梁施工时，应注意预埋人洞门等各种预埋件及预埋钢筋。

(4)钢锚梁及牛腿

①钢锚梁、钢牛腿在工厂各自组焊成形并进行试拼装，安装工装用临时加固匹配构件。检验整体几何尺寸、塔壁板面平整度、对接偏差和栓孔重合率等，检验合格后完成各部分的防腐涂装。

②应对钢锚梁滑动端底板和牛腿顶板的接触面进行机加工，保证钢锚梁滑动端摩擦系数不大于0.05。

③钢锚梁、钢牛腿在工厂进行整体组装，边跨侧端钢锚梁底板与钢牛腿顶板采用直接焊接的方式予以固定，中跨侧钢锚梁与牛腿用高强螺栓临时固结，确保高强螺栓螺母端朝下方(最终在索塔上的状态)，组装工装用临时加固匹配构件，形成整体结构后方可出厂。

④钢锚梁、钢牛腿整体吊装完成后，按施工进度浇筑相应节段塔柱混凝土，在张拉对应斜拉索前，释放临时连接的高强螺栓至预拉力为0(注意确保螺母及垫圈不脱落)，拆除工装用临时加固匹配构件。

⑤全桥斜拉索张拉完成后，将临时固结侧钢锚梁底板与钢牛腿顶板焊接形成固结连接。

⑥为避免斜拉索不平衡水平分力较大对索塔的不利影响，要求两侧斜拉索同步对称张拉，或边跨斜拉索略先于中跨斜拉索张拉。

⑦壁板上剪力钉应采用专用焊接工具在工厂焊接好，不允许在工地焊接。剪力钉焊接工艺编制前应首先进行剪力钉焊接工艺试验。剪力钉焊接工艺试验除选择焊接电流、焊接时间、栓钉伸出长度和栓钉提升高度外，还应进行接头宏观断面检验、接头硬度试验。

⑧钢锚梁主要连接焊缝均为熔透焊缝，要求焊后对焊缝进行振动时效处理。

钢牛腿上承板、托架板与塔壁预埋板间的连接焊缝为主要受力焊缝，要求熔透。为保证焊缝能够检验，制造时要求托架板与壁板先行焊接，探伤检验合格后再组焊劲性骨架连接钢板。

(5)辅助墩、过渡墩

过渡墩、辅助墩基础施工注意事项与主桥基础相同,墩身可根据墩高采用一次施工完成或采用翻模、爬模施工。

(6)中跨钢桁梁

钢桁梁制造应制订适宜本桥的厂内制作及检验标准,研究优化焊接工艺、组拼工艺技术要求,细化工艺流程,并严格执行。

施工的一般要求是:

①为确保钢梁制造加工的质量,制造单位应根据招标文件、设计图纸及相关的标准、规范和技术要求实施,并在认真研究并消化设计施工图的基础上,对设计施工图进行工艺性复核、编制钢结构施工工艺文件、进行工艺试验、绘制加工图纸、制定作业指导书、设计专用设备及工装。当需要修改设计时,应取得设计单位的同意。

钢桁梁制造前应依据相关规范进行焊接工艺评定、制造工艺方案、涂装工艺方案评定及抗滑移系数试验。工艺评定、试验通过后,根据工艺评定结果制订焊接、制造和涂装施工工艺规程,报监理工程师批准后实施。

②钢桁梁制造中应阅读所有相关图纸,注意相关预留件的布设,避免漏补现象,影响整体质量。

③桥面板采取工厂分块制造、运输至工地后在现场组装成型的方式,桥面板分块严格按设计图纸执行。

④加工单位在现场拼装场地的建设必须满足现场焊接的要求,现场的所有焊缝焊接需具有防风、防雨功能条件,加工胎架必须基础稳定,不得有沉降。

⑤U肋圆角外边缘不得有裂纹。U肋与桥面板焊接前,其内侧应完成涂装,所有手工自由切割处均要打磨平整。

⑥所有构件制造完成工厂内涂装后,应精确称重(精确到kg),上报监理、监控及设计单位,以供上部结构施工监控使用。经监理单位同意后,制造单位也可在整体试拼装完成后,整体称重。

⑦为确保钢桁梁的安装精度,制造单位应该在工厂对所有钢桁梁节段进行整体钢桁梁试拼装。整体拼装包括正交异性钢桥面板的板件栓接到位,可以不焊接。制造单位应对试拼装的误差实行有效的管理,避免误差累积。

⑧钢梁制造精度应达到标准件互换要求,按试装图进行厂内试装,试装时应尽量包括各类部件和各变化节点。两个节段间拼装误差要求为±2mm以内。

⑨对于中跨合龙段需工地现场制孔的杆件,其工地孔一律采用钻孔,不得采用冲孔,制成的孔应成圆柱形,孔壁粗糙度Ra不大于25μm,孔缘无损伤不平,无刺屑。

(7)钢桁梁各杆件之间的连接

钢桁梁采用焊接的整体节点结构形式,在工厂内把杆件和节点板焊成一体,运到工地架设时,除上弦杆顶板采用焊接外,上弦杆底板及腹板、下弦杆全断面均在节点之外用高强度螺栓拼接。箱形截面腹杆与上、下弦杆节点板及节点内的隔板四面对拼连接,工字形截面腹杆与上、下弦杆节点板及节点内的隔板三面对拼连接。

主桁架的上、下弦杆与横联的横梁上、下弦杆、平联之间通过焊接节点板对接拼接。横联腹杆与横联上、下弦杆之间通过焊接节点板对拼连接。除上、下弦杆间的连接及腹杆与上下弦杆间的连接采用M30高强度螺栓连接之外，其余节点均采用M24高强度螺栓连接。

(8)正交异性钢桥面板与钢桁梁杆件之间的连接

主桁上弦杆沿纵向设置了外伸板和横向焊接节点板，分别与正交异性钢桥面板顶板和次横梁栓焊混连；桥面板顶板采用对接焊接，次横梁腹板和底板采用M24高强度螺栓连接。

正交异性桥面板单元件(桥面板、纵梁及次横梁工厂焊接成整体)与横联上弦杆栓焊混连(顶板焊接，纵梁腹板及底板与其采用M24高强度螺栓栓接)，次横梁与纵梁进行栓焊混连(顶板焊接，次横梁腹板及底板与纵梁采用M24高强度螺栓栓接)；桥面板单元件顶板纵向采用焊接连接，U肋采用M24高强度螺栓连接。

边跨混凝土主梁采用等截面预应力混凝土边箱梁结构，标准梁宽27.7m，钢混结合段前4m变至与主桁同宽的28.0m，双向2%横坡，边箱外腹板边缘高7.924m，边箱底宽7.4m，顶板厚0.3m，底板厚0.3m，靠近路边缘侧腹板厚0.7m，靠近路中心线侧腹板厚0.6m。

板件下料的要求是：

①为保证钢结构加工质量，厚度大于6mm的钢板(填板除外)均不得采用热轧卷材，必须采用热轧钢板。

②沿弦杆的主要受力方向，应与钢板的轧制方向相同。拼接板沿杆件的方向也应是钢板的轧制方向。正交异性钢桥面板(横联上弦杆自带部分的正交异性钢桥面板)纵桥向应为钢板的轧制方向。钢板如需对接时，接缝应距离其他焊缝、圆弧起点、高强度螺栓拼接板端等部位100mm以上。

③材料进厂后，按照规范要求的抽检比例，及时进行材料复检，未复检的材料不允许下料。

④钢板经过预处理后方可下料，以确保下料钢板的平整度和降低钢板的轧制残余应力，为加工和焊接变形的控制提供良好的条件。

⑤设计图纸给出的各构件长度是对于合龙温度为15℃时成桥线形的名义长度，其制造长度的确定还需考虑工厂制造时焊缝收缩余量和加工余量等。合龙段理论长度对应于设计线形，施工过程中可利用气温对主跨悬臂长度的影响或考虑一定的余量等措施保证合龙段的顺利安装。

⑥工厂制造进行板块划分时，应根据钢厂的轧制能力和自身加工能力使板块尺寸最大化，以减少对接焊缝的数量。

⑦在桥面板U肋与横联上弦杆腹板的相交处，将腹板局部先加工成10mm×10mm的倒角，待各板件就位后，将腹板与桥面板U肋的焊接采取连续焊过倒角不少于100mm的方式，将此处填实。

(9)钢梁焊接

①所有焊缝的坡口形式及尺寸均应按照《气焊、焊条电弧焊、气体保护焊和高能束焊的推荐坡口》(GB/T 985.1—2008)及《埋弧焊的推荐坡口》(GB/T 985.2—2008)的要求处理。制造过程中，在保证焊缝质量的前提下，应采用焊接变形小、焊缝收缩小的工艺，尽量采用CO_2气体保护自动焊或半自动焊，所有手工焊亦采用CO_2气体保护焊，气体纯度应大于99.9%。要求所有类型的焊缝在制造前做焊接工艺评定试验，并依据试验结果编制焊接工艺。

②图中焊缝符号表示双面单边V形剖口焊缝，为全熔透焊缝，钝边尺寸及贴角焊缝高度根据工艺要求设置，要求焊缝有效厚度之和不小于开坡口板厚的1.1倍。

③角焊缝端部应围焊,图中未注明焊脚尺寸一般不宜小于 $1.5t^{0.5}$,t 为两焊件中较厚板的厚度。

④对于 20mm 以上厚度的板件,焊前应预热,其预热温度应通过焊接性能试验和焊接工艺评定确定,预热范围一般为焊缝每侧 100mm 以上,距焊缝 30～50mm 范围内测温。修补时,碳弧气刨前的预热温度与施焊时相同。为防止 T 形接头出现层状撕裂,在焊前预热中,必须特别注意厚板一侧的预热效果。

⑤U 肋与桥面板间的角焊缝采用单面 V 形坡口焊接,其熔透深度不小于 0.8 倍板厚。

所有焊缝必须进行外观检查,不得有裂纹、未熔合、夹渣、未填满弧坑和超出相关规范或技术标准规定的缺陷,并应按有关的规定进行无损检验。

⑥焊缝无损检验要求:

焊缝质量分级见表 5.21 和表 5.22。

钢锚梁焊缝质量分级表 表 5.21

焊缝部位	质量等级
钢锚梁腹板与承压板间熔透焊缝,钢锚梁腹板与底板间熔透焊缝; 钢牛腿托架板与预埋壁板间的熔透焊缝,钢牛腿托架板与上承板间的熔透焊缝; 钢牛腿上承板与预埋壁板间熔透焊缝,钢锚梁锚下平行加劲板与腹板熔透焊缝	一级
钢锚梁腹板与顶板间坡口焊缝	二级

钢桁梁焊缝质量分级表 表 5.22

焊缝部位	质量等级
钢桁梁与承压板间熔透焊缝,上弦杆顶板间熔透焊缝; 桥面板与上弦杆顶板、横联上弦杆顶板间的熔透焊缝; 桥面板间的纵横向熔透焊缝	一级
横、平联节点板与钢桁梁腹板间的剖口焊缝,U 肋与桥面板间的剖口焊缝; 上下弦杆、箱形横联的顶底板与腹板的 T 形接头焊缝;隔板与顶底板、腹板角焊缝; 工字形腹杆的腹板与顶底板的角焊缝,加劲肋与腹板的角焊缝	二级

焊缝无损检验等级见表 5.23。

焊缝无损检验等级 表 5.23

焊缝质量级别	探伤方法	检验等级	验收标准
熔透角焊缝、剖口焊缝	超声波	A 级	GB 11345—89 Ⅱ级
	磁粉(板厚不小于 30mm 时)	—	JB/T 6061—2007 Ⅱ级
根部部分熔透坡口角焊缝	超声波	A 级	TB 10212—2009 Ⅱ级
贴角焊缝	磁粉	—	JB/T 6061—2007 Ⅱ级

无损检验的最终检验应在焊接 24h 后进行;钢板厚度不小于 40mm 以上焊接体的无损检验应在焊接 48h 后进行。X 射线抽探要求及数量应满足《公路桥涵施工技术规范》(JTG/T F50—2011)的规定。不合格焊缝要进行返修,且返修次数不宜多于 2 次。

3)其他方面

①对于施工中的工艺孔洞,必须在设计指定的位置切割,施工结束后按原状恢复,其焊缝按一级熔透焊缝进行检查,并将表面磨平。

②板件对接引弧板施焊的边缘焊缝均需打磨平整。

③组拼过程中应采取措施，克服温差带来的影响。

④为了保证安全，所有构件上的手孔切割边缘必须磨光。

⑤对于横向对接焊缝，焊后要对余高进行修磨，使其与母材平齐，平齐度为凸不高于0.5mm，凹不低于0.3mm。

⑥焊接节点板焊接探伤合格后，对两端圆弧部位切磨匀顺，对焊趾进行锤击，以改善疲劳性能。

⑦设计图中高强度螺栓连接的表面抗滑移系数要求不小于0.45。钢梁出厂状态表面抗滑移系数要求不小于0.55。抗滑移系数试验方法应符合现行行业标准《铁路钢桥栓接板面抗滑移系数试验方法》(TB/T 2137—1990)的规定。

(1)钢桁梁各构件的组拼、存放与运输

①钢梁加工单位应针对本项目提出切实可靠的钢梁组拼方案。

②主拱桁因线形复杂，全部构件需进行平面辗转试拼装，以确保结构的空间尺寸能够吻合。

③梁段应单层放置，支点必须位于腹板下，应尽量使各点受力均匀，不允许出现支点脱空的情况。堆放场地应坚固可靠，不允许堆放地基出现不均匀沉降；梁体与支撑间应设置厚度不小于150mm的木块。

④梁段的运输包括场内运输、装车(船)运输，所有运输过程起吊时只能利用临时吊点。

⑤梁段场内堆放、运输过程的支点、临时吊点等需结合梁段运输和现场安装方案共同设计，并对梁体相应部位进行必要的加强，报监理工程师批准后实施。

⑥在堆放与运输过程中，梁端部采用有效措施，将端部封住，以防雨水侵入，保护高强螺栓摩擦面。

⑦在构件存放和运输过程中，应注意钢结构涂装面的保护，如有损伤应及时修补。制造单位应制订涂装面修补工艺，并报设计和监理批准。在设有永久性封堵板的U肋两边端口及时采取措施封堵，以防雨水侵入。

(2)正交异性钢桥面板的现场组拼

①正交异性钢桥面板采用“两阶段”方式加工成型，即在工厂内完成符合运输条件的板单元(包括桥面板、U肋、纵梁和次横梁)，包装后运至桥位附近的拼接现场，在拼接现场进行桥面板拼装焊接工作和补涂装工作。制造单位应编制桥面板现场拼装焊接施工组织设计。

②桥面板组拼前应仔细检查板单元在运输、吊装过程中有无变形，拼接前应先对变形板单元进行校正。焊接前各单元焊缝边缘坡口必须清理干净，不得有油污、泥土和灰尘。

③桥面板组拼应在晴好天气施工，当环境相对湿度超过80%、环境温度低于0℃或风力超过5级时应停止焊接作业。

④桥面板在边跨混凝土主梁上竖向堆放的层数不得多于两层。

⑤桥面板整块加工完成后，与主桁架上弦杆和横联上弦杆的最大焊接间隙(坡口顶宽)不得大于6mm，以减少焊接收缩应力。

(3)钢桁梁梁段的安装

①根据桥位地形特点，中跨钢桁梁架设时采用缆索吊机整体节段吊装施工，正交异性钢桥面板利用桥塔处塔吊吊装堆放至边跨混凝土主梁上，然后利用桥面运梁小车运至梁段处焊接。

②考虑桥位的运输条件，16m节段在工厂划分至两个8m节段制造，运输至桥位后安装成

整体梁段吊装，根据缆索系统设计的吊装重量可将整体梁段的长度分为8m或16m。

③钢桁梁梁段及正交异性钢桥面板在边跨混凝土主梁上的拼接堆放计划必须有详细的施工组织设计，报监理和设计单位认可，确保施工荷载必须满足边跨混凝土主梁设计受力要求。

(4)钢混结合段

钢混结合段钢结构与桥塔0号块混凝土同时施工，均在支架完成，0号块钢筋安装同时，结合段钢结构根据图纸分块吊装至支架，按规范要求定位、拼接，确保安装精度，进行现场焊接，钢结构加工质量要求、焊接质量要求及相关处理步骤见前文钢桁梁及钢桥面施工注意事项。

(5)斜拉索

①下料。

a. 做好表面防护，防止PE护套破损；防止环氧涂层破损。

b. 下好料的钢绞线两端剥除PE层后，做好临时防护，防止砂颗粒等杂质附着。

②穿索。

a. 防止穿索时单根钢绞线打绞。

b. 防止穿索时护套破损或环氧涂层破损。

③张拉。

a. 安装前清洁锚板孔内表面杂质。

b. 控制加载速度，避免速度过快，影响索力精度。

c. 单根张拉过程中采用传感器控制每根钢绞线，保证受力均匀。

d. 卸压时避免过快或突然卸载锚固，避免夹片滑丝。

e. 整体张拉时多点同步对称进行。

4)引桥下构施工

引桥下构柱式墩桩基础，施工按《公路桥涵施工技术规范》(JTG/T F50—2011)的相关规定执行。

5)其他注意事项

①除本设计图中提出的特殊质量要求外，其他施工质量和精度应符合《公路桥涵施工技术规范》(JTG/T F50—2011)和《公路工程质量检验评定标准》(JTG F80/1—2004)的要求。

②施工时应注意各构件间、各相关设计文件的相互关系，确保相关结构和预埋件的正确预留、预埋。

6)施工期环保措施

(1)噪声防治措施

尽量将施工机械(如卷扬机等非移动作业的机械)安置在远离施工场地边界处进行工作或做隔声处理。

(2)废气防治措施

施工场地经常洒水，保护场地的湿度，降低施工场地扬尘浓度；清洗运输车辆车轮，适当装载筑路材料，可有效减少路面扬尘；在施工边界处设置围挡，缩小扬尘扩散区域。

(3)废水防治措施

加强施工人员生活管理，杜绝生活污水任意排流；在两岸施工营地设置简易沉淀池，负责处理工人生活污水。

(4)固体废弃物防治措施

项目施工期产生的固体废弃物按相关规定办理手续后，确定垃圾堆放地点，不得随意扔撒或堆放，减少对环境的污染；建设单位、施工部门须会同有关部门制订出本项目固体废弃物运输计划。

5.3.5　耐久性设计

1)混凝土结构

针对本工程特点，根据《公路工程混凝土结构防腐蚀技术规范》(JTG/T B07-01—2006)提出如下混凝土结构防腐蚀措施：

①混凝土强度等级不低于C30。

②适当加大结构尺寸，提高桥梁耐久性，增加普通钢筋用量，提高桥梁抗裂能力。

③为避免钢筋锈蚀，采取以下措施：

a.本工程环境条件为Ⅰ级，预应力钢筋及普通钢筋混凝土构件保护层厚度，严格按交通部颁《公路钢筋混凝土及预应力混凝土桥涵设计规范》(JTG D62—2004)第9.1.1条执行，严格按规范控制普通钢筋和预应力直线钢筋最小保护层厚度。

b.提高混凝土密实度，不允许出现有害裂缝，保证施工质量，从而能够抵抗水分和侵蚀性介质的渗入。

c.基于耐久性所需的混凝土的水灰比、水泥用量、强度等级、氯离子含量和碱含量必须满足环境类别条件的基本要求。

d.提高桥梁防水功能，采用良好的抗渗、抗剪、抗拉的防水层。严格控制桥面铺装压实度，并确保桥面排水通畅。

④预应力筋的锚固端采取可靠的防锈措施，封锚混凝土应具有良好的抗裂性，其质量及施工要求，与所在构件位置的混凝土同等要求。

⑤根据对混凝土耐久性的认识，建议对主桥箱梁、桥塔等主要构件混凝土外表面采用柔性氟碳涂料进行涂装，技术要求按《混凝土桥梁结构表面涂层防腐技术条件》(JT/T 695—2007)执行，具体配套按S2.08，如表5.24所示。

主桥上构及桥塔防腐涂装　　表5.24

涂　层	涂料种类	干膜厚度(μm)
底漆	环氧封闭漆	≤50
中间漆	环氧树脂漆	100
面漆	氟碳漆	60
漆膜总厚	—	210

对于辅助墩、过渡墩、引桥墩柱、桥台、承台系梁外表面等，建议涂装水泥基渗透材料进行防护(如硅烷等)，技术要求应符合《水泥基渗透结晶型防水材料》(GB 18445—2012)标准。

⑥推荐采用高性能混凝土。

2)钢结构

依据大气腐蚀环境、局部腐蚀因素以及钢结构各部件的工作和维修条件，所有钢构件外表面(含箱形构件开手孔处内表面、钢桥面除U形肋内部以外的其他表面)应涂装防腐。

主桁箱形截面内表面采用涂装+密封隔绝大气交换的方式防腐。

部分尺寸较小箱形截面,由于空间狭小,内表面涂装实施困难,采用密封隔绝大气交换的方式防腐,隔板外留泄水孔排水。

本桥涂装防腐体系按长效型设计,要求保护年限至少达到20年。

涂装面漆颜色,可根据景观要求确定。

(1)表面处理要求

钢材表面预处理:喷砂≥Sa2.5级,RZ=40~80μm,无机硅酸锌车间底漆一道,干膜厚度20μm。

构件及焊缝二次处理:喷砂≥Sa2.5级,RZ=40~80μm。

(2)钢构件外表面、检修道、检修爬梯涂装体系

具体见表5.25。

钢构件外表面涂装体系　　表5.25

涂　层	涂料种类	干膜厚度(μm)
车间底漆	无机硅酸锌	20
底漆	环氧富锌底漆	80
中间漆	环氧云铁厚浆漆	70+70
面漆	氟树脂面漆	40+40
漆膜总厚	—	320

(3)钢桁梁等封闭构件内表面涂装体系

具体见表5.26。

钢构件内表面涂装体系　　表5.26

涂　层	涂料种类	干膜厚度(μm)
车间底漆	无机硅酸锌	20
底漆	环氧富锌底漆	80
面漆	环氧云铁厚浆漆	200
漆膜总厚	—	300

(4)钢桥桥面的涂装体系

具体见表5.27。

钢桥桥面涂装体系　　表5.27

涂　层	涂料种类	干膜厚度(μm)
车间底漆	无机硅酸锌	20
喷砂(Sa2.5)		
底漆	环氧富锌底漆	80
漆膜总厚	—	100

注:钢桥面的喷砂除锈处理应在铺装前进行,要求钢桥面喷砂除锈清洁度达到Sa2.5级,粗糙度达到50~100μm。在喷砂除锈后4h以内,涂刷环氧富锌底漆。同时,钢桥面还需根据桥面铺装的受力需要,施加一道具备防腐、防水及黏结作用的特殊复合涂层(防水层)。表中涂装体系所涉及的材料性能指标应符合《公路桥梁钢结构防腐涂装技术条件》(JT/T 722—2008)的相关规定。

(5)工地接头、螺母垫圈等补涂区域的涂装体系

由于工地补涂多为高空作业,表面处理与环境控制条件较差,底漆采用施工性能较好的环氧富锌底漆,其构成见表5.28。

钢构件工地补涂涂装体系 表5.28

涂　　层	涂 料 种 类	干膜厚度(μm)
底漆	环氧富锌底漆	80
中间漆	环氧云铁厚浆漆	70+70
面漆	氟树脂面漆	40+40
漆膜总厚	—	300

(6)涂装实施困难的内表面

对截面尺寸较小的箱形截面构件,如主桁下横梁等,由于空间狭小,内表面涂装操作困难,采用如下措施防腐:

①无机硅酸锌车间底漆适当加厚,干膜厚度不小于25μm。

②制订合理的构件加工、涂装工艺,在构件内表面仍可操作前,按内表面涂装要求对尽可能多的部位实施涂装。

③预制节段的端头隔板采用小角焊缝或其他可靠、长效措施逐一密闭,对气密性应进行检测、确认,确保内腔密闭,从而与大气隔绝,消除大气腐蚀发生的必要条件而达到防腐效果。

(7)涂装施工工艺基本要求

涂装质量取决于合理的涂装设计和施工工艺与质量,为了确保涂层的使用年限,涂装施工工艺与质量的控制应严格要求。

施工方应制订合理详细的涂装工艺施工细则,并建立有效的质量保证体系。涂装施工预处理及喷砂作业的基本要求如下:

①涂装前的预处理。

钢材的表面处理是保证钢结构防腐蚀涂层寿命的首要因素。表面处理不但要形成一个清洁的表面,以消除引起金属腐蚀的隐患,而且要使该表面的粗糙度适当,以增加涂层与基体金属之间的附着力。

②喷砂作业的环境条件。

钢板表面温度高于露点3℃以上,露天作业相对湿度低于85%。相对湿度高于85%时,在条件许可时可进行初步喷砂,但必须在涂装前进行扫砂处理,达标以后尽快喷涂底漆。

③喷砂前应除去焊渣、起鳞、割孔、焊孔等表面缺陷,打磨圆顺所有锐角、尖角($R=2$mm)和毛刺,去除表面油污,经检验合格后方可进行喷砂作业。

④磨料:喷砂所用的磨料应符合GB 6484、GB 6485标准规定的钢砂、钢丸或使用无盐分无污染的石英砂。

⑤喷砂工艺要求。

喷砂除锈等级应达到GB 8923的Sa2.5级;对于分段、对接处和喷砂达不到的部位,采用

动力工具机械打磨除锈，至少达到 GB 8923 的 St3 级。

涂装前钢材表面的粗糙度要求：按 GB/T 13288 标准规定，Rz 达到 40～80μm 之间的粗糙度要求，符合该标准粗糙度样板 Ra6.3～Ra12.5μm 之间的粗糙度要求。

喷砂期间，如果磨料受到灰尘污染，应立即进行尘砂分离。如果受潮，则应停止使用，更换新砂，或干燥达到要求后再使用。

⑥检验与喷涂：喷砂完工后，除去喷砂残渣，使用真空吸尘器或无水分的压缩空气，吹去表面灰尘，经质量自检，并取得监理工程师认可，合格后必须在 4h 内喷漆。

本章参考文献

[1] 刘士林，王似舜．斜拉桥设计[M]．北京：人民交通出版社，2006.

[2] 王伯惠．斜拉桥结构发展和中国经验[M]．北京：人民交通出版社，2003.

[3] 林元培．斜拉桥[M]．北京：人民交通出版社，1997.

[4] 刘士林，梁智涛，侯金龙，等．斜拉桥[M]．北京：人民交通出版社，2002.

[5] 周涛．浅谈钢桁梁斜拉桥钢梁架设施工技术[J]．建筑工程技术与设计，2013，(1).

[6] 刘伟庆，徐秀丽，吴晓兰，等．大跨度斜拉桥结构横向消能减震设计方法[J]．振动工程学报，2006，(3)：426-432.

[7] 范立础．桥梁抗震[M]．上海：同济大学出版社，1997.

[8] 徐峰．浅谈斜拉桥的发展[J]．科技信息，1999.

[9] 李国豪．桥梁结构的稳定与振动(修订版)[M]．北京：中国铁道出版社，1992.

[10] 范立础，王志强．桥梁减隔震设计[M]．北京：人民交通出版社，2001.

[11] 范立础，王君杰．桥梁抗震设计规范的现状与发展趋势[M]．上海：同济大学，2009.

[12] 吴冲．现代钢桥[M]．北京：人民交通出版社，2006.

[13] 许璐．山区高速公路桥梁设计关键问题研究[D]．西安：长安大学，2009.

[14] 崔圣爱，祝兵，黄志堂．斜拉桥塔柱截面尺寸优化设计[J]．桥梁建设，2006，(4)：45-48.

[15] 孟渡，秦顺全．芜湖长征太桥大跨度低塔斜拉桥板桁组合结构建造技术[M]．北京：中国铁道出版社，2004.

[16] 蔡向阳，李键．果子沟大桥钢桁梁设计[J]．公路交通科技：应用技术版，2011.

[17] 陈政清．桥梁风工程[M]．北京：人民交通出版社，2005.

[18] 何旭辉，程浩，李光强．大跨度钢桁梁斜拉桥拉索抖振疲劳损伤分析[J]．重庆交通大学学报(自然科学版)，2013.

[19] 秦顺全．芜湖长江大桥板桁组合结构斜拉桥建造技术[J]．土木工程学报，2005.

[20] 杨喜文，张文华，李建中．大跨度斜拉桥横桥向减震研究[J]．地震工程与工程振动，2012，(1).

第6章 贵州山区大跨径钢-混凝土叠合梁斜拉桥建设

本章在介绍叠合梁斜拉桥的受力特点后，以贵州红水河大桥和六广河特大桥为工程实例，从桥型选择、方案优化、结构分析、施工组织和科研成果等角度来阐述贵州省山区大跨径叠合梁斜拉桥的建设技术，为贵州山区桥梁建设积累经验并为我国同类桥梁建设提供参考。

6.1 叠合梁斜拉桥受力特点

由于叠合梁自身所具有的结构和受力特点，能较大限度地充分发挥钢与混凝土各自的材料特性，它不仅能满足结构的功能要求，而且还有较好的技术经济效益。叠合梁斜拉桥区别于其他斜拉桥结构的受力特点主要有以下几个方面：

①混凝土桥面板与钢梁格之间采用抗剪连接件连接，通过现浇湿接缝，将主、横梁与桥面板有效地结合成整体来共同受力，充分发挥了钢材抗拉、抗压强度均较高和混凝土抗压性能好的材料特性；从整体造价分析，叠合梁结构还节省材料，由于混凝土板与钢梁的共同工作，钢-混叠合梁与钢梁相比可节省钢材用量的20%～40%。

②叠合梁由于混凝土桥面板参与工作，所以叠合梁的计算截面比钢板梁大，这样主梁挠度可减小20%左右，还增大了主梁的截面刚度；叠合梁的混凝土受压翼缘板增加了梁的侧向刚度，防止了主梁在使用荷载作用下的扭曲失稳。

③叠合梁由于混凝土翼缘板的作用，截面重心提高，钢梁腹板大部分处于受拉区，有利于避免钢板腹板发生局部压屈。

④由于叠合梁的桥面翼缘板宽而薄，弯曲应力在腹板中心线两侧的横向分布会出现不均匀现象，所以在钢主梁附近的有限宽度范围之内会产生剪力滞效应。

⑤叠合梁桥面板既承受桥面局部荷载，又参与主梁整体受力，桥面板的受力特点为局部荷载和整体荷载共同引起的双向弯曲作用。

鉴于上述叠合梁斜拉桥的受力特点，近年来叠合梁斜拉桥得到了迅猛的发展。而国内外学者的研究表明：叠合梁斜拉桥的跨径在300～600m之间比其他类型的斜拉桥更具有竞争力，其最大跨径可达1 000m。可以预见，钢-混凝土叠合梁斜拉桥具有广阔的应用前景。

6.2 贵州山区大跨径叠合梁斜拉桥红水河大桥工程实例

6.2.1 概述

1)工程背景

红水河特大桥位于贵州省罗甸县羊里港下游约6km处,为跨越红水河而设。设计时速为80km/h,设计荷载为公路—Ⅰ级,双向四车道。

桥位下游50km处建有龙潭电站。桥位起点岸为贵州省罗甸县广西村,终点岸为广西壮族自治区天峨县百塘村。区内属亚热带湿润季风气候,光照充足,热量丰富,无霜期长,太阳辐射量多,主要灾害性天气春旱频繁,夏季暴雨,处于云贵高原与广西丘陵过渡的斜坡地带,无公路通至桥位,交通条件差。具体地貌见图6.1。

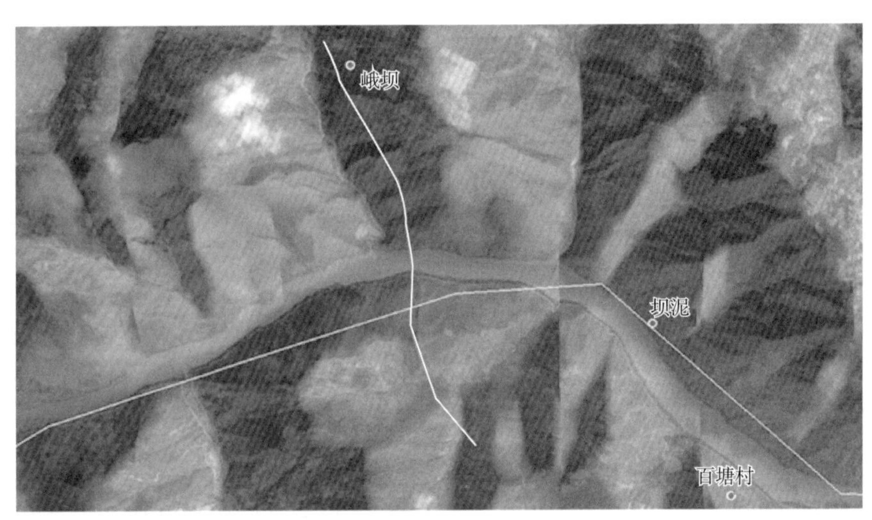

图6.1 桥位区附近三维地形图

桥梁横跨红水河,河面宽度约420m,属侵蚀构造低山地貌。桥位处为"U"形峡谷,两岸地形坡度较陡,坡度在37°～41°之间,覆盖薄基岩局部裸露。桥区附近海拔258.0～603.0m,相对高差345.0m,桥轴线通过段地面高程为258.0～465.0m之间,相对高差207.0m。红水河从桥位处通过,其水位高程受红水河下游龙滩水库坝顶高程375m控制。测区地震动反应谱特征周期为0.35s,地震动峰值加速度为0.05g,场区地震基本烈度为Ⅵ度。

2)总体方案

(1)桥型方案考虑因素

①红水河位于龙滩水库库区上游,桥位下游建有龙滩电站,水库正常蓄水位高程375m,计划二期工程正常蓄水位高程400m。在选择合理的孔跨布置时,应将主墩位放置于一期正常蓄水位高程以上,减小施工风险,是本桥桥型方案设计考虑的重点。

②桥位区地形陡峭，断面呈 U 形，两岸不良地质发育。孔跨布置应尽量使两岸主墩位置避开不良地质，减少基础处理费用，并便于施工。

③本桥位处于峡谷地带，且桥梁主要受力构件建筑高度大，桥型方案无论在施工过程还是成桥运营阶段均须具有较好的抗风稳定性。

④桥型方案及桥跨的选取应考虑施工安全、方便，在满足桥梁使用功能的基础上，尽可能使用成熟可靠的桥型结构并同时考虑新技术、新工艺和新材料，降低工程造价，加快施工速度，减少施工风险，充分体现贵州山区桥梁建设的特点。

⑤由于本桥位于荒山野外，地势起伏很大，施工场地小，交通不便，施工设备和材料的运输以及施工场地的布置均是桥型方案选择中必须考虑的因素，应将运输的构件质量、尺寸尽量控制在简易公路上能运输的条件，并充分考虑施工的可行性。

⑥桥型方案选择在考虑安全经济的同时，尽量在结构造型上选择施工方便、造型美观、对环境破坏小的方案。

(2)桥型方案总体构思

根据上述原则，兼顾地形、地质、运输条件、施工场地布置与施工方法的适应性、桥梁结构成桥与施工状态的抗风稳定性等因素选取桥型方案。

①桥型方案总体构思。

a. 地形条件。

图 6.2 为红水河特大桥纵断面图，由图可看出，龙滩电站水库一期正常蓄水位高程为 375m，此时桥位水域宽度为 452m，测时水位高程为 366.55m，接近于一期正常蓄水位。因此桥梁孔跨布置时，为保证主墩不设置在水域范围内，减小施工风险，考虑到纵横坡的影响及桥梁下部结构尺寸，桥梁主跨不应小于 480m。

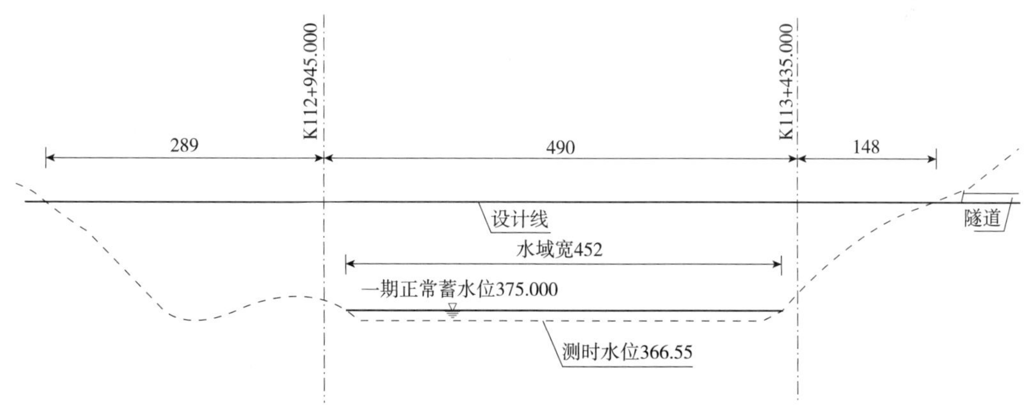

图 6.2　红水河特大桥纵断面(尺寸单位：m)

对于桥梁主跨大于 480m 可选用的桥梁结构形式为悬索桥、斜拉桥和拱桥。由于本桥位横坡较陡，小桩号 K112＋945 以后为一沟谷，不宜设置拱座，若采用拱桥则跨径需加大到 655m 左右，这个跨度已不再适合做拱桥结构。因此根据本桥位的地质、地形和水文条件，布置斜拉桥和悬索桥两个方案。

b. 工程地质条件。

根据图 6.3 所示钻探结果，桥位处无影响桥位稳定的不良地质体分布，场区下伏基岩连续稳定，场地稳定性好，适宜建桥。贵州岸主墩位置地层岩性为软-较软岩互层，且为顺向坡，岩体在水库动水位影响下，易发生岸坡坍塌。建议在桩基外侧一定深度范围内设置混凝土护面或其他加固措施进行防护处理，确保岩体不受动水位影响。广西岸索塔位置基本为中风化泥质灰岩，地质条件较好。

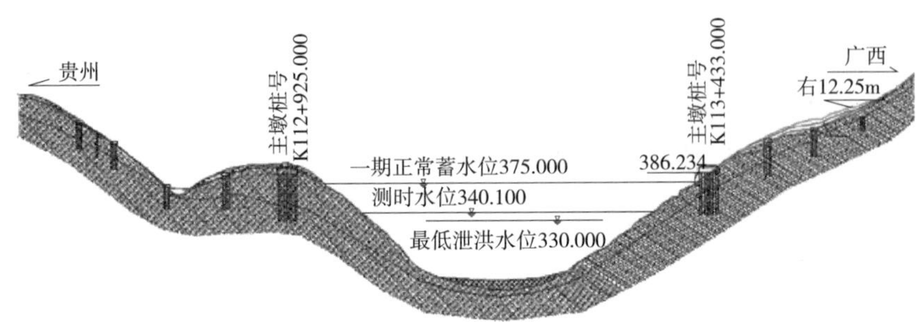

图 6.3　桥位工程地质纵断面(尺寸单位:m)

②主桥桥型。

通过方案比选最终确定本桥采用主跨 508m 双塔双索面混合式叠合梁斜拉桥。

a. 孔跨布置。

根据路线纵断面的布孔原则，斜拉桥主跨采用 508m 的叠合梁斜拉桥，桥型布置图见图 6.4。本桥平面布置由线路总体确定，主桥平面除贵州岸边跨局部外其余均位于直线段，纵坡为±0.8%，中跨设 R=30 000m 凸曲线。主桥为整幅设计，引桥为分幅设计，上部结构为 2×20m 预应力混凝土现浇箱梁+(213+508+185)m 双塔双索面混合式叠合梁斜拉桥，全桥长 956m。其中主桥贵州岸及中跨采用叠合梁主梁，广西岸采用预应力混凝土主梁。

斜拉桥方案效果图如图 6.5 所示。

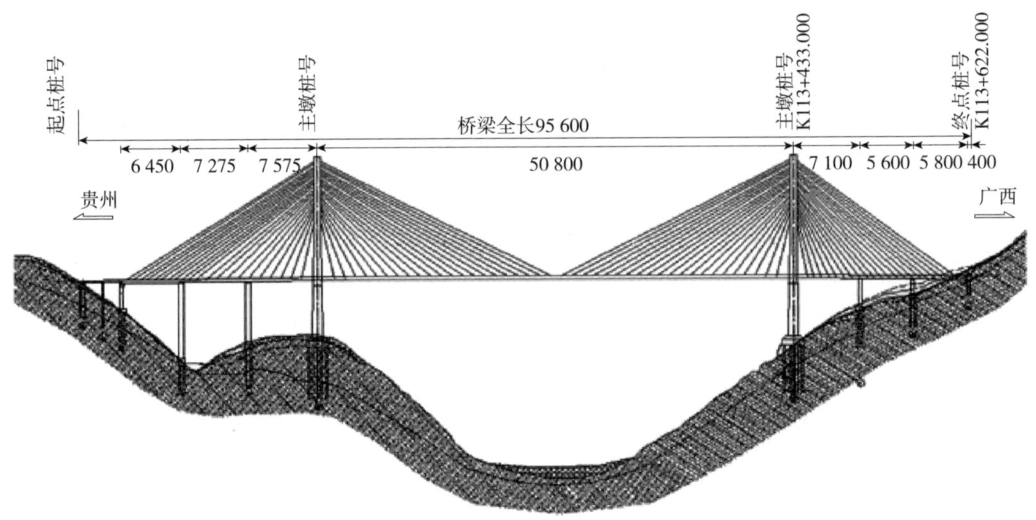

图 6.4　桥型布置图(尺寸单位:cm)

图 6.5 斜拉桥方案效果图

b. 主梁结构形式。

结合本桥施工运输条件，主跨在 508m 以上的主梁主要有三种类型：钢桁梁、钢-混凝土叠合梁和叠合梁。根据孔跨布置的特点，主桥上部受边中跨比例的限制，斜拉桥边跨可考虑采用相对较经济的混凝土结构，尽量减小边跨长度以减少投资。两个边跨处于纵横坡较陡的山坡上，如边跨采用钢结构施工安装具有一定难度且施工投入较大，所以采用中跨为钢-混凝土叠合梁、边跨为混凝土梁的混合结构斜拉桥。

3)设计要点

桥梁孔跨布置采用 2×20m 现浇箱梁＋(213＋508＋185)m 混合梁斜拉桥，全桥长 956m。如图 6.6 所示。

(1)主梁

①中跨主梁和贵州岸边跨采用叠合梁。贵州岸与中跨主梁采用双"工"字形钢梁与混凝土板共同受力叠合梁。"工"字形钢纵梁、横梁、小纵梁通过节点板及高强螺栓连接形成钢构架，构架上架设预制桥面板，现浇膨胀混凝土湿接缝，与钢梁上的抗剪栓钉形成整体，组成叠合梁体系。主梁全宽 27.7m，梁高 3.275～3.452m，两"工"字钢纵梁梁肋间距 25.2m。

桥面板通过布置在"工"字型钢纵梁、钢横梁及小纵梁顶的剪力钉与钢梁结合。剪力钉采用 ϕ22 圆头焊钉，长 220mm。剪力钉在钢主梁上的排列以不与桥面板普通钢筋和预应力冲突为准。

桥面板厚 28cm，贵州岸边跨局部加厚至 40cm，钢-混凝土结合段处局部加厚至 36cm，全宽 27.7m，采用 C55 混凝土，预制桥面板根据其所在位置和预应力束通过情况及齿板设置情况共分 22 种类型，桥面板的存放期要求不小于 6 个月。

钢梁顺桥向处于竖曲线上，故顶板与底板由于竖曲线半径而发生长度的差异，在梁段制造时不予考虑，而在拼接缝上下缘处调整，以适应弧长的差异，拼接板螺栓孔考虑这一差异。

桥面板采用现场预制，板厚 26cm，采用 C55 混凝土。横向分为 4 块，平面尺寸主要为 5.65m×1.9m、5.65m×3.2m 和 5.65m×3.3m 三种。单块吊装质量 13t。为减少混凝土收缩和徐变效应，桥面板需提前预制好，至少存放 6 个月才可用于安装，湿接缝混凝土采用同强度等级微膨胀混凝土。为克服桥面板中的拉应力，在中跨部分区段桥面板内配置了纵向预应力，全桥桥面板均配有横向预应力。图 6.6 为钢梁标准横断面图。

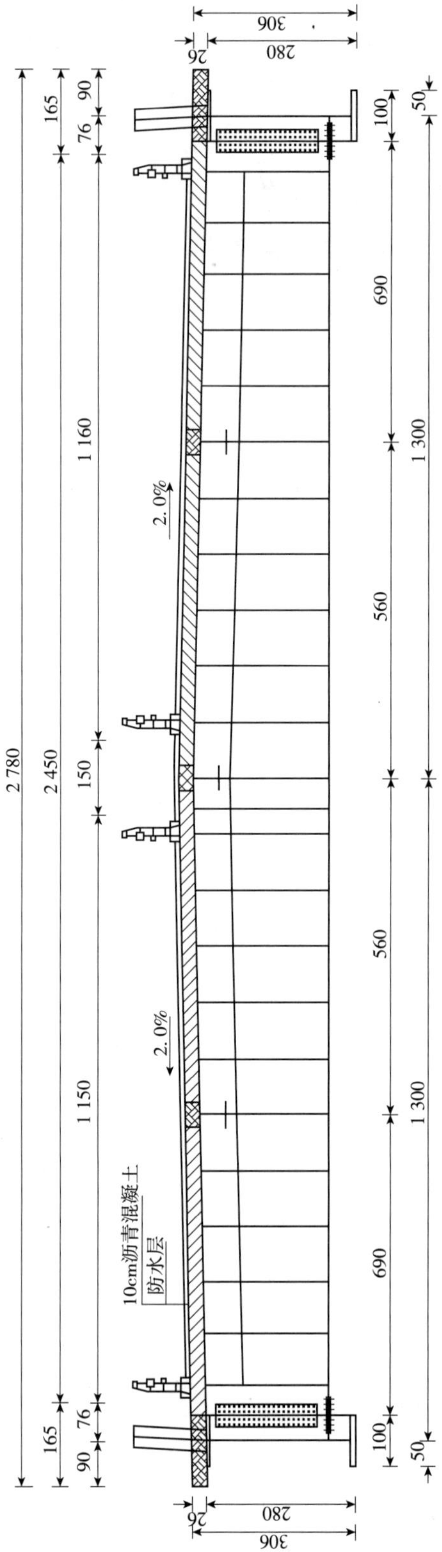

图6.6 钢梁标准横断面图(尺寸单位:cm)

②广西岸边跨主梁采用预应力混凝土双肋式Ⅱ形梁。广西岸边跨主梁采用预应力混凝土主梁，主梁的基本断面形式是边主梁，断面顶面全宽27.7m，梁高3.175m(局部区域主肋加高10cm)，主梁顶板厚0.36m，设双向2%横坡。边肋宽度分别为3.15m、2.65m、2.35m。

横梁的基本间距是8.0m，横梁间距与斜拉索相对应，横梁均设有预应力钢绞线。横梁厚度为0.4m，5号桥塔中心线处和辅助墩处横梁加厚至1.5m。为方便主梁检修，在主梁顶面外设置了检修道栏杆，在主梁梁端和主塔处设置上下检修楼梯。

混凝土主梁标准横断面图见图6.7。

(2)斜拉索

斜拉索布置为平面双索面、扇形密索体系(图6.8)，每个主塔布有21对平面索，中跨斜拉索在梁上的标准索距为11.55m；广西岸边跨斜拉索在梁上的标准索距为8.0m；贵州岸边跨斜拉索在梁上的标准索距为11.55m，随着节段长度的变化，索距相应变化为7.5m。

斜拉索采用OVM250级钢绞线拉索体系，体系为PE防护单丝涂覆环氧涂层预应力钢绞线，钢绞线的标准强度为1 860MPa，公称直径ϕ15.2mm。

斜拉索采用OVM250拉索锚具，塔端为张拉端，梁端为固定端。

(3)索塔

两岸主塔均采用钢筋混凝土塔柱结构，外形为折H形(图6.9)。塔柱采用折H形索塔，索塔全高195.1m，下横梁顶面以下塔高58m，下横梁顶面以上塔高137.1m，塔顶高程为589.834。上塔柱横桥向宽4.6m，顺桥向宽7.2m，中塔柱横桥向宽4.6m，顺桥向宽7.2～9.921m，下塔柱横桥向宽4.6～8.2m，顺桥向宽9.921～12.0m。为减小风阻力，塔柱采用带圆角的矩形空心截面。每个索塔设置上、下两道横梁，截面采用矩形截面。

两岸承台均采用24m×38m矩形承台，厚度为6.0m。为使塔墩底部荷载均匀地传递到承台，承台上设2.5m高的塔座。

每个承台布置24根ϕ2.8m钻孔桩基础。

主塔承台基坑开挖后，为防止边坡局部失稳，采用锚杆挂网喷射混凝土防护。

(4)锚固形式

主塔的拉索锚固段，是将一个斜拉索的局部集中力，安全、均匀地传递到塔柱的重要受力构造，采取何种方式锚固，与拉索的布置、拉索的根数和形状、塔型和构造等方面密切相关。根据红水河特大桥桥塔的形式及拉索的构造特点，选取环形预应力锚固方式，如图6.10所示。

钢锚箱锚固方式的构思是塔柱两侧拉索的大部分水平分力通过锚箱的竖直钢板来平衡，少部分水平力由塔柱承受，拉索锚固在两块竖直钢板之间，锚固形式如图6.11所示。这样可以大大减小塔壁所承受的水平力。由于锚固区钢箱梁数量巨大，因此费用昂贵。钢锚梁锚固形式在完成一期恒载施工之前，钢锚梁与牛腿不固死，由钢锚梁单独承受索力的水平分力；在完成一期恒载施工之后，钢锚梁与牛腿固死，二期以及活载产生水平力由钢锚梁和混凝土塔壁共同承担。其和钢锚箱形式均是用钢量大，工程造价偏高，安装不方便。

(5)过渡墩与辅助墩

过渡墩与辅助墩均采用门式空心薄壁墩，群桩基础。如图6.12、图6.13所示。

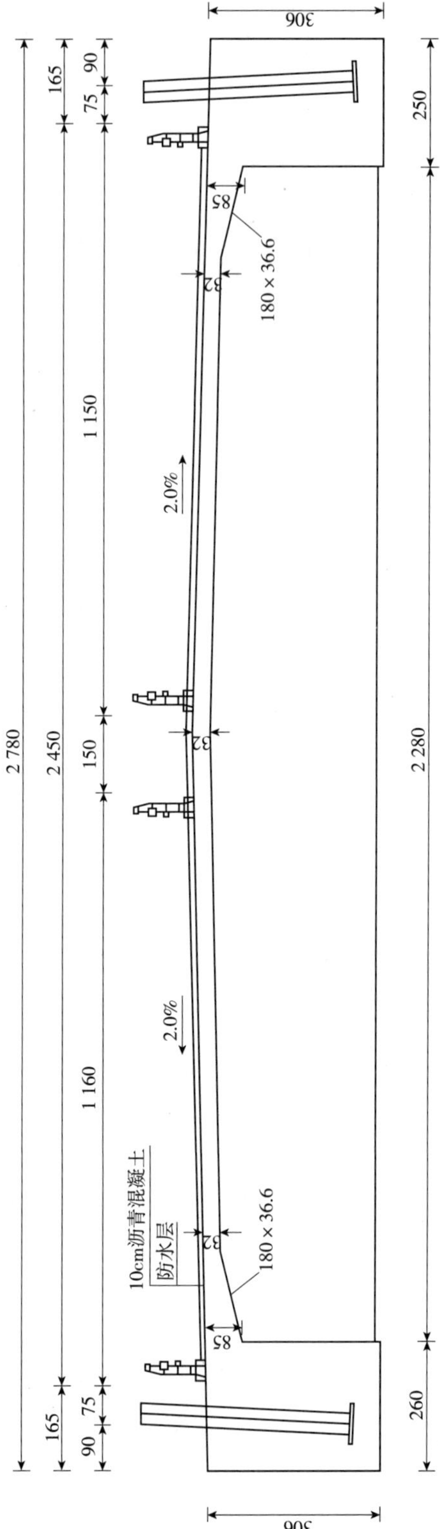

图6.7 混凝土主梁标准横断面图(尺寸单位：cm)

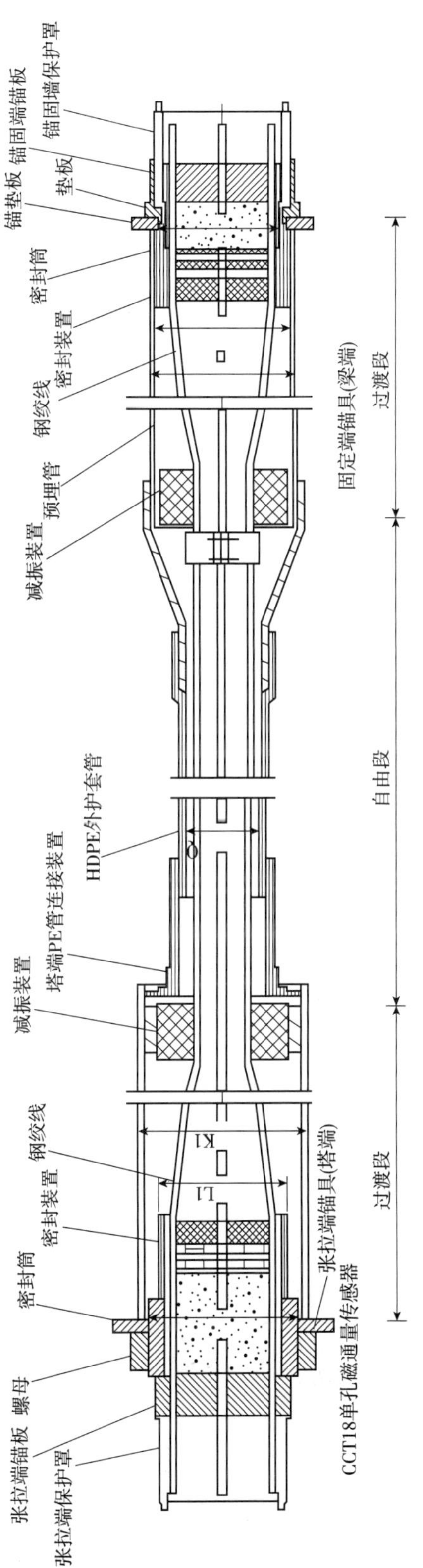

图6.8 斜拉索构造示意图

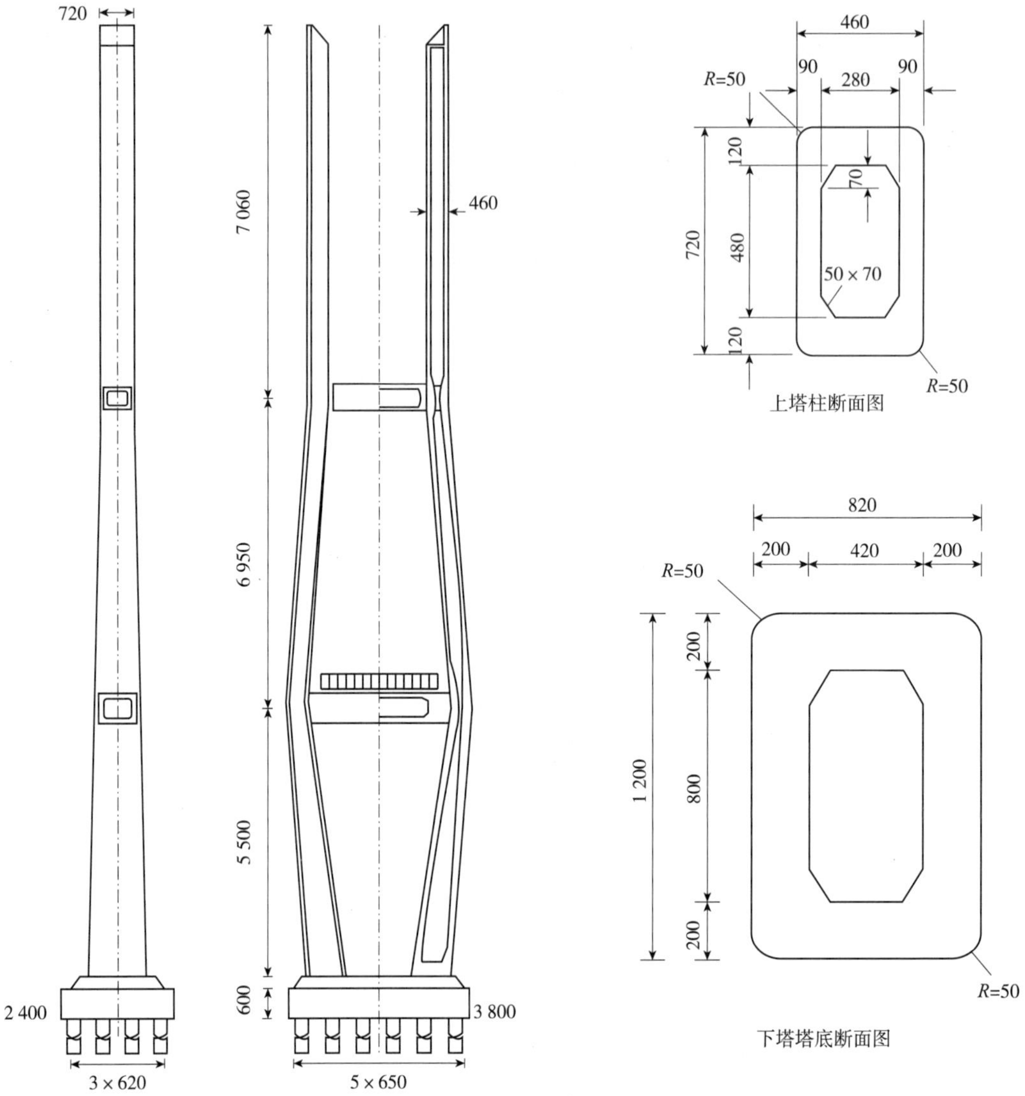

上塔柱断面图

下塔塔底断面图

图 6.9 索塔构造图(尺寸单位:cm)

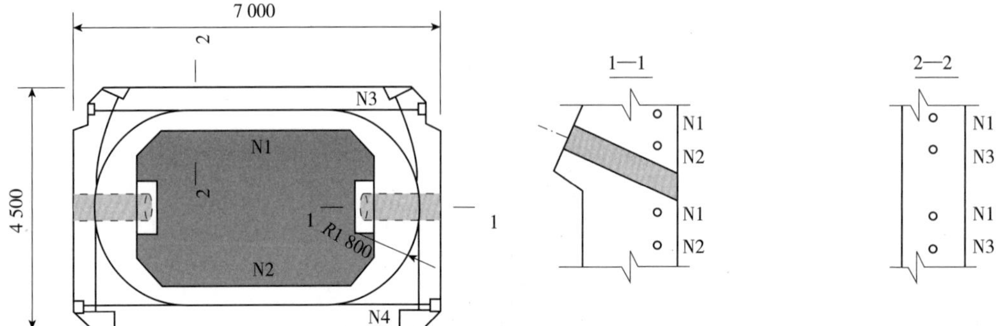

图 6.10 环形预应力锚固形式示意图(尺寸单位:mm)

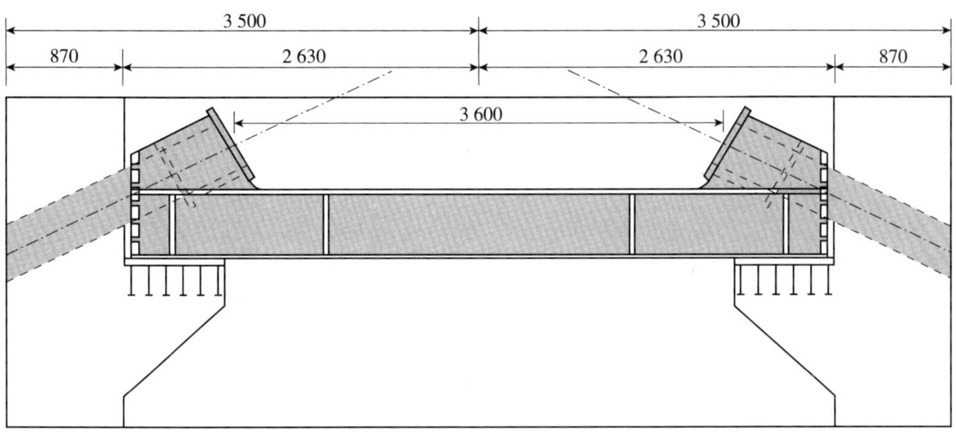

图 6.11　钢锚梁锚固形式示意图(尺寸单位:cm)

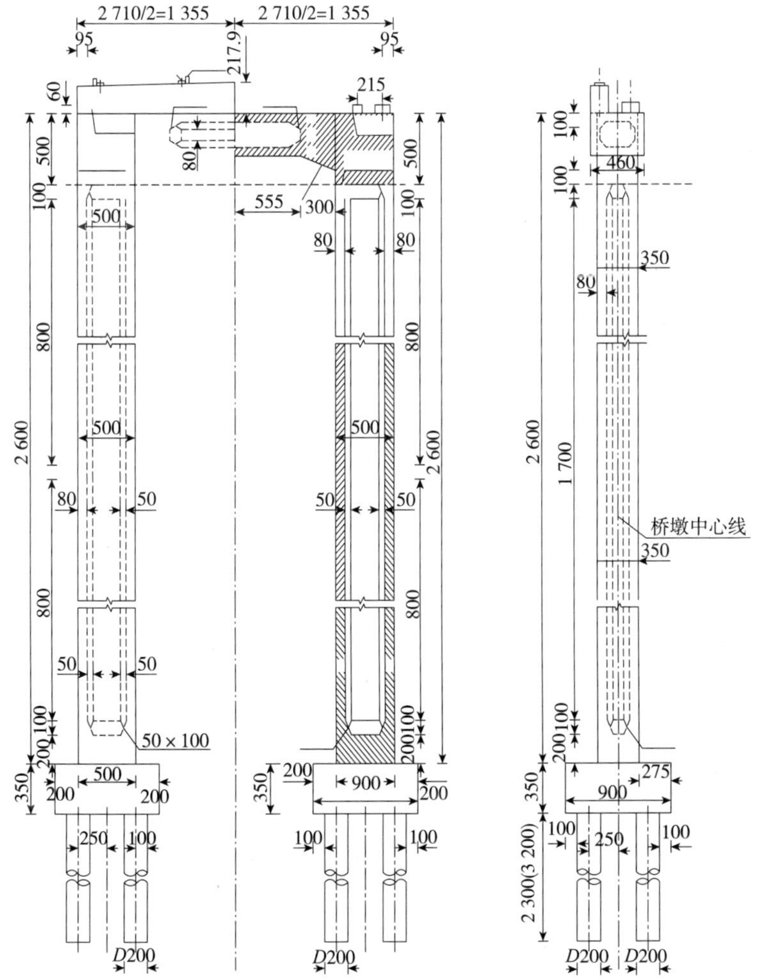

图 6.12　过渡墩立面图(尺寸单位:cm)

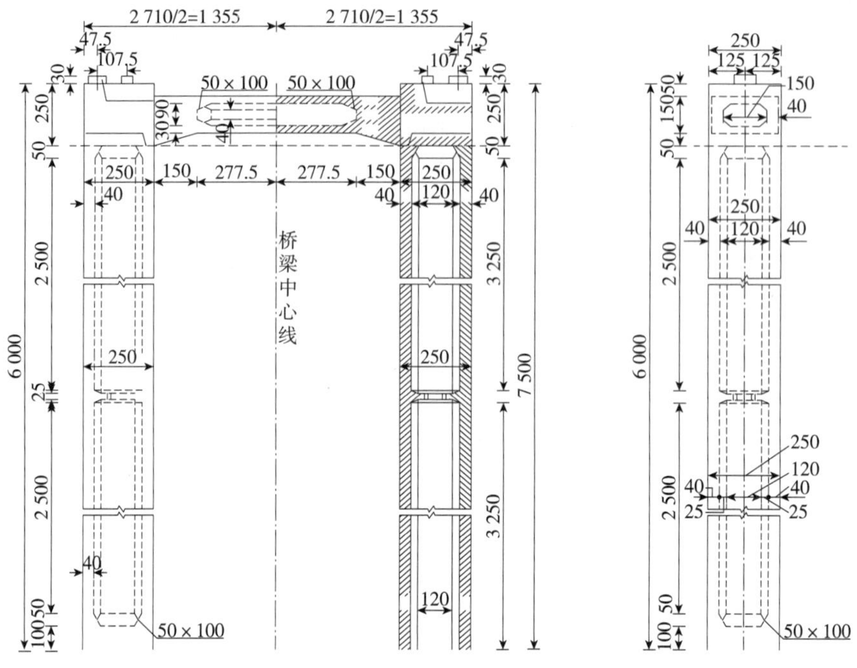

图 6.13　辅助墩立面图(尺寸单位:cm)

(6)桥面铺装

主桥桥面铺装由桥面防水层和 10cm 沥青混凝土路面组成。

(7)主要施工工艺

贵州岸边跨上部钢主梁采用顶推施工,广西岸上部主梁采用支架现浇施工,主桥中跨主梁采用缆索吊装施工。索塔塔柱采用爬模施工,塔柱横梁采用预埋牛腿搭设桁架支撑模板现浇。辅助墩采用爬模或翻模施工,桩基采用钻孔和挖孔灌注桩施工工艺。

(8)支撑体系

主塔处塔梁间采用纵向半飘浮体系。主塔、过渡墩、辅助墩处竖向均设活动球型支座,塔梁之间横向均设抗风防震支座(图 6.14)。

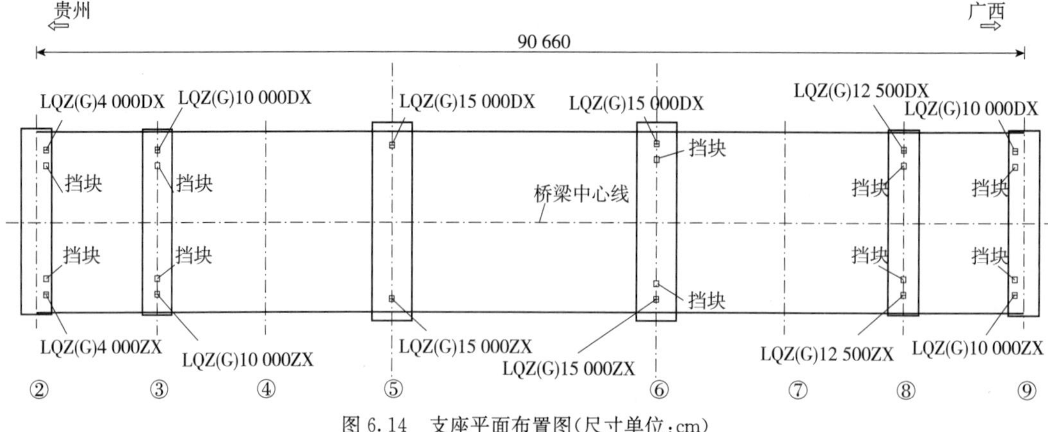

图 6.14　支座平面布置图(尺寸单位:cm)

6.2.2 结构分析

1)计算模型

总体计算采用桥梁博士 V3.0,分析采用平面杆系结构,计算模型如图 6.15 所示。

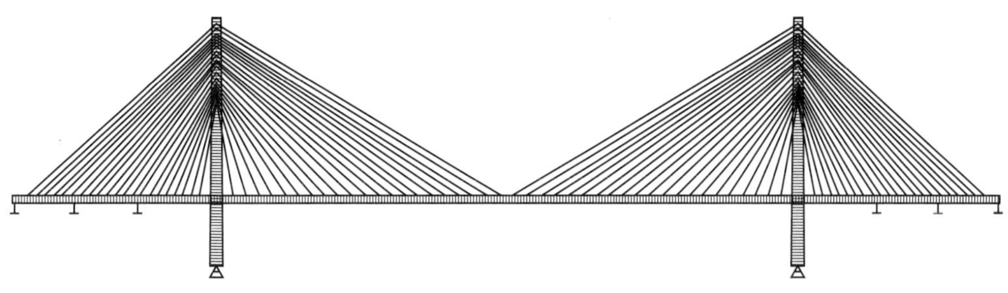

图 6.15 计算模型图

2)材料特性

材料特性如表 6.1 所示。

材料特性与参数 表 6.1

构件	钢梁	桥面板	混凝土主梁	主塔	斜拉索	预应力钢束		承台	桩基
材料	Q370qD	C55 混凝土	C55 混凝土	C50 混凝土	钢绞线	钢绞线	JL32 螺纹钢筋	C40 混凝土	C30 混凝土
f_{ck}(MPa)	370	35.5	35.5	32.4	—	—	—	26.8	20.1
f_{tk}(MPa)	370	2.74	2.74	2.65	1 860	1 860	785	2.40	2.01
自重(kN/m^3)	78.5	26	26	26	78.5	78.5	78.5	26	26
弹性模量(GPa)	210	35.5	35.5	34.5	195	195	200	32.5	30.0
线膨胀系数(10^{-5})	1.2	1.0	1.0	1..0	1.2	1.2	1.2	1.0	1.0

3)结构约束

在主塔底处采用全固结约束,在过渡墩、辅助墩和塔梁处采用竖向约束。

4)总体静力计算

(1)计算荷载

具体见表 6.2。

计 算 荷 载 表 表 6.2

永久作用	1. 一期恒载; 2. 二期恒载:桥面铺装,p=52.8kN/m;护栏(一侧),p=8.6kN/m; 3. 基础变位:塔墩按 2cm,边墩按 1cm 考虑; 4. 混凝土收缩徐变:程序自动按规范计算

续上表

可变作用	1. 汽车荷载公路—Ⅰ级，横向分布系数 3.64，冲击系数 0.05； 2. 制动力：按规范取值； 3. 风荷载：桥面处设计基准风速 V_d=38.3m/s； 4. 整体升、降温±20℃，索、梁温差±10℃； 5. 梯度温度：正温差 14～5.5～0℃，负温差取一半
偶然作用	船舶撞击：按内河三级航道设计，横桥向撞击力 800kN，顺桥向撞击力 650kN

(2)荷载组合

使用阶段荷载组合如表 6.3 和表 6.4 所示，程序根据规范自动组合。

荷载组合(混凝土梁与主塔)　　表 6.3

组合 荷载类别	基本组合	偶然组合	A 组合	B 组合
自重(永久作用 1)	√	√	√	√
收缩与徐变(永久作用 2)	√	√	√	√
基础变位(永久作用 3)	√	√	√	√
汽车荷载(可变作用 1)	√		√	√
制动力(可变作用 2)	√		√	√
风荷载(可变作用 3)	√		√	√
整体升温 20℃(可变作用 4)	√		√	√
整体降温 20℃(可变作用 5)	√		√	√
正温差梯度温度(可变作用 6)	√		√	√
负温差梯度温度(可变作用 7)	√		√	√
索梁温差(可变作用 8)	√		√	√
船舶撞击(偶然作用 1)		√		

注：1. A 组合表示短期效应组合(正常使用极限状态)；B 组合表示标准值效应组合(持久状况和短暂状况)。
2. "√"表示相应荷载组合包含该项荷载类别。

荷载组合(叠合梁)　　表 6.4

组合 荷载类别	主力组合	主力+附力组合
自重(永久作用 1)	√	√
收缩与徐变(永久作用 2)	√	√
基础变位(永久作用 3)	√	√
汽车荷载(可变作用 1)	√	√
制动力(可变作用 2)		√
风荷载(可变作用 3)		√
整体升温 20℃(可变作用 4)		√
整体降温 20℃(可变作用 5)		√
正温差梯度温度(可变作用 6)		√
负温差梯度温度(可变作用 7)		√
索梁温差(可变作用 8)		√

注："√"表示相应荷载组合包含该项荷载类别。

(3)计算结果

①混凝土主梁。

混凝土主梁持久状况承载能力极限状态计算结果如表6.5所示。

混凝土主梁持久状况承载能力极限状态计算(基本组合)　　表6.5

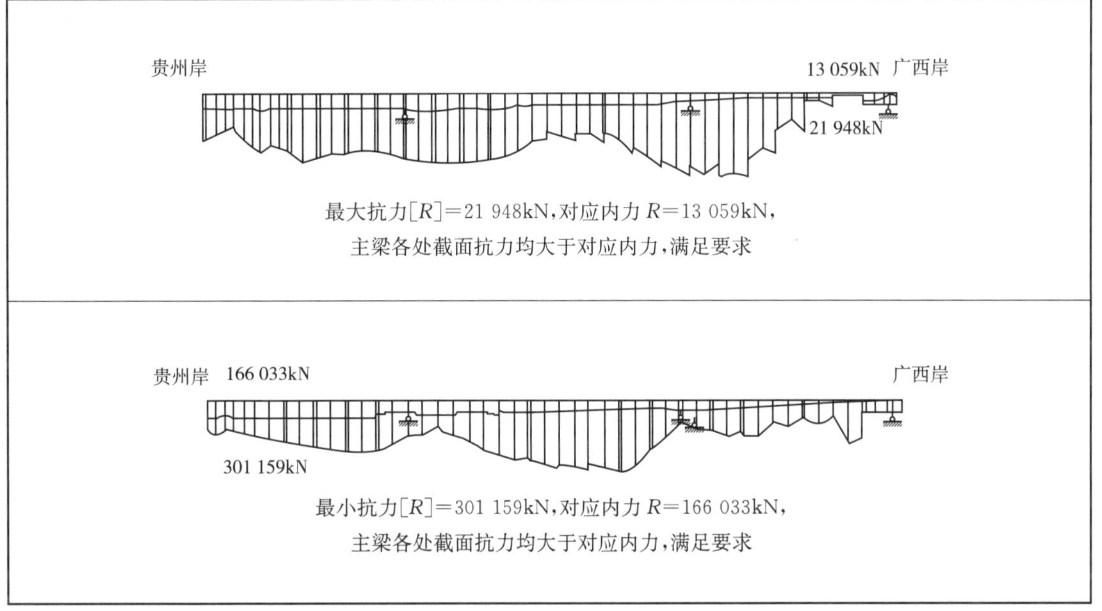

②混凝土主塔。

混凝土主塔持久状况构件的应力计算结果如表6.6所示。

混凝土主塔持久状况构件的应力计算(标准值效应组合)　　表6.6

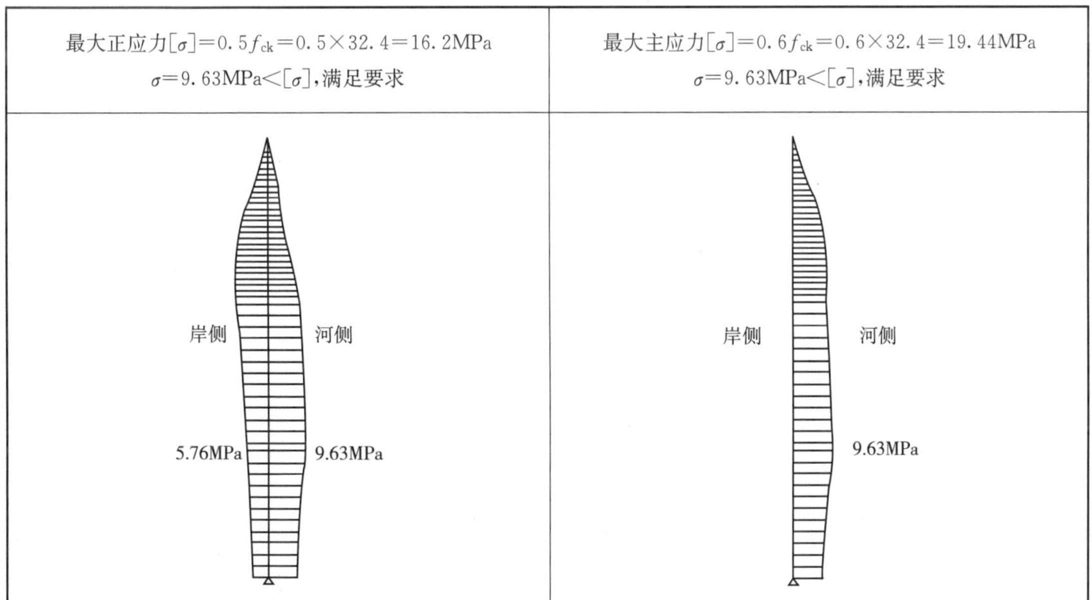

③叠合梁。

叠合梁主+附力组合正应力计算结果见表6.7和表6.8。

叠合梁(钢梁部分)主+附力组合正应力计算 表 6.7

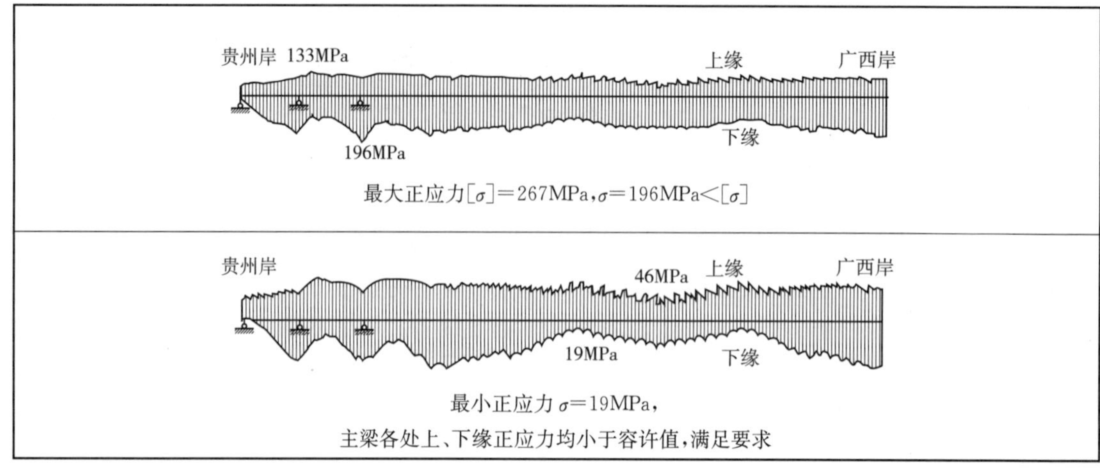

叠合梁(桥面板部分)主+附力组合正应力计算 表 6.8

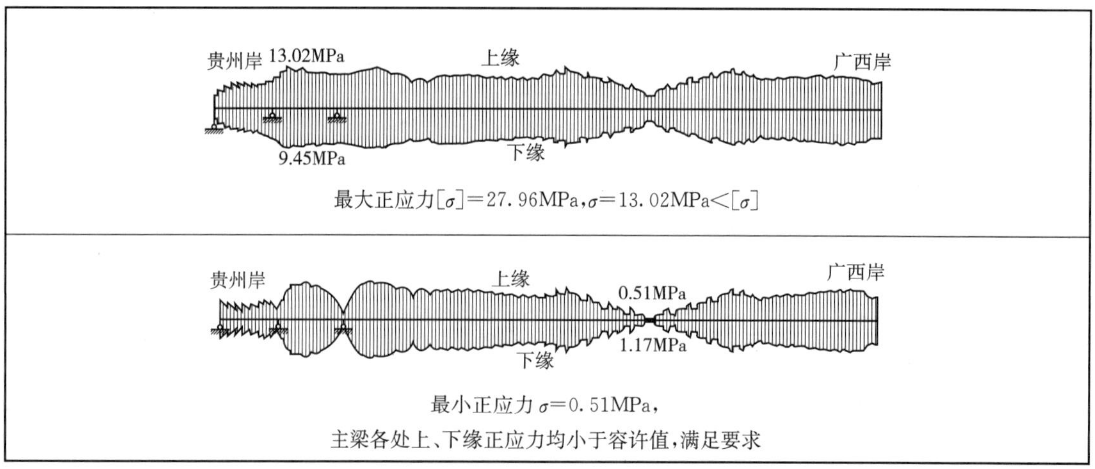

④斜拉索。

拉索应力与应力幅值计算结果见表 6.9。

拉索应力与应力幅值计算(标准值效应组合) 表 6.9

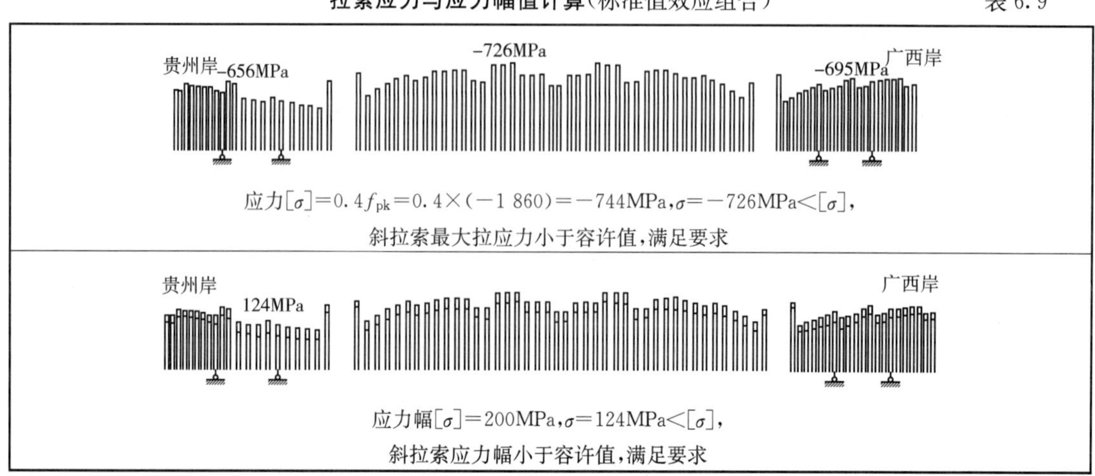

⑤主梁挠度。

汽车荷载作用主梁挠度包络图及计算结果见表6.10。

汽车荷载作用主梁挠度包络图及计算　　表6.10

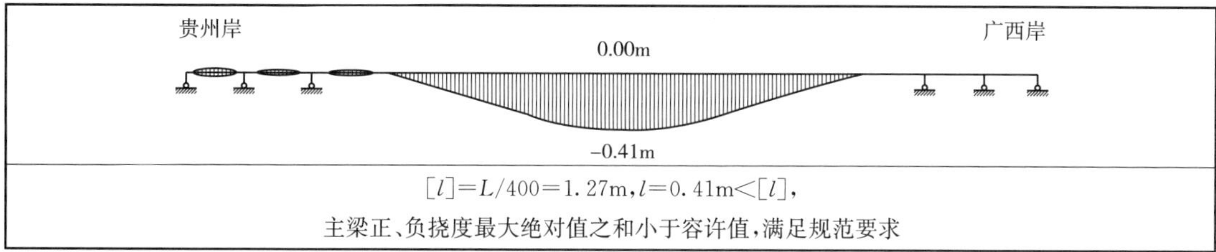

$[l]=L/400=1.27\text{m}$，$l=0.41\text{m}<[l]$，

主梁正、负挠度最大绝对值之和小于容许值，满足规范要求

⑥支座反力。

支座反力计算结果见表6.11。

支座反力计算表　　表6.11

桥岸	支座恒载作用反力计算		支座标准组合效应值反力计算		
	墩号	反力(kN)	墩号	最大反力(kN)	最小反力(kN)
贵州岸	2号墩	7 280	2号墩	10 600	4 490
	3号墩	8 000	3号墩	13 500	2470
	4号墩	6 630	4号墩	14 500	597
	5号墩	198 000	5号墩	22 300	19 500
广西岸	6号墩	239 000	6号墩	26 800	23 500
	7号墩	12 100	7号墩	21 300	2 550
	8号墩	8 910	8号墩	14 400	1 380
	9号台	16 000	9号台	19 300	13 800

注：1. 表中压力为正值，拉力为负值。

2. 表中反力为每个墩上横向两个支座反力之和。

5)桥塔横向计算

(1)计算荷载与组合

桥塔横向计算荷载及荷载组合见表6.12、表6.13。

计算荷载表　　表6.12

永久作用	1. 主塔自重：$\gamma=26\text{kN/m}^3$； 2. 斜拉索索力：包括恒载索力、成桥索力(恒载+活载)； 3. 混凝土收缩徐变：程序自动按规范计算
可变作用	1. 风荷载：桥面处设计基准风速 $v_d=38.3\text{m/s}$； 2. 整体升、降温±20℃；主塔左右侧照温差±5℃

荷载组合表　　表6.13

组合一	主塔自重+施工风荷载
组合二	主塔自重+成桥索力+营运风荷载
组合三	主塔自重+成桥索力+营运风荷载+体系整体升温+主塔左右侧照正温差
组合四	主塔自重+成桥索力+营运风荷载+体系整体降温+主塔左右侧照负温差
组合五	主塔自重+恒载索力+极限风荷载

(2)计算模型

采用桥梁博士计算软件,以平面杆系计算图示进行静力分析。模型共有 112 个单元,112 个节点,均采用梁单元模拟。边界条件:下塔柱底部固结。6 号桥塔计算模型见图 6.16。

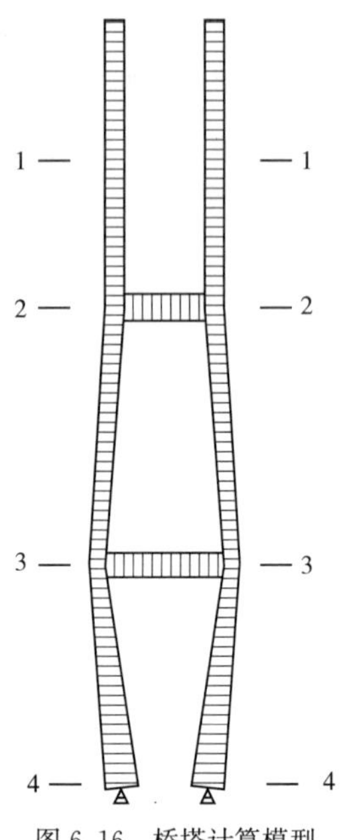

图 6.16 桥塔计算模型

(3)计算结果

从表 6.14~表 6.15 可以看出,主塔极限承载力均满足规范要求,主塔各截面均处于受压状态,不出现拉应力,最大裂缝宽度为 0<0.2mm。由表 6.16 可知,主塔横梁均满足规范要求。

主塔极限承载能力验算 表 6.14

截面位置	控制工况	最大抗力(kN)	最大抗力(kN)	最小抗力(kN)	最小抗力(kN)
1-1	组合五	460 636	270 957	400 214	224 810
2-2	组合五	620 345	305 643	548 955	239 687
3-3	组合五	658 808	520 123	571 366	243 684
4-4	组合五	1 171 565	781 546	1 378 153	267 401

主塔裂缝验算 表 6.15

截面位置	控制工况	弯矩(kN·m)	轴力(kN)	剪力(kN)	裂缝宽度(mm)
1-1	组合四	20 300	107 000	1 430	受压,0
2-2	组合四	31 149	171 445	2 784	受压,0
3-3	组合四	119 842	210 021	7 320	受压,0
4-4	组合四	741 426	529 335	6 130	受压,0

主 塔 横 梁 计 算　　　　表 6.16

工况 截面	极限承载能力计算（kN/m）					持久状况构件的应力计算（MPa）			持久状况正常使用极限状态抗裂计算（MPa）		
	控制工况	最大抗力	对应内力	最小抗力	对应内力	控制工况	上缘正应力	下缘正应力	控制工况	上缘正应力	下缘正应力
中横梁跨中处	组合五	295 711	33 399	306 296	40 189	组合三	4.49	5.49	组合四	11.89	6.68
下横梁跨中处		128 413	88 539	158 079	73 005		5.03	2.42		13.86	4.88

6)承台内力计算

表 6.17 所示为承台内力计算结果。

承 台 内 力　　　　表 6.17

方向	“撑杆-系杆”体系承载力(kN)				斜截面抗剪承载力(kN)		冲切承载力(kN)		
	撑杆		系杆		内力值	容许值	下冲切	角桩上冲切	边桩上冲切
	内力值	容许值	内力值	容许值			内力值		
纵桥向	415 975	1 289 221	248 890	371 243	333 300	464 838	415 708	55 550	49 449
横桥向	242 059	844 159	96 018	192 854	222 200	286 219	884 056	136 641	173 669

由表 6.17 可知:计算结果均满足规范要求。

7)弹性屈曲分析

根据计算,成桥营运第一阶失稳模态为顺桥向失稳(图 6.17),稳定安全系数 5.08;施工最大悬臂状态第一阶失稳模态为主梁竖向失稳(图 6.18),稳定安全系数 7.68 。施工及成桥运营期间全桥稳定性均满足规范要求。

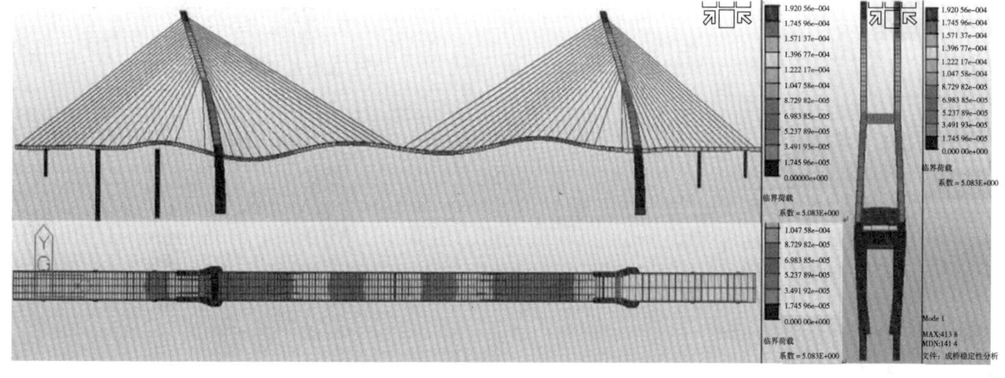

图 6.17　营运期全桥第一阶失稳模态

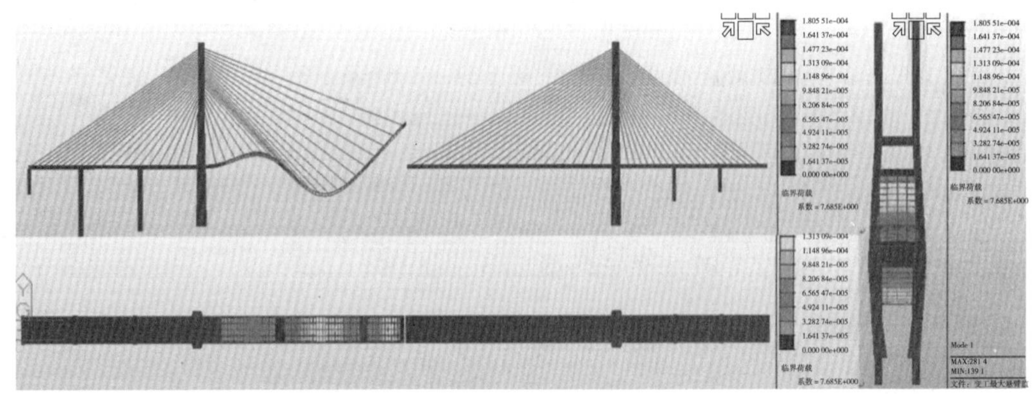

图 6.18 施工最大悬臂状态全桥第一阶失稳模态

8）斜拉索与梁、塔锚固区受力状态空间仿真局部分析

（1）斜拉索与边跨混凝土梁锚固区

采用大型通用有限元软件 ANSYS 对红水河特大桥斜拉索与边跨混凝土梁锚固区进行计算分析。根据圣维南原理，为消除边界条件对计算结果的影响，模型的截取范围应足够大。针对广西岸第 21 号边索与混凝土梁锚固区的设计资料，分析计算时，纵向截取了 17.4m，横向截取了桥面宽度的一半，即 13.85m，模型截取段的结构尺寸都较大，边界条件根据实际情况施加。斜拉索与边跨混凝土梁锚固区有限元模型和计算结果见表 6.18。

斜拉索与边跨混凝土梁锚固区有限元模型和计算结果 表 6.18

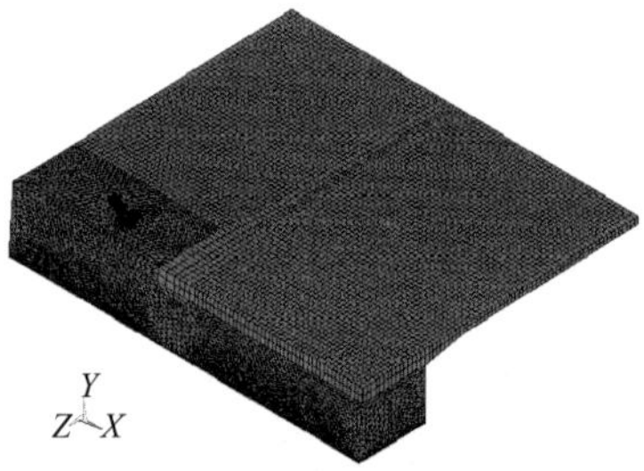 Y Z X 局部分析有限元模型	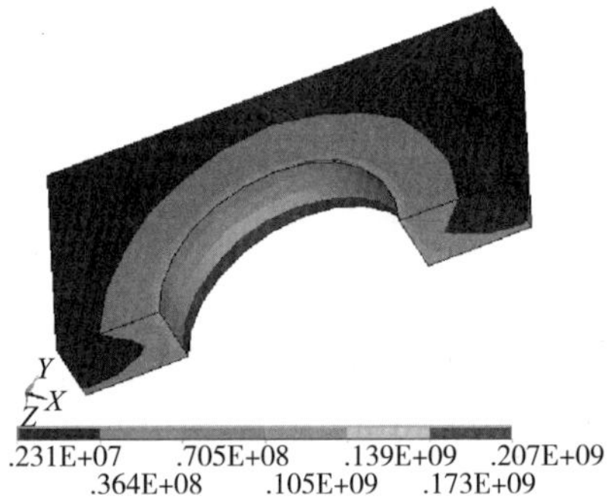 Y X Z .231E+07 .364E+08 .705E+08 .105E+09 .139E+09 .173E+09 .207E+09 锚垫板等效应力云图（Pa）
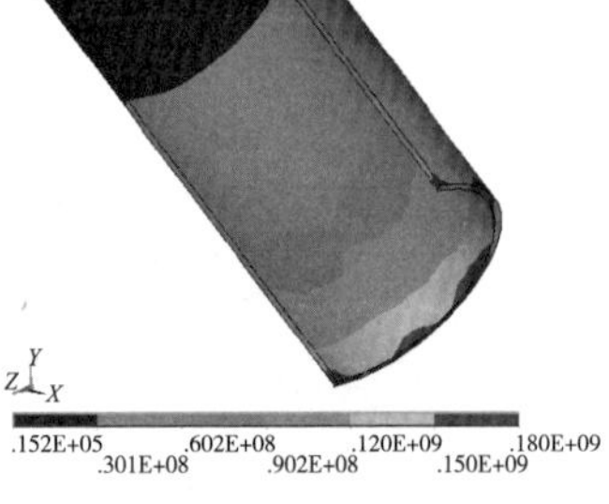 Y Z X .152E+05 .301E+08 .602E+08 .902E+08 .120E+09 .150E+09 .180E+09 钢导管等效应力云图（Pa）	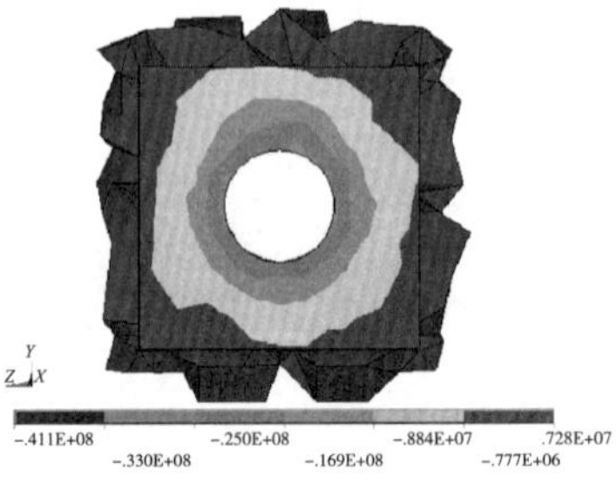 Y Z X -.411E+08 -.330E+08 -.250E+08 -.169E+08 -.884E+07 -.777E+06 .728E+07 混凝土主梁顺索向应力云图局部（Pa）

(2)斜拉索与中跨主梁间锚拉板

采用有限元分析软件 MIDAS FEA 对红水河特大桥中跨第 21 号索与主梁连接处的锚拉板进行计算分析。分析计算时,以中跨第 21 号索与主梁连接处的锚拉板为中心,纵向截取长度为 11.5m,横向截取长度为 6.5m,边界条件根据实际情况施加。斜拉索与中跨主梁间锚拉板有限元模型和计算结果如表 6.19 所示。

斜拉索与中跨主梁间锚拉板有限元模型和计算结果　　表 6.19

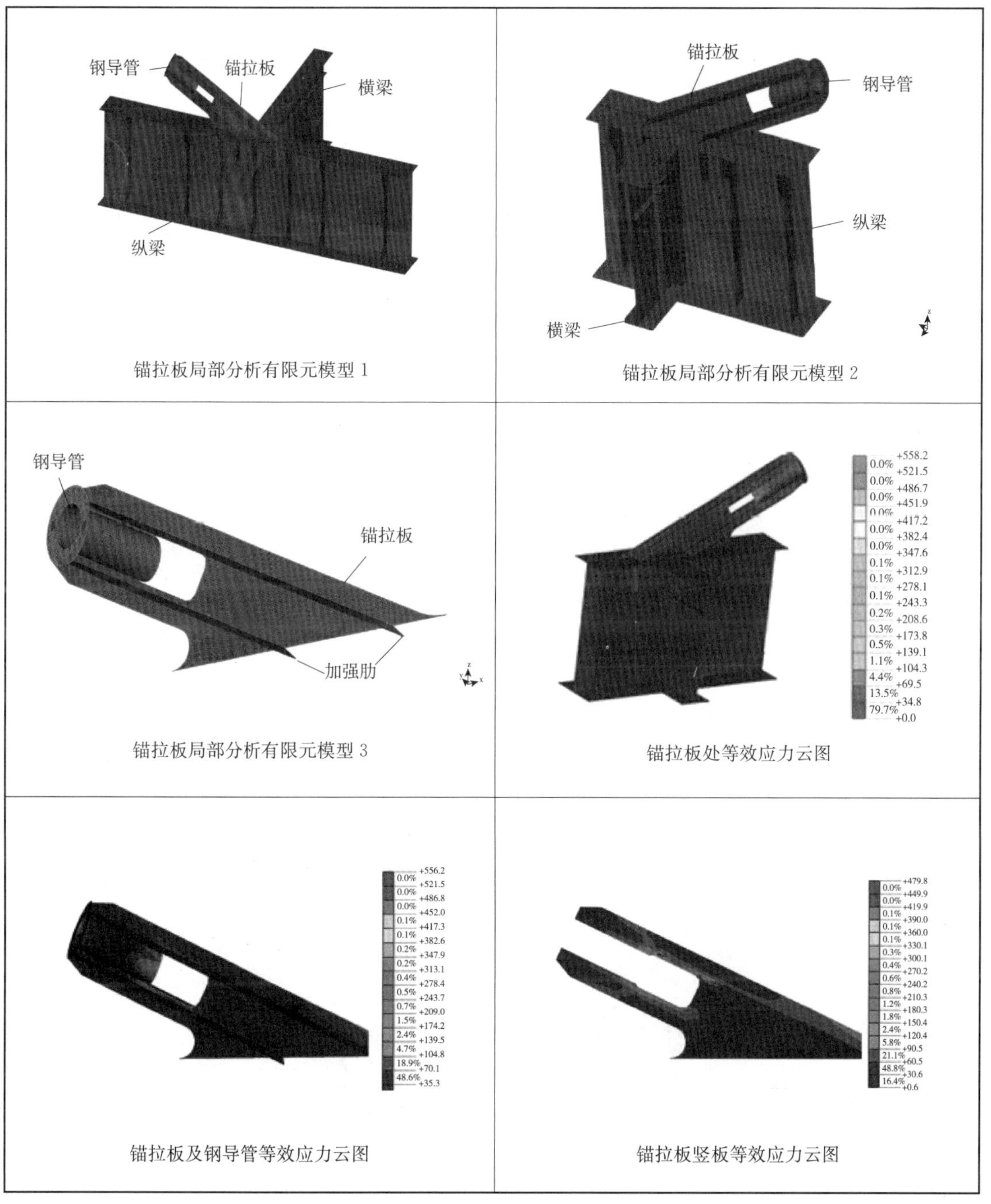

锚拉板局部分析有限元模型 1

锚拉板局部分析有限元模型 2

锚拉板局部分析有限元模型 3

锚拉板处等效应力云图

锚拉板及钢导管等效应力云图

锚拉板竖板等效应力云图

续上表

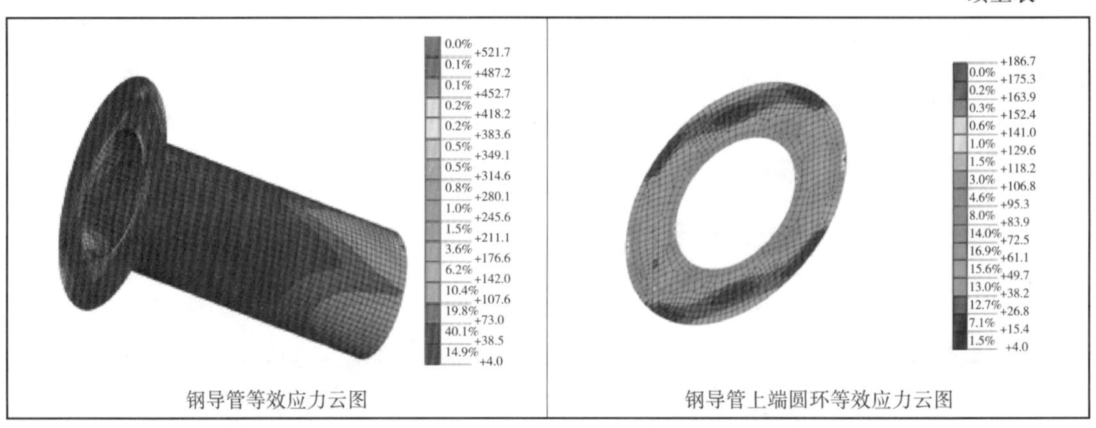

钢导管等效应力云图	钢导管上端圆环等效应力云图

(3)斜拉索与主塔锚固区

采用通用有限元软件 ANSYS 对红水河特大桥索塔锚固区进行计算分析，斜拉索与主塔锚固区有限元模型和计算结果见表 6.20。

斜拉索与主塔锚固区有限元模型和计算结果 表 6.20

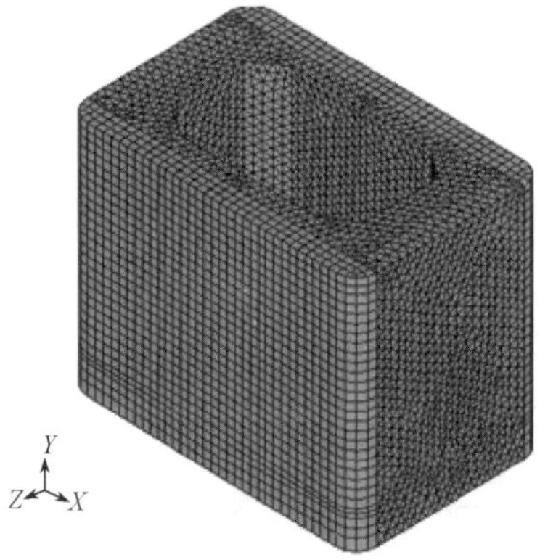 Y Z X 局部分析有限元模型	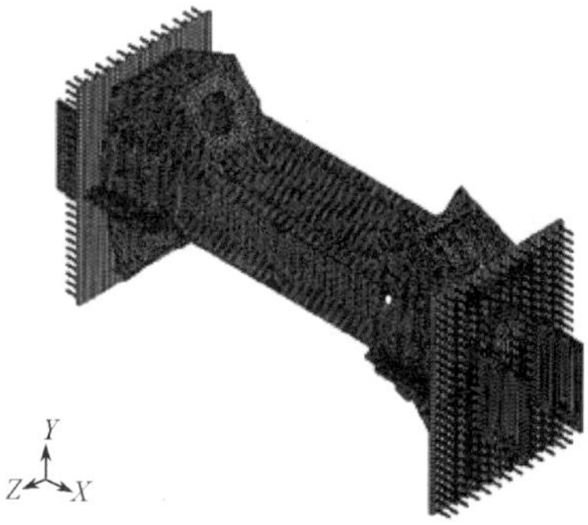 Y Z X 钢结构部分有限元模型
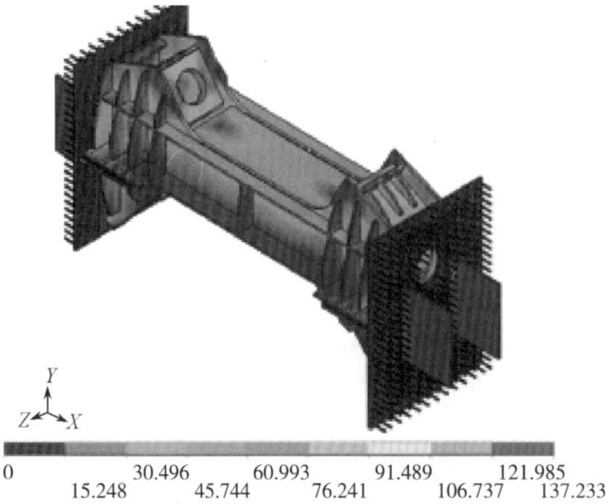 Y Z X 0 15.248 30.496 45.744 60.993 76.241 91.489 106.737 121.985 137.233 钢结构部分等效应力云图(MPa)	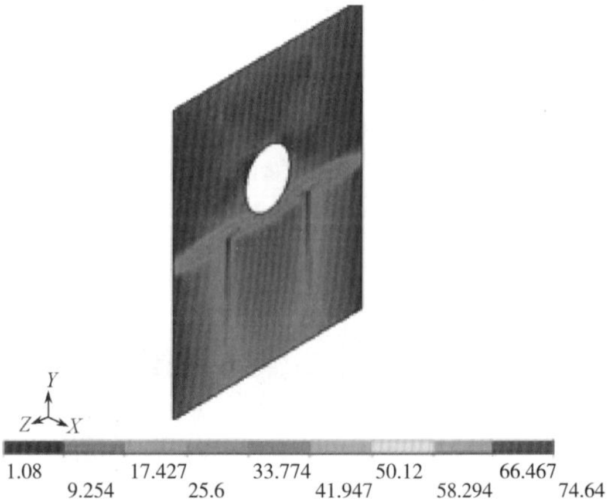 Y Z X 1.08 9.254 17.427 25.6 33.774 41.947 50.12 58.294 66.467 74.64 剪力钉板等效应力云图(MPa)

续上表

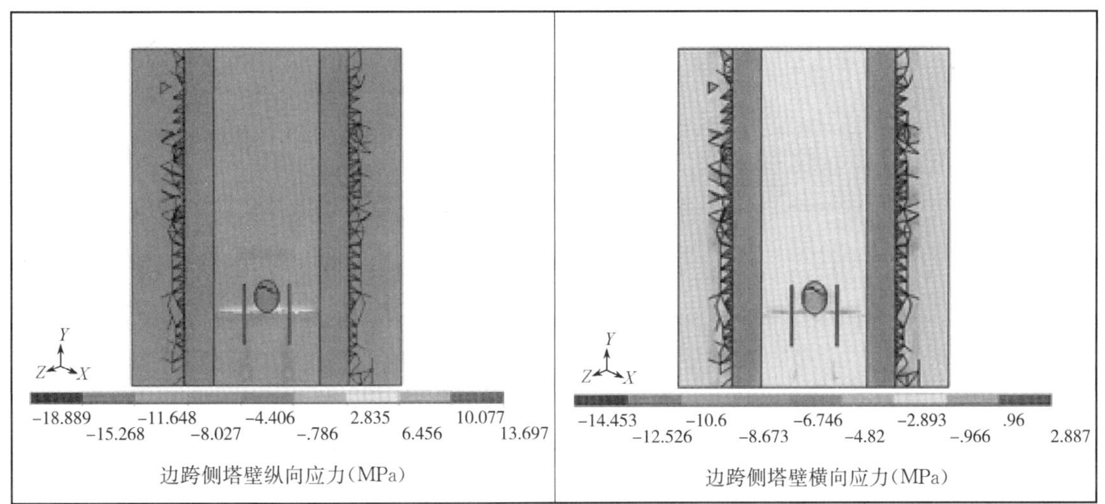

边跨侧塔壁纵向应力(MPa)	边跨侧塔壁横向应力(MPa)

6.2.3　关键技术问题及对策

1)结合段模型试验方案

结合段模型试验在中南大学高速铁路建造技术国家工程实验室完成。

(1)主梁钢-混凝土结合段有限元模型

采用 ANSYS 对红水河特大桥钢-混凝土结合段进行计算分析。钢主梁取一个节段长度(9.565m),混凝土主梁取两个半节段长度(12.5m),横向均取至混凝土横梁倒角顶点,结合段有限元模型见表 6.21。

结合段有限元模型介绍　　表 6.21

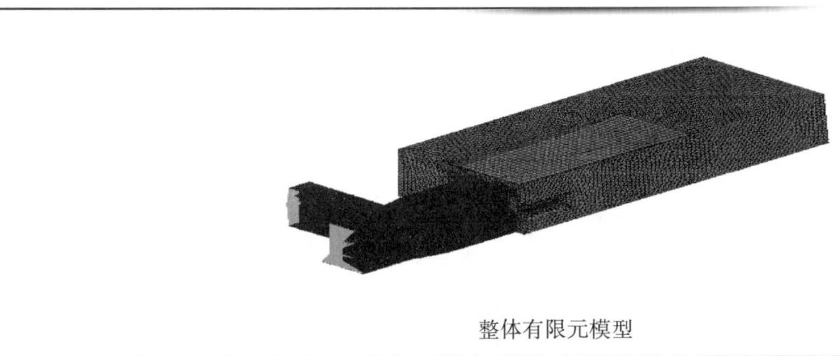

整体有限元模型

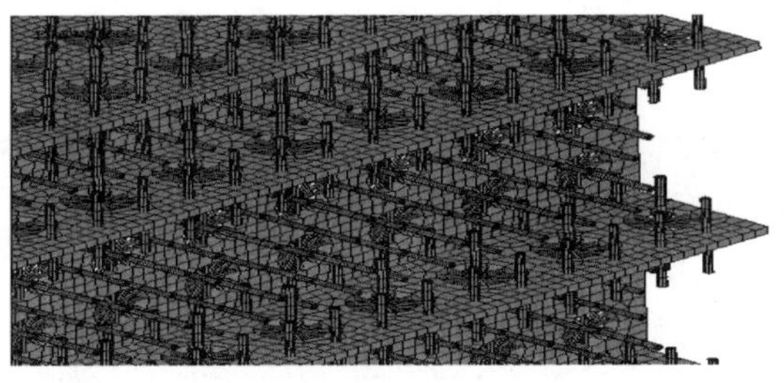

剪力钉及孔内钢筋局部详图

续上表

模型中的接触单元

(2)模型设计及制作

红水河桥的钢-混凝土结合段设置在中跨距广西侧索塔中心 10m 处,此段结构构造及尺寸见图 6.19。

为消除边界条件影响,根据圣维南原理,在实桥中截取的钢-混凝土结合段范围为:混凝土主梁取 10m,钢梁取 8m,有效总长为 18m,按 1∶3 缩尺后再将试验模型的钢梁延长 0.3m,用于加载,施加体外预应力,模型总长为 6.3m。模型钢梁侧端部做 0.25m、0.35m 长的两个连续的封闭箱形钢梁,其中最外侧的 0.35m 长钢箱梁内部浇筑混凝土,预留体外预应力钢绞线的孔道,此段为轴力加载段。轴力加载段的上、下翼缘均做成角度为 10.2°的变宽段,其中上翼缘从 418mm 渐变为 700mm,下翼缘从 627mm 渐变为 907mm。

①试验工况和加载方式。

根据红水河桥空间有限元仿真分析结果,选取如下 9 个工况作模型试验。其中,在工况 1～8 中,混凝土全部受压,而压应力最大的是工况 5,所以超载试验选择工况 5,在工况 5 的基础上,最不利活载加至 1.6 倍,即工况 9。

工况 1:结合面钢梁侧轴压最大最不利荷载组合。

工况 2:结合面钢梁侧轴压最小最不利荷载组合。

工况 3:结合面钢梁侧面内弯矩最大最不利荷载组合。

工况 4:结合面钢梁侧竖向剪力最大最不利荷载组合。

工况 5:考虑混凝土徐变结合面钢梁侧轴压最大最不利荷载组合。

工况 6:考虑混凝土徐变结合面钢梁侧轴压最小最不利荷载组合。

工况 7:考虑混凝土徐变结合面钢梁侧面内弯矩最大最不利荷载组合。

工况 8:考虑混凝土徐变结合面钢梁侧竖向剪力最大最不利荷载组合。

工况 9:考虑混凝土徐变恒载+1.6 倍活载结合面钢梁侧轴压最大最不利荷载组合。

其中,工况 9 为超载试验,所有工况中恒载包括一期恒载、二期恒载和预应力。

模型试验采用单伸臂形式,见图 6.20。试验时,用竖向千斤顶和体外预应力钢绞线同步加载。体外预应力钢绞线主要用于施加轴压,同时也产生一部分弯矩。每一试验工况加载时张拉钢绞线到所需值,每一工况结束后释放钢绞线内的预应力;弯矩一部分通过轴压力的偏心实现,另一部分和剪力一起通过千斤顶多点竖向加载实现,每个千斤顶的力都作用在钢梁腹板上方相应位置处,使结合段的受力与实桥相似。

N1
N2
N2a
N2b
N2c
N3
N3a
N4
N5
N6
N6a
N9
N11
N13
N14
N15
N16
熔透
2 810
9 065
9 965
20 × 155
1 015
900
650
550
500
1300
811

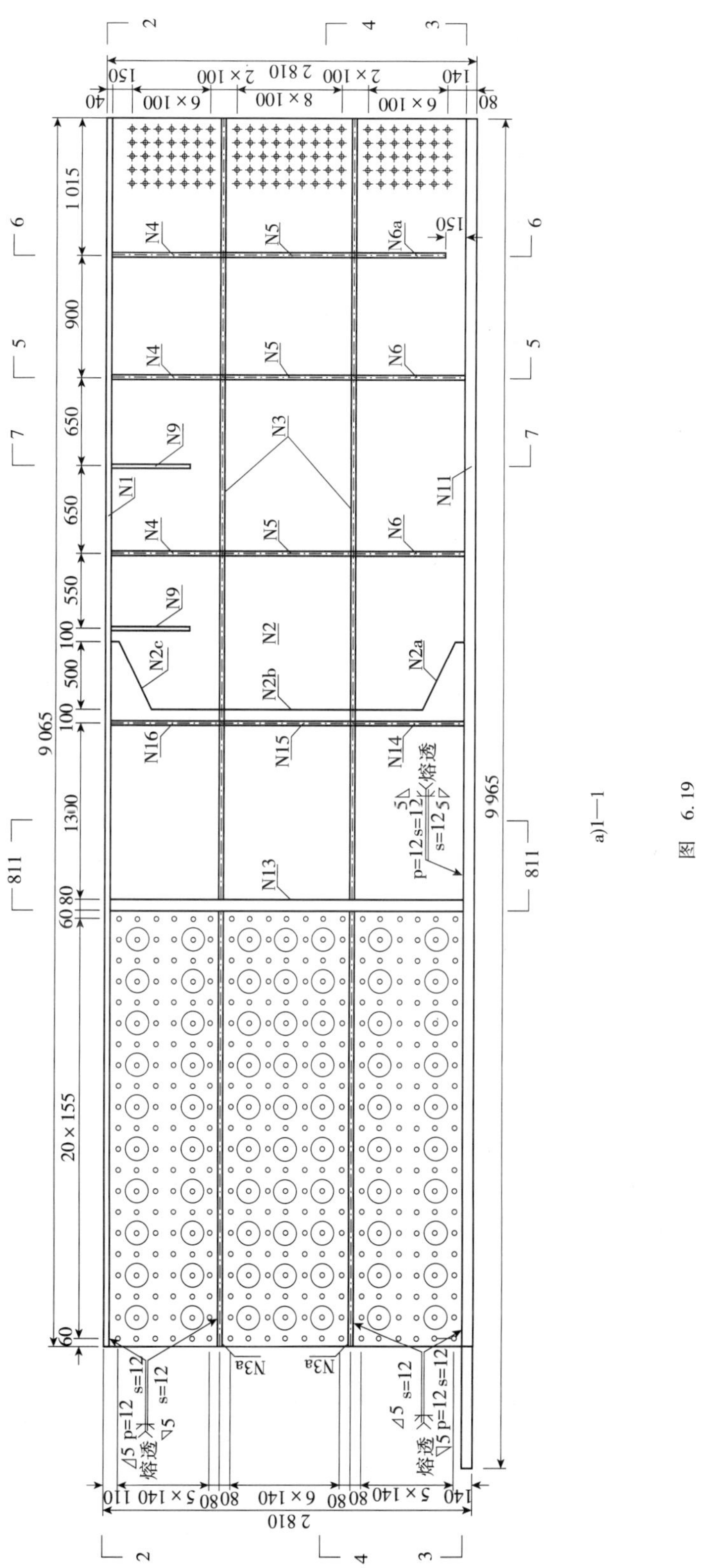

a)1—1

图　6.19

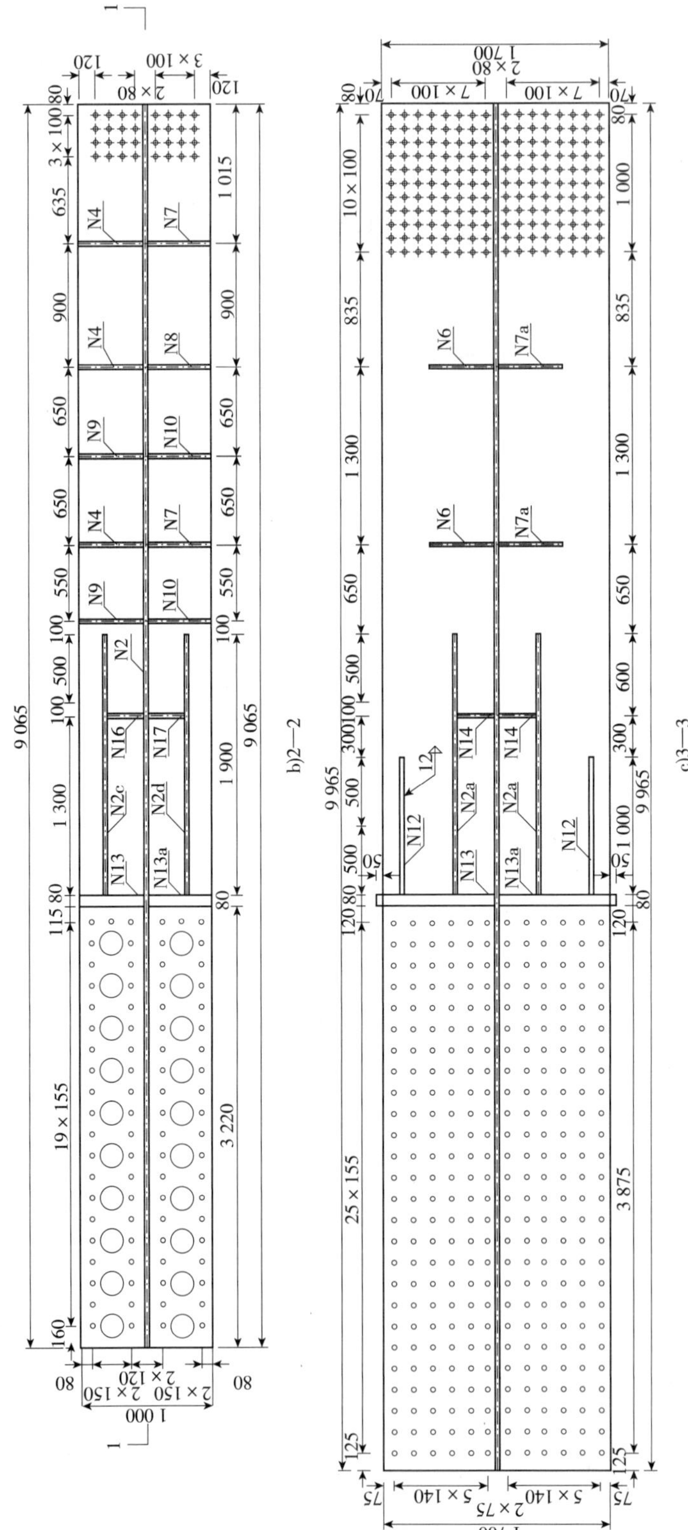

图6.19 红水河桥钢-混凝土结合段结构构造及尺寸(尺寸单位：mm)

不同试验工况下，钢-混凝土结合段的内力不同，体外预应力钢绞线张拉力以及竖向荷载的位置和大小需要作相应调整。确定各试验工况的加载方式时，原则是保证各工况下Ⅰ—Ⅰ截面右的最不利内力与实桥完全相似，兼顾其他内力与实桥尽可能相似。如模拟工况1结合面钢梁侧轴压最大，确定加载方式时应首先保证Ⅰ—Ⅰ截面右的轴力与实桥完全相似，再考虑其他内力与实桥尽可能相似。试验时，先张拉锚固体内预应力筋，并测出体内预应力引起的钢-混凝土结合段的应力。随后，依次做各个工况的试验，将试验结果加上体内预应力引起的应力。

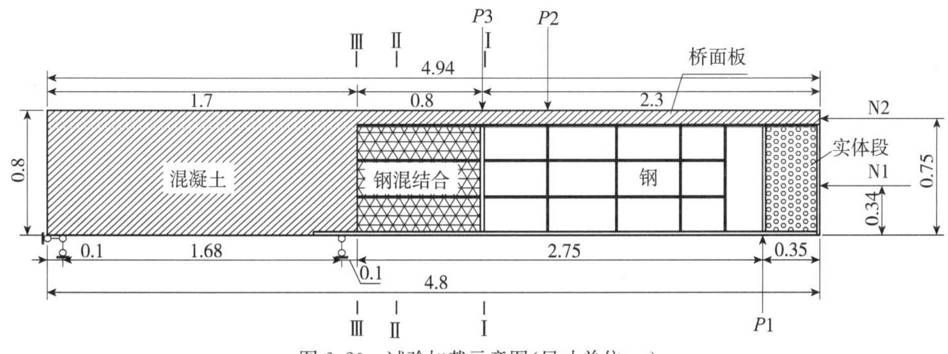

图6.20 试验加载示意图(尺寸单位:m)

在每个工况试验前，先对模型预压两次，预压荷载为每一工况最大值的30%。然后正式做试验，试验中，竖向千斤顶和体外预应力都同步按同一比例分级(6～7级)加载至最大值，每级荷载加载30min后读数，最后分级卸载至零。由实测的应变(应变花)，换算成应力和主应力。

②测试内容和测点布置。

根据实桥和试验模型的空间有限元分析结果，在模型混凝土梁的上、下表面，混凝土梁内上、中、下层的部分钢筋以及钢梁上、下翼缘和水平纵向肋上布置了应变测点，其中大部分测点布置在钢-混凝土结合段，以测得它们的顺桥向应力。在模型结合段内混凝土梁的两侧面，钢梁腹板以及结合面承压板上布置应变花，以测得它们的主应力。

应变采用电测，即在钢梁、混凝土和钢筋的相应测点上贴应变片，应变片通过导线与静态应变测试仪连接，数据直接输入计算机。

为测得各工况下结合段内钢梁的应力，在钢梁的上、下翼缘和水平纵向肋上布顺桥向的应变片，在钢梁腹板和结合面承压板上贴应变花观察其主应力，布片的位置及编号见图6.21～图6.23。

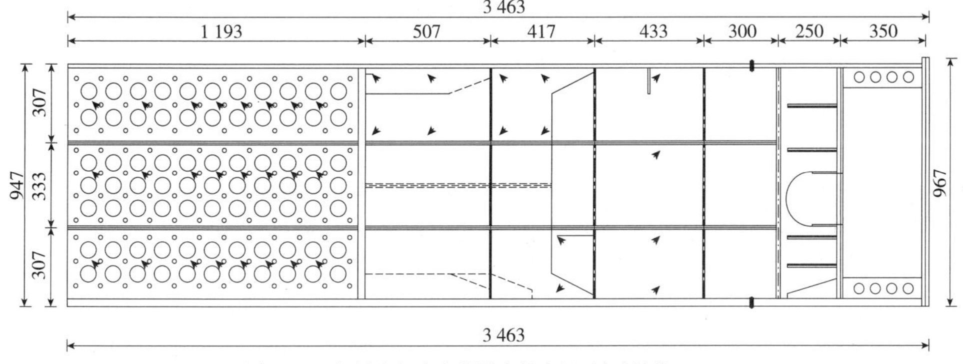

图6.21 钢梁腹板应变花测点的布置(尺寸单位:mm)

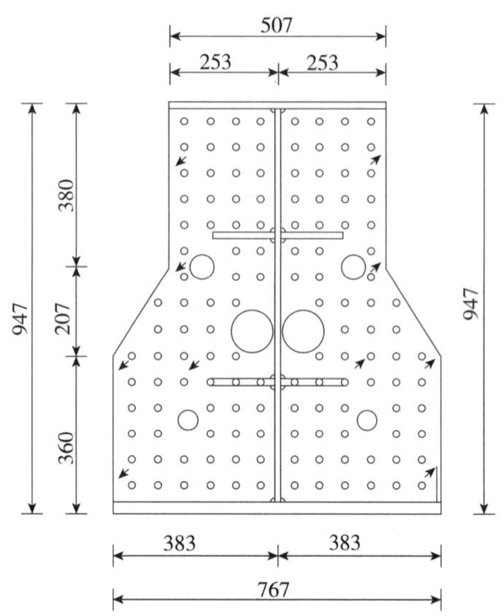

图 6.22 结合面承压板应变花测点的布置(尺寸单位:mm)

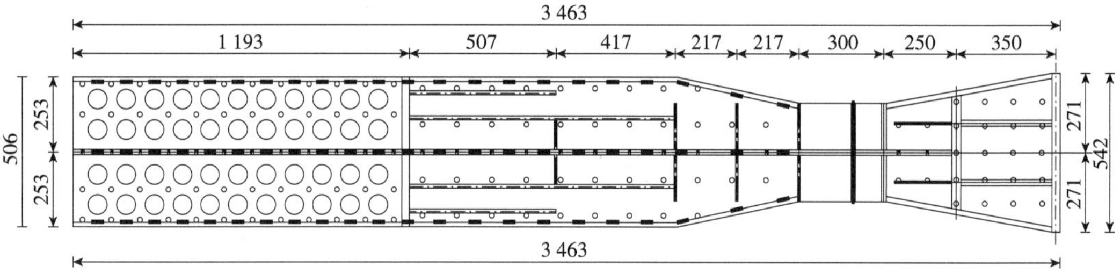

a)钢梁上翼缘顶面的应变片布置

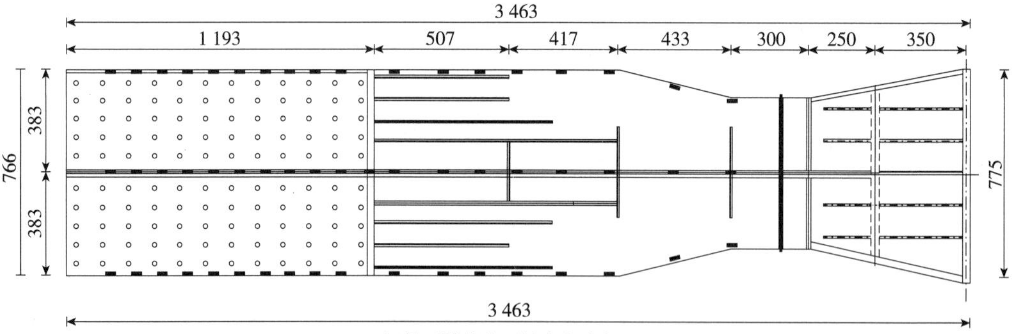

b)钢梁下翼缘底面的应变片布置

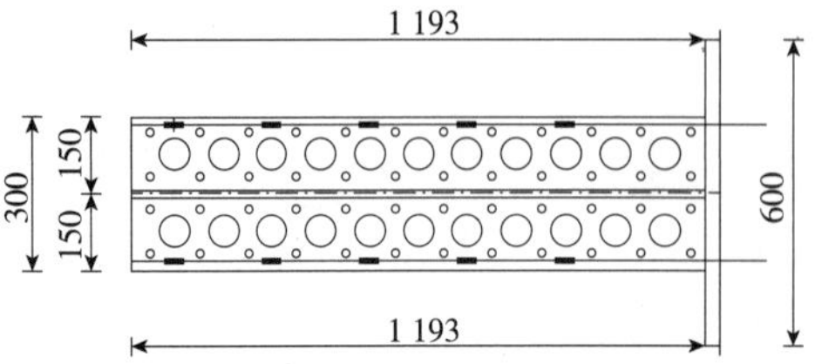

c)钢梁腹板上水平纵向肋顶面的应变片布置

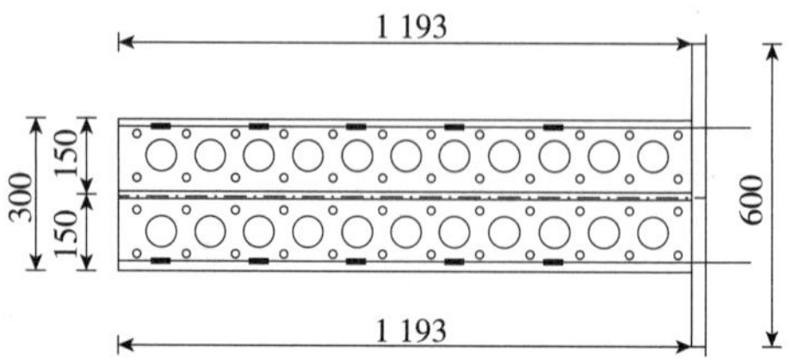

d)钢梁腹板下水平纵向肋顶面的应变片布置

图 6.23 钢梁顺桥向应变测点的布置(尺寸单位:mm)

为了考察各种荷载工况下试验模型混凝土梁内部的应力情况，在混凝土梁内上、中、下三层钢筋上布置了应变测点，如图 6.24 所示。

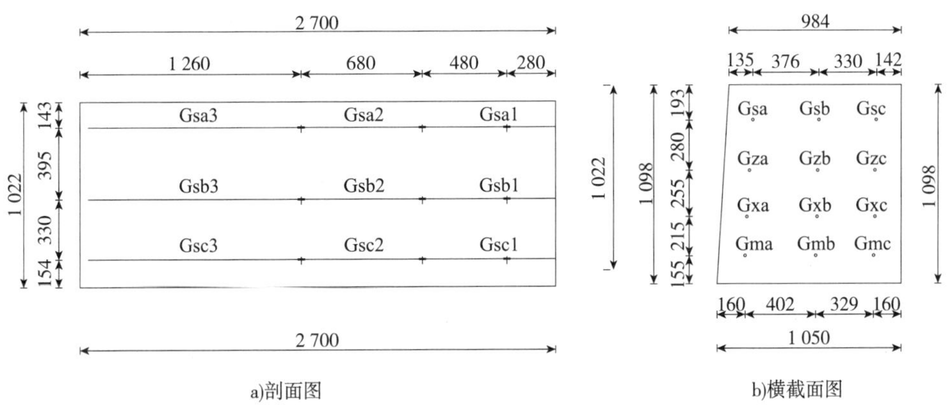

图 6.24 试验模型混凝土梁内钢筋的测点布置(尺寸单位:mm)

2)抗风性能研究

根据红水河的桥型方案和地理位置，进行了红水河大桥抗风性能数值模拟研究工作，具体研究内容如下：

①桥位地形风环境数值分析。

②主桥结构动力特性分析。

③主梁断面静气动力系数数值模拟。

④主梁气动导数数值模拟。

⑤桥塔断面静气动力系数数值模拟。

⑥颤振稳定性数值分析。

⑦涡振稳定性数值分析。

⑧风荷载分析及风荷载响应计算。

(1)桥位地形风环境数值模拟

为了实现大桥周围地形风环境的模拟，首先在计算机系统里虚拟再现周围的地形地貌，利用设计方提供的桥位附近局部的精细平面等高线分布图和大范围的空地地形分布图，选取能够反映桥位附近主要山体和峡谷分布的地形。范围为：东西向 8.1km，南北向 6.7km。其次通过选取的上述等高线分布图及大范围地形图，生成对应的坐标空间点。最后利用上述获得的空间点坐标，利用逆向工程原理，通过空间点集反向拟合生成所需要的三维数字地形曲面。将三维数字地形模型导出，从而完成三维数字地形的建模处理，如图 6.25 所示。

将得到的三维数字地形模型导入流场求解软件，并进行相应的网格划分，在地形变化较大的区域网格划分相对较密，地形较平坦区域网格划分相对较粗，整体网格划分数量约 1 000 万，如图 6.26 所示。

流场的数值模拟是以 Navier-Stokes 方程(绕流风的连续性方程及动量守恒方程)为基本控制方程，采用离散化的数值模拟方法求解流场。湍流模型是模拟均值化的流场，对难以分辨的小尺度涡在均值化过程加以忽略，而被忽略的小尺度涡在湍流模型中体现。本研究报告采用基于时间平均的雷诺均值 Navier-Stokes 方程(RANS)模型中使用最广泛的 Realizable k 双方程湍流模型,计算方法及参数列表见表 6.22。

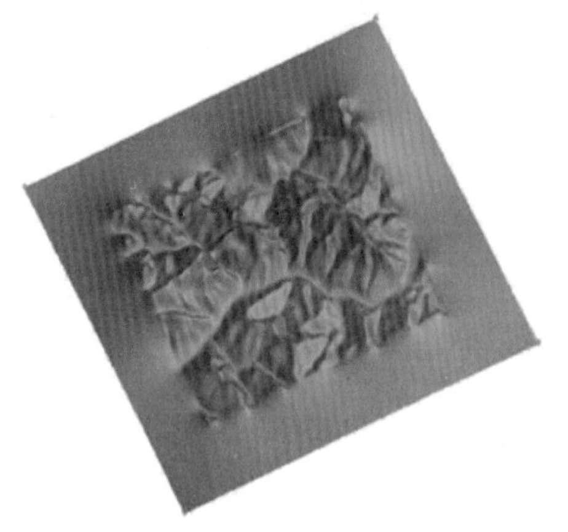

图 6.25 逆向拟合生成的数字三维地形图

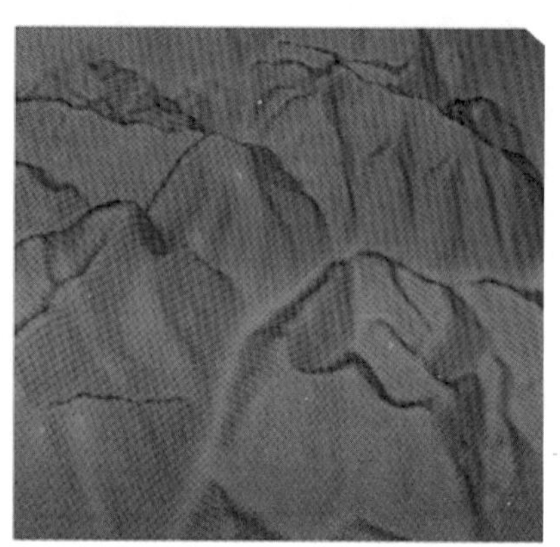

图 6.26 大桥山区地形表面网格划分图

计算方法及参数列表 表 6.22

计 算 方 法	有限体积法(FVM)	计 算 方 法	有限体积法(FVM)
对流项离散格式	一阶迎风差分	湍流模型	Realizable k-ε 模型
扩散项离散格式	一阶中心差分	网格数量	约 1 500 万
压力、速度耦合	Simplic 算法		

①东风向模拟。

对东南风向下桥位地形风环境进行模拟,东风向下地形表面压力示意图如图 6.27 所示,东风向下地形绕流场显示图如图 6.28 所示。

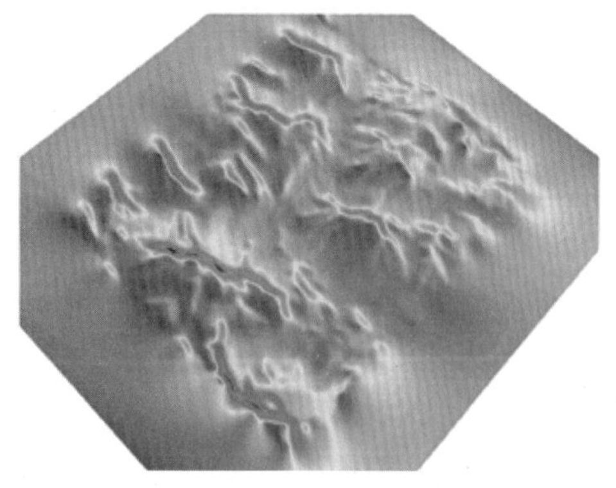

图 6.27 东风向下地形表面压力图

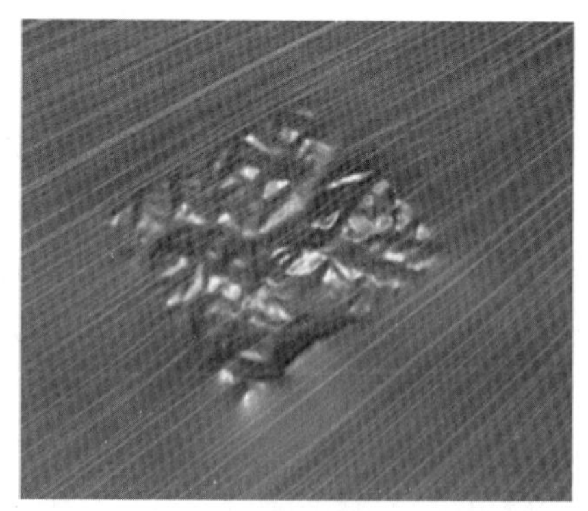

图 6.28 东风向下地形绕流场显示图

②西风向模拟。

对西风向下桥位地形风环境进行模拟,流场切面如图 6.29 所示,桥位处风速系数如图 6.30所示。

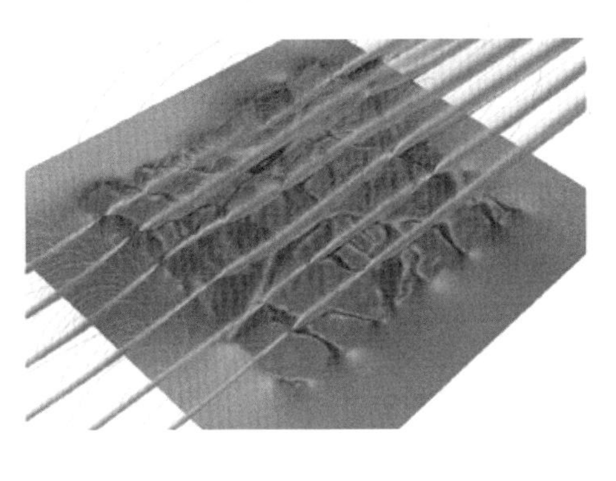
图 6.29　西风向下地形流场切面(总体)

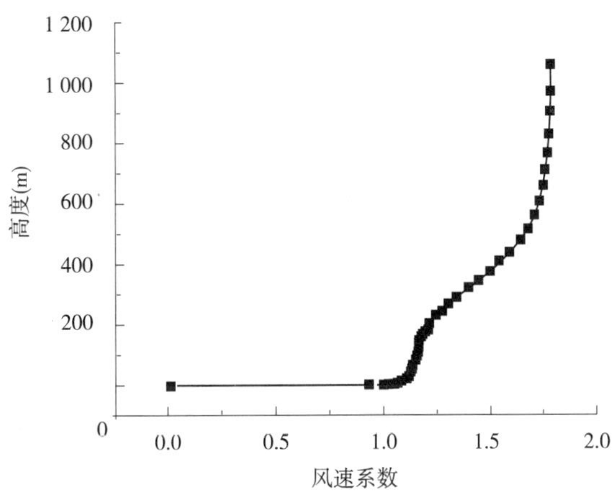

图 6.30　西风向下桥位处风速系数

利用 Google Earth 获取桥位处地形,采用数值风洞的方法对横桥向地形风环境进行模拟。参考《公路桥梁抗风设计规范》(JTG/T D60-01—2004),将梯度风高度风速系数定义为 1.77,换算得到桥位处风速系数。桥面高度 128.5m 处,西风向下风速系数 1.15,东风向下风速系数 1.03;根据该规范中,D 类风场,桥面高度处风速系数为 1.21,因此,建议偏保守按照规范 D 类风场取值。

(2)主桥结构动力特性分析

桥梁动力特性是桥梁结构的基本性质,能准确地反映出桥梁结构的质量和刚度信息,分析桥梁结构动力特性是研究桥梁风振问题的基础,为了进行风荷载作用下的结构动力响应分析和节段模型测振风洞试验,必须首先计算成桥状态和施工阶段的结构动力特性。采用 ANSYS 分析软件对该模型进行结构动力特性分析。下面就结构的模拟方式进行介绍。

主梁:采用 BEAM4 三维空间梁单元模拟。

主塔:采用 BEAM4 三维空间梁单元模拟。

基础、承台未加以考虑,整个桥梁的上部结构在承台处固结。

拉索:采用 LINK10 三维空间索单元模拟。

①成桥状态。

成桥状态的动力特性分析有限元模型如图 6.31 所示。通过动力特性分析,可以得出影响大桥的两个主要振型为正对称竖弯(图 6.32)、正对称扭转振型,这两个振型的频率分别为 0.374Hz、0.640Hz,对应的等效质量与等效质量惯性矩分别为 30.4t/m、2 680t・m^2/m。

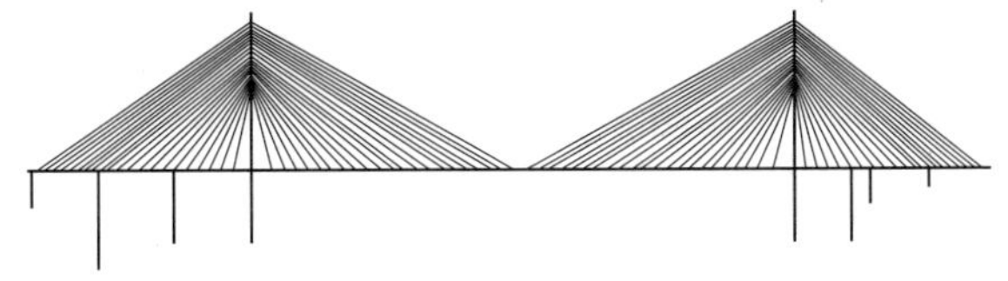
图 6.31　成桥状态有限元模型

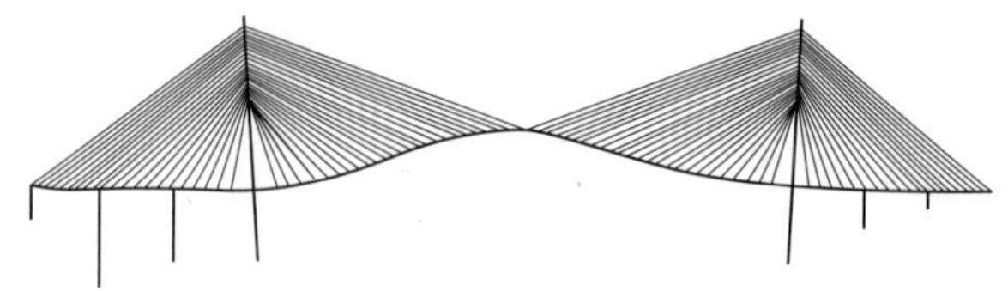

图 6.32　成桥状态正对称竖弯振型图

②施工最大单悬臂状态。

施工最大单悬臂状态的动力特性分析有限元模型如图 6.33 所示，通过动力特性分析，可以得出影响大桥的两个主要振型为正对称竖弯、正对称扭转振型（图 6.34），这两个振型的频率分别为 0.384Hz、0.660Hz，对应的等效质量与等效质量惯性矩分别为 31t/m、2 440t·m²/m。

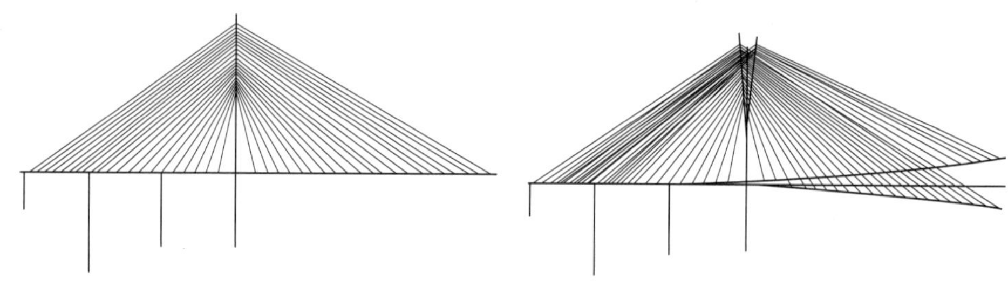

图 6.33　施工最大单悬臂状态有限元模型　　图 6.34　施工最大单悬臂状态正对称扭弯振型图

（3）主梁断面静气动力系数数值模拟

数值风洞模拟成桥状态主梁断面的气动阻力系数、升力系数和扭矩系数三个分量，作用在主梁上的气动三分力可用体轴系中的竖向气动力 F_V、横向气动力 F_H 和绕纵轴气动俯仰扭矩 M 来表示，也可以用风轴系中的气动阻力 F_D、气动升力 F_L 和气动俯仰扭矩 M 来表示，其中两个参考坐标系中的气动俯仰扭矩一致，为风攻角，当平均风向上时为正。取主梁断面宽 27.7m，高 3.18m。成桥断面考虑桥面栏杆、防撞栏等附属结构，如图 6.35 所示。

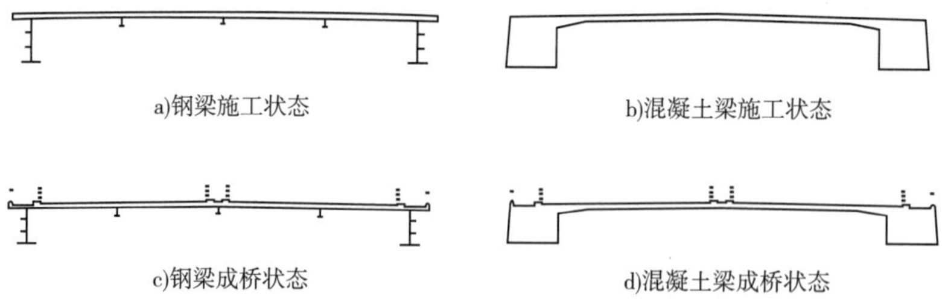

a)钢梁施工状态　　b)混凝土梁施工状态

c)钢梁成桥状态　　d)混凝土梁成桥状态

图 6.35　主桥断面布置图

对成桥状态和施工状态的钢主梁和混凝土主梁等不同主梁形式进行了数值风洞模拟，得到了主梁断面 −5°～+5° 的风轴和体轴三分力系数。钢主梁成桥状态 0° 风攻角下，气动阻力系数为 1.194，升力系数为 −0.211，扭矩系数为 0.015；施工状态 0° 风攻角下，气动阻力系数为 0.993，升力系数为 −0.148，扭矩系数为 0.028。风荷载坐标系统示意图以及钢主梁成桥状态 0° 风攻角流场见图 6.36 和图 6.37。

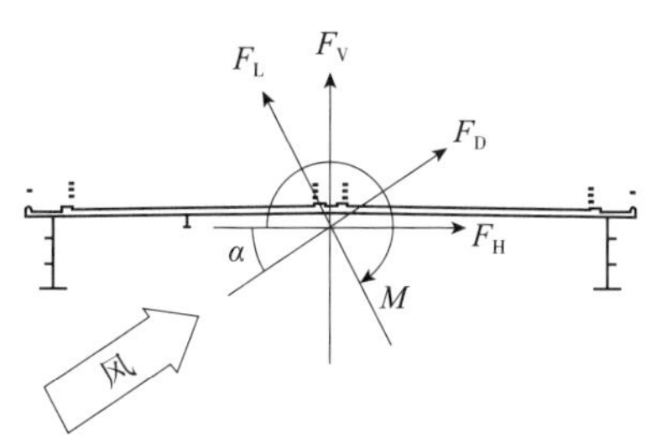

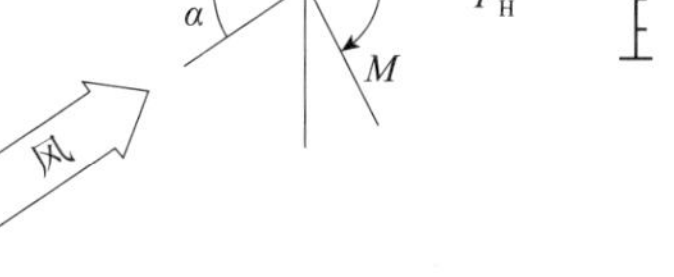

图 6.36　风荷载坐标系统示意图

图 6.37　钢主梁成桥状态 0°风攻角流场

(4)主梁气动导数数值模拟

选取钢主梁截面，采用基于大涡模拟方法的数值风洞技术模拟气流的瞬态流动，从而获得不同风速下主梁断面以不同固定频率作强迫振动的流场变化及断面所受风荷载(阻力、升力、扭矩)的变化时程曲线，并利用最小二乘法识别不同折减风速下对应的气动导数。

①成桥状态。

通过对成桥状态主梁断面进行 0°风攻角下的数值模拟，可以得到气动导数曲线如图 6.38 和图 6.39 所示。

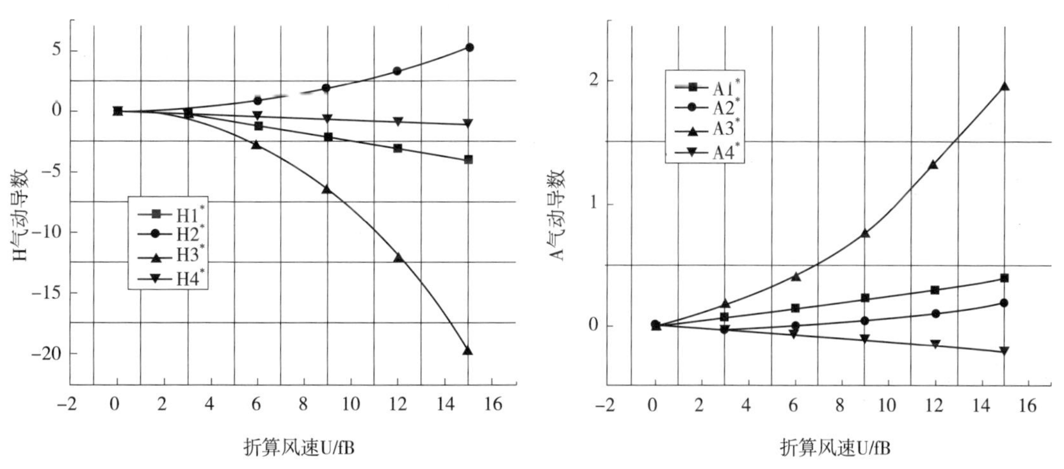

图 6.38　成桥状态 0°攻角 H 气动导数曲线

图 6.39　成桥状态 0°攻角 A 气动导数曲线

②施工状态。

通过对成桥施工状态主梁断面进行＋3°风攻角下的数值模拟，可以得到气动导数曲线如图 6.40 和图 6.41 所示。

通过数值风洞技术，模拟气流的瞬态流动，从而获得不同风速下主梁断面以不同固定频率作强迫振动的流场变化及断面所受风荷载(阻力、升力、扭矩)的变化时程曲线，得到钢主梁成桥和施工状态不同主梁截面－3°、0°、＋3°风攻角下的气动导数。

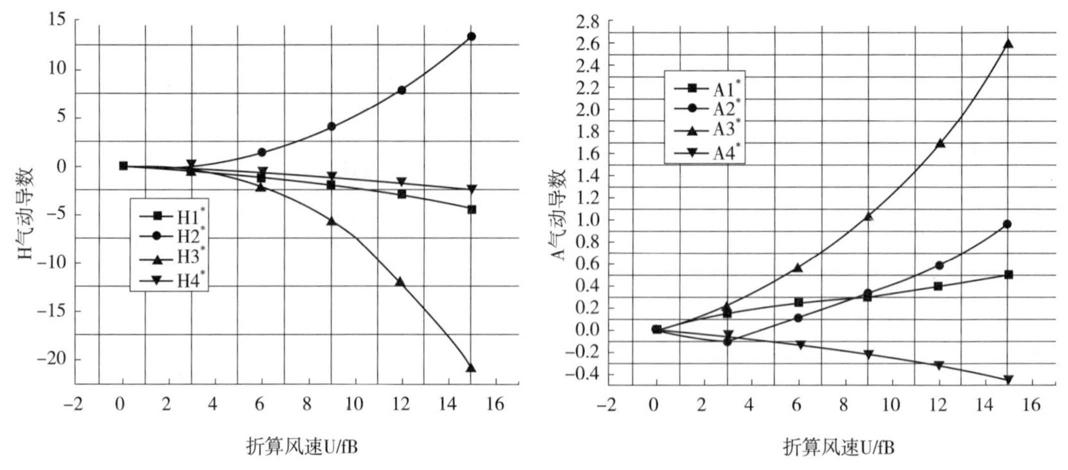

图 6.40 施工状态＋3°攻角 H 气动导数曲线　　图 6.41 施工状态＋3°攻角 A 气动导数曲线

(5)桥塔断面静气动力系数数值模拟

采用数值风洞技术对桥塔断面的气动力系数进行计算，计算中选取 B—B 截面(sec1)，G—G 截面(sec2)，K—K、L—L 中部截面(sec3)分段，分别进行了 0°、5°、85°、90°风偏角下气动力系数的计算，所选截面及风偏角如图 6.42 所示。计算得到各截面气动力系数如表 6.23 所示。

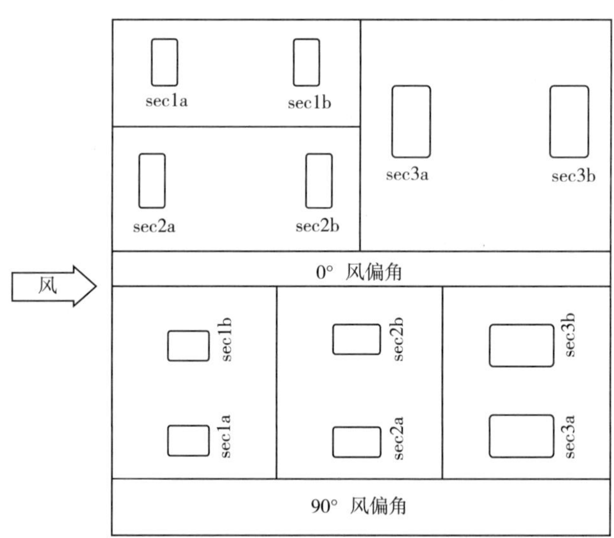

图 6.42 计算截面及风偏角示意图

桥塔各截面在不同风偏角下气动力系数　　表 6.23

截 面 号	0°风偏角		5°风偏角		85°风偏角		90°风偏角	
	C_x	C_y	C_x	C_y	C_x	C_y	C_x	C_y
sec1a	1.811	−0.009	1.804	0.225	0.695	0.005	0.594	−0.118
sec1b	1.112	−0.027	1.057	−0.019	0.774	−0.096	0.584	0.116

续上表

截面号	0°风偏角		5°风偏角		85°风偏角		90°风偏角	
	C_x	C_y	C_x	C_y	C_x	C_y	C_x	C_y
sec2a	2.440	−0.050	2.346	0.265	0.655	0.233	0.545	−0.122
sec2b	1.031	−0.023	1.161	0.059	0.747	0.156	0.542	0.116
sec3a	2.740	−0.003	3.549	0.491	1.058	0.044	1.031	0.087
sec3b	1.435	−0.006	1.654	−0.009	1.212	−0.144	0.983	−0.168

(6)颤振稳定性数值分析

利用已计算出的结构动力特性及各个风攻角下的气动导数进行颤振三维耦合颤振稳定性数值计算,其计算分别选取的对主梁颤振影响较大的竖弯和扭转振型。通过颤振分析可以得到不同风攻角下的主梁各阶模态频率与阻尼随风速的变化曲线。

通过计算分析将三维耦合颤振稳定性分析结果汇总成表6.24,从表中可以看到,红水河大桥成桥和施工最大单悬臂状态下主梁的颤振临界风速均大于颤振检验风速,该桥颤振稳定性满足要求。

颤振稳定性分析结果汇总 表6.24

风攻角(°)	成桥颤振临界风速(m/s)	成桥颤振检验风速(m/s)	施工颤振临界风速(m/s)	施工颤振检验风速(m/s)
−3	103.70	51.65	89.90	53.52
0	112.22		92.12	
+3	78.89		81.65	

(7)涡振稳定性数值分析

将主桥结构简化为单自由度的弹簧振动系统,选取一阶竖弯基频分析竖向振动,选取一阶扭转基频分析扭转振动;利用数值模拟获得的各工况下的气动力系数时程曲线,直接作用于该弹性结构,可获得不同风速下的结构响应,从而可近似评估该桥的风振响应。当气流流经断面产生的旋涡脱落频率与桥面断面的结构频率较一致时,就有可能激起断面较明显的涡激共振响应,因此可通过风振响应结果判断该桥是否会发生较大的涡激振动现象。

①成桥状态。

计算中采用三分力时程,计算得到的竖向振动和扭转振动振幅曲线如图6.43所示。

②最大单悬臂状态。

计算得到的竖向振动和扭转振动振幅曲线如图6.44所示。

采用弹簧振子模型对成桥状态主梁的涡激共振进行了分析,成桥状态0°风攻角下,没有出现涡振,满足规范要求。最大单悬臂状态0°风攻角下,没有出现涡振,满足规范要求。考虑到桥位附近为紊流风场,对涡振有一定的抑制作用,因此该桥出现涡振的可能性很小。

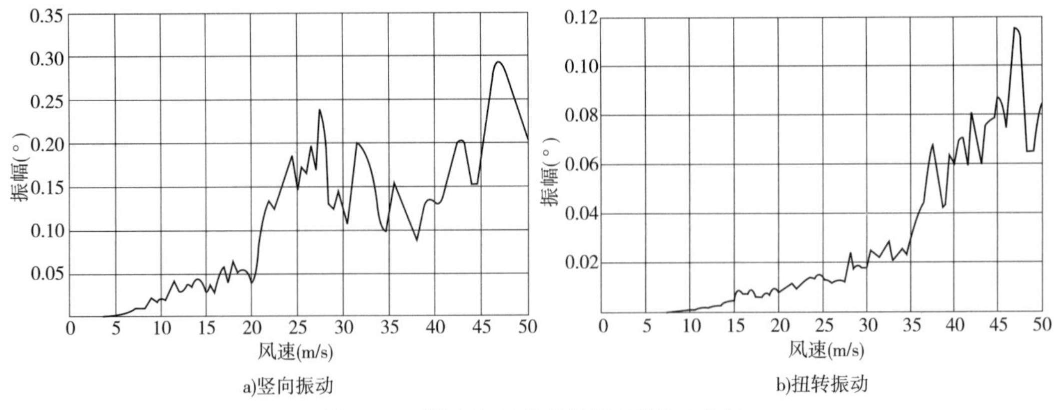

a)竖向振动 b)扭转振动

图 6.43 0°风攻角下不同风速断面的振动响应

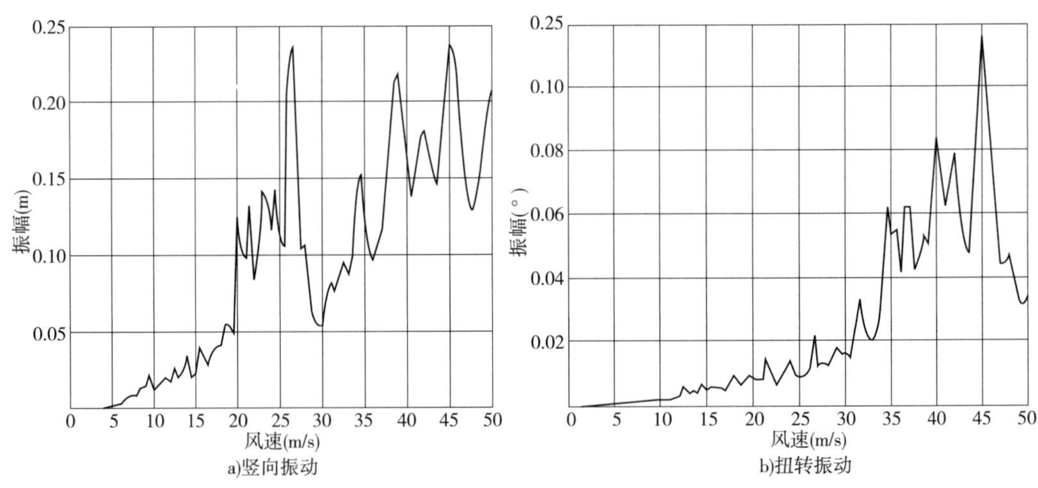

a)竖向振动 b)扭转振动

图 6.44 0°风攻角下不同风速断面的振动响应

(8)风荷载分析及风荷载响应计算

依据得到的桥梁结构风荷载参数，对红水河成桥和施工最大单悬臂状态在等效静阵风及抖振风荷载作用下的响应进行计算，保证桥梁在施工和运营过程中的静风及抖振安全。

①成桥状态。

红水河大桥成桥状态风荷载计算关键截面位置及坐标系见图 6.45。

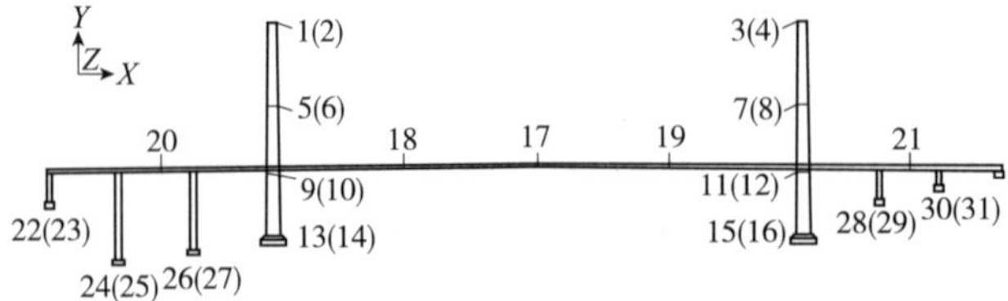

图 6.45 红水河大桥关键截面位置及坐标系示意图

根据计算出的成桥状态等效静阵风荷载和抖振力，并进行组合，可以得到设计基准风速下结构的风荷载内力极大值和极小值。

②施工最大单悬臂状态。

红水河大桥施工状态风荷载计算关键截面位置及坐标系见图 6.46。

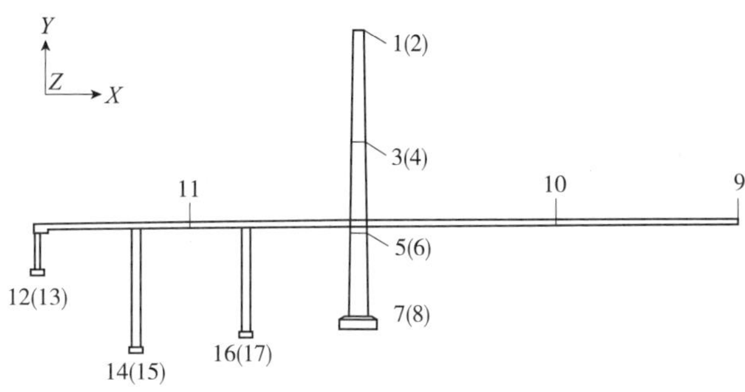

图 6.46 红水河大桥关键截面位置及坐标系示意图

根据计算出的该桥施工最大单悬臂状态的等效静阵风荷载和抖振力，并进行组合，可以得到设计基准风速下结构的风荷载内力极大值和极小值，施工最大单悬臂状态设计基准风速下结构关键断面的内力、位移极大值和极小值。

通过风荷载分析，得到成桥状态不考虑导纳跨中竖向位移极大值为 21.5cm，极小值为－43.1cm；考虑导纳跨中竖向位移极大值为 0.53cm，极小值为－22.1cm。施工最大单悬臂状态不考虑导纳跨中竖向位移极大值为 32.3cm，极小值－57.2cm；考虑导纳跨中竖向位移极大值为 1.9cm，极小值为－26.8cm。

(9)结论

通过对红水河大桥主桥的成桥及施工最大单悬臂状态进行的抗风性能数值模拟研究，得到主要结论如下：

①根据《公路桥梁抗风设计规范》(JTG/T D60-1—2004)中桥位所在区域的风速规定，最终红水河大桥的基本风速取为 25.7m/s；对应的成桥状态设计基准风速为 31.21m/s，颤振检验风速为 60.9m/s；施工最大单悬臂状态设计基准风速为 36.0m/s，颤振检验风速为 50.8m/s。

②利用 Google Earth 获取桥位处地形，采用数值风洞的方法对横桥向地形风环境进行模拟。参考《公路桥梁抗风设计规范》(JTG/T D60-01—2004)，将梯度风高度风速系数定义为 1.77，换算得到桥位处风速系数。桥面高度 128.5m 处，西风向下风速系数 1.15，东风向下风速系数 1.03。抗风规范中，D 类风场，桥面高度处，风速系数为 1.21，因此，建议按照规范D 类风场取值。

③通过动力特性分析，可以得到成桥状态正对称竖弯、正对称扭转振型的频率分别为 0.374Hz、0.640Hz，对应的等效质量与等效质量惯性矩分别为 30.4t/m、2 680t·m²/m。施工最大单悬臂状态一阶竖弯、一阶扭转振型的频率分别为 0.384Hz、0.660Hz，对应的等效质量与等效质量惯性矩分别为 31t/m、2 440t·m²/m。

④对成桥状态和施工状态的不同主梁形式进行数值风洞模拟，得到主梁断面－5°～＋5°的风轴和体轴三分力系数。

⑤通过数值风洞技术，模拟气流的瞬态流动，从而获得不同风速下主梁断面以不同固定频率作强迫振动的流场变化及断面所受风荷载(阻力、升力、扭矩)的变化时程曲线，得到成桥和施工状态不同主梁截面－3°、0°、＋3°风攻角下的气动导数。

⑥选取主塔三个断面，通过数值风洞的方法，得到了 0°、5°、85°和 90°风偏角下的绕流场分

布和各断面的风荷载参数。

⑦通过三维耦合颤振稳定性分析可知，成桥和施工最大单悬臂状态下主梁的颤振临界风速均大于颤振检验风速，该桥颤振稳定性满足要求。

⑧采用弹簧振子模型对成桥状态主梁的涡激共振进行了分析，成桥状态 0°风攻角下，没有出现涡振，满足规范要求；最大单悬臂状态 0°风攻角下，没有出现涡振，满足规范要求。考虑到桥位附近为紊流风场，对涡振有一定的抑制作用，因此该桥出现涡振的可能性很小。

⑨通过风荷载分析，得到成桥状态不考虑导纳跨中竖向位移极大值为 21.5cm，极小值为 −43.1cm；考虑导纳跨中竖向位移极大值为 0.53cm，极小值为 −22.1cm。施工最大单悬臂状态不考虑导纳跨中竖向位移极大值为 32.3cm，极小值为 −57.2cm；考虑导纳跨中竖向位移极大值为 1.9cm，极小值为 −26.8cm。

3)抗震性能研究

(1)地震响应分析

地震响应分析采用动态时程分析法，所采用的地震动参数根据《红水河特大桥工程场地地震安全性评价》所提供的地震动参数，分别计算了 E1(对应 50 年超越概率 10%)、E2(对应 50 年超越概率 2%)作用下结构的受力状态。地震输入采用两种方式：纵向＋竖向；横向＋竖向。

竖向加速度的时程曲线与水平加速度的一致，加速度峰值为水平加速度峰值的 0.65 倍。主塔主要受力控制截面和 E1、E2 作用下各截面内力最大值如图 6.47 和表 6.25 所示。

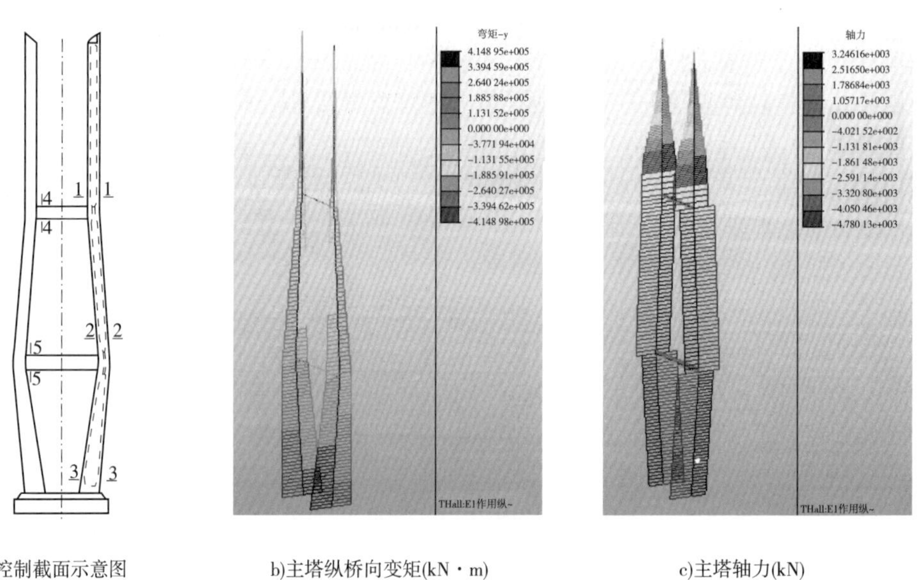

a)控制截面示意图　　b)主塔纵桥向弯矩(kN·m)　　c)主塔轴力(kN)

图 6.47　主塔控制截面内力图(纵向＋竖向)

E1 作用下梁端最大位移为 311mm，E2 作用下梁端最大位移为 724mm，梁端设计伸缩缝为 960 型，满足 E1 作用下的位移要求，但是不满足 E2 作用下梁端位移要求。通过对阻尼器参数进行优化，设置阻尼器后可有效减小梁端位移，并可改善结构受力。

由图 6.47 和表 6.25 中数据可知：地震力＋恒载作用下，主塔主要控制截面结构承载能力满足规范要求。

E1、E2 作用下各个控制截面内力最大值 表 6.25

类别 截面	E1 作用下各截面内力最大值				E2 作用下各截面内力最大值			
	纵向+竖向		横向+竖向		纵向+竖向		横向+竖向	
	轴力（kN）	弯矩（kN·m）	轴力（kN）	弯矩（kN·m）	轴力（kN）	弯矩（kN·m）	轴力（kN）	弯矩（kN·m）
1—1	4 632	76 860	2 521	88 844	12 221	160 881	6 264	141 092
2—2	4 638	223 636	12 886	89 516	12 253	534 779	21 042	148 684
3—3	4 780	414 898	213 279	341 997	12 842	853 624	329 051	680 088
4—4	301	1 402	242	123 486	797	3 412	486	168 699
5—5	799	21 438	431	138 583	2 130	43 912	1 063	265 677

（2）安全性评价

①地震资料基础。

a. 历史地震（$M \geqslant 4.7$）从以下资料中选取：

国家地震局灾害防御司编《中国历史强震目录》（公元前 23 年至公元 1911 年 $M_s \geqslant 4.7$，地震出版社，1995）。

中国地震局震害防御司编《中国近代地震目录》（公元 1912 年至 1990 年 $M_s \geqslant 4.7$，中国科学技术出版社，1999）。

《中国地震历史资料汇编》（谢毓寿、蔡美彪等，1983）1 ～ 5 卷。

中国地震台网中心《中国地震台网目录》（1970 年至 2011 年）。

b. 现代地震（$M \geqslant 2.0$）从以下资料中选取：

中国地震台网中心《中国地震详目》（1970 年至 2011 年）。

c. 地震震级和震中位置的确定：

对于 $M \geqslant 4.7$ 级以上地震，无仪器记录地震的震级，均由史料记载评定其震中烈度，再按震级—震中烈度经验关系换算出近似震级；凡有仪器记录的地震，其震级以仪器测定的为准。地震目录中 M_L 与 M 震级换算由公式 $M=(1.13 \sim 1.08)M_L$ 得到。对于震中位置，凡同时具有仪器震中和宏观震中的地震均取宏观震中。

通过表 6.26 中各震级档次数据统计可知，区域内地震活动频度较高，强度呈中等水平。

区域现代地震的各震级档次地震数统计（1970—2012 年 $2.0 \leqslant M \leqslant 4.6$） 表 6.26

震级档次	2.0～2.9	3.0～3.9	4.0～4.6
地震次数	300	26	9

②区域地震活动评价。

根据区域地震活动时空分布特征分析和未来地震趋势估计，区域地震活动性主要特点归纳如下：

a. 区域自有地震记载以来，共发生 M≥4.7 级破坏性地震 13 次。其中区域最早的地震记载是公元 1526 年 5 月 31 日贵州晴隆 M5 级地震，震中烈度Ⅵ度；最大一次地震为 1875 年 6 月 8 日贵州罗甸 M6 $\frac{3}{4}$ 级地震，震中烈度Ⅷ度；最近一次地震为 1998 年 4 月 16 日贵州荔波、广西环江交界 M4.9 级地震，震中烈度Ⅵ度。1970 年以来区域内共记录 M≥2.0 级现代小震 335 次。

b. 区域破坏性地震在空间上主要在贵州晴隆、贵定、罗甸等地，现代地震分布与破坏性地震空间分布总体特征基本一致，但又稍有差异，差异体现在贵州六枝、贞丰、荔波等地现代地震活动也比较密集。1970 年后地震平均震源深度约为 7.7km，属浅源地震。

c. 区域的震源机制解统计分析表明区域主压应力 P 轴方向主要为北西—北西西向，表明区域受北西—南东向的压应力。

d. 区域跨越长江中游地震统计区和右江地震统计区，所涉及的长江中游地震统计区活动有明显平静和活跃交替现象；右江地震统计区由于记载时间较短，地震活动没有明显起伏，难以划分活跃期与平静期。350 年最显著活动周期基本一致。未来 100 年，长江中游地震带以地震活跃期水平估计其地震活动趋势。区域具有发生较大中强地震的可能性。

③近场区地震构造环境。

工程近场区处于贵州高原向广西丘陵的过渡地带，地势由北向南缓缓降低，地貌形态以岩溶地貌为主要特色，地面高程一般为 500～1 000m，个别主峰可达 1 100～1 200m，相对高差 150～300m。区内主要河流为沿近场区北部向南注入珠江水系的打狗河，山岭与河流走向与构造高度吻合，背斜成山，向斜成谷，无一例外。河流沿向斜槽部发育，一般为深切峡谷。河流分水岭地带溶蚀强烈，地貌类型受岩性、构造控制明显，按其成因可将区内地貌大致划分为侵蚀构造、溶蚀构造、溶蚀和冲积四大类型。

工程场地位于一级大地构造单元扬子准地台之江南台隆内，区内地壳经过多次构造运动的改造，其中燕山运动是一次极为重要的造山运动，对工程区域的地质构造影响最为强烈，使区内新生代以前的地层普遍发生褶皱和断裂，从而奠定了现今所见的地质构造格架和地貌发育的基础。如图 6.48 所示。

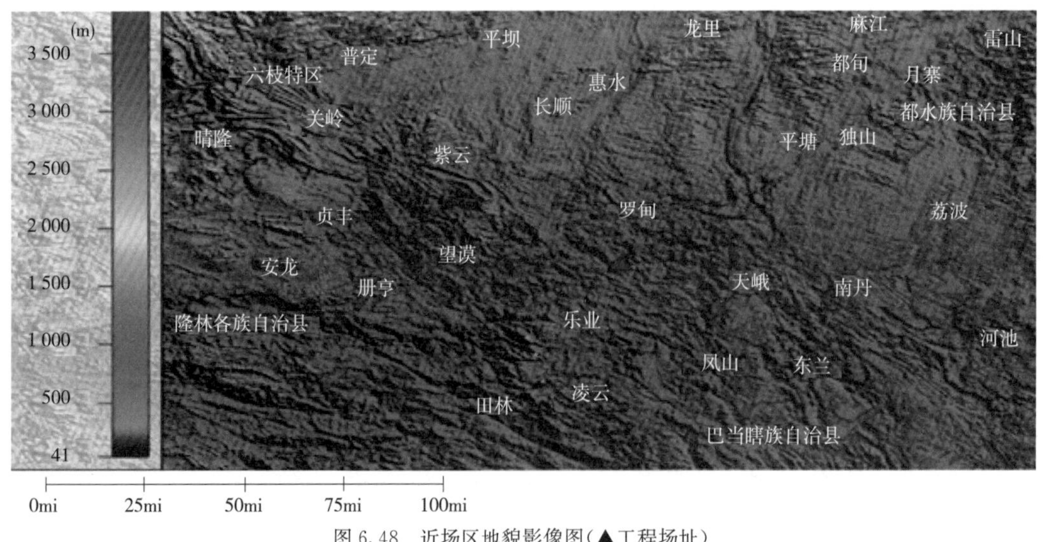

图 6.48　近场区地貌影像图(▲工程场址)

近场区内断裂走向大多呈北西向，次为北东—北东东向，该两组断裂卫星图片影像上反映清晰，其线性影像多密集成带。近场区的主要断层有北东向的沫阳断层、八茂断层以及北西向的百安—逻西断层、八南—长里断层、车赖—上甲断层、党明—桂花断层、近南北向的打郎断层等，第四纪以来表现出一定的活动性，其中百安—逻西断层上存在发生中强地震的构造背景。

区内近邻地带历史和现代地震活动呈中等水平，对工程场地的主要影响来自区域内外较大中强震，影响烈度达到Ⅳ度及以上的地震记载有18次，最大影响烈度为Ⅶ度。

④地震危险性分析。

采用《工程场地地震安全性评价》(GB 17741—2005)规定的地震危险性概率分析方法，对工程各场地的地震危险性进行分析计算。目前我国在地震安全性评价工作中使用的地震危险性概率分析方法，是结合我国地震活动时空不均匀性的特点，吸收我国地震中长期预测的大量科研成果，对一些关键的环节改进而形成。该方法有两个最突出的特点：第一，以考虑地震带未来地震活动水平趋势预测的地震活动性参数来反映地震活动的时间不均匀性；第二，以地震带及潜在震源区划分及其地震活动性的差异来反映地震活动的空间不均匀性。

根据划分潜在震源区的原则和方法以及区域内强震构造标志，在中国地震动参数区划图潜在震源区综合方案(2001)基础上，充分吸收该地区以往地震安全性评价成果，并参考了即将颁布的第五代区划的工作方案，对区域内影响较大的潜在震源区进行了复核。本桥共划分12个潜在震源区，具体参数见表6.27。

潜在震源区参数 表6.27

地震带	序号	面积(m^2)	震级上限	名称
长江中游地震统计区	1	5 654.3	6.5	贵定
	2	10 310	5.5	荔波
右江地震统计区	3	3 740	5.5	大峨
	4	10 599.8	5.5	河池
	5	5 664.8	5.5	凤山—大化
	6	4 520.3	7.0	望谟—乐业
	7	2 084.7	5.5	贞丰
	8	5 437.2	6.0	晴隆
	9	3 580.2	6.0	普安
	10	5 722.4	5.5	西林
	11	6 000.8	6.0	百色
	12	5 533	6.0	富宁—靖西

根据研究确定的潜在震源区、地震活动性参数及地震动参数衰减关系，利用地震危险性综合概率分析方法，进行各场点的地震危险性分析计算。根据国家标准《工程场地地震安全性评价》(GB 17741—2005)和《公路桥梁抗震设计细则》(JTG/T B02-01—2008)的相关要求，以下给出50年超越概率63%、10%、2%和100年超越概率63%、10%、3%的地震危险性分析结果。

a.基岩水平向峰值加速度计算结果。

经地震危险性概率分析计算，并进行地震动衰减关系的不确定性校正，得到本工程场地的基岩水平向峰值加速度超越给定值的概率(图6.49)及相应超越概率水准的峰值加速度

(表 6.28)。其中,起主要贡献作用的潜在震源区是贵定、望谟等潜在震源区,其他潜在震源区的贡献相对较小。

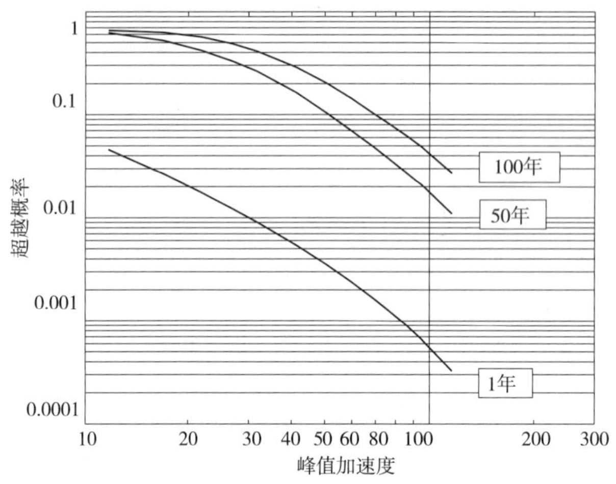

图 6.49 基岩水平向峰值加速度超越概率曲线

不同超越概率下基岩水平向峰值加速度(PGA) 表 6.28

超越概率	50 年 63%	50 年 10%	50 年 2%	100 年 63%	100 年 10%	100 年 3%
PGA(g)	18.3	53.6	104.2	24.3	69.4	128.6

b. 基岩水平向加速度反应谱计算结果。

不同超越概率水平下各场地基岩水平向加速度反应谱(阻尼比 0.05)的计算结果曲线见图 6.50。

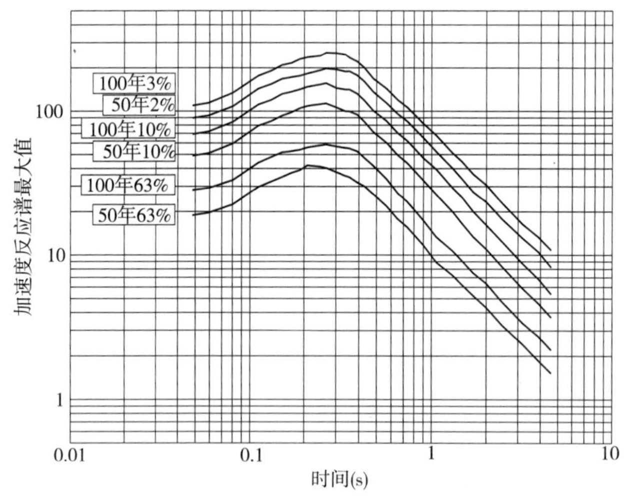

图 6.50 基岩水平向加速度反应谱曲线

⑤结论。

a. 工作所在区域跨越长江中游地震统计区和右江地震统计区,所涉及的长江中游地震统计区活动有明显平静和活跃交替现象。未来 100 年,长江中游地震带以地震活跃期水平估计其地震活动趋势区域具有发生较大中强地震的可能性。

b.工程所在区域主要涉及扬子准地台。在近南北、北西和北东向断层,近东西断层与北东、北西向构造交汇部位,及右江断裂带具备发生6级左右地震的构造背景条件。

c.工程场地位于一级大地构造单元扬子准地台之江南台隆内,区内地壳经过多次构造运动的改造。对工程场地的主要影响来自区域内和区域外较大中强震,影响烈度达到Ⅳ度及以上的地震记载有18次,最大影响烈度为Ⅶ度。

d.工程场地基岩地震危险性分析计算结果表明:对场址影响最大的潜在震源区是贵定源、望谟源。

e.工程场地发生大型滑坡、泥石流、崩塌、砂土、液化及软土震陷等不良地质灾害的可能性较小。经调查,场地内没有发现明显大规模活动性断层经过。场地内库岸再造易形成覆盖层及强风化表面破碎部分坍滑、碎落,在工程建设中产生的边坡也存在一定的危害,需在施工中加以防治。

4)边跨主梁顶推施工

红水河桥主桥为飘浮双塔双索面半混合式叠合梁斜拉桥,中跨及贵州岸边跨主梁采用钢梁与混凝土桥面板共同受力的叠合梁,广西岸主梁边跨采用混凝土π形梁。主塔采用薄壁空心花瓶形索塔,辅助墩为空心薄壁墩。主梁的架设顺序为先边跨后中跨,贵州岸边跨采用顶推法施工,广西岸边跨采用现浇法施工,中跨部分采用单悬臂法施工,安装方法为缆索吊装。

叠合梁顶推法施工在贵州尚属首次,以下重点介绍贵州岸边跨主梁的施工方案。

(1)结构形式

红水河特大桥钢主梁为等截面钢-混凝土叠合梁结构。叠合梁全高3.08m,全宽27.7m,钢梁材质为Q370qD,为主纵梁、钢横梁、小纵梁组成的双主梁梁格体系,如图6.51所示。全桥共计182道横梁,横梁顺桥向基本间距2.5m,跨中梁高2.8m,采用工字形断面,顶板后24mm,底板厚28mm,腹板厚16mm。全桥主纵梁按顺序划分为ZL1~ZL65共计65个节段。

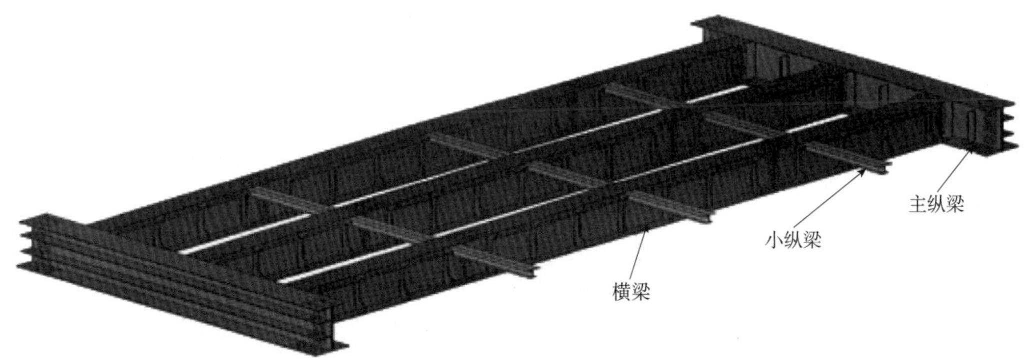

图6.51 叠合梁钢主梁标准节段结构图

贵州岸边跨及主塔上梁段ZL1~ZL22采用顶推法施工,总长为236.78m,其中:ZL1为6.375m一个节段,ZL2~ZL7为11.25m一个节段,ZL8为11.4m一个节段,ZL9~ZL18为11.55m一个节段,ZL19和ZL21为7.7m一个节段,ZL20为9.05m一个节段,ZL22为11.55m一个节段。

(2)顶推方案设计

①主梁顶推施工总体方案。

主梁顶推施工流程如图 6.52 所示。

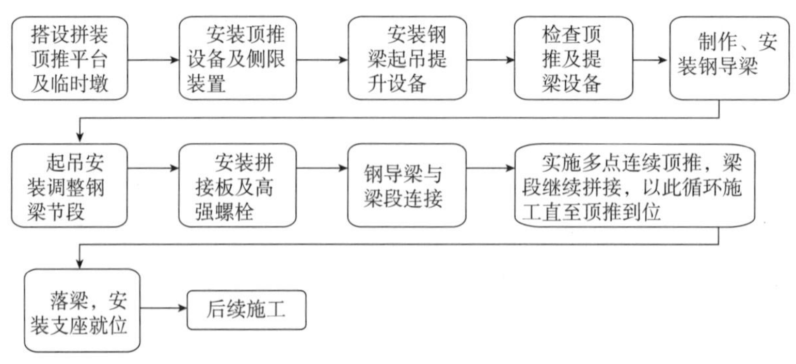

图 6.52　主梁顶推施工流程图

贵州岸边跨钢主梁安装采用多点同步顶推工艺，其原理是：利用多个支墩作为施力点，安装水平千斤顶，每墩上水平千斤顶施力的大小根据桥墩上所受梁体滑动摩擦阻力大小而确定，千斤顶施力与摩擦阻力基本平衡，梁体能在滑板和不锈钢滑道板组成的滑道装置上以较小的摩擦系数向前移动，柔性桥墩基本不承受或承受较小水平力。水平顶推力分散到各个桥墩、桥台上，各千斤顶出力大小按摩阻力大小变化幅度，逐级升压，缓慢对梁体施力，所有的千斤顶同步工作。具体工艺如下：

a. 在路基路段修建组拼场地及拼接顶推平台，施工龙门吊轨道基础，安装一台 150t 龙门吊和一台 50t 龙门吊。

b. 在桥台与主墩之间设置若干临时墩，作为顶推滑道支点，安装顶推千斤顶。

c. 钢梁按设计图纸在专业钢结构加工厂加工成散单元，单节钢梁拼装主要包括主纵梁、小纵梁和横梁，预拼验收合格后运至现场，在组拼场拼装成整体节段后，利用龙门吊转运至存梁区涂装储存。

d. 安装时利用 150t 龙门吊提升安装节段至拼接顶推平台上，从 ZL22～ZL1 按编号“先大后小”的顺序分节段在平台上拼装成形。拼接顶推平台每次可拼接不大于 50m 总长的梁段，每次拼接完成后沿滑道梁顶推出去，继续进行后续节段的拼接。首次拼装段为钢导梁、ZL22、ZL21 及 ZL20 节段。

e. 钢梁拼接好后，采用多点顶拉方式将已接长的钢梁顶推出去，然后拼装、顶推后续节段钢梁。根据顶推跨设置，每拼装 1～3 节顶推一次。

f. 重复完成步骤 e，直到整体顶推到位。

②钢梁拼装场地布置。

主桥钢梁拼装场地位于 ZK113＋265～ZK113＋390 段主线上(含路基及中桥)，整个场地分为组拼场与拼接顶推平台两大块断面图如图 6.53 所示。组拼场位于红水河中桥桥面及路基 ZK113＋265～ZK113＋340 段，主要用于将钢梁运输节段组拼成边跨顶推节段并预存放；拼接顶推平台位于前半段路基 ZK113＋340～ZK113＋390 段，与红水河特大桥引桥0 号台衔接，与组拼场基本同在路线走向上，高程比组拼场低约 3m，拼接顶推平台轴线与钢梁设计轴线一致。顶推场地配备一台 150t 龙门吊和一台 50t 龙门吊，主要用于将钢梁运输节段在组拼场逐节拼装成型，并调运至拼接顶推平台拼接接长实施顶推。

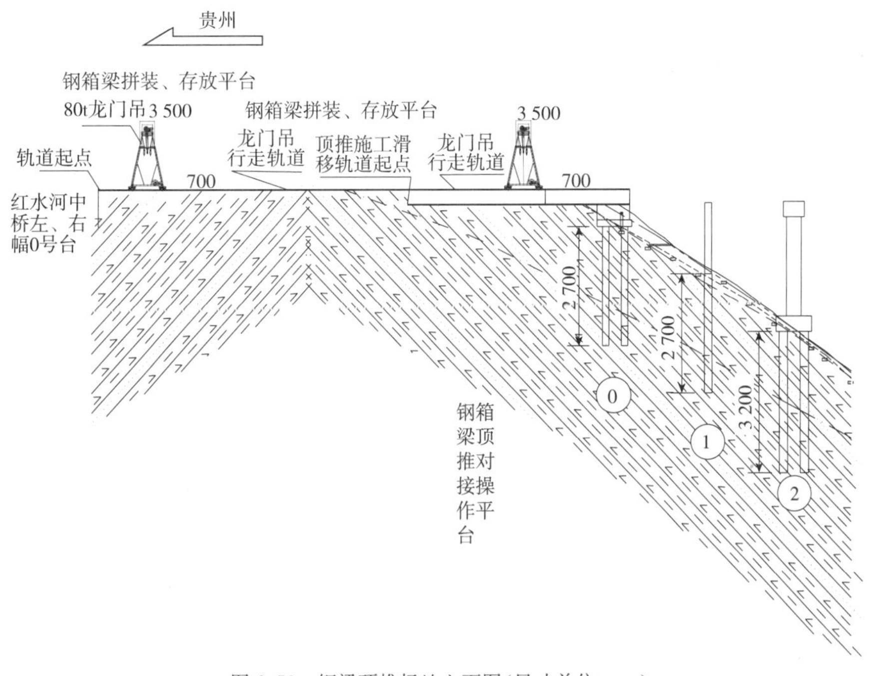

图 6.53　钢梁顶推场地立面图(尺寸单位:mm)

③顶推临时墩。

红水河特大桥钢梁顶推施工除利用大桥设计上固有的辅助墩和过渡墩作为顶推墩外，另设 4 个临时墩，2 号墩～3 号墩间设临时墩 L1，墩跨为 22m 和 35m；3 号墩～5 号墩间设临时墩 L2、L3、L4，墩跨均为 39m。临时墩布置如图 6.54 所示。

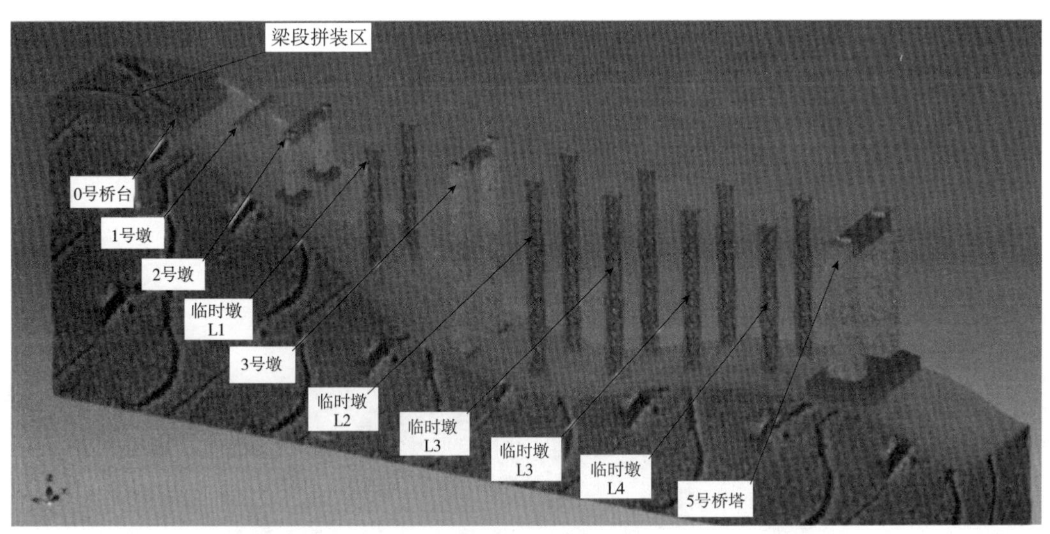

图 6.54　贵州岸边跨临时墩布置图

④导梁。

为了减少顶推运行的内力，在主梁的前端设导梁。导梁主体结构为两个变截面工字形钢板梁，根部连接于钢主梁 ZL22 预留接头上，水平间距 25.2m，两钢板梁之间采用角钢桁架结构连接。钢板梁根部高度与钢箱梁预留接头高度相同，为 2.92m，钢板梁前端高度 1.2m。钢导梁构造图如图 6.55 所示。

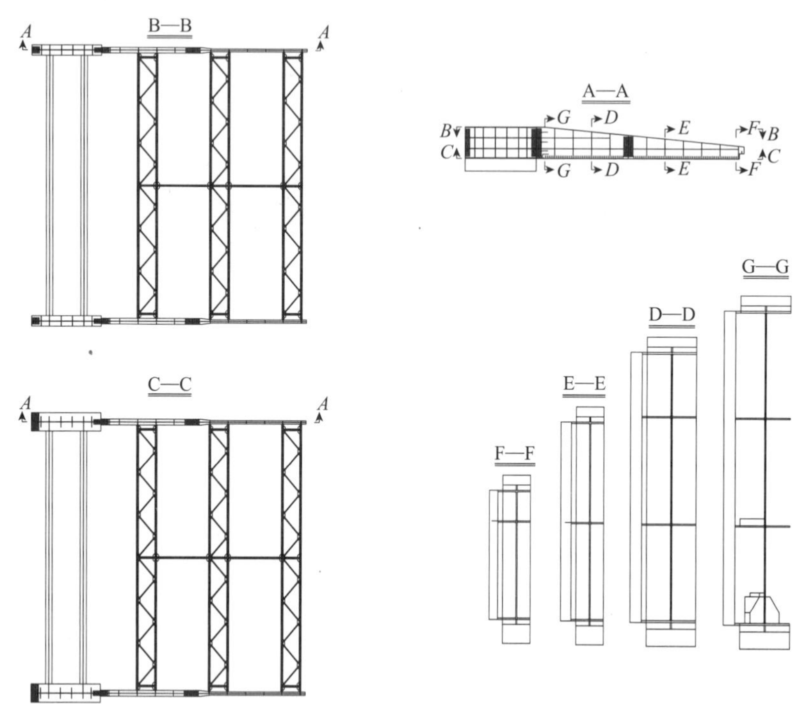

图 6.55 钢导梁构造图

⑤顶推辅助装置。

a. 滑道梁。

滑道梁是顶推施工时布置在各支承墩顶（永久墩和临时墩）上具有承重及滑动功能的支承装置。根据不同的支承墩结构，滑道梁分为拼接顶推平台滑道梁（图 6.56）、过渡墩及辅助墩滑道梁（两者合称永久墩）（图 6.57）与临时墩滑道梁（图 6.58）。

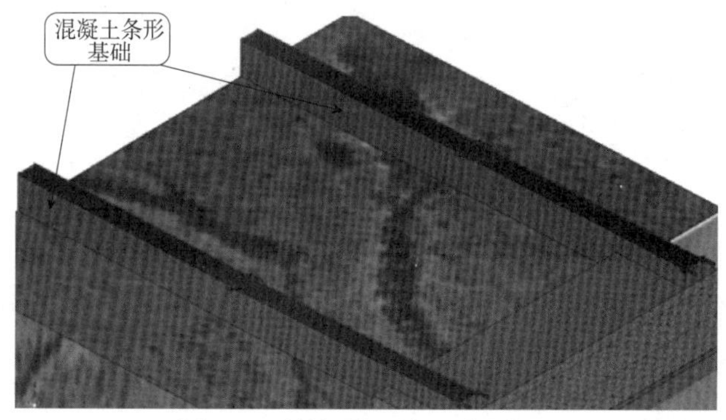

图 6.56 拼接顶推平台滑道梁结构

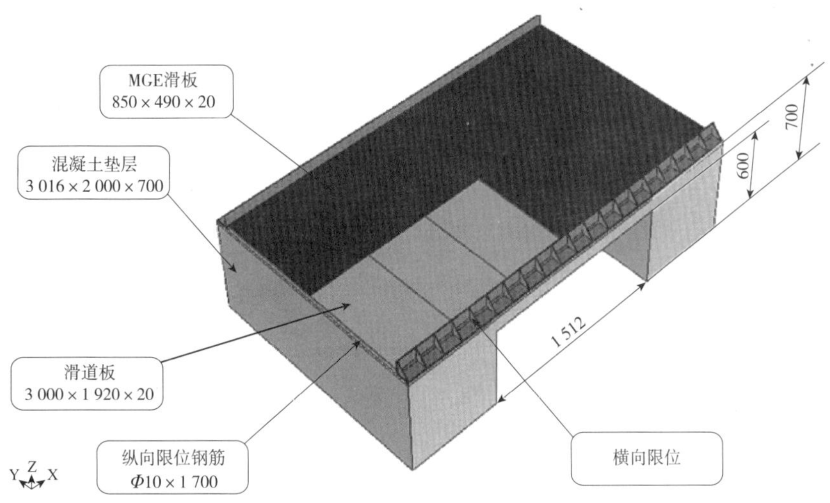

图 6.57　永久墩滑道梁结构(尺寸单位:mm)

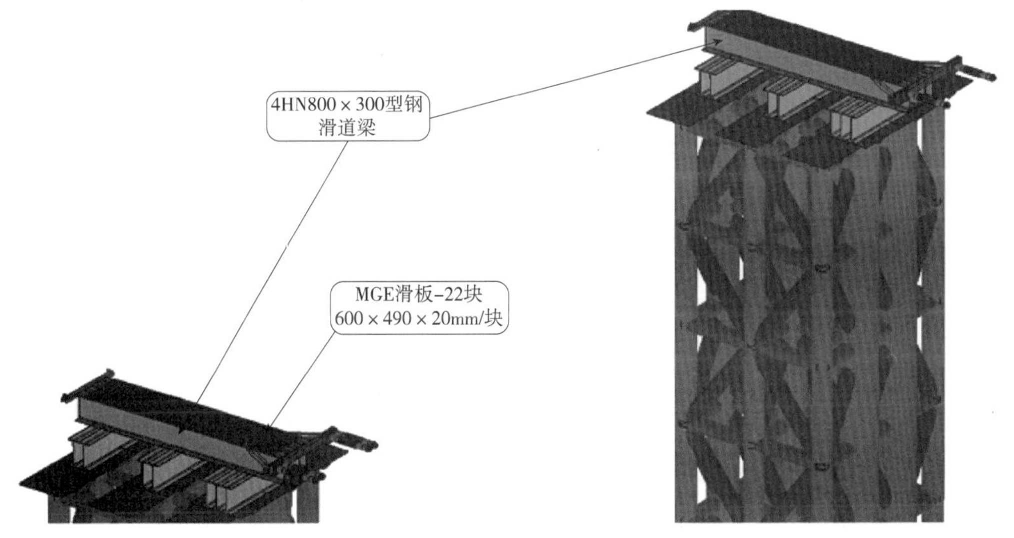

图 6.58　临时墩滑道梁结构

b.滑板(走板)。

钢梁在滑道上移动时,为保证其在滑道上平稳前进,需要在滑道梁与钢梁之间安放滑板(走板),滑板与钢梁一起前移,与滑道梁上的滑面形成摩擦副。带孔滑板、带橡胶滑板、拼接顶推平台滑板结构如图 6.59～图 6.61 所示。

c.牵引位置和牵引装置。

a)顶推千斤顶反力架。

在每个顶推墩滑道梁的靠前进方向一侧(中跨侧)的端部焊接安装千斤顶反力架,千斤顶安放在反力架上作为施力点,通过千斤顶的施力提供钢梁前行的拉力。每个滑道梁上安装一对反力架,每个顶推墩上有两对反力架。千斤顶反力架结构如图 6.62 所示,拼装平台千斤顶安装如图 6.63 所示,永久墩千斤顶安装如图 6.64 所示,临时墩千斤顶安装如图 6.65 所示。

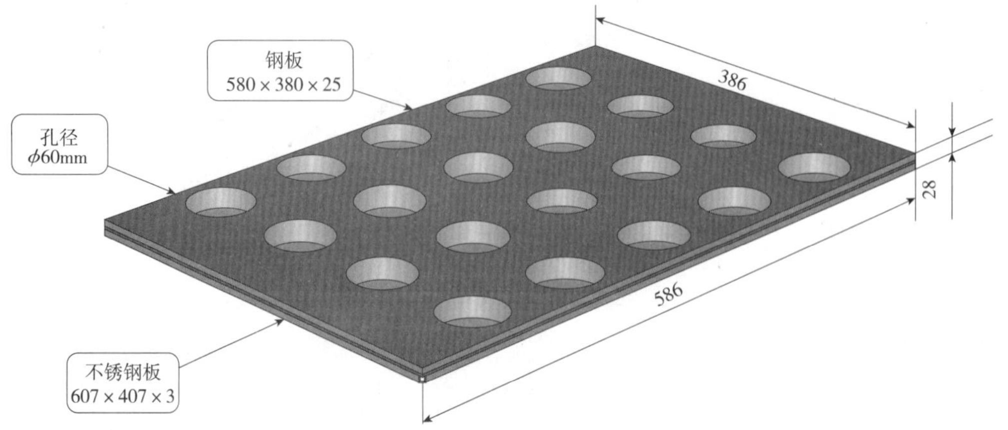

图 6.59　带孔滑板结构(尺寸单位:mm)

图 6.60　带橡胶滑板结构(尺寸单位:mm)

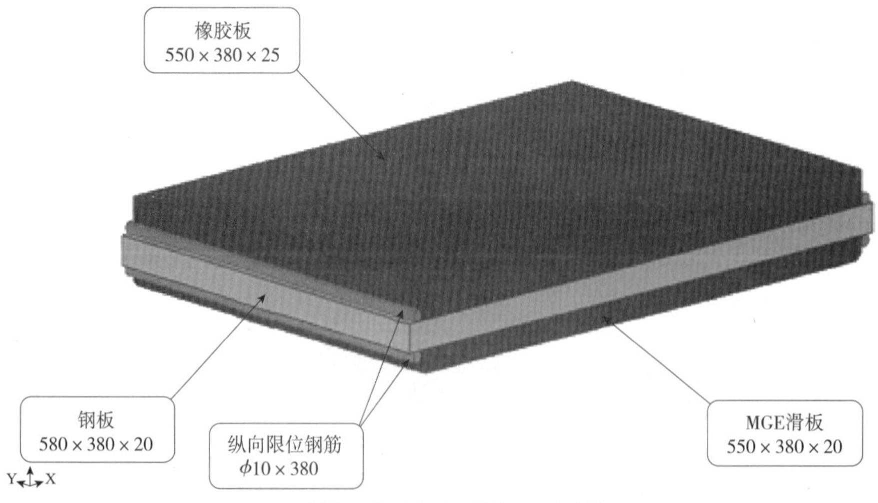

图 6.61　拼接顶推平台滑板结构(尺寸单位:mm)

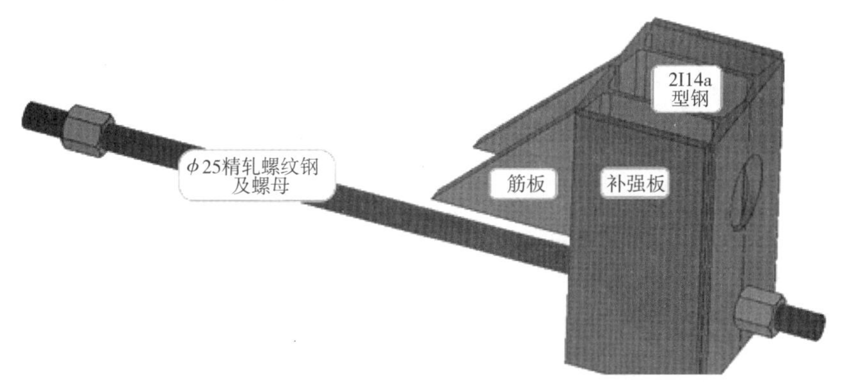

图 6.62 反力架结构图

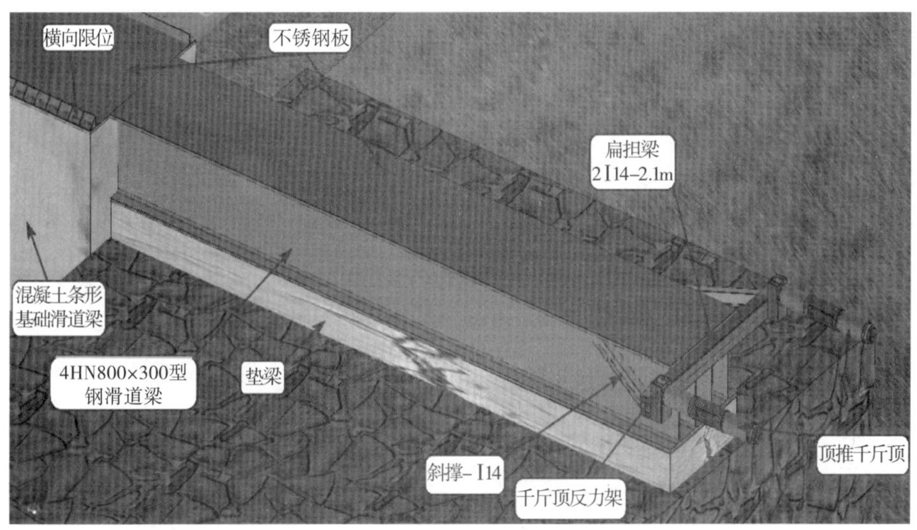

图 6.63 拼装平台千斤顶安装图

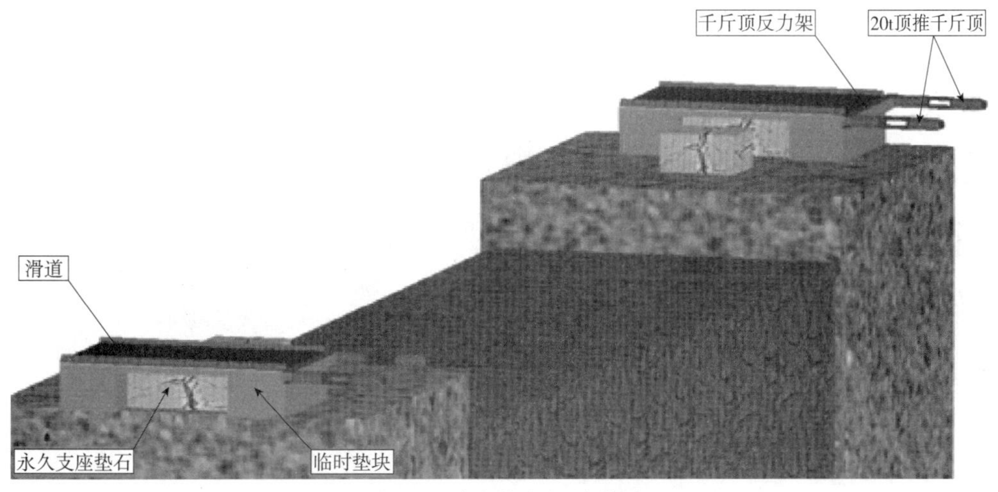

图 6.64 永久墩千斤顶安装图

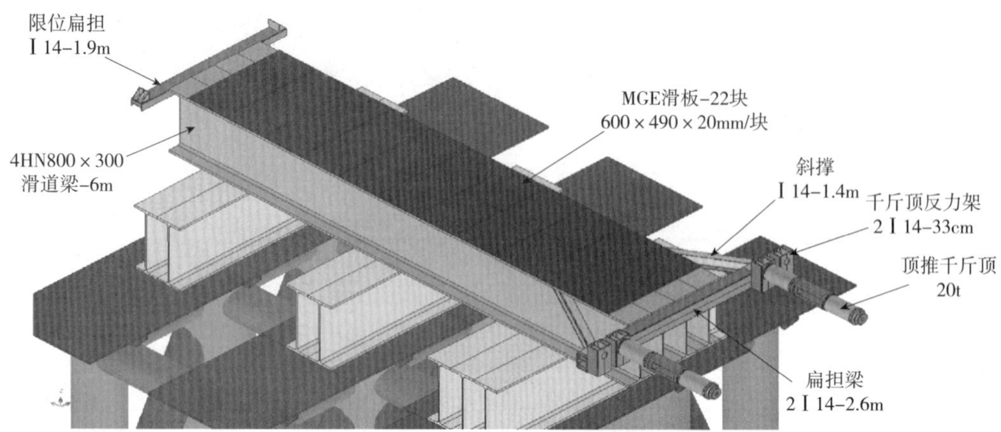

图 6.65 临时墩千斤顶安装图

b)拉锚器。

为了能够将各顶推墩千斤顶张拉力传递至钢梁,设计一个传力装置,即拉锚器。每个顶推跨内钢主梁的两侧纵梁下各安装一对拉锚器,与前方相邻的反力架相对应。拉锚器结构如图 6.66 所示,拉锚器安装如图 6.67 所示,尾梁拉锚器安装如图 6.68 所示,边跨顶推施工布置如图 6.69 所示。

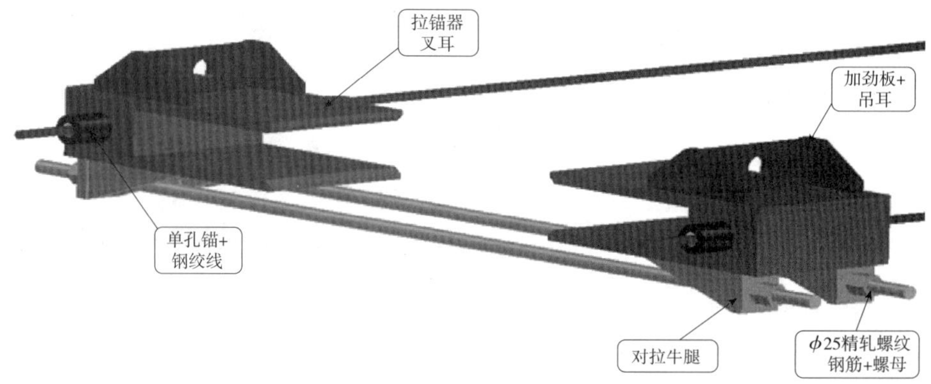

图 6.66 拉锚器结构图

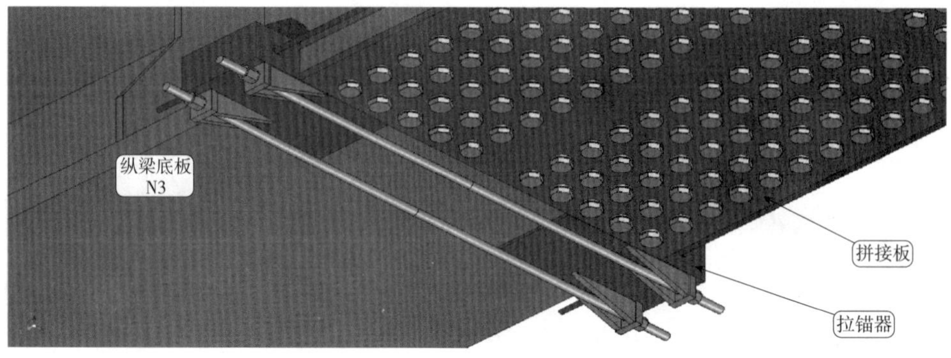

图 6.67 拉锚器安装图

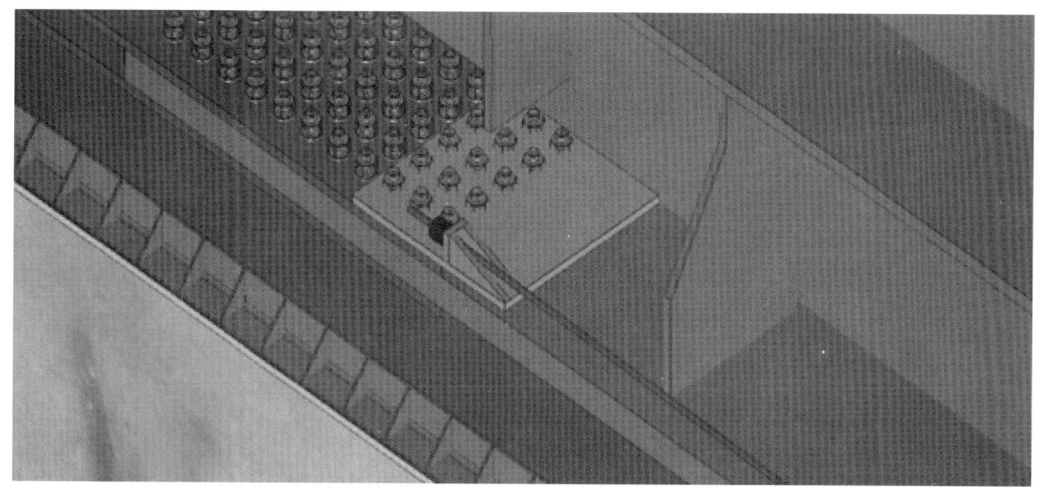

图 6.68 尾梁拉锚器安装图

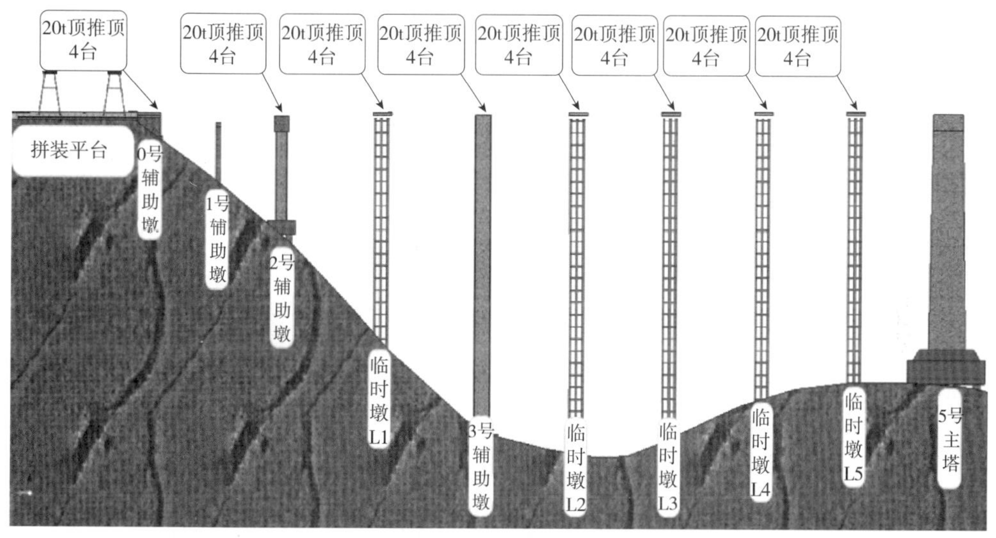

图 6.69 边跨顶推施工布置图

⑥多点自动连续顶推系统。

多点自动连续顶推是以专用的自动连续千斤顶每墩一套安置在顶推工作线上工作的顶推。自动连续千斤顶由两台行程为 200mm 的穿心式千斤顶串联而成，前后千斤顶均设有自动工具锚及行程开关，并设有双油路的自动顶推油泵。千斤顶工作时通过 6 个行程开关指挥联体千斤顶交替工作和回程，通过自动工具锚夹紧钢绞线牵引梁体在滑道上均匀连续无停顿的前移。

顶推点的布设按顶推方向顺序，拟在 0 号桥台、2 号墩～临时墩 L4 共布置 7 组，每组分上下游各布置 2 台 20t 级连续顶推千斤顶，另增加 4 台作为顶推力不足时使用(共 32 台)，而每组顶推点由一台液压泵站进行控制(共 8 台)，主控系统(共 1 台)设置在 0 号桥台处。

自动连续顶推千斤顶结构如图 6.70 所示，ZTB15×2 泵站液压原理如图 6.71 所示，QK-DT(BP)-2-20 控制系统网络如图 6.72 所示，QKDT(BP)-2-20 控制系统连线如图 6.73 所示。

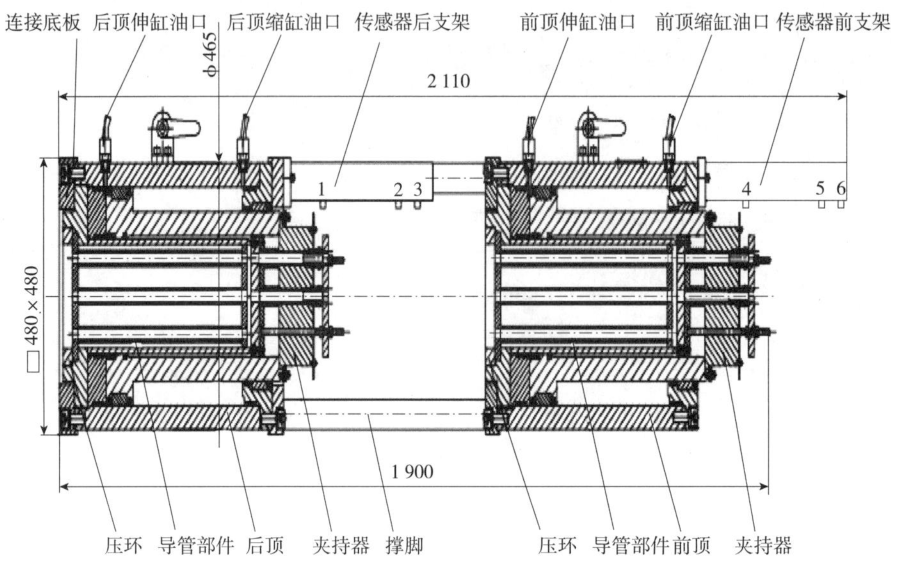

图 6.70　自动连续顶推千斤顶结构图(尺寸单位:mm)

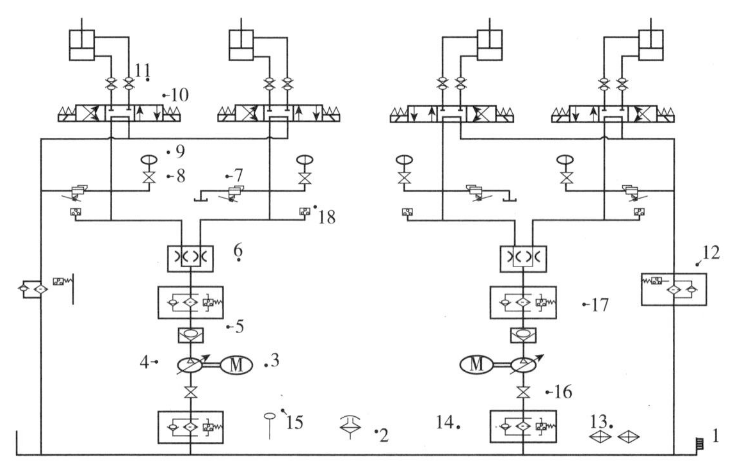

图 6.71　ZTB15×2 泵站液压原理图

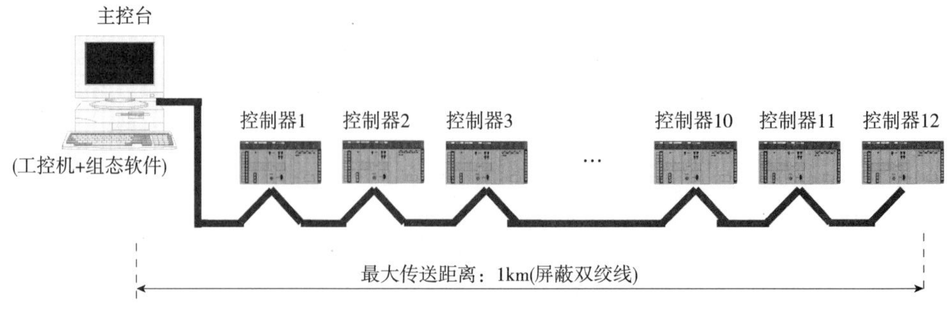

图 6.72　QKDT(BP)-2-20 控制系统网络图

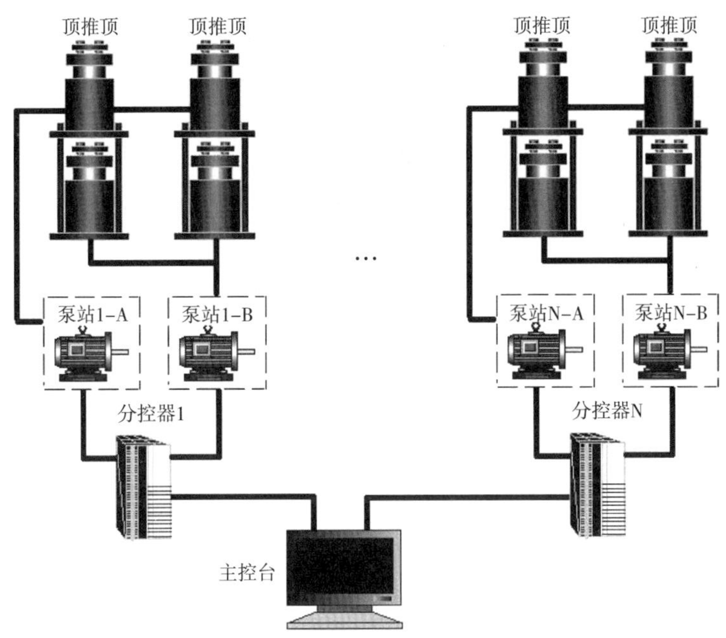

图 6.73 QKDT(BP)-2-20 控制系统连线图

(3)钢梁顶推施工

①钢梁顶推施工工艺及流程。

顶推工序流程如图 6.74 所示。

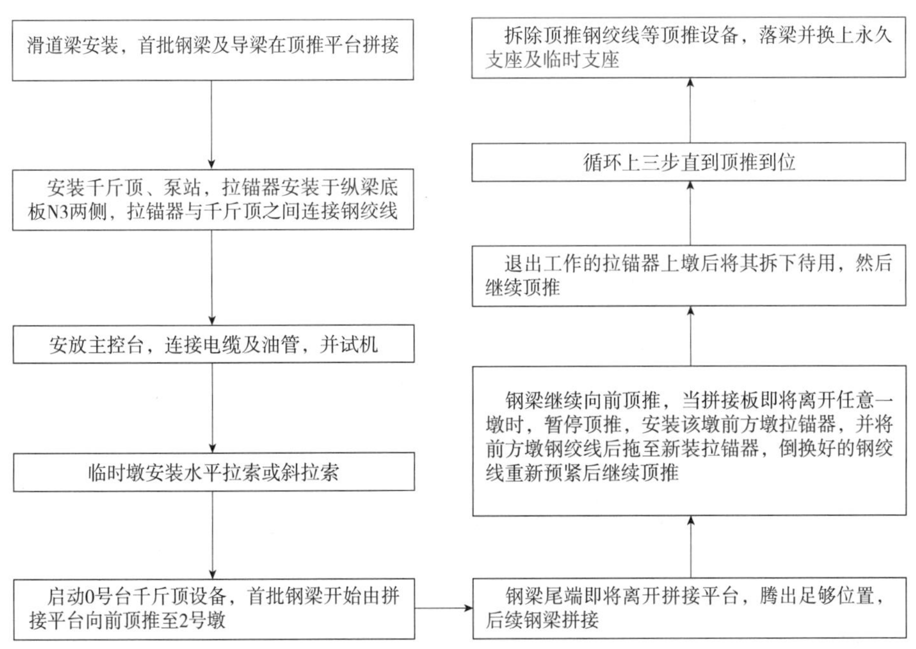

图 6.74 顶推工序流程图

②钢梁顶推顺序。

拼接平台滑道梁顶面按一定间距垫放枕木作为临时支点，钢梁尾端部及导梁中部处滑道梁上放置 MGE 滑板。钢梁首次在拼接平台拼接钢导梁及 ZL22、ZL21、ZL20 节段，长度分别为 22m、11.55m、7.7m、9.05m，导梁加 3 个节段总长 50.3m，总重 397.6t。从 0 号台开始依次将已组拼成整节段的导梁及 ZL22、ZL21、ZL20 的钢主梁安置于滑道梁上，拼接完成后移除临时支点枕木，只保留 MGE 滑板作为支点。在 0 号台身上下游处滑道梁的两侧各布置 20t 级连续千斤顶一台，共 4 台，纵梁尾端底板接头拼接板两侧安装拉锚器共 4 副，各拉锚器和 0 号台身处对应千斤顶用单根钢绞线相连，千斤顶和泵站接通，连接电缆及油管，安放主控台，即可实施顶推。由于 1 号墩最外侧墩柱间距为 21m，而钢梁两根主梁间距 25.2m，因此不利用 1 号墩作为支承墩。首次钢梁顶推跨为 0 号台～2 号墩，顶推跨度 40m，为单点顶推，顶推墩为 0 号台。贵州岸边跨钢梁顶推过程共需要跨越 7 个桥跨，顶推分 7 个阶段进行。各阶段顶推参数如表 6.29 所示。

各阶段顶推参数表　　表 6.29

参数 阶段	钢梁顶推前方墩跨及跨度(m)	顶推钢梁节段编号	导梁＋钢梁总长(m)	导梁＋钢梁总重(t)	理论摩擦力总和(t)	千斤顶数量及顶推能力(t)
(一)	(0 号～2 号)/20	ZL19～ZL22	58	497.1	50	4×20＝80
(二)	(2 号～L1 号)/22	ZL17～ZL22	81.1	755.0	76	8×20＝160
(三)	(L1 号～3 号)/35	ZL14～ZL22	115.75	1 140.1	114	12×20＝320
(四)	(3 号～L2 号)/39	ZL12～ZL22	138.85	1 397.4	140	16×20＝320
(五)	(L2 号～L3 号)/39	ZL8～ZL22	184.9	1 921.5	193	20×20＝400
(六)	(L3 号～L4 号)/39	ZL5～ZL22	218.65	2 472.7	248	24×20＝480
(七)	(L4 号～5 号)/39	ZL1～ZL22	258.775	3 232.7	324	28×20＝560

③自动连续千斤顶的施力控制。

根据顶推过程顶推墩的竖直反力的特点，每个顶推阶段各顶推墩可分为首墩、主力墩、一般墩。首墩是最靠近导梁的顶推墩，墩上竖直反力和摩阻力不断变化；主力墩是拼接顶推平台的第一个施力墩 0 号台，该墩千斤顶力可在足够大范围内调整；一般墩是除首墩和主力墩以外的墩，这些顶推墩的荷载、主梁的滑动阻也相对稳定。

所有的连续千斤顶的油泵均由主控台控制，各千斤顶施力控制方法如下：

a. 首墩，按变化的垂直荷载、静摩擦系数，并结合对桥墩位移值的观测，操作人员手动调整油泵压力控制施力。

b. 一般墩，按基本不变荷载及动摩擦系数确定顶推力，通过油表进行调整。

c. 主力墩，所有墩均按动摩擦力系数施力后，仍不能滑移时，再手动调整主力墩上油泵压力作补充，以克服静摩阻力，使钢梁能均匀缓慢地滑动前移。

④导向及纠偏。

顶推时，为了确保钢梁在滑道上沿着既定的方向前进，在滑道上安装导轨，按钢梁的纵梁底板最大宽度各边预留约 5cm 空隙，用型钢焊接在滑道的两侧，导轨与纵梁底板侧面相对的一面镶嵌 MGE 板。当需要调整主梁轴线时，在一边的导轨与主梁的空隙中放进一楔形铁块，铁块一面焊接不锈钢板，与导轨接触，另一面为粗糙面，与钢梁底板接触，由于 MGE 板与不锈钢板之间的摩阻力较小，而梁体与粗糙钢板之间的摩阻力较大，梁体必将带着铁块随着梁体向前滑移，迫使梁体按要求横向移动调整梁的轴线。

导向轮纠偏器(图 6.75)由千斤顶与导向轮组成，安装在反力架上，千斤顶调整导向轮与主梁底板侧面的距离，纠偏时，在一边导向轮与梁侧之间加塞不同厚度钢垫板使梁向前滑动。

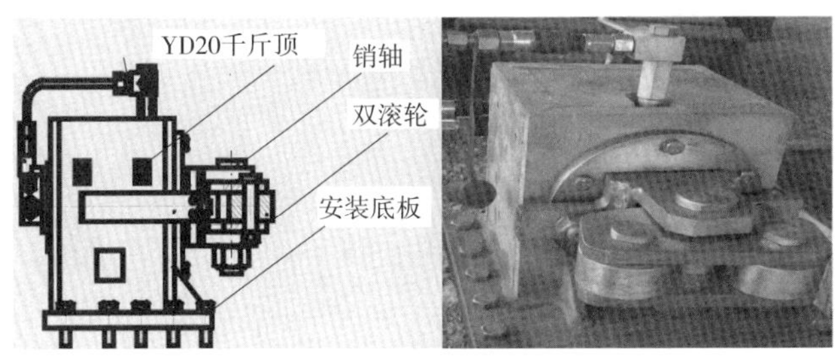

图 6.75 导向轮纠偏器

顶推时，做好横向偏差的观测，主要观测主梁和永久墩的弹性横向位移。纠偏器装在拼接平台 0 号台处的滑道的两旁，成对固定安装，以控制每段梁尾的横向位置；在梁的前进方向设置两对纠偏装置，可用 10t 手拉葫芦作为纠偏装置在前进墩拉导梁，纠偏装置视梁的行进交替前移。

⑤墩顶位移检测控制。

0 号台及 5 号主塔之间通长拉设水平钢绞线，布置在各墩滑道梁的内侧，墩顶上挑出槽钢，槽钢上安装导向滑轮对钢绞线进行横桥向及竖直向限位，钢绞线能纵向自由滑动。槽钢的前后位置钢绞线上各安装一个微动开关，微动开关触点与槽钢距离设定为墩顶的安全位移，微动开关电源回路接到总控柜急停按钮处，当墩顶发生位移超出设定的安全值，触点与槽钢相撞，检测值超过容许值，整套系统紧急停机。墩顶位移检测装置如图 6.76 所示。

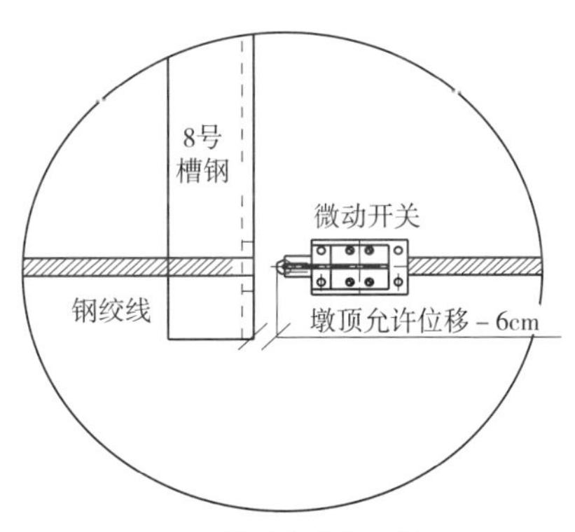

图 6.76 墩顶位移检测装置

⑥拉锚器及钢绞线。

a. 拉锚器靠墩最近距离。

顶推张拉过程钢绞线与千斤顶夹角控制不大于 3°，拉锚器中心与千斤顶中心偏心距 15cm，经计算当拉锚器距离顶推千斤顶水平距离为 3m 时，钢绞线与千斤顶夹角为 3°，故拉锚器与千斤顶水平距离必须要大于 3m。

b. 拉锚器及钢绞线倒换。

对于每一顶推墩而言，当该墩的相邻后方墩上的钢梁拼接板后端已经移出滑道即将离开墩时，且此时该墩拉锚器与该墩的千斤顶距离接近最小的距离 3m 时，在后方墩前侧平台上重新安装前方墩拉锚器并将原来的钢绞线及单孔锚拆除倒换至新安装的拉锚器(图 6.77)。此举是为了方便在后方墩平台上安装前方墩的拉锚器，无须高空操作，提高顶推效率。

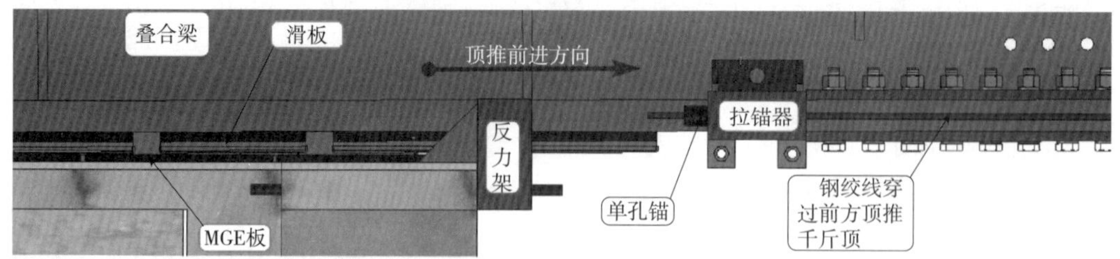

图 6.77　拉锚器及钢绞线倒换

c. 拉锚器及钢绞线拆除。

已拆除钢绞线及单孔锚的拉锚器到达该墩时，因拉锚器不能通过墩上滑梁，应及时拆除，并留待下次安装。此操作在墩上平台即可完成。钢绞线及单孔锚拆除后的拉锚器如图 6.78 所示，拉锚器拆除后示意图如图 6.79 所示。

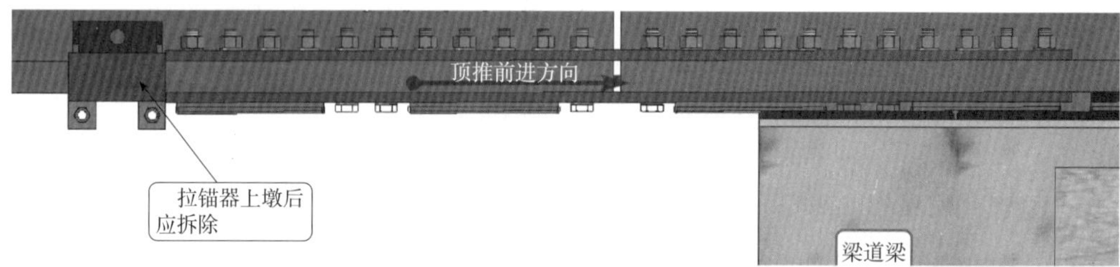

图 6.78　钢绞线及单孔锚拆除后的拉锚器

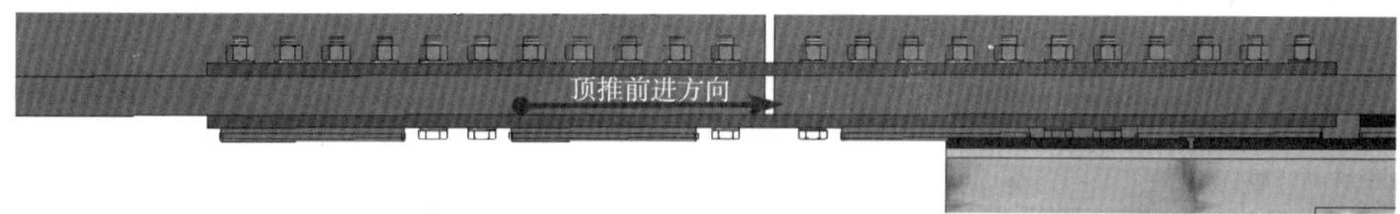

图 6.79　拉锚器拆除后示意图

⑦落梁。

顶推过程梁底高程与设计高程一致，顶推到位后逐个墩上利用竖直千斤顶将钢梁顶起(约 10mm)，只需抽出垫石面上的滑道钢板、MGE 滑板及滑板等临时部件，即可换上与滑动装置等高度的支座，实现单个支座更换，无须整体抬升落梁。过渡墩、辅助墩及主墩换上设计要求的永久支座装置，临时墩换上临时支座，完成落梁工作。

⑧顶推施工操作要点。

a. 根据各施工阶段计算分析得出各墩顶支反力，从而确定顶推力，以满足受力、变形和稳定的要求。根据各墩顶的支反力计算出摩阻力，摩阻力分静摩阻力和动摩阻力，分别对应钢梁顶推启动状态和正常前行状态，摩擦系数可以根据试验得出，无试验资料可查阅相关资料。

b. 在顶推过程中要尽量做到连续不间歇顶推完成。在顶推过程中，要实时调整顶推力，即“实时调压”。每次顶推前都必须清洗滑道。

c. 加强对墩顶的水平位移的观测，保证偏移量不超过设计允许值。在顶推过程中，各施力点要有专人检查，发现问题及时报告，有特殊情况立即停止顶推。

d. 鼻梁到达前方墩顶滑道后顶推暂停，用千斤顶顶起鼻梁支点，千斤顶下垫滑板，顶推一段距离且钢梁在滑道上方后支点垫好滑板，撤千斤顶继续顶推。

e. 顶推过程中的纠偏：纠偏是在顶推过程中进行的，在钢梁前进的同时，利用链滑车或者千斤顶给钢梁施加横向力，来达到纠偏的目的，在纠偏的过程中要加强钢梁轴线的观测。

6.2.4　耐久性设计

1)红水河大桥桥区腐蚀的主要因素

红水河大桥桥区腐蚀的主要因素：雨水较多，空气湿度大。

2)混凝土防腐蚀的主要措施

①适当提高混凝土中钢筋的保护层厚度。

②严格按有关规范控制裂缝宽度。

③采用高性能混凝土，提高混凝土的密实度、抗渗性。

④混凝土外涂层。本桥混凝土外涂层方案建议：混凝土桥墩、桥台采用涂装无机渗透结晶材料进行保护；对于主塔及混凝土梁，考虑到变形及美观的需要，采用柔性氟碳涂料。

3)拉索及其他钢构件防护

在桥面铺装完成后进行拉索、拉索防护罩、拉索锚具、锚垫板及检查走道等钢构件的防腐工作，防腐施工要求在晴朗的天气条件下进行，严禁在下雨天或阴雾天气进行施工，并要确保施工后 8h 内免遭雨雪，以免损坏防腐层。

4)钢梁防腐

推荐方案中，主梁中跨采用钢丰梁，检修道采用钢板，因此采取合适的钢梁防腐措施是确保结构在设计、使用寿命年限内正常使用的重要环节。

本桥拟采用重防腐油漆涂料保护方案，具体如下：

方案一：电弧喷铝 200μm；环氧云铁封闭漆 1 道，30μm；环氧云铁中间漆 1 道，70μm；环氧云铁中间漆 1 道，70μm；脂肪族聚氨酯面漆 2 道，2×40μm。方案二：环氧富锌底漆 2 道，2×40μm；环氧云铁中间漆 1 道，40μm；氟碳面漆 3 道，3×35μm。

以上两种方案，钢梁涂装方案耐久性均较好，价格较贵，方案一对基层处理要求较高，施工相对复杂；方案二对基层处理要求不高，施工相对简单。在施工图设计中，将对钢梁防腐涂装做进一步研究，选出适合本桥的方案。

5)检修、养护设施

桥面两侧各设置 1 条 75cm 桥面检修道，边孔和中孔主梁梁下均弦设置移动式检查车，装备移动式和固定式液压工作平台，主塔内设置检修爬梯，如图 6.80 所示。

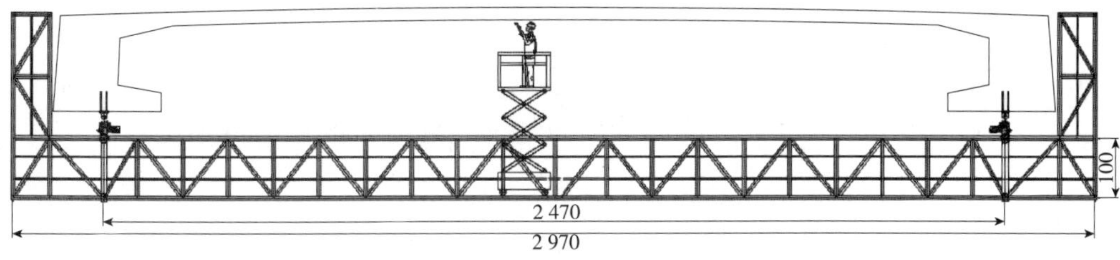

图 6.80　主桥检查车示意图(尺寸单位：cm)

6)原材料要求

桥梁耐久性设计,除采用以上各项措施外,还应从原材料质量入手,严把质量关,尤其对水泥、细骨料、粗骨料、掺和材料、外加剂以及混凝土拌和用水、养生用水,应严格按照相关规范及设计要求选料,并进行验证。对于钢梁,应选满足设计要求的优质钢材,并由有经验的钢梁制造厂进行加工、制造。

6.3 贵州山区大跨径叠合梁斜拉桥六广河特大桥工程实例

6.3.1 概述

1)工程背景

六广河特大桥位于贵州省江口至都格高速公路息烽至黔西段 K39+300 处,为跨越六广河峡谷而设,设计时速为 80km/h,设计荷载为公路—Ⅰ级,双向四车道。

场区附近属低中山侵蚀-溶蚀型河谷地貌,桥区内最高海拔 1 134.1m,最低地海拔 775.5m,相对最大高差 358.6m。此处为中亚热带季风湿润气候,夏季凉爽,冬无严寒。桥位横跨六广河,该河谷呈"V"形。两岸桥台纵坡较陡,桥区大部分基岩裸露,植被发育,主要为灌木丛。具体地貌见图 6.81。

图 6.81 六广河桥区地形地貌

2)总体方案

(1)桥型方案考虑因素

①六广河特大桥横跨六广河,不受水位控制,其孔径布置受两岸地形和地质控制。在选择合理的孔跨布置时,首要考虑的是结构安全经济,应将主墩位放置于岸坡稳定、地形较平坦、施工安全方便的位置,以减小施工风险,这是本桥桥型方案设计考虑的重点。

②桥位区地形陡峭,桥位纵断面呈 V 形,两岸不良地质发育。孔跨布置应尽量使两岸主墩位置避开不良地质和陡峭地形,确保结构安全,减少基础处理费用,并便于施工。

③本桥位处于峡谷地带,且桥梁主要受力构件建筑高度大,桥型方案无论在施工过程还是成桥运营阶段均须具有较好的抗风稳定性。

④桥型方案及桥跨的选取应考虑施工安全、方便,在满足桥梁使用功能的基础上,尽可能

使用成熟可靠的桥型结构并同时考虑新技术、新工艺和新材料，降低工程造价，加快施工速度，减小施工风险，充分体现贵州山区桥梁建设的特点。

⑤由于本桥位于荒山野外，地势起伏很大，施工场地小，交通不便，施工设备和材料的运输以及施工场地的布置均是桥型方案选择中必须考虑的因素，应将运输的构件重量、尺寸尽量控制在简易公路上能运输的条件下，并充分考虑施工的可行性。

⑥桥型方案选择在考虑安全经济的同时，尽量在结构造型上选择施工方便、造型美观、对环境破坏小的方案。

(2)桥型方案总体构思

根据上述原则，兼顾地形、地质、运输条件、施工场地布置与施工方法的适应性、桥梁结构成桥与施工状态的抗风稳定性等因素选取桥型方案。

①主桥主孔跨径确定。

图 6.82 为六广河特大桥纵断面图，桥位地形较复杂，桥梁跨越 V 形河谷，两岸纵坡较陡，地形起伏较大，局部存在裂隙、顺层陡崖的情况。息烽岸 K39＋060 至沟谷为一陡崖，K39＋060 左侧距桥轴线 50m 左右有一大的溶槽贯通至沟底，因此起点岸主墩不宜设置在 K39＋000 至沟谷范围内。黔西岸 K39＋550 至六广河沟谷为陡崖，K39＋550 桥轴线左侧 80m 顺桥向有一横向桥顺层陡崖，因此 K39＋550 至沟谷范围内不宜设置桥塔。综合考虑两岸地质、地形情况，K39＋060～K39＋550 范围内为不良地质、地形地段，本段范围内不能设置桥墩。为保证主塔的安全性，主塔设置位置应与本段范围留有一定的安全距离。桥梁孔跨布置时，为保证结构安全，减小施工风险，考虑到纵横坡的影响及桥梁下部结构尺寸，桥梁主跨不应小于 580m。

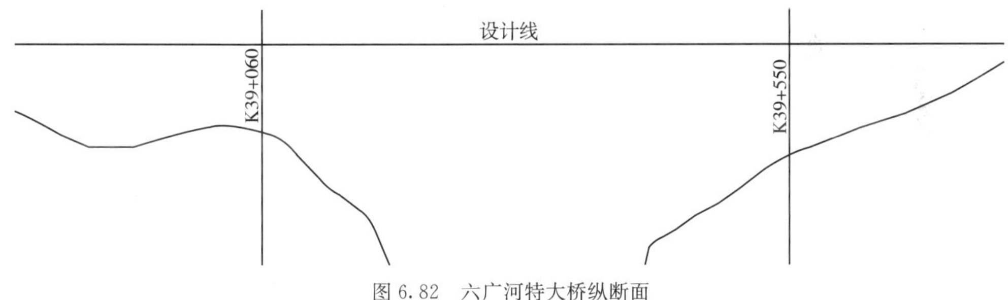

图 6.82　六广河特大桥纵断面

②工程地质条件。

根据钻探结果(图 6.83)，拟建桥位无影响桥位稳定的不良地质体分布，场区下伏基岩连续稳定，场地稳定性好，适宜建桥。贵州岸主墩位置地层岩性为软-较软岩互层，且为顺向坡，岩体在水库动水位影响下，易发生岸坡坍塌，建议在桩基外侧一定深度范围内设置混凝土护面或其他加固措施进行防护处理，确保岩体不受动水位影响。广西岸索塔位置基本为中风化泥质灰岩，地质条件较好。

③岸坡稳定评价。

场地无影响桥位稳定的不良地质体分布，场区下伏基岩连续稳定，适宜建桥。

3)设计要点

(1)主桥桥型方案

根据地形条件初步布设主跨 600m 斜拉桥方案，息烽岸主墩桩号为 K39＋010，黔西岸主墩桩号为 K39＋610，地勘单位据此进行钻探勘察。根据钻探结果，息烽岸主墩基岩良好，地质条件较好，主墩位置合理，不易再向河测移动。黔西岸主墩处基岩良好，地质条件好，岸坡稳定性满足相关规范要求的安全系数，并有一定的富余量，墩位可适当前移。根据地质初堪及岸坡稳定性分析结果，息烽岸主墩位置保持不变，维持在 K39＋010 处，黔西岸主墩位置前移 20m，黔西岸主墩位置前移到 K39＋590 处，即主桥跨径调整为 580m。调整后六广河特大桥孔跨布置为(17×30＋216＋580＋216)m，桥梁全长为 1 535.00m。

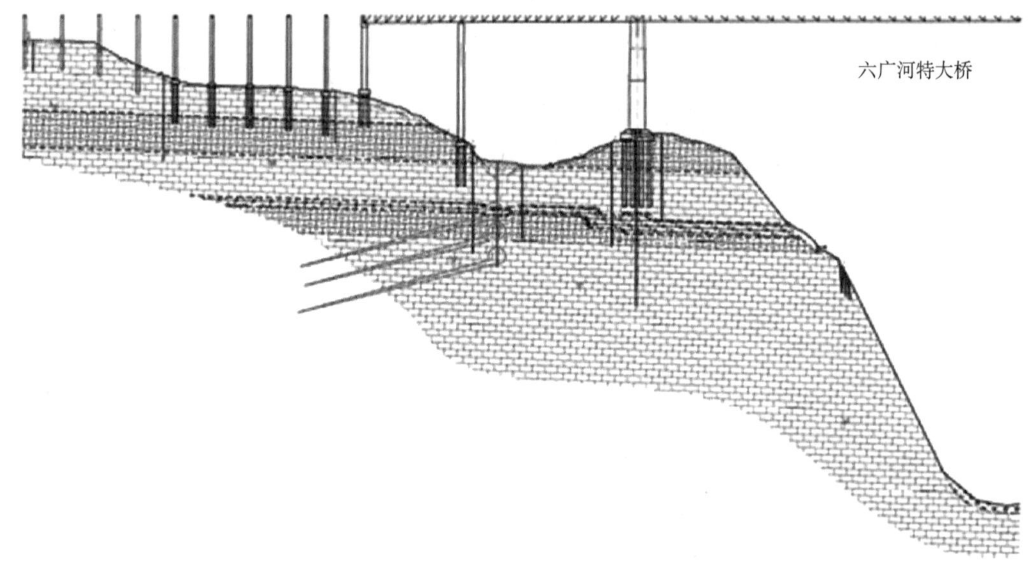

图 6.83　K 线桥位工程地质纵断面

根据路线纵断面的布孔原则，斜拉桥主跨采用 580m，大桩号主塔中心距路线与地面线交界处为 225m 左右，斜拉桥边跨 216m，主桥孔跨布置采用(216＋580＋216)m，边中跨比例为 216/580＝0.372。由于本桥起点岸大部分引桥高度均是 20m 左右，只有 4～5 个墩高度在 55m 左右，考虑到引桥总长度在 510m 左右，规模较大，40m 跨径偏大，工程造价较高，因此引桥上部采用 30m 先简支后连续预应力混凝土 T 梁，引桥布置为 17×30m 预制 T 梁，全桥长 1 535m。

桥型图如图 6.84 所示。

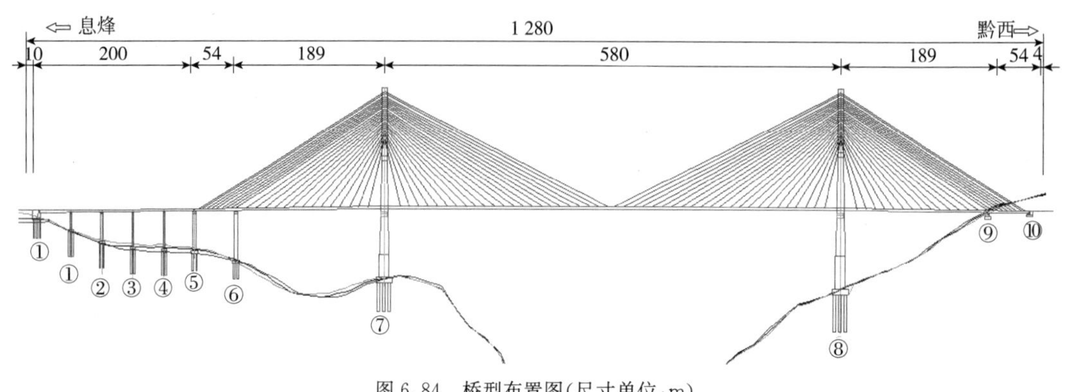

图 6.84　桥型布置图(尺寸单位：m)

(2)主梁结构形式

桥跨布置为5×40mT梁+243m+580m+243m叠合梁斜拉桥,桥梁全长1 280.4m。主桥边跨/中跨=0.419。主桥主梁采用桥面吊机节段施工。

主梁上部均采用叠合梁,由于边跨配重的需要,边跨/主跨一般都在0.4以上,按目前最小的0.42的边中跨比,则边跨为243.6m。叠合梁主梁标准横断面如图6.85所示。

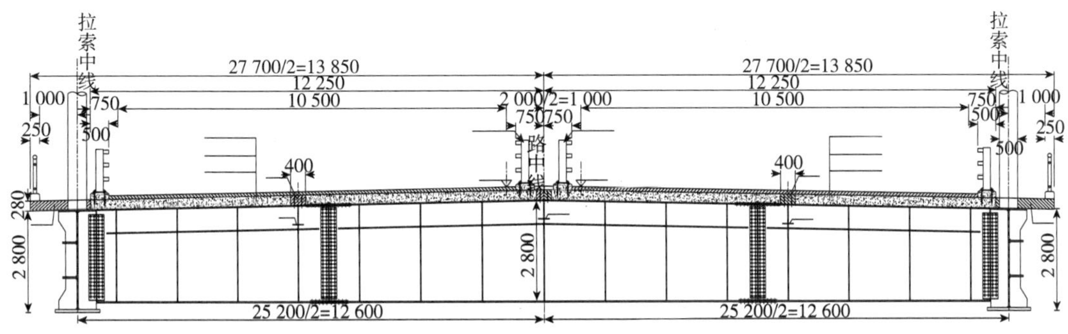

图6.85 叠合梁主梁标准横断面(尺寸单位:cm)

6.3.2 结构分析

1)材料特性

材料特性参见表6.1。

2)总体静力计算

(1)计算模型

主桥采用桥梁博士计算软件,以平面杆系计算图示进行静力分析。模型共有617个单元,528个节点,其中钢梁和主塔均采用梁单元模拟,斜拉索采用索单元模拟,程序自动计入斜拉索垂度效应产生的非线性影响,计算模型如图6.86所示。

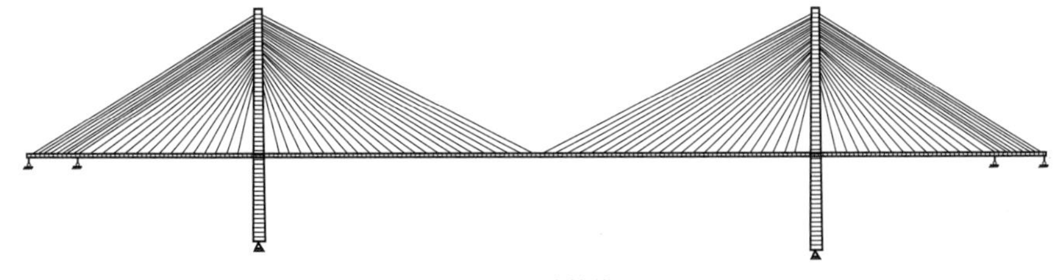

图6.86 计算模型

(2)计算荷载

计算荷载参见表6.2。

(3)荷载组合

荷载组合参见表6.3~表6.4。

(4)计算结果

①叠合梁。

叠合梁主力+附加力组合应力计算如表6.30~表6.31所示。

叠合梁(钢梁部分)主力＋附加力组合应力计算 表 6.30

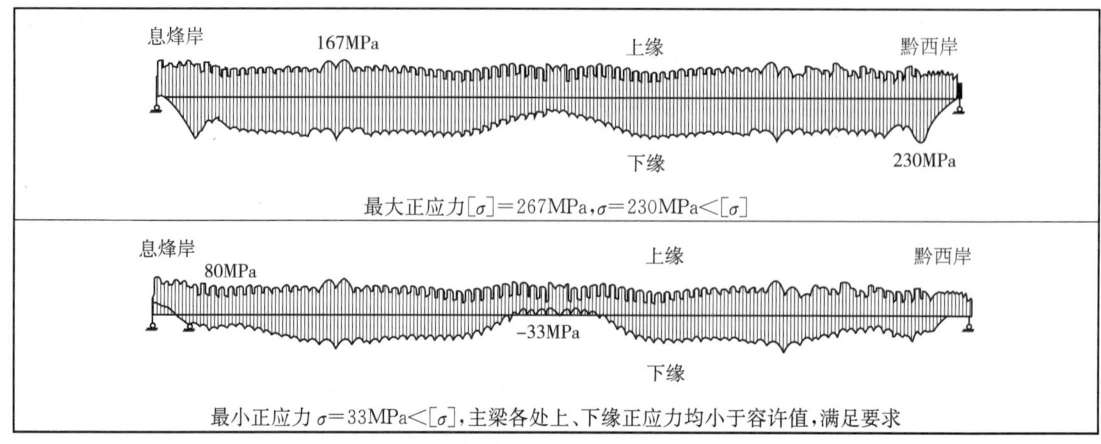

最大正应力[σ]=267MPa，σ=230MPa<[σ]

最小正应力 σ=33MPa<[σ]，主梁各处上、下缘正应力均小于容许值，满足要求

叠合梁(桥面板部分)主力＋附加力组合应力计算 表 6.31

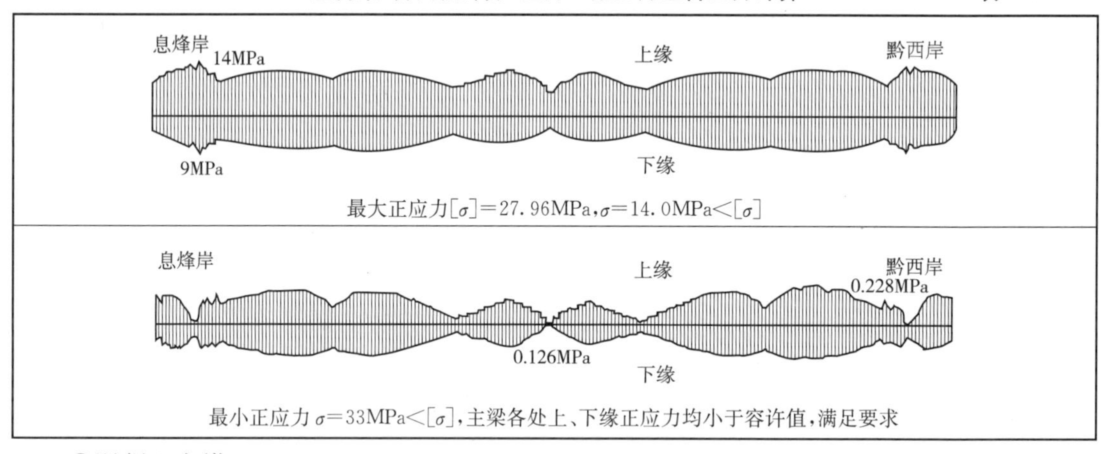

最大正应力[σ]=27.96MPa，σ=14.0MPa<[σ]

最小正应力 σ=33MPa<[σ]，主梁各处上、下缘正应力均小于容许值，满足要求

②混凝土主塔。

混凝土主塔持久状况承载能力极限状态计算如表 6.32 所示。

混凝土主塔持久状况承载能力极限状态计算(基本组合) 表 6.32

最大抗力[R]=932 101kN，对应内力 R=505 758kN<[R]，满足要求	最小抗力[R]=807 891kN，对应内力 R=426 187kN<[R]，满足要求

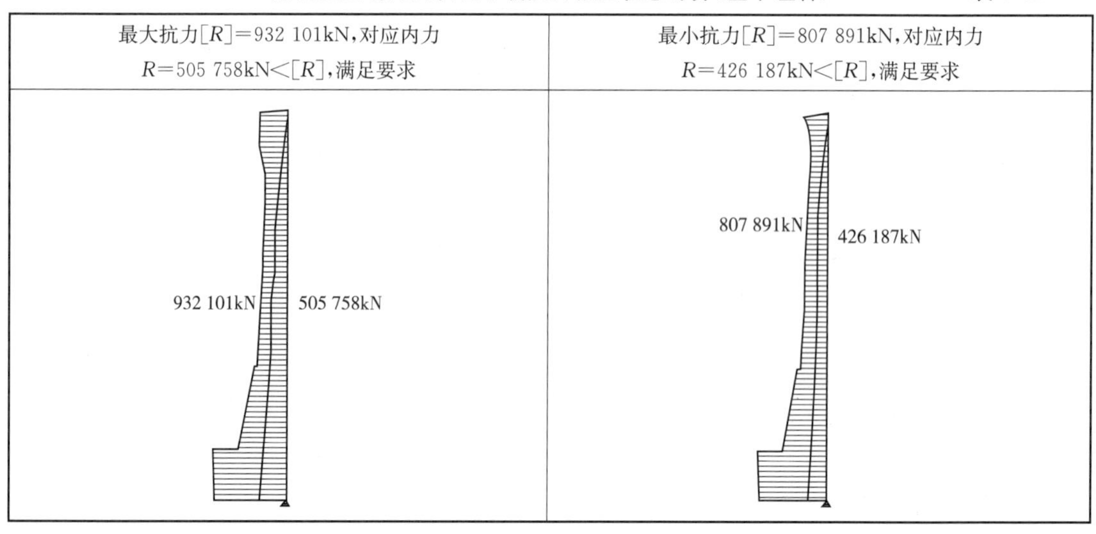

③斜拉索。

斜拉索应力与应力幅值计算如表 6.33 所示。

斜拉索应力与应力幅值计算(标准值效应组合)　　表 6.33

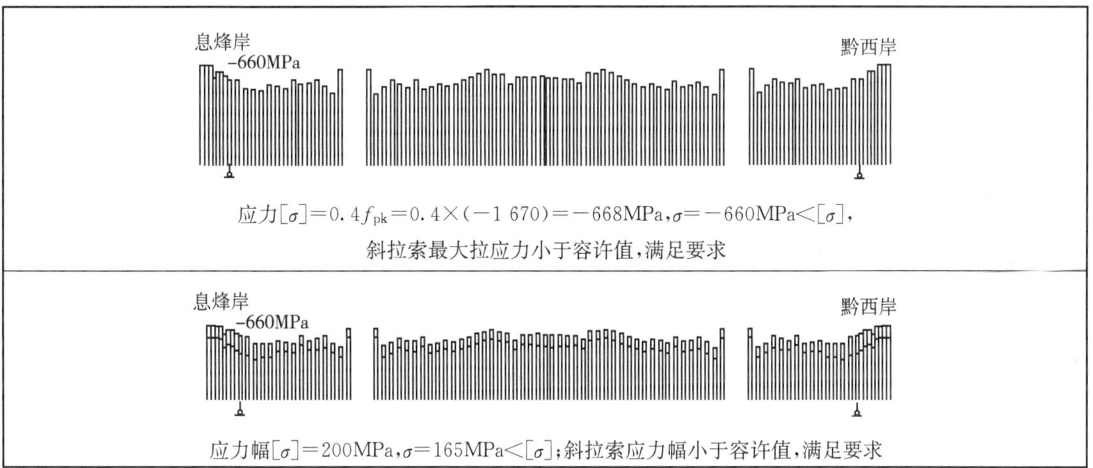

④主梁挠度。

汽车荷载作用主梁挠度包络图及计算如表 6.34 所示。

汽车荷载作用主梁挠度包络图及计算　　表 6.34

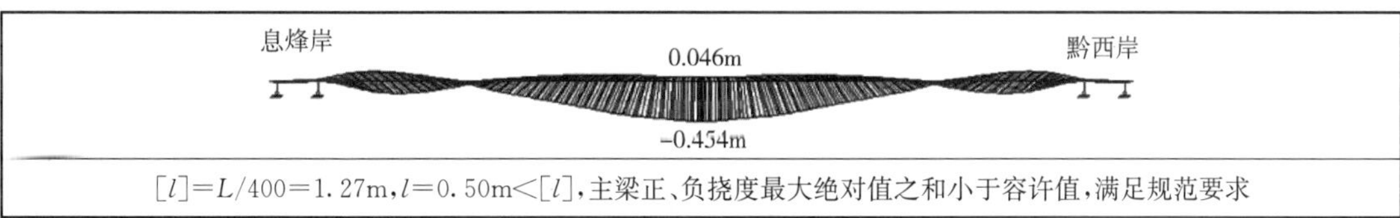

注:表中向下挠度为负值,向上挠度为正值。

⑤支座反力。

支座反力计算如表 6.35 所示。

支 座 反 力 计 算　　表 6.35

桥　岸	支座恒载作用反力计算		支座标准组合效应值反力计算		
	墩(台)号	反力(kN)	墩(台)号	最大反力(kN)	最小反力(kN)
息烽岸	5 号墩	6 240	5 号墩	10 100	3 140
	6 号墩	12 400	6 号墩	22 800	1 190
	7 号墩	237 000	7 号墩	267 000	234 000
黔西岸	8 号墩	237 000	8 号墩	267 000	234 000
	9 号墩	12 000	9 号墩	22 400	826
	10 号台	6 690	10 号台	10 500	3 590

注:1. 表中压力为正值,拉力为负值。

2. 表中反力为每个墩上横向两个支座反力之和。

3)桥塔横向计算

(1)计算荷载

计算荷载如表 6.36 所示。

计算荷载表　　表 6.36

永久作用	1. 主塔自重：$\gamma=26\text{kN/m}^3$； 2. 斜拉索索力：包括恒载索力、成桥索力(恒载+活载)； 3. 混凝土收缩徐变：程序自动按规范计算
可变作用	1. 风荷载：桥面处设计基准风速 $v_d=25.8\text{m/s}$； 2. 整体升、降温±20℃；主塔左右侧照温差±5℃

(2)计算模型

采用桥梁博士计算软件，以平面杆系计算图示进行静力分析。模型共有 152 个单元，151 个节点，均采用梁单元模拟。

边界条件：桥墩底部固结。主塔计算模型如图 6.87 所示。

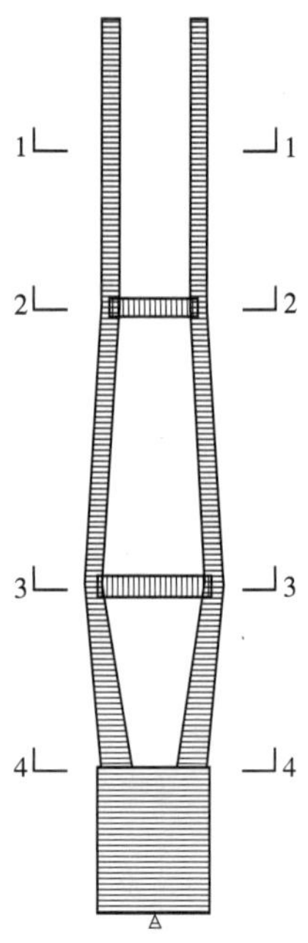

图 6.87　主塔计算模型

(3)计算结果

表 6.37～表 6.39 分别为主塔极限承载能力验算、主塔裂缝验算、主塔横梁计算表。

主塔极限承载能力验算　　表 6.37

截面位置	控制工况	最大抗力(kN)	最大抗力对应内力(kN)	最小抗力(kN)	最小抗力对应内力(kN)
1—1	组合五	352 938	92 857	383 144	93 482
2—2	组合五	362 423	170 391	465 790	175 077
3—3	组合五	468 192	263 536	518 650	241 374
4—4	组合五	1 032 641	273 740	903 577	375 838

主塔裂缝验算 表 6.38

截面位置	控制工况	弯矩(kN·m)	轴力(kN)	剪力(kN)	裂缝宽度(mm)
1—1	组合四	15 729	92 404	567	受压,0
2—2	组合四	41 366	181 281	939	受压,0
3—3	组合四	145 951	218 335	7 948	受压,0
4—4	组合四	119 950	276 710	1 770	受压,0

主塔横梁计算 表 6.39

工况 截面	极限承载能力计算(kN/m)					持久状况构件的应力计算(MPa)			持久状况正常使用极限状态抗裂计算(MPa)		
	控制工况	最大抗力	对应内力	最小抗力	对应内力	控制工况	上缘正应力	下缘正应力	控制工况	上缘正应力	下缘正应力
中横梁跨中处	组合五	116 512	14 398	328 421	9 782	组合三	8.87	8.55	组合四	6.70	5.73
下横梁跨中处		68 432	44 883	106 518	39 085		9.49	5.21		7.09	3.00

由表 6.37～表 6.39 可以看出:主塔各截面均处于受压状态,不出现拉应力,最大裂缝宽度为 0<0.2mm,主塔极限承载力和主塔横梁均满足规范要求。

4)承台内力计算

承台内力计算结果见表 6.40。

承台内力计算 表 6.40

方向	“撑杆-系杆”体系承载力(kN)				斜截面抗剪承载力(kN)		冲切承载力(kN)		
	撑杆		系杆		内力值	容许值	下冲切	角桩上冲切	边桩上冲切
	内力值	容许值	内力值	容许值			内力值		
纵桥向	415 975	1 289 221	248 890	371 243	333 300	464 838	415 708	55 550	49 449
横桥向	242 059	844 159	96 018	192 854	222 200	286 219	884 056	136 641	173 669

由表 6.40 可知:计算结果均满足规范要求。

5)弹性屈曲稳定分析

根据计算,成桥营运第一阶失稳模态为顺桥向失稳,稳定安全系数为 28.96;施工最大悬臂状态第一阶失稳模态为主梁竖向失稳,稳定安全系数为 6.37 。

如图 6.88、图 6.89 所示,施工及成桥运营期间结构全桥稳定性均满足规范要求。

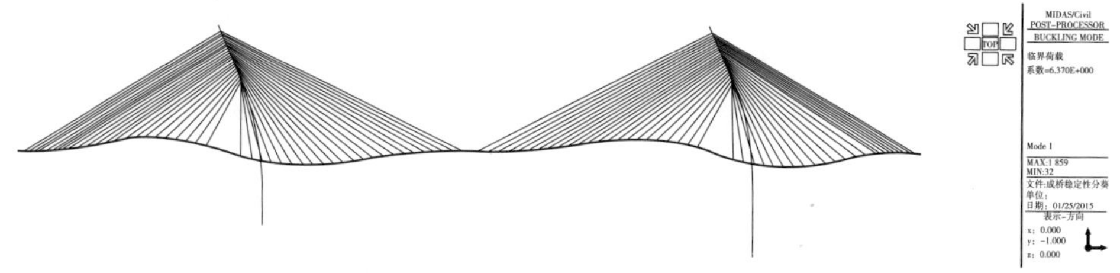

图 6.88 营运期全桥一阶失稳模态

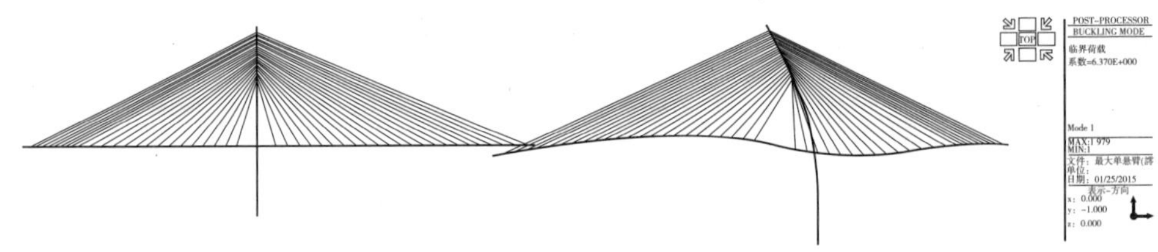

图 6.89 施工最大悬臂状态全桥一阶失稳模态

6.3.3 关键技术问题及对策

1)抗风性能研究

(1)风参数的确定

根据数值模拟得到桥位处的基本风参数,见表 6.41。

桥位处的基本风参数(单位:m/s) 表 6.41

状态 \ 风速	设计基准风速	静阵风速	颤振检验风速
成桥状态	34.2	46.2	56.4
施工状态	31.5	44.1	49.3

(2)有限元计算模型

基于 ANSYS 建立该桥空间有限元模型,如图 6.90 所示。桥塔、主梁、刚性横梁、过渡墩和辅助墩均采用 BEAM4 单元模拟;斜拉索采用 LINK10 单元;配重采用 MASS21 单元。

图 6.90 有限元模型

(3)颤振临界风速估算

根据《公路桥梁抗风设计规范》(JTG/T D60-01—2004)中的规定,颤振临界风速可以按下式计算:

$$v_{cr}=\eta_s \cdot \eta_\alpha \cdot v_{co}$$

式中:v_{co}——平板颤振临界风速。可按下式计算。

$$v_{co}=2.5\sqrt{\mu \cdot \frac{r}{b}}\eta_s \cdot f_t \cdot B=168.6(\text{m/s})$$

可计算得到颤振临界风速:$v_{cr}=\eta_s \cdot \eta_\alpha \cdot v_{co}=0.4\times0.85\times168.6=57.3(\text{m/s})$

颤振检验风速:$[v_{cr}]=1.2\mu_f \cdot v_d=56.4(\text{m/s})$

成桥状态下颤振临界风速最小值:$v_{cr}=57.3(\text{m/s})>[v_{cr}]$,因此颤振满足规范要求。

(4)静风稳定估算

根据《公路桥梁抗风设计规范》(JTG/T D60-01—2004)中的规定,斜拉桥的静力扭转发散临界风速可以按下式计算:

$$v_{td}=K_{td} \cdot f_t \cdot B$$

式中:K_{td}——计算系数。按式 $K_{td}=\sqrt{\frac{\pi^3}{2} \cdot \mu\left(\frac{r}{b}\right)^2 \cdot \frac{1}{C_M}}=22.2$ 计算。

可计算得到静力扭转发散临界风速为：$v_{td}=K_{td}\cdot f_t\cdot B=217.6(m/s)$。

满足规范中的 $v_{td}\geqslant 2v_d$ 要求。

2)抗震性能研究

(1)地震参数

按土层地震反应分析结果，确定的场地地表设计地震动参数见表 6.42。

工程场地地表设计地震动参数　　表 6.42

超越概率	S_{max}	C_i	C_s	T_1(s)	T_g(s)	R
E1	0.225	1.0	1.0	0.1	0.35	0.65
E2	0.382 5	1.7	1.0	0.1	0.35	0.65

根据地震局提供的桥位处地震动参数，虽然本桥位于 6 度区，但其提供的地震动峰值参数已基本达到 7 度区的峰值参数，地震作用大。由于该桥跨度较大、索塔高度高，地震相应明显，本项目工期紧，设计周期短，同时考虑到大桥的重要性，需针对大桥开展专项的抗震分析研究，对大桥的各主要构件以及构造措施进行抗震性能的校核。

(2)地震响应分析

地震响应分析采用反应谱分析法，所采用的地震动参数根据《六广河特大桥工程场地地震安全性评价》所提供的地震动参数，分别计算了 E1、E2 作用下结构的受力状态。地震输入采用两种方式：①纵向＋竖向；②横向＋竖向。

竖向加速度的反应谱曲线与水平加速度的一致，加速度峰值为水平加速度峰值的 0.65 倍。主塔关键截面布置图和 E1、E2 作用下主塔内力图如图 6.91～图 6.93 所示。E1、E2 作用下各个控制截面内力最大值见表 6.43、表 6.44。

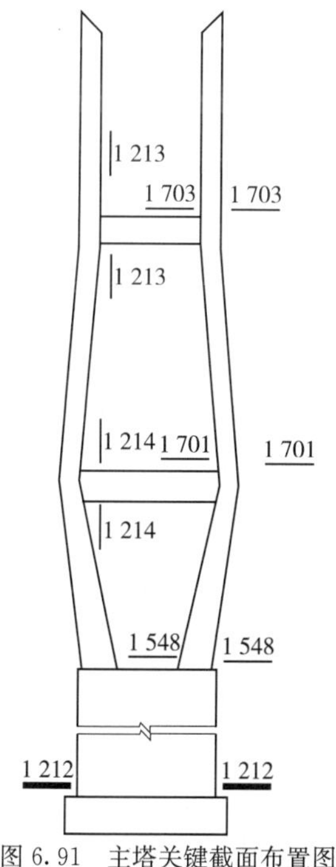

图 6.91　主塔关键截面布置图

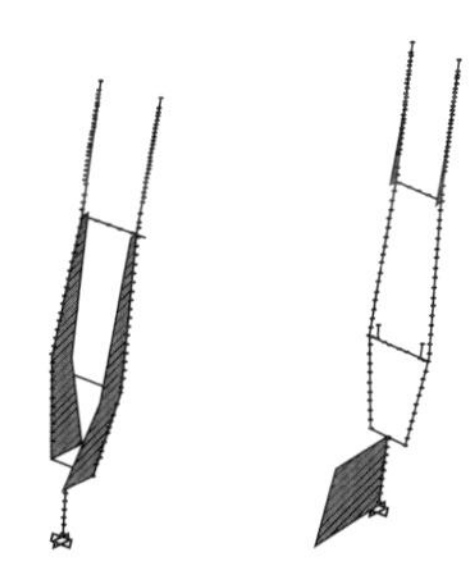

图 6.92　E1 作用下主塔内力图(纵向＋竖向)(单位：kN・m)

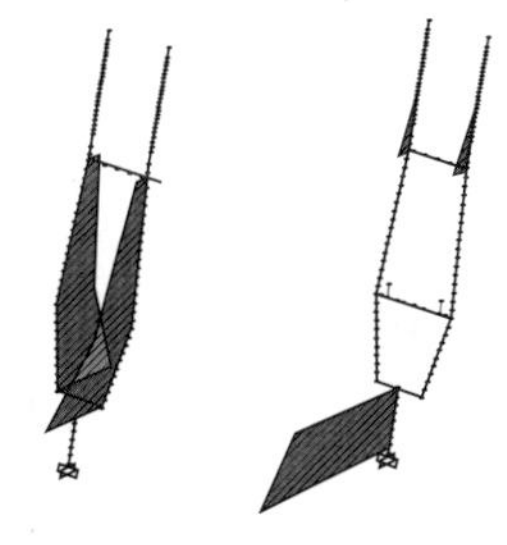

图 6.93　E2 作用下主塔内力图(纵向＋竖向)(单位：kN・m)

E1 作用下各个控制截面内力最大值 表 6.43

类别 单元	纵向＋竖向			横向＋竖向		
	轴力(kN)	顺桥向弯矩(kN·m)	横桥向弯矩(kN·m)	轴力(kN)	顺桥向弯矩(kN·m)	横桥向弯矩(kN·m)
1 212	940.053	303 824.122 6	77.280 8	528.36	16 611.139 1	194 786.024 4
1 213	29.123	1 266.834 3	116.033 4	40.511	186.915 2	19 658.620 1
1 214	88.236	5 762.569 5	154.737 7	624.966	240.671	20 476.606 6
1 548	474.047	121 915.044 9	168.146	2 463.079	5 677.638 3	41 863.043 7
1 701	468.113	86 045.334 7	254.309 2	1 494.771	2 797.059 4	13 159.719 9
1 703	465.896	24 193.400 2	120.640 3	249.304	1 427.845 9	10 160.906 1

E2 作用下各个控制截面内力最大值 表 6.4SAW4

类别 单元	纵向＋竖向			横向＋竖向		
	轴力(kN)	顺桥向弯矩(kN·m)	横桥向弯矩(kN·m)	轴力(kN)	顺桥向弯矩(kN·m)	横桥向弯矩(kN·m)
1 212	1 598.09	503 517.510 4	122.773 2	898.212	28 238.936 5	331 136.241 4
1 213	49.509	2 153.618 3	197.256 9	68.868	317.755 8	33 419.654 2
1 214	150.002	9 796.368 2	263.054 1	1 062.443	409.140 7	34 810.231 2
1 548	805.88	207 255.576 3	285.848 2	4 187.234	9 651.985 2	71 167.174 3
1 701	795.792	146 277.069	432.325 7	2 541.11	4 755.001	22 371.523 9
1 703	792.023	41 128.780 4	205.088 6	423.817	2 427.338	17 273.540 3

3)岸坡稳定性及加固措施

(1)地层岩性

场区覆盖层为残坡积层(Q^{el+dl})粉质黏土。下伏基岩为三叠系下统茅草铺组(T_1m)薄-中厚层状灰岩、泥质灰岩及角砾岩。

(2)地质构造与地震

场区位于扬子准地台黔北台遵义断拱贵阳复杂构造变形区。地层呈单斜产出,综合地层产状为152°∠14°。区内未发现断层通过,场区岩体节理、裂隙发育,节理主要有四组,分别为J1:10～53°∠82～89°、J2:125～140°∠79～85°、J3:225～278°∠76～81°、J4:290～322°∠79～85°,节理间距120～400mm,其中J3、J1两组节理沿两岸陡崖处形成的卸荷裂隙延伸长度平均为3～8m,局部可达10～16m。

根据《中国地震动参数区划图》(GB 18306—2001)查得测区地震动反应谱特征周期为0.35s,地震动峰值加速度为0.05g,场区地震基本烈度为Ⅵ度。

(3)不良地质

根据地质调绘、钻探及工程物探等结果,桥区不良地质主要为卸荷裂隙、危岩及地表岩溶溶洞。具体地貌如图6.94～图6.96所示。现简述如下:

图 6.94　息烽岸主墩左侧 90m 沟底至山顶贯通的大型溶槽 Y12

①卸荷裂隙:场区共分布有 13 处卸荷裂隙,主要沿六广河两岸岩体陡壁分布。卸荷裂隙 L1～L13 沿陡崖处平均延伸长度为 5～8m,最长可达 20m,呈张开状,无充填,自上而下封闭,顶部可见张开度约 100～350mm。L1～L13 距离桥区主墩较远,对桥梁建设无影响。

②危岩:场区共分布有 5 处危岩,危岩 W1～W5 均距桥位较远,对桥梁建设无影响。

③地表岩溶:地表共分布有 11 处岩溶。地表岩溶大部距桥区较远,对桥梁建设无影响,岩溶溶洞 Y2 位于桥区斜拉桥型方案息烽岸主塔处,根据钻孔 ZK7、ZK8、ZK9 成果显示,其下部未延伸,发育规模较小,对桥梁建设无影响。

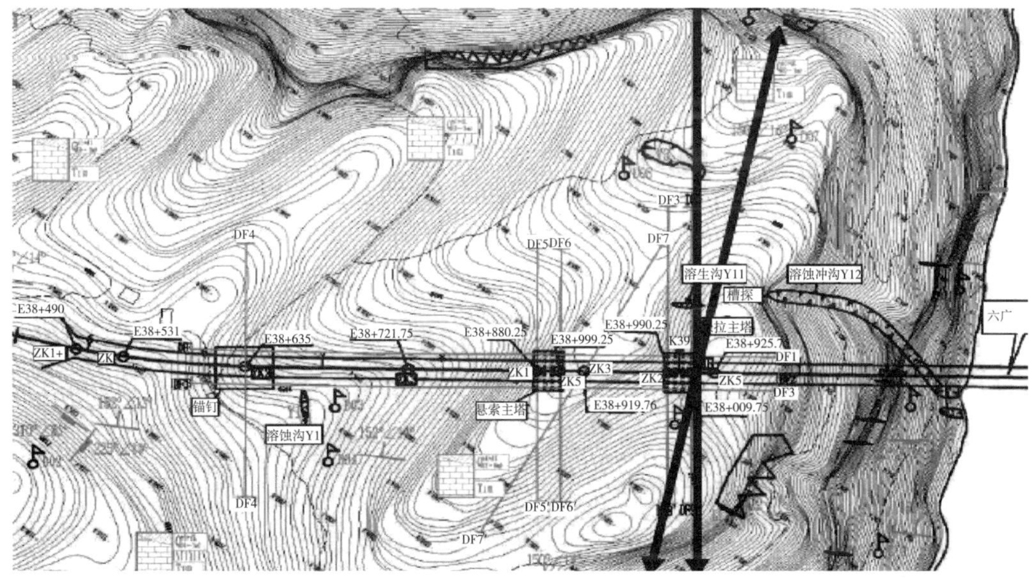

图 6.95　息烽岸工程地质分布图

(4)工程地质评价

①场地稳定性及建设适宜性。

拟建大桥横跨一 V 形河谷,桥区内岩土构成简单,场地整体稳定,适宜建桥。拟建桥位无影响桥位稳定的不良地质体分布,场区下伏基岩连续稳定,场地稳定性好,适宜建桥。

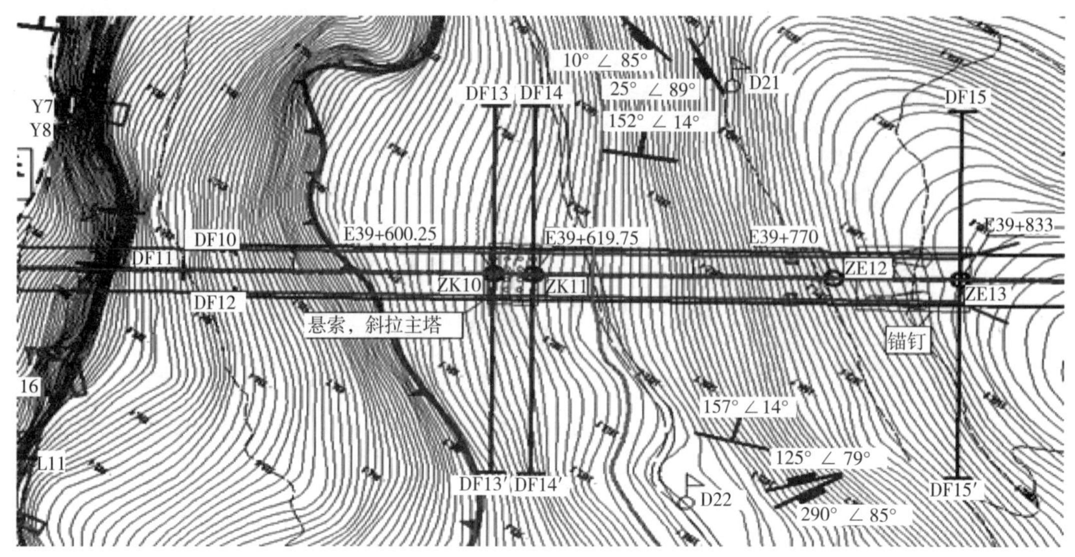

图 6.96　黔西岸工程地质分布图

②岩土工程特性及持力层选择。

粉质黏土：厚度较薄，分布不均，承载力低，不能作基础持力层。

强风化灰岩、泥质灰岩：岩体较破碎，承载力较低，可作扩大基础持力层。

中风化灰岩、泥质灰岩、角砾岩：岩体较完整，岩石较软-较硬，是理想的基础持力层。

③基础形式选择。

根据该桥基础所处位置的岩土工程特性，结合桥梁的荷载特点，建议黔西岸桥台采用明挖扩大基础，以中风化层为持力层；其余桥台及桥墩均采用桩基础，以中风化层为持力层。

4)边坡等级

息烽至黔西段六广河特大桥桥墩所在位置在息烽岸与黔西岸各形成自然陡边坡，其临空面均面向河谷。在两岸桥墩区域也有几处浅层的小错落体。陡崖上部岩体平行于河谷的节理裂隙，岩体内的溶蚀和软弱岩层对陡峻岸坡的稳定性存在潜在影响。

参考《建筑边坡工程技术规范》(GB 50330—2013)与《公路路基设计规范》(JTG D30—2004)以及相关的边(滑)坡防治工程技术要求，并考虑其可能造成的危害，六广河特大桥桥墩所在位置息烽岸与黔西岸自然陡边坡防治等级应拟定为一级边(滑)坡。

5)边坡稳定性分析方法

对于六广河特大桥桥墩所在息烽岸与黔西岸自然边坡，都具有一定的空间特征，桥轴线上下游都有冲沟。边坡沿桥轴线方向潜在的崩滑(或滑动)是主要的破坏形式。针对息烽岸与黔西岸高陡边坡潜在失稳破坏的特点，研究报告中主要采用极限平衡法的 BISHOP/Morgengstern－Price/Smara、强度折减法，考虑边坡沿桥轴线和最不利横坡方向潜在的破坏模式，进行数值模拟计算，分析其在荷载工况下的安全稳定性和位移量。

对于复杂的岩土边坡工程，各种稳定分析方法均存在一定的局限性，结合边坡地形地貌及地层岩性分布，建立简化的地质力学模型，采用较为合适的数值分析工具，是一种有效的定量评价边坡工程稳定性的方法。

6)两岸边坡稳定性分析

六广河特大桥桥台陡坡属于岩质边坡,根据桥台区域的地质勘察和局部范围已发生的岩体破坏情况分析,陡坡内卸荷裂隙和切割厚层状灰岩体的破裂面为该区域边坡潜在失稳的控制性结构面。

下面按照给定的桥轴线工程地质纵断面岩性分层建立地质力学模型,考虑各种不同情况下控制性结构面的影响,采用强度折减法分别对息烽岸与黔西岸边坡的整体稳定性进行了计算分析。

(1)息烽岸坡稳定性计算分析

首先计算控制性的横向长大顺层岩质边坡在各种工况条件下的稳定性,采用规范推荐的刚体极限平衡法和强度折减法相互验证和补充。具体如图6.97～图6.99所示。

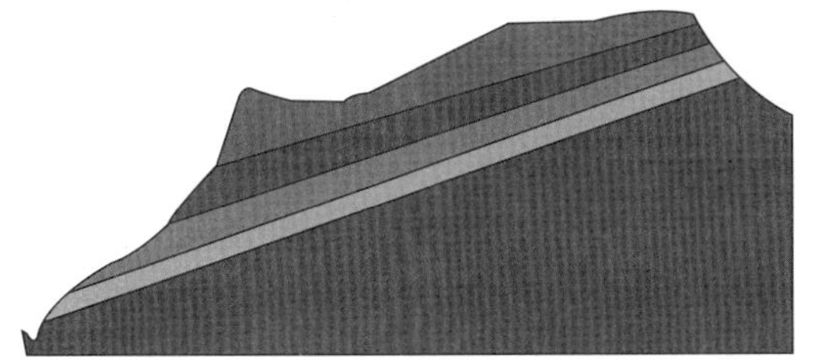

图6.97　计算刚体极限平衡模型

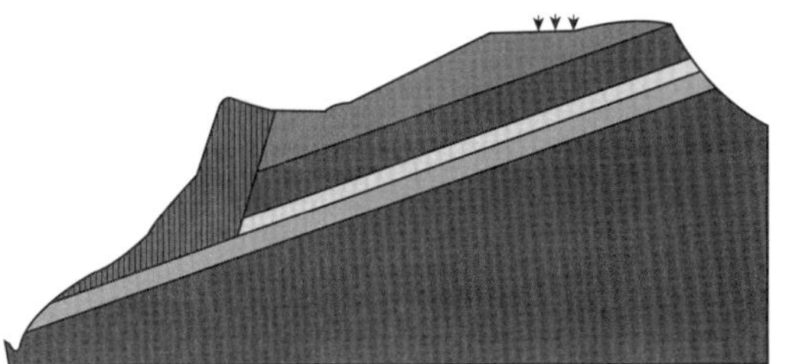

图6.98　采用折线法计算安全稳定性结果

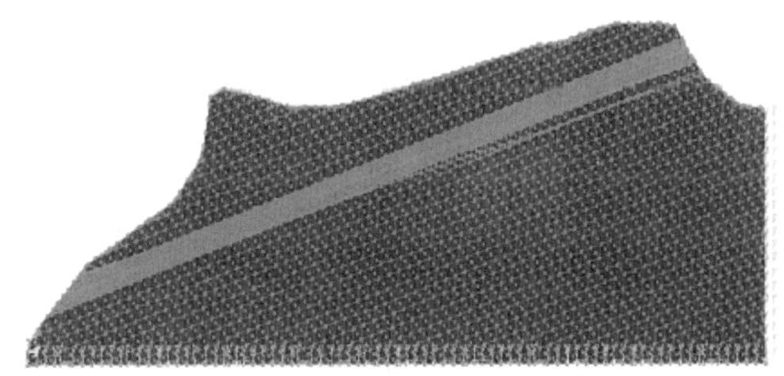

图6.99　同时考虑层理、节理结构面的强度折减计算模型

息烽岸坡整体稳定性是受横向长大顺层岩质边坡控制。首先,息烽岸一侧三面临空,特别是顺层的岩体上游和下游均临空;其次是组成岩体中含有一层钙质页岩,该岩体是典型的软质岩,倾向和倾角与上下部较硬岩体一致,因此分析息烽岸一侧整体稳定性,横向长大顺层岩质坡是关键。

计算分析了息烽岸坡在横向和纵向的稳定性,并进行了数值模拟分析后得出如下重要结论:

①根据计算分析结果,横向长大顺层岩质边坡是控制息烽岸坡整体稳定性的关键,息烽岸坡整体稳定性、纵向坡稳定性均满足控制性标准。

②息烽岸在横向和纵向主墩均不在强卸荷裂隙带,数值分析计算的桥梁荷载引起的岩体附加位移均小于7mm。在模拟地震动力波时,边坡不会发生大规模坍塌失稳破坏,最大动荷载作用下位移小于60cm。

(2)黔西岸坡稳定性计算分析

同样从横向和纵向两方向,采用刚体极限平衡法和强度折减法对主墩黔西岸进行系统计算分析,并采用数值方法计算在各种工况条件下的力学响应。具体如图 6.100～图 6.102 所示。

关于黔西岸破坏模式。由于两岸地质构造一致,黔西岸岩体倾向山体内侧,不存在岩层顺层临空,而且该区域的软弱结构面(钙质页岩)已经切入谷底不露出地表和临空面。黔西岸坡一侧不受横向稳定性影响,因此桥址坡潜在稳定性的后缘明显受卸荷裂隙(或横向节理)控制。

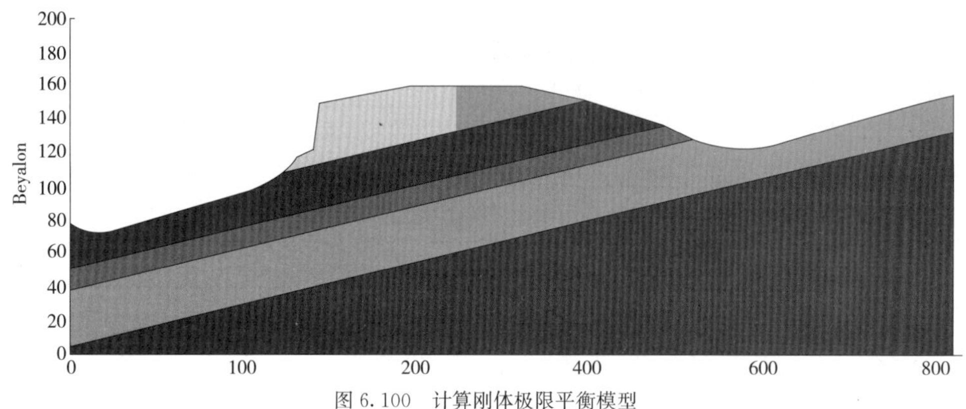

图 6.100 计算刚体极限平衡模型

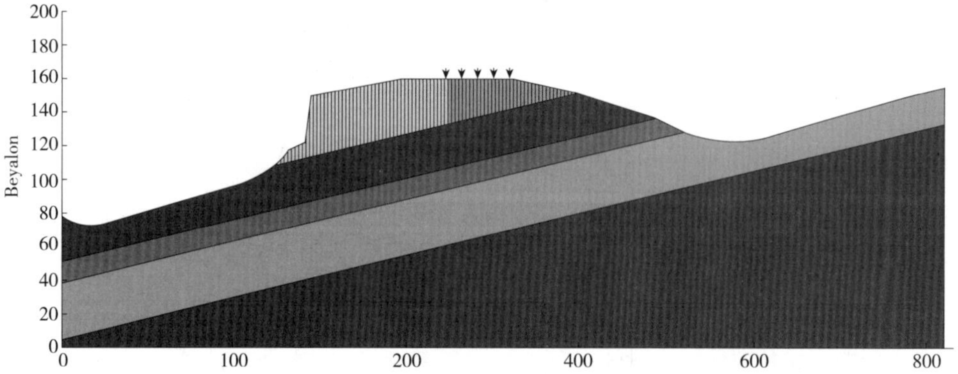

图 6.101 采用折线法计算安全稳定性结果

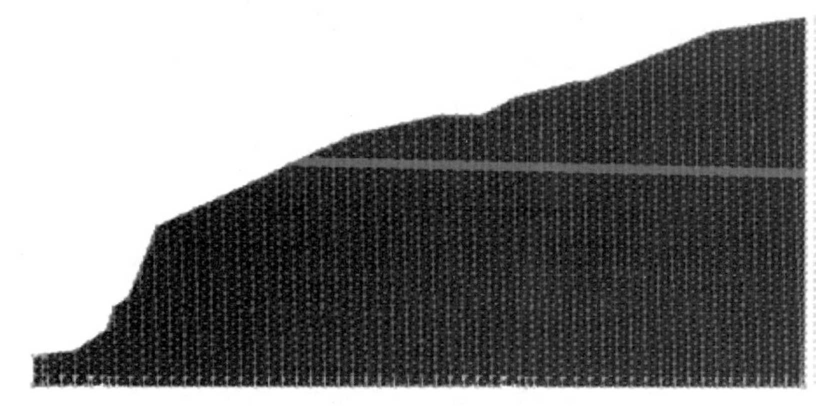

图 6.102 同时考虑层理、节理结构面的强度折减计算模型

计算分析了黔西岸坡在横向和纵向的稳定性，并进行了数值模拟分析后得出如下重要结论：

①横向和纵向岩质边坡在三种工况条件下均满足控制性标准。

②息烽岸在横向和纵向主墩均不在强卸荷裂隙带，数值分析计算的桥梁荷载引起的岩体附加位移均小于 6.8mm。在模拟地震动力波时，边坡不会发生大规模坍塌失稳破坏，最大动荷载作用下位移小于 70cm。

7)结论及建议

根据地质调绘、地质钻探、室内试验、现场岩体直剪试验和系统的定量计算分析后，得出如下重要结论及建议：

①桥区无活动断层、未见对主墩稳定不利的大型不稳定块体；地震基本烈度为Ⅵ度。

②据该工程的地质条件综合分析，岩体及结构面抗剪强度参数依据现场岩体直剪试验、室内试验、规范推荐值和工程类比等相结合的方法综合考虑获取，并且考虑到节理裂隙发育情况等不确定因素的影响，以及该工程的重要性；刚体平衡极限法及数值计算分析中采用的抗剪强度参数值均考虑了岩体风化、溶蚀及节理裂隙的影响，与工程实际较符合。

③针对岸坡的工程地质、水文地质条件及工程特点，选取稳定性计算的三种工况较为全面地反映了岸坡荷载组合情况。将息烽岸和黔西岸边坡进行了系统的计算分析，采用多种方法计算桥梁在各种荷载工况条件下的整体稳定性。

④息烽岸坡控制整体稳定性的横向长大顺层岩质坡是整个六冲河特大桥是否满足控制性标准的最关键环节，也是影响该桥位能否成立的直接影响因素，因此采用了现场岩体直剪试验作为横向计算参数选取的依据，是客观和科学的。经过系统计算，息烽岸坡横向稳定性满足控制性标准。

⑤针对斜拉桥(600m 主跨)，息烽主墩(K39＋010)边坡纵向稳定性均满足控制性要求，并且有一定的安全储备；息烽主墩桩号 K88＋613 距离陡崖边缘保护厚度最小位置为 40m，且节理卸荷裂隙较发育。从定性分析和定量计算的结果说明息烽岸主墩无优化空间，建议在 K39＋010至小桩号一侧设置主墩位置较为合适。黔西(主墩位置 K39＋610m)斜拉桥主墩岸边坡能满足控制性标准，经过优化计算建议在 K39＋580 至大桩号一侧设置主墩位置较为合适。两岸数值分析计算结果显示，在桥梁荷载作用下岩体位移为毫米级别，在地震动力波的分析计算结果显示，最大位移为厘米级别，不会发生大规模的岩体变形而失稳。

⑥由于岩体的完整性、结构面强度和顺倾岩层直接影响桥址边坡整体稳定性，在桥桩和承台施工过程中，需要控制爆破对周边岩体的振动、松动和破裂破坏，应采取相应的爆破控制措施减少对岩体的扰动。桥基基坑开挖过程中，注意及时支护，防止基坑周边局部块体的塌落。同时，六广河特大桥处于六广河大峡谷景区内，施工周期长，基础开挖过程中势必对景区有一定影响，还需要周密的施工组织计划和精细的施工工艺控制。

6.3.4　施工方法

最终设计方案为：主跨 580m 全叠合梁方案斜拉桥。引桥采用 5×40m 先简支后连续预应力混凝土 T 梁。根据目前国内大跨度斜拉桥梁的施工水平，推荐的方案在国内以及贵州均具有施工能力。

桥梁的控制工程为:两岸主塔施工、主梁施工及桥面板施工、附属结构安装,此外本桥桥塔高达248m,桥塔的施工是一个可能影响工期的环节。为此应优先安排主塔施工,同时安排过渡墩和辅助墩施工、引桥下部和引桥上部施工,在吊装钢主梁以前,边孔主梁应提前安排支架现浇施工。

图6.103 主塔施工

1)主塔施工

主塔基础施工前,需按设计要求进行承台基坑开挖,并进行边坡防护。钻孔桩基坑开挖采用定向小型爆破法施工,尽量避免将基岩振松。

在基础顶面横桥向两塔柱外侧各安装一台塔式吊机作为塔柱施工的起重设备,主塔采用爬模施工。塔柱内设置劲性骨架,两塔柱间每隔一定高度设置一道水平横撑;横梁采用支架法施工。主塔施工如图6.103所示。

2)过渡墩和辅助墩施工

两岸过渡墩和辅助墩均位于岸上,墩身采用爬模施工,桩基采用钻孔施工。

3)边孔主梁顶推施工

边孔钢主梁采用顶推施工。由于桥面较高,两岸需要设置钢管支架临时墩。施工时应注意确保基础稳定可靠,临时墩的设置应保证施工过程中钢主梁受力合理。

4)叠合梁施工

六广河特大桥息烽岸钢主梁和桥面板采用桥面吊机施工(图6.104),桥面吊机控制重量为1 300kN。其主要施工步骤如下:

图6.104 息烽岸钢主梁和桥面板施工

桥面吊机起吊→安装钢梁→挂索→安装桥面板→调整索力→移动桥面吊机。

黔西岸边跨钢主梁采用顶推式施工(图6.105),待钢主梁到位后,预制桥面板采用桥面吊机起吊。黔西岸中跨钢主梁采用桥面吊机施工。

5)引桥施工

下部构造:采用人工开挖或机械成孔,支架现浇系梁,爬模或翻模法施工墩身,搭设墩顶支架现浇盖梁。在引桥下部构造施工的同时，平整现浇上部箱梁的支架基础。

上部结构：采用预制吊装施工。

图 6.105　黔西岸边跨钢主梁顶推施工

6)桥面附属结构施工

待主跨钢梁完成线形调整、主梁单元形成整体后，进行桥面铺装、防撞护栏、检修道、伸缩缝等附属结构施工。

7)全桥防腐施工

全桥对拉索、钢梁进行防腐涂装。

8)防护工程施工

采用喷射混凝土，对墩台边坡、高边坡进行边坡防护。

本章参考文献

[1] 雷宇．组合梁斜拉桥静力稳定性研究[D]．成都：西南交通大学，2009.

[2] 杜振华．大跨度斜拉桥钢-混结合梁组合效应研究[D]．成都：西南交通大学，2009.

[3] 王伯惠．斜拉桥结构发展和中国经验[M]．北京：人民交通出版社，2003.

[4] 安邦．叠合梁斜拉桥成桥状态及其实现方法的研究[D]．大连：大连理工大学，2005.

[5] 周宏凌．红水河特大桥桥位、桥型方案比选研究[J]．交通科技，2012：15-17.

[6] 陈开利，王戒躁，安群慧．舟山桃天门大桥钢与混凝土结合段模型试验研究[J]．土木工程学报，2006.

[7] 王乐文，韩大建，苏成，等．大跨度斜拉桥的动力分析模型[J]．广州建筑，2003.

[8] 桂业琨，王杰．大跨度叠合梁斜拉桥施工技术的综合研究[J]．建筑施工，1993.

[9] 谢支钢，赵拥军．基于“零位移法＋应力平衡法”确定叠合梁斜拉桥的合理成桥索力[J]．中国市政工程，2012.

[10] 靳俊中．大跨度叠合梁斜拉桥动力特性分析[J]．交通标准化，2011：124-128.

[11] 张彬．叠合梁斜拉桥主塔爬模施工工艺[J]．中华建设，2012.

第7章

贵州山区大跨径斜拉桥施工监控

7.1 概述

斜拉桥属于高次超静定结构，所采用的施工方法和安装程序与建成后的主梁线形、钢索索力和结构内力息息相关，特别是斜拉桥在施工中要进行索力调整，势必引起主梁内力和高程的变化，再加上混凝土收缩徐变的影响，使得斜拉桥在施工过程中的受力十分复杂。因此在实际施工过程中，需要对斜拉桥的每一个施工状态进行详细的分析计算，求得斜拉索张拉吨位和主梁挠度等施工控制参数的理论计算值，对施工顺序做出明确的规定，并在施工中加以有效的管理和控制。与此同时，通过监测手段得到各施工阶段结构的实际内力和变形，从而完全跟踪施工进程和发展情况是必不可少的工作。这就是各种类型斜拉桥在建造过程中所需要解决的一个重要课题——斜拉桥施工控制。

7.2 施工控制理论

斜拉桥施工控制可以看作是现代控制理论在斜拉桥施工中的应用，本节以斜拉桥施工控制方法的实际应用为背景，沿着施工控制方法的发展轨迹，即开环控制、闭环控制、自适应控制，简要评述各种控制方法在斜拉桥施工中的应用及其工程实践，并总结各种斜拉桥结构施工控制的一般流程。

7.2.1 开环控制

若系统被控制信号对系统的控制作用没有影响，则称此系统为开环控制系统。在开环控制中，只有输入量对输出量产生控制作用，而输出量没有参与对系统的控制；当出现扰动，如果没有人工干预，给定量与输出量之间的对应关系将发生改变，也即系统的输出量将偏离给定量所要求的数值。这是由于开环控制的结构特点，决定了它不具备抗干扰的能力，因此，这类开环控制系统一般只能用于控制精度要求不高的场合。

对于较简单的斜拉桥，一般都是在设计中估计结构的恒载和活载，由此计算出结构的预拱度，在施工过程中只要按照这个预拱度来施工，施工完成后的结构就基本上能够达到设计所要求的线形和内力，也就是说在开环控制中，施工过程中的控制梁，如预拱度、预应力等是单向决定的，并需要根据结构的反应来改变。

对于早期的斜拉桥施工，从理论成桥状态通过施工过程的倒退分析，求得每个施工节段主梁的位置和索力。在施工过程中只要按这样的位置和索力进行安装，理论上即可达到立项的成桥状态，这个过程就是施工开环控制过程，在各部件的制造和安装精度很高，且对结构的力学特性完全掌握的情况下，这种方法是可行的、方便的。

因为在这种施工过程中的控制作用是单向向前的，并不需要根据斜拉桥结构的实际状态来改变原来设定的预拱度，也就是不考虑结构状态方程的误差和系统测量方程的噪声，因此又称为确定性控制方法。目前，普遍认为开环控制方法较适用于拼装钢主梁斜拉桥的施工。

7.2.2 闭环控制

若系统的被控制信号对控制作用有直接影响，则该系统成为闭环控制系统。闭环控制系统可认为是由在开环系统基础上引入人工干预过程演变而来的。人工干预的关键性作用使得系统的输出量参与了系统的控制，系统一旦出现偏差，就调整控制量，从而保证了输出量趋向于理想目标。

对于较为复杂的预应力混凝土斜拉桥，因其施工中的精度保证相对较低，且设计计算中所采用的各项参数与现场材料的参数存在一定的差距，当出现施工状态偏离理想的设计状态时，如不加以调整，就会造成结构的线形和内力远远偏离设计成桥状态，甚至危及安全。开环控制逐渐不能满足复杂预应力混凝土斜拉桥的施工要求，于是工程界提出在开环控制中增加一种纠正措施，这就是闭环控制出现的原因。如果说开环控制在斜拉桥施工中的应用完全是无意的，那么闭环控制方法则完全是工程师有意将其引入到斜拉桥分段施工中的。

我国斜拉桥闭环控制研究方面起步较晚，但是工程应用项目的数量和实际工程控制效果是有目共睹的。上海柳港混凝土斜拉桥施工监控首次采用闭环控制方法，1986 年同济大学深入研究了闭环控制方法，建立斜拉桥工程控制系统，并在天津永和斜拉桥中应用。20 世纪 90 年代以来，宁波甬江大桥、广东九江大桥、上海杨浦大桥、贵州六冲河特大桥等施工控制中均采用闭环控制方法。随着工程应用和理论研究深入，人们对施工控制有了进一步认识，为其后结合参数识别的闭环控制方法和自适应控制方法的实施创造了条件。

7.2.3 自适应控制

虽然闭环控制方法能够起到控制作用，消除模型误差和测量误差所引起的结构状态误差，但是这种随机性控制方法只是在施工误差产生以后，用被动的调整措施减少已经造成的结构状态误差对最终结构状态的影响。斜拉桥施工中实际结构状态达不到各个施工阶段理想结构状态的重要原因之一是有限元模型中的计算参数与实际参数之间有偏差。如果能够在重复性很强的分段施工中将这些有可能引起结构状态误差的参数作为未知变量或带有噪声的变量，在各个施工阶段进行实时识别，并将识别得到的参数用于下一施工阶段的实时结构分析、重复循环，这样在经过若干施工阶段的计算与实测磨合后，必然可以使系统模型参数的取值趋于合理，使系统模型预测的规律适应于实际情况，从而主动降低模型参数误差，然后再对结构状态误差进行控制，这就是自适应控制的基本原理。

大跨度斜拉桥建设突飞猛进,为国内桥梁学者提供了大量桥梁施工控制实践的机会,到20世纪90年代后期,随着以模型参数误差识别修正为基础的自适应控制系统的推广,一些斜拉桥施工中成功采用自适应控制方法,如浙江温州大桥斜拉桥主桥、上海奉浦大桥、上海徐浦大桥、江西南昌大桥等。

7.3 施工控制系统与方法

随着桥梁跨度不断增大,建设规模也相应增大,施工中受到的影响也越来越多,桥梁施工过程的安全和成桥状态是否满足设计要求是建设者必须解决的问题。要达到施工安全和特定线形与受力状态要求,仅通过事后检查是无法实现的,必须对施工全过程进行控制,因此只有建立完善、有效的控制系统才能达到预期的控制目标。桥梁施工控制就是以工程控制论为基础而发展起来的。

7.3.1 斜拉桥施工控制系统的建立

桥梁施工控制系统的建立及其功能的确定要根据不同的工程施工实际分别考虑,但不论是哪种类型的桥梁施工控制系统,都必须具备管理与控制的功能。一般的施工控制系统由施工控制管理与施工现场控制两个分系统组成,而分系统又由多个子系统组成。

1)施工控制管理分系统

大跨度桥梁施工控制也是一个较大的系统工程,它必须具备足够的人、财、物以及先进的管理手段才能正常运行。同时,桥梁施工通常涉及业主、设计、施工、社会监理、施工控制、政府监督等部门与单位,这些单位都将在施工控制中起到不同程度的作用。施工控制是多方协作、共同努力的结果。因此在实施控制前必须建立一个完善的控制管理系统和组织机构,要求该系统既有分工负责,又有协同作战,做到上下、左右信息渠道畅通,令行禁止,高效运转。图7.1所示是某桥施工控制管理系统框架图。

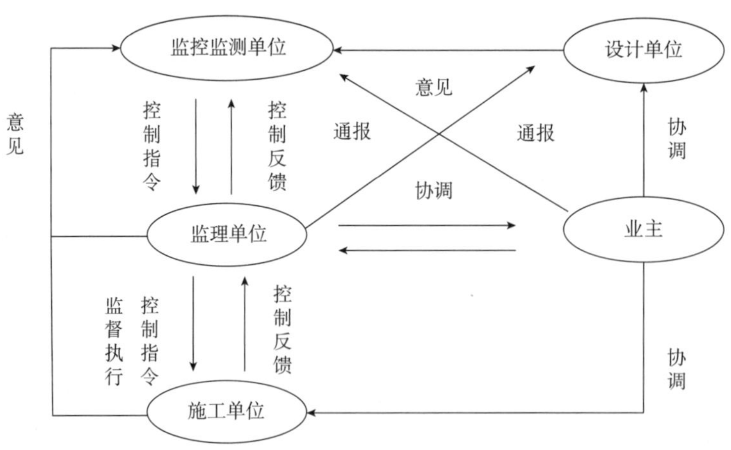

图7.1 某桥施工控制管理系统框架图

2)施工现场控制分系统

施工现场控制分系统是施工控制的核心，它包含整个施工控制的主要分析过程，具有数据比较、结构当前状态的把握、误差分析、参数识别、未来预测等功能。在现场控制中，首先把由设计计算确定的各个施工阶段的施工控制目标送入计算机控制分系统，然后再对当前施工阶段完成后的现场检测数据进行判别与滤波处理后，将其可靠数据也送入微机系统，微机系统则对两方面的数据信息进行分析处理，最后输出有关信息供施工控制组参考。

7.3.2 斜拉桥施工控制方法

1)斜拉桥施工控制特点

斜拉桥施工时，在主梁悬臂浇筑或悬臂拼装过程中，确保主梁线形正确是第一位，施工中以高程控制为主。二期恒载施工时，为了保证结构的内力和变形处于理想状态，拉索再次张拉时以索力控制为主。所谓以高程控制为主，并非只控制主梁的高程，而不顾拉索索力的偏差。施工中应根据结构本身的特性和施工方法的不同，采取相应的策略。若主梁刚度较小，斜拉索索力的微小变化将引起悬臂端挠度的较大变化，斜拉索张拉时应以高程测量控制为主，但索力张拉吨位不应超过容许范围，确保施工安全。若主梁刚度较大，斜拉索索力变化很多，而悬臂端挠度的变化却很有限，施工中应以拉索张拉吨位进行控制，然后根据高程的实测情况，对索力进行适当的调整。此时高程和线形的控制主要是通过混凝土浇筑前底模高程(悬臂浇筑方法)的调整或预制块件接缝转角(悬臂拼装方法)的调整加以实现。

2)斜拉桥施工控制内容与方法

(1)斜拉桥施工控制内容

目前斜拉桥的施工控制内容主要有结构变形控制、应力控制及结构稳定控制等。桥梁结构尺寸控制是施工控制的基本要求。但结构在施工变形过程中均要产生变形，加之在施工过程中各种误差的积累，因此任何一个结构不可能达到与设计尺寸准确无误的吻合，故要尽量减少结构尺寸与设计尺寸的偏差，并将其降低到允许的程度。桥梁施工对结构的最终误差应按《公路桥涵施工技术规范》(JTG/T F50—2011)的规定，把尺寸偏差控制在一定范围内。

结构应力的控制是斜拉桥施工监控内容中的另一大项，其控制与否在外观检查时不易发现。但是，如果实际结构应力状态与设计应力状态不符，将会给结构造成危害，并较之结构变形的影响较大。所以，在对桥梁进行施工监控时，尤其要注意对结构应力的监控。除预应力混凝土结构主要控制预加力外，其他桥梁体系的结构应力状态应尽量与设计应力状态相符，若产生偏差，其偏差不应超过±5%的限制。

桥梁结构的稳定关系到桥梁的安全，它与桥梁的强度有着同等重要的意义。目前，桥梁的稳定性已引起人们的重视，但人们只注重桥梁的稳定计算，而对施工过程中可能出现的失稳现象还没有可靠的监测手段。尤其是随着桥梁跨径的增大，受动力荷载或突发情况的影响，还没有快速反应系统，所以为保证施工安全，应建立一套全面监控系统，对桥梁进行终身监控，确保桥梁安全施工、安全营运。钢筋混凝土及预应力混凝土结构的稳定应按轴心受压计算公式验算，当长细比大于规范所列数值时，可按临界力控制稳定，其稳定安全系数应大于4。考虑到施工过程时间短，其稳定安全系数至少要大于3。

(2)斜拉桥施工控制方法

随着施工控制的发展,形成了一些使用的控制方法,目前主要有三种。一是采取纠偏终点控制的方法,即在施工过程中,对产生主梁线形偏差的因素跟踪控制,随时纠偏,最终达到理想线形,这种方法常用卡尔曼滤波法和灰色理论等。显然这种方法工作量大,有时控制效果不一定理想。二是应用现代控制理论中的自适应方法,即对施工过程中的高程和内力的实测值与预测值进行比较,对桥梁结构的主要基本设计参数进行识别,找出产生实测值与预测值偏差的原因,从而对参数进行修正,达到双控的目的。这种方法的重点在对影响结构变形和内力的主要设计参数的识别上,而一般只要及时对产生偏差的主要参数进行修正,实测值与预测值就吻合得良好。图 7.2 给出某在建斜拉桥自适应控制实施框图。

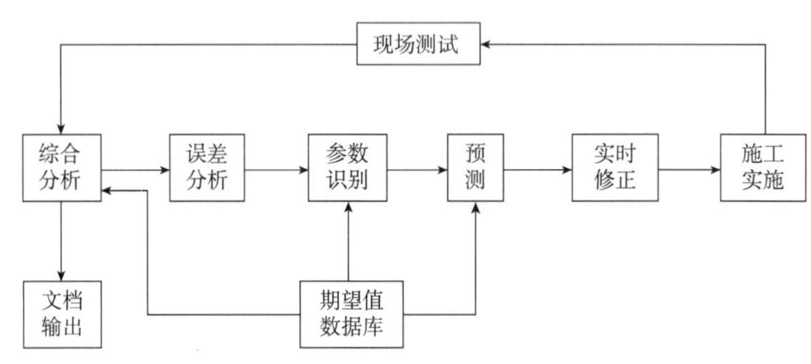

图 7.2　自适应控制实施框图

7.4　六冲河特大桥施工监控实例

7.4.1　工程概况

六冲河特大桥位于黔西偏南方向约 26km,距离织金县城约 24km,距离省道 209 约 8km,桥位上游 2km 建有洪家渡水电站。该桥为预应力混凝土双塔斜拉桥,全桥长 1 508m,桥面宽度 24.1m,主跨为 50.325m+144.675m+438m+144.675m+50.325m 预应力混凝土斜拉桥(图 7.3);斜拉索布置为双索面、扇形密索体系,每个主塔布有 27 对空间索。为了提高结构刚度、改善结构动力特性,两岸各设一辅助墩,辅助墩距理论跨径线 50.325m,辅助墩与过渡墩处竖向均设活动盆式橡胶支座,横向均设抗风防震挡块。

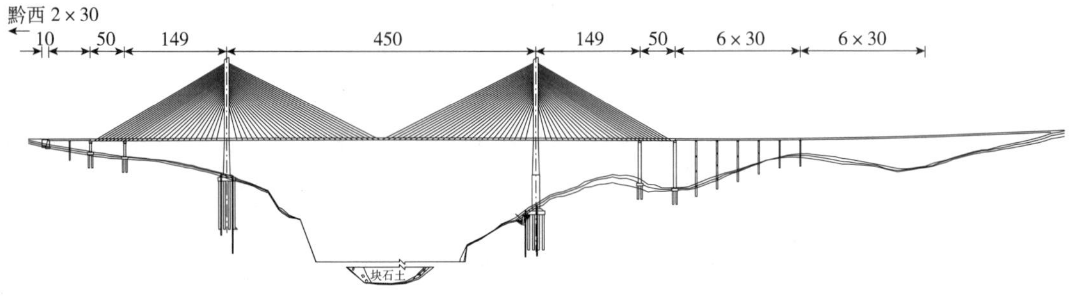

图 7.3　六冲河大桥主桥桥型布置图(尺寸单位:m)

7.4.2 施工监控对象及主要工作内容

1)主要监控对象

①主梁各阶段线形。

②主梁各阶段应力。

③主塔顺桥向塔偏。

④主塔各阶段应力。

⑤斜拉索施工阶段及成桥索力。

2)主要控制工作内容

①进行施工控制预测计算,提供控制目标理论值及控制指令。

②对反馈的施工信息进行分析,确定施工误差状态。

③利用参数识别系统对计算参数进行识别、修正。

④基于施工误差容许度指标进行预警。

⑤根据施工控制偏差情况进行计算并合理地调整控制目标值。

7.4.3 施工监控系统与方法

大跨度桥梁的施工监控是一项复杂的技术,涉及测试技术、受力分析、施工技术等多学科的知识。现将应用于六冲河特大桥的施工监控系统和方法介绍如下。

1)施工监控系统

根据对大跨度桥梁施工控制系统的长期研究和六冲河特大桥的施工控制实践,大跨度桥梁施工控制系统应包括以下五个子系统。

(1)现场测试系统

根据控制要求测量能够反映桥梁状况的物理量:主梁高程、塔顶偏位、斜拉索索力、控制截面的应力应变、结构温度场等。对结构计算采用的基本参数必须现场采集数据,包括:混凝土重度、混凝土的弹性模量、混凝土的收缩徐变参数、预应力张拉时的管道偏差和摩阻系数等。测试工作尽量采用全自动的测试仪器完成,减少工作量和提高测试精度。

(2)误差分析系统Ⅰ

对采集的数据进行初步加工,采用适当的方法消除因测试方法和测试手段而产生的数据误差。根据测量的温度场计算温度变化对关键控制工况下所采集数据的影响,这是进行后续误差分析成败的关键之一。

(3)数据判断处理系统

对经过第一次误差分析处理后的数据分析判断,分析当前控制工况下状态数据是否满足施工控制允许的精度要求,并进一步分析判断产生过大误差的原因。

如果经判断,误差是由施工中某些不确定的、偶然的非结构性的原因产生的(如挂篮的非弹性变形、立模误差等),则这种误差应采用人工分析判断的方法确定误差量,并根据主梁平顺性等要求人工调整下一阶段的施工控制数据。

如果误差过大经判断为结构性的原因所产生的,如计算时的基本参数误差引起的等原因,则需进行第二次误差分析。

(4)误差分析系统Ⅱ

具体来讲,该子系统包括参数识别、参数预测、反馈计算、再前进分析四部分。

根据当前控制工况下采集的数据估计,可采用卡尔曼滤波法和最小二乘法识别当前结构真实状态,并得到与之相适应的各基本计算参数真值的最小误差估计值。

由于误差识别相对施工的滞后性,具有统计规律性的基本参数在后续施工阶段的误差,可采用灰色理论 GM(1,1)模型提前进行预测,以减少误差识别的工作量和控制参数的调整量。

由于当前结构存在过大的误差,为了使桥梁在成桥仍满足设计的最优状态,因此必须对斜拉索的安装索力和后续梁段的立模高程进行调整。根据当前控制工况下的测量数据(已进行第一次误差消除),计算与相应工况下采用已识别和预测过的参数进行前进分析得到的理论数据的误差,采用影响系数矩阵法反馈计算斜拉索的安装索力的调整值。

根据调整后的安装索力重新进行前进分析得到后续施工梁段立模高程的调整值,根据已调整过的安装索力和立模高程重新按施工工况进行结构前进分析,得到新的理论数据,作为后续施工梁段的理论值。

(5)正装计算系统

正装计算系统是整个施工控制系统的最基本的核心,因为最初的理论数据和误差分析系统Ⅱ都是以它为基础。根据实践经验,应用平面杆系有限元计算原理有足够的计算精度。大跨度混凝土斜拉桥施工控制系统的正装计算系统应具有如下一些功能:

①根据桥梁施工进展分阶段分工况进行计算,即能增加和拆除结构。

②考虑混凝土材料的收缩徐变特性。

③能考虑结构的几何非线性。

④能进行子结构的计算,如施工挂篮的安装和拆除、前移和后退等。

⑤能进行任意温度影响的计算。

2)施工监控方法

斜拉桥施工过程复杂,影响参数多。如:结构刚度、梁段的重量、斜拉索张拉力、施工荷载、混凝土的收缩徐变、温度和预应力等。求施工控制参数的理论设计值时,都假定这些参数值为理想值。为了消除因设计参数取值的不确切所引起的施工中设计与实际的不一致性,我们在施工过程中对这些参数进行识别和预测。对于重大的设计参数误差,提请设计方进行理论设计值的修改,对于常规的参数误差,通过优化进行调整。具体流程如图 7.4 所示。

7.4.4 误差分析与调整

施工监控工作的关键在于对采集的状态变量数据进行有效的误差分析,并对后续梁段的施工监控数据作相应的调整,使实际桥梁结构的受力和变形处在理论数据的控制下,不断地沿着理论计算的轨迹使结构达到成桥设计目标。

根据六冲河特大桥施工监控的理论研究和实践探索,测试数据的误差分析是控制数据调整的前提,是施工监控的重中之重,而后续施工梁段的控制数据的调整是误差分析的首要目标。测试数据的误差分析包括两个阶段，首先是测试数据误差的初步分析，主要是温度影响的消除，其次是设计参数的误差识别，主要分析理论计算中因设计参数理论值与实际值之间差异而产生的误差，从而重新确定理论计算中的设计参数值。

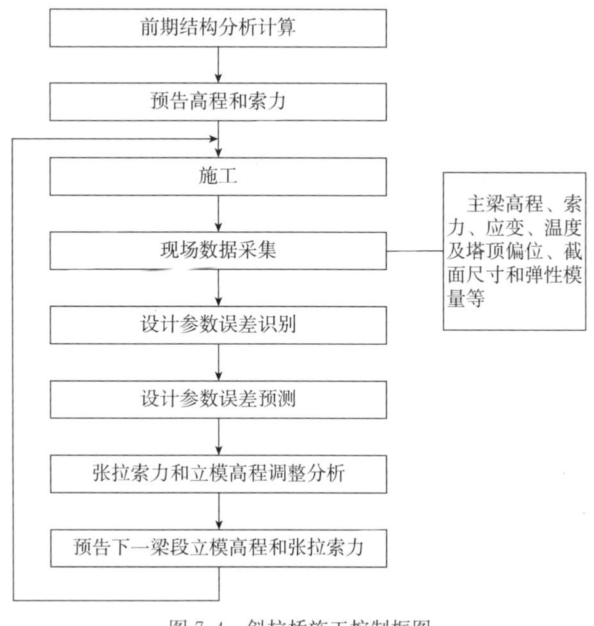

图7.4 斜拉桥施工控制框图

施工中如出现发散趋势的连续分布误差状态，因这类误差的产生大多源于计算参数失真引起的目标真值失真，必须进行参数识别、参数修正或参数拟合，提供合理的目标真值。对于产生参数失真的原因必须进行认真分析，以便在施工中加以控制。在悬臂施工的桥梁中产生误差发散的主要参数是体系刚度和主梁自重。

误差在早期预警的范围内，控制组将继续进行预测分析工作，发布下一节段开始施工指令。如果误差超出早期预警范围，将发布早期预警信息，待详细计算分析完成后才能发布下一节段施工开始指令。

在每个节段斜拉索三张后，根据已得到该梁段的竣工测量数据，进行如下评估：

①先评估测量数据，确保能满足目标线形。

②对于测量，检查环境条件以及对公共点或重复测量点的数据校核。

③检查计算分析模型，比较计算结果和实测结果。

④评估荷载分布。

⑤比较梁段的竣工位置和目标位置。

⑥用实测索力和竣工线形，校核结构刚度。

⑦用最新资料包括竣工线形、修正后的物理特性和荷载，更新分析模型。

⑧进行正装分析，预测能否在容许误差范围内获得目标线形。

结构计算分析将给出成桥线形以及设定后续节段安装的新目标值。但是，作为最终梁体线形的指标，分析误差走向是非常重要的。修正误差，必须要有针对性，所以首先要确定出现误差的原因和类型。因此，需按如下步骤进行工作：

①找出误差。

②确定是否是系统误差或累积型误差，累积型误差会造成误差放大。

③确定误差的来源。

④进行正装分析。

⑤确定误差是否会导致成桥目标线形不能满足。

如果误差影响成桥目标线形，则计划修正措施；如需修正工作，在下一梁段安装时发出指令。施工控制中应根据施工反馈的数据与施工控制预测计算的理论目标值及施工控制的实时计算结果的修正目标值进行比较，对误差进行分析并作及时调整。

控制数据的调整则是根据识别后的设计参数根据设计预定的施工工序重新计算理论轨迹数据，因为施工控制主要以控制主梁高程、控制截面弯矩和斜拉索索力为主，优化调整也就以这些因素建立控制目标函数和约束条件，形成新的施工控制数据，为后续梁段的施工提供指导。

对于主梁和主塔应力的调整，最直接的手段是调整索力。由于索力较小的变化就会在主梁中引起较大的应力变化，而索力本身又有一定的变化宽容度，因此，索力是成桥目标中受力的调控手段。

对于主梁线形的调整，调整立模高程是最直接的手段。将参数误差以及索力调整引起的主梁高程的变化通过对立模高程的调整予以修正。

基本误差处理流程如图 7.5 所示。

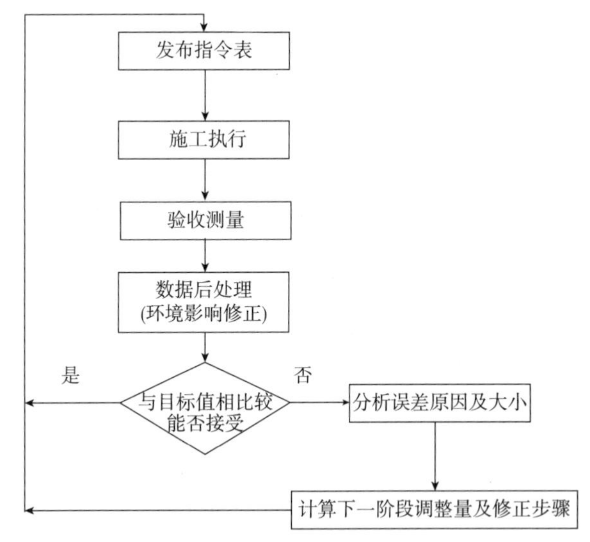

图 7.5　基本误差处理流程

7.4.5　测点布置及误差要求

1)测点布置

在上部结构施工控制实施期间需对结构在工况下的状态参数进行监测，并与理论值进行对比，以评估结构的线形和受力状态，主要的监测对象包括以下几个方面：

(1)主梁高程

主梁高程值可反映主梁的线形状态。在每一梁段悬臂端截面梁顶设立 2 个高程观测点。测点需用短钢筋预埋设置并用红漆标明编号。在当前现浇梁段悬臂端截面(挂篮上)设立 2 个临时高程观测点,作为当前梁段控制截面梁底高程用,并在当前梁段浇混凝土前测出相应于梁顶对应的 2 个测点之间的高程关系,截面各测点布置见图 7.6。用精密水准仪测量各测点高程。临时水准点可设在塔上的人洞处。主梁高程每隔 5 个梁段统测 1 次。立模高程是保证主梁高程和线形平顺性的首要关键工序,立模高程误差均保证在±5mm 范围之内。主梁各梁段的成梁高程误差不大于±L/5 000,相邻节段间局部线形高程误差不大于±30mm,主梁整体线形平顺流畅。

图 7.6　主梁节段高程测点布置示意图

(2)斜拉索索力

采用弦振式测索仪测试每根斜拉索的索力,其基本原理是通过外力进行激励,采集斜拉索的振动加速度,经过滤波、放大、FFT 分析,得到频谱图,根据频谱图得到斜拉索弦振的各阶频率,根据频率和索力的对应关系得到索力值。弦振法测索力要用到的索力系数在现场进行标定,即在张拉千斤顶下加锚索计(一种高精度的进口荷重压力传感器),利用锚索计的精确读数来标定确认同一梁段张拉索的索力值。斜拉索索力每隔 5 个梁段统测 1 次。

索力控制的精度为:①中间索力的误差不大于±10%;②成梁索力误差不大于±8%,并且满足设计最大索力要求;③已成梁段单根索力最大偏差不大于±5%。

(3)应力应变

主梁及主塔控制截面应变测点采用振弦式应变计,振弦式应变计采用相应的专用仪器测试,能直接读出应变值。所有的应变测试元件由生产厂家提供可靠的标定数据。主梁应变测试断面选择在各塔两侧第一对索所在梁段的合适位置、施工过程中应力控制截面以及成桥后活载作用的控制截面。截面上的测点布置重点测试截面上、下缘处的应变值。各测点布置具体见图 7.7、图 7.8。

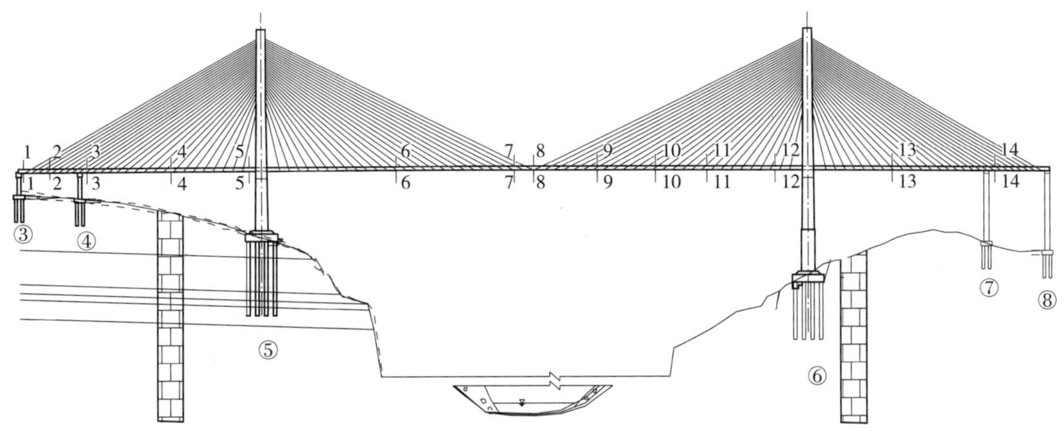

图 7.7　主梁应变、温度测试截面布置图

注:6 号和 13 号截面既是应变测试截面又是温度测试截面。

(4)塔顶偏位

塔顶偏位在一定程度上反映了索塔的弯曲受力情况。塔顶偏位采用全站仪进行测量,在5、6号塔塔顶安装测试棱镜,后视点为施工测控网中的基准点,在塔顶偏位测试时回避温度影响。测量工况从裸塔工况起,直到成桥状态。

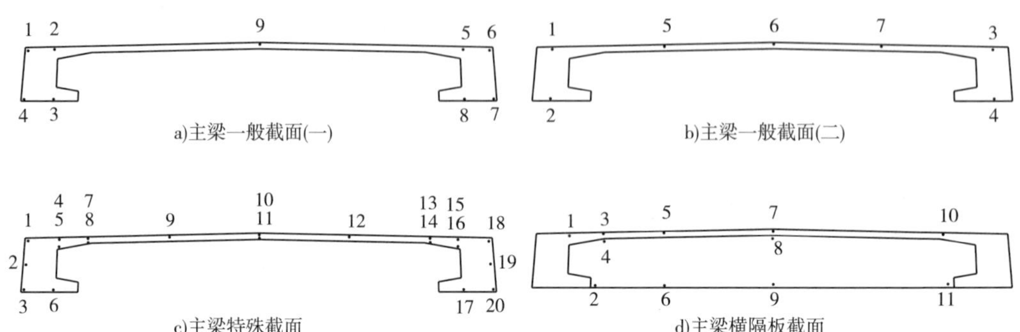

图 7.8　主梁应变截面测点布置图

(5)温度场

混凝土中温度和索温测试选用 NTC 型直径 4mm 的热敏电阻,使用读数精度达 4 位半的 DT 数字型阻值表测出。分别在主塔和主梁的标准截面以及测温索段内预埋温度元件,以测量其内部的温度场分布。在主梁施工期间选择有代表性的天气进行 24h 连续观测,例如:每个季节选择一个晴天、多云天和阴雨天。

选用较小的索型,制作 2 个测温段,每个测温段布置 8 个测温点,在中跨和边跨各放置 1 个,具体布置见图 7.9。在 5、6 号塔主梁上各选择一个温度测试断面(图 7.7 中的 6 号和 13 号截面),布置 28 个测点,具体布置图见图 7.10。

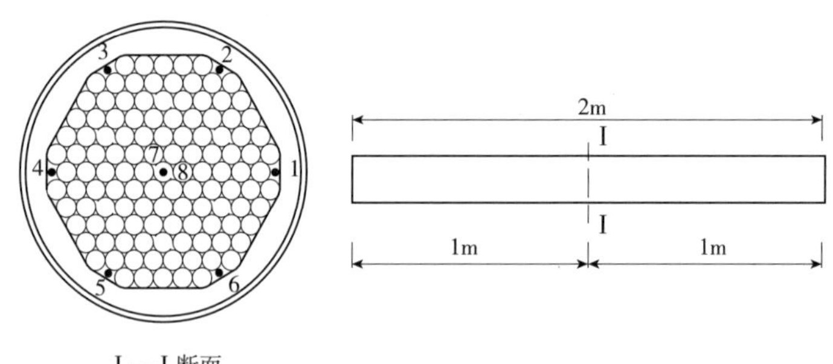

图 7.9　斜拉索温度测点布置图

2)施工控制精度和原则

(1)施工控制精度制订依据:《公路工程质量检验评定标准》(JTG F80/1—2004)和设计图纸。

(2)控制指令执行原则与允许误差:

①立模与最后一次张拉必须在一天中相对稳定均匀温度场(一般为日出前)中完成。

②立模高程允许误差±5mm。

③控制索力张拉最大允许误差±3%,或者单根索力最大允许误差不超过±100kN。

④中间索力(第一、二次张拉索力)允许误差±10%,或者单根索力最大允许误差不超过±200kN。

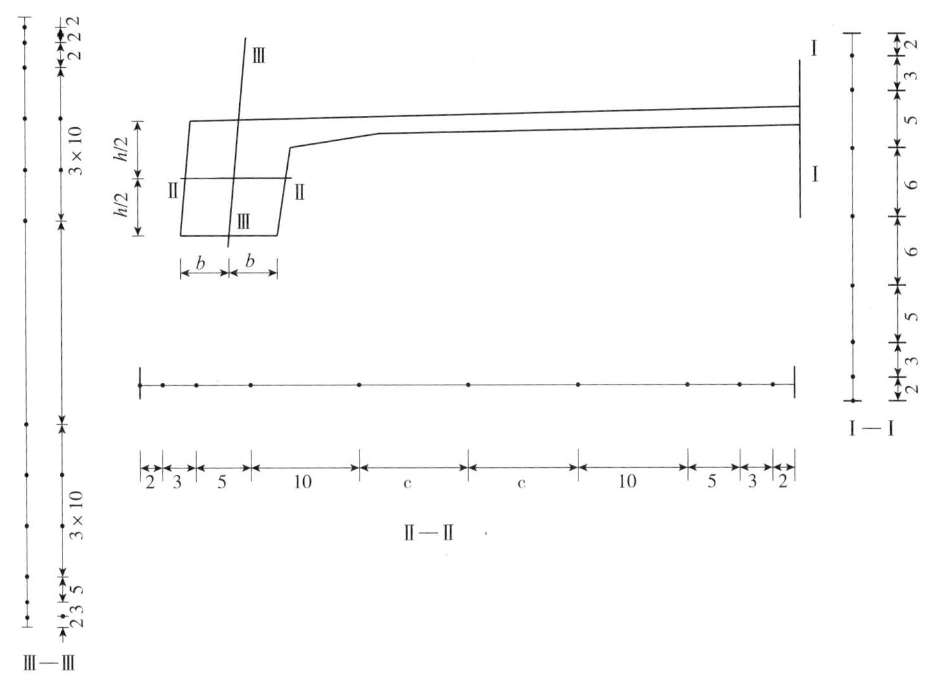

图 7.10 主梁温度测点布置图(尺寸单位:cm)

(3)局部线形控制要求:相邻节段相对高程误差不超过±30mm。

(4)已浇梁段系统控制误差:

①高程误差:±L/5 000。

②索力误差:±8%。

(5)主梁重量控制要求。

按施工规程要求对主梁横截面尺寸的误差进行严格控制。

(6)其他。

主梁轴线、桥面平整度等参数允许误差按有关规范取用。

7.4.6 施工控制部分实施过程结果分析

1)5 号块施工完工况

5 号块施工完工况是指 5 号索第三次张拉后,挂篮还未前移的状态。5 号梁段施工完时的高程误差如图 7.11 所示。从图 7.11 可知,5 号块施工完后主梁高程误差均在±20mm 以内,高程误差较小;索力直方图如图 7.12、图 7.13 所示,从图 7.12、图 7.13 可知,前 5 对索索力百分误差在±3%以内,索力误差较小;百分误差图如图 7.14 所示。5 号梁段施工完时主梁关键截面应变比较如表 7.1 所示。从表 7.1 可知,主梁 1 号块实测应变均小于理论应变值,主梁受力安全;主塔偏位实测值与理论计算值基本吻合。5 号块施工完时 5、6 号塔理论塔偏值分别为 3.9mm、−3.9mm。5 号塔实测塔偏值为 2.1mm;6 号塔实测塔偏值为−6.3mm。

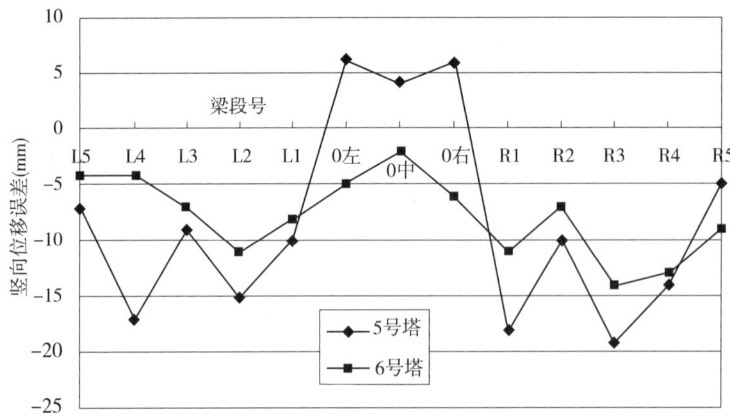

图 7.11　5 号梁段施工完时高程误差图

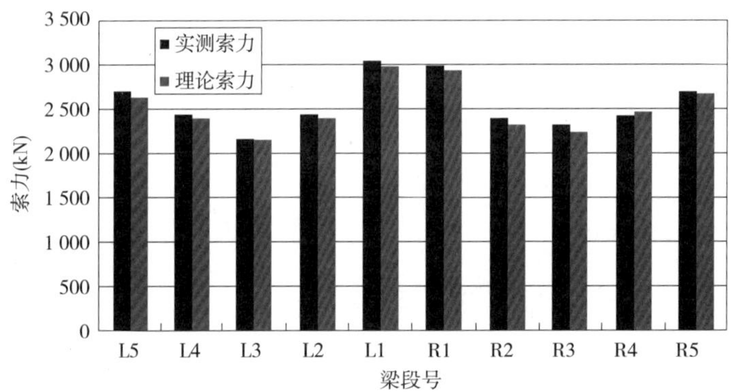

图 7.12　5 号梁段施工完时 5 号塔索力直方图

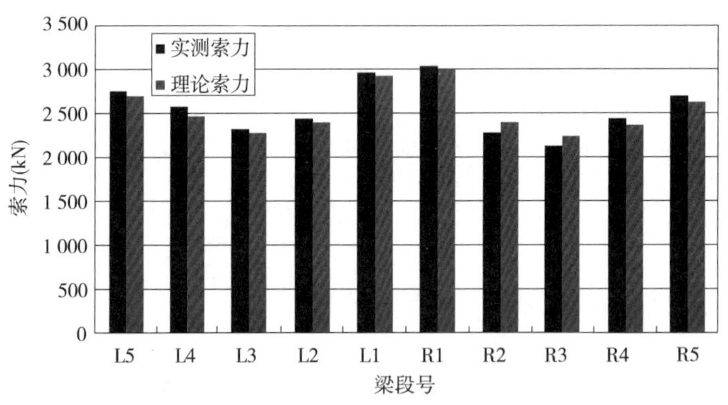

图 7.13　5 号梁段施工完时 6 号塔索力直方图

5 号梁段施工完时主梁关键截面应变比较表　　表 7.1

截面位置	上　缘(με)			下　缘(με)		
	实测应变	理论应变	差值	实测应变	理论应变	差值
5 号塔边跨 1 号块	−192	−204	12	−181	−196	15
6 号塔边跨 1 号块	−207	−226	19	−159	−164	5

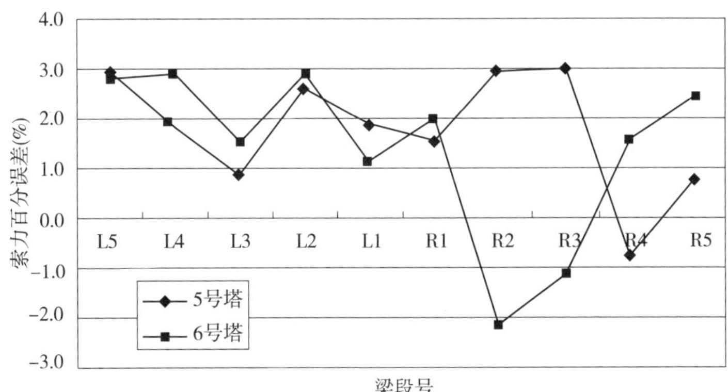

图 7.14　5 号梁段施工完时索力百分误差图

2)中跨合龙后

中跨合龙后是指的中跨合龙段浇筑完,并且中跨合龙段预应力束也张拉完的状态。中跨合龙后高程误差如图 7.15 所示。中跨合龙后索力直方图如图 7.16、图 7.17 所示,百分误差图如图 7.18 所示。中跨合龙后主梁关键截面应变比较如表 7.2 所示。

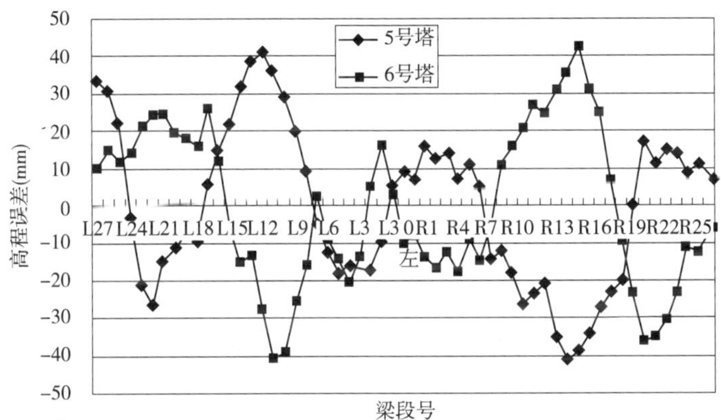

图 7.15　中跨合龙后主梁高程误差图

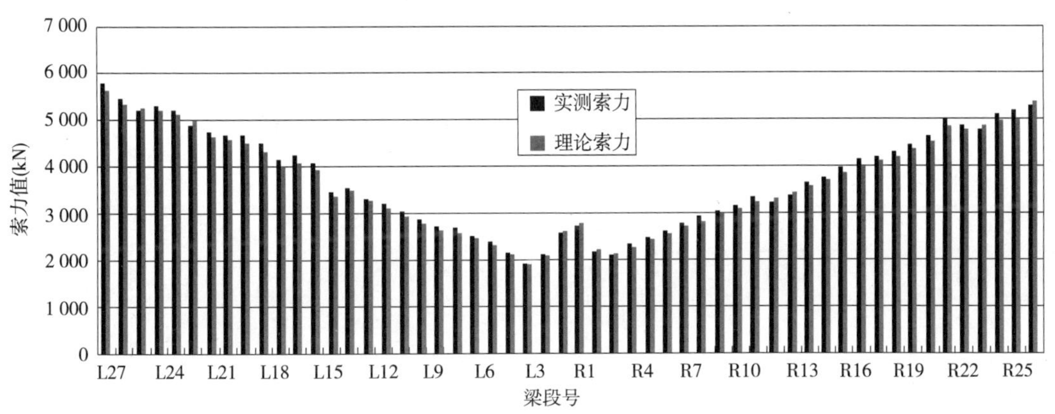

图 7.16　中跨合龙后 5 号塔索力直方图

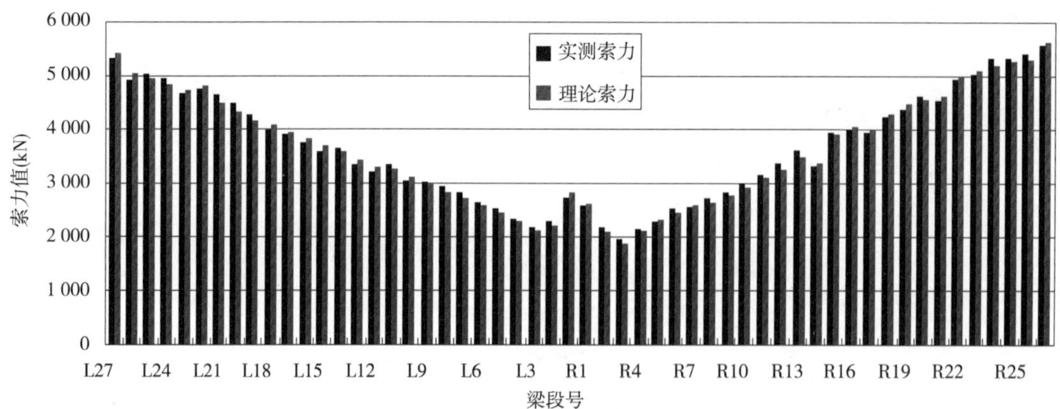

图 7.17 中跨合龙后 6 号塔索力直方图

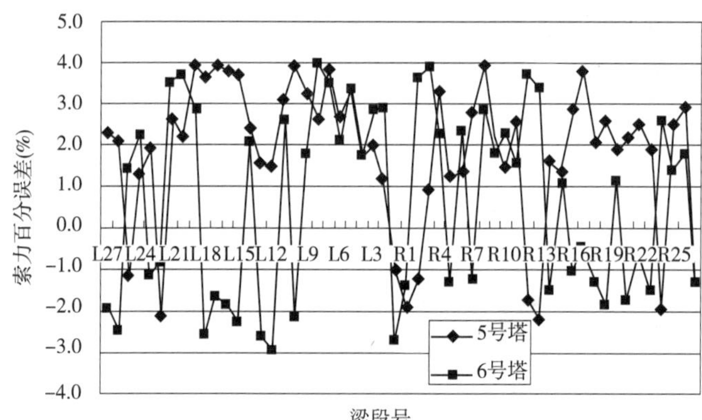

图 7.18 中跨合龙后索力百分误差图

中跨合龙后主梁关键截面应变比较表 表 7.2

截面位置	上缘(με)			下缘(με)		
	实测应变	理论应变	差值	实测应变	理论应变	差值
5 号塔边跨合龙段	−201	−225	24	−259	−286	27
5 号塔边跨 24 号块	−302	−349	47	−338	−382	44
5 号塔边跨 19 号块	−360	−382	22	−545	−591	46
5 号塔边跨 9 号块	−553	−604	51	−678	−711	33
5 号塔边跨 1 号块	−529	−554	25	−612	−674	62
5 号塔中跨 13 号块	−477	−508	31	−609	−644	35
5 号塔中跨 26 号块	−328	−376	48	−497	−516	19
中跨合龙段	−81	−101	20	−234	−273	39
6 号塔中跨 21 号块	−319	−347	28	−680	−714	34
6 号塔中跨 14 号块	−463	−495	32	−533	−616	83
6 号塔中跨 7 号块	−616	−635	19	−526	−573	47

续上表

截面位置	上　缘(με)			下　缘(με)		
	实测应变	理论应变	差值	实测应变	理论应变	差值
6号塔中跨1号块	−612	−660	48	−489	−511	22
6号塔边跨9号块	−574	−605	31	−671	−707	36
6号塔边跨24号块	−305	−346	41	−352	−384	32

由以上数据可知，中跨合龙时合龙口两边相对高差的误差为±5mm，合龙口两边绝对高程误差在±10mm以内，中跨合龙精度较高。中跨合龙后主梁高程误差绝大部分在±30mm以内，最大不超过±50mm，且相邻梁段高差较小，主梁线形平顺；斜拉索索力百分误差绝大部分在±3%以内，最大不超过±4%，索力误差较小；主梁关键截面应变实测值均小于理论应变值，主梁受力安全；中跨合龙后5、6号塔理论塔偏值分别为−125.1mm、138.9mm。5号塔实测塔偏值为−106.9mm，6号塔实测塔偏值为118.8mm，主塔偏位实测值小于理论计算值，主塔受力偏安全。

3)竣工结果

成桥状态下主梁梁底高程和桥面线形误差绝大部分在±40mm以内，最大不超过±65mm，小于《公路工程质量检验评定标准》(JTG F80/1—2004)中规定的精度误差要求(±L/5 000=±87.6mm)，且相邻梁段高差较小，绝大部分在±20mm以内，主梁线形平顺，桥面线形及梁底高程满足设计和规范的要求。成桥状态下斜拉索索力百分误差绝大部分在±4%以内，最大不超过6.5%，小于《公路工程质量检验评定标准》(JTG F80/1—2004)中规定的10%的误差要求，索力误差较小。各主梁关键截面上下缘实测应变与理论值基本吻合，实测值均小于理论值，主梁结构受力状况良好；主塔偏位实测值与理论值也基本吻合，实测值小于理论计算值，成桥状态下两塔均略往岸侧偏，主塔受力安全。具体见表7.3～表7.5。

桥面高程数据表(单位:m)　　表7.3

测点号	X坐标	实测值		理论值	实测值		理论值
		左10.25	右10.25		左0.75	右0.75	
1	235	1 302.341	1 302.346	1 302.326	1 302.533	1 302.539	1 302.516
2	241	1 302.352	1 302.381	1 302.362	1 302.544	1 302.554	1 302.552
3	251	1 302.414	1 302.459	1 302.422	1 302.603	1 302.612	1 302.612
4	261	1 302.453	1 302.498	1 302.482	1 302.678	1 302.675	1 302.672
5	271	1 302.492	1 302.532	1 302.543	1 302.711	1 302.722	1 302.733
6	281	1 302.575	1 302.590	1 302.602	1 302.751	1 302.784	1 302.792
7	291	1 302.657	1 302.692	1 302.662	1 302.859	1 302.875	1 302.852
8	301	1 302.734	1 302.775	1 302.722	1 302.918	1 302.939	1 302.912
9	311	1 302.793	1 302.849	1 302.784	1 302.972	1 303.017	1 302.974
10	321	1 302.890	1 302.919	1302.845	1 303.059	1 303.096	1 303.035

续上表

测点号	X坐标	实测值		理论值	实测值		理论值
		左10.25	右10.25		左0.75	右0.75	
11	331	1 302.945	1 302.990	1 302.907	1 303.130	1 303.174	1 303.097
12	341	1 302.991	1 303.019	1 302.969	1 303.162	1 303.219	1 303.159
13	351	1 303.055	1 303.064	1 303.031	1 303.196	1 303.251	1 303.221
14	361	1 303.115	1 303.106	1 303.093	1 303.259	1 303.302	1 303.283
15	371	1 303.158	1 303.163	1 303.151	1 303.306	1 303.347	1 303.341
16	381	1303.210	1 303.207	1 303.207	1 303.343	1 303.399	1 303.397
17	391	1 303.249	1 303.269	1 303.260	1 303.391	1 303.442	1 303.450
18	401	1 303.299	1 303.331	1 303.311	1 303.451	1 303.478	1 303.501
19	411	1 303.346	1 303.366	1 303.359	1 303.496	1 303.527	1 303.549
20	421	1 303.407	1 303.386	1 303.408	1 303.549	1 303.586	1 303.598
21	431	1 303.467	1 303.447	1 303.455	1 303.616	1 303.642	1 303.645
22	441	1 303.480	1 303.468	1 303.502	1 303.630	1 303.680	1 303.692
23	451	1 303.530	1 303.506	1 303.550	1 303.685	1 303.722	1 303.740
24	461	1 303.581	1 303.554	1 303.598	1 303.729	1 303.768	1 303.788
25	471	1 303.615	1 303.575	1 303.645	1 303.769	1 303.804	1 303.835
26	481	1 303.676	1 303.618	1 303.692	1 303.816	1 303.837	1 303.882
27	491	1 303.711	1 303.679	1 303.738	1 303.875	1 303.871	1 303.928
28	501	1 303.746	1 303.727	1 303.784	1 303.906	1 303.948	1 303.974
29	511	1 303.770	1 303.764	1 303.829	1 303.928	1 303.973	1 304.019
30	521	1 303.833	1 303.830	1 303.872	1 304.004	1 304.033	1 304.062
31	531	1 303.886	1 303.836	1 303.914	1 304.046	1 304.060	1 304.104
32	541	1 303.941	1 303.887	1 303.956	1 304.086	1 304.136	1 304.146
33	551	1 303.992	1 303.937	1 303.996	1 304.133	1 304.167	1 304.186
34	561	1 304.033	1 303.980	1 304.035	1 304.166	1 304.207	1 304.225
35	571	1 304.094	1 303.994	1 304.072	1 304.209	1 304.232	1 304.262
36	581	1 304.110	1 304.065	1 304.107	1 304.263	1 304.298	1 304.297
37	591	1 304.172	1 304.136	1 304.137	1 304.306	1 304.348	1 304.327
38	601	1 304.186	1 304.168	1 304.162	1 304.347	1 304.362	1 304.352
39	611	1 304.222	1 304.178	1 304.183	1 304.365	1 304.414	1 304.373
40	621	1 304.251	1 304.206	1 304.199	1 304.381	1 304.437	1 304.389
41	631	1 304.271	1 304.219	1 304.210	1 304.413	1 304.431	1 304.400
42	641	1 304.272	1 304.220	1 304.215	1 304.406	1 304.448	1 304.405

续上表

测点号	X坐标	实测值		理论值	实测值		理论值
		左10.25	右10.25		左0.75	右0.75	
43	651	1 304.266	1 304.241	1 304.217	1 304.410	1304.457	1 304.407
44	661	1 304.260	1 304.234	1 304.214	1 304.400	1 304.450	1 304.404
45	671	1 304.250	1 304.239	1 304.207	1 304.394	1 304.447	1 304.397
46	681	1 304.201	1 304.250	1 304.195	1 304.388	1 304.438	1 304.385
47	691	1 304.214	1 304.210	1 304.177	1 304.385	1 304.427	1 304.367
48	701	1 304.200	1 304.178	1 304.154	1 304.363	1 304.401	1 304.344
49	711	1 304.147	1 304.137	1 304.127	1 304.311	1 304.346	1 304.317
50	721	1 304.133	1 304.108	1 304.095	1 304.265	1 304.308	1 304.285
51	731	1 304.087	1 304.088	1 304.059	1 304.227	1 304.270	1 304.249
52	741	1 304.015	1 304.049	1 304.021	1 304.187	1 304.224	1 304.211
53	751	1 303.940	1 303.977	1 303.981	1 304.138	1 304.178	1 304.171
54	761	1 303.903	1 303.927	1 303.940	1 304.105	1 304.114	1 304.130
55	771	1 303.850	1 303.892	1 303.898	1 304.058	1 304.074	1 304.088
56	781	1 303.798	1 303.837	1 303.856	1 303.993	1 304.017	1 304.046
57	791	1 303.736	1 303.759	1 303.812	1 303.937	1 303.941	1 304.002
58	801	1 303.726	1 303.715	1 303.767	1 303.892	1 303.908	1 303.957
59	811	1 303.657	1 303.682	1 303.721	1 303.842	1 303.871	1 303.911
60	821	1 303.628	1 303.625	1 303.674	1 303.808	1 303.823	1 303.864
61	831	1 303.595	1 303.569	1 303.627	1 303.767	1 303.767	1 303.817
62	841	1 303.548	1 303.558	1 303.580	1 303.728	1 303.747	1 303.770
63	851	1 303.473	1 303.504	1 303.532	1 303.683	1 303.702	1 303.722
64	861	1 303.450	1 303.467	1 303.485	1 303.636	1 303.667	1 303.675
65	871	1 303.437	1 303.446	1 303.438	1 303.631	1 303.659	1 303.628
66	881	1 303.387	1 303.409	1 303.391	1 303.565	1 303.604	1 303.581
67	891	1 303.344	1 303.378	1 303.342	1 303.537	1 303.554	1 303.532
68	901	1 303.303	1 303.305	1 303.293	1 303.484	1 303.497	1 303.483
69	911	1 303.249	1 303.261	1 303.242	1 303.432	1 303.454	1 303.432
70	921	1 303.195	1 303.221	1 303.188	1 303.388	1 303.401	1 303.378
71	931	1 303.141	1 303.161	1 303.131	1 303.340	1 303.353	1 303.321
72	941	1 303.091	1 303.102	1 303.071	1 303.279	1 303.283	1 303.261
73	951	1 303.034	1 303.051	1 303.009	1 303.223	1 303.243	1 303.199
74	961	1 302.973	1 303.031	1 302.947	1 303.186	1 303.202	1 303.137

续上表

测点号	X坐标	实测值		理论值	实测值		理论值
		左10.25	右10.25		左0.75	右0.75	
75	971	1 302.928	1 302.973	1 302.885	1 303.127	1 303.151	1 303.075
76	981	1 302.874	1 302.888	1 302.823	1 303.072	1 303.072	1 303.013
77	991	1 302.782	1 302.824	1 302.761	1 302.981	1 302.998	1 302.951
78	1 001	1302.705	1 302.735	1 302.699	1 302.911	1 302.913	1 302.889
79	1 011	1302.614	1 302.644	1 302.639	1 302.832	1 302.834	1 302.829
80	1 021	1302.560	1 302.557	1 302.579	1 302.748	1 302.759	1 302.769
81	1 031	1302.508	1 302.484	1 302.518	1 302.690	1 302.695	1 302.708
82	1 041	13 02.437	1 302.463	1 302.458	1 302.655	1 302.626	1 302.648
83	1 051	1 302.373	1 302.415	1 302.398	1 302.559	1 302.572	1 302.588
84	1 061	1 302.365	1 302.356	1 302.340	1 302.535	1 302.533	1 302.530
85	1 063	1 302.338	1 302.331	1 302.326	1 302.532	1 302.536	1 302.516

梁底高程数据表(单位:m) 表7.4

梁段号	5号塔		6号塔	
	实测值	理论值	实测值	理论值
L27	1 299.549	1 299.524	1 301.391	1 301.381
L26	1 299.578	1 299.557	1 301.395	1 301.379
L25	1 299.606	1 299.590	1 301.395	1 301.375
L24	1 299.627	1 299.623	1 301.391	1 301.368
L23	1 299.643	1 299.657	1 301.395	1 301.358
L22	1 299.667	1 299.690	1 301.375	1 301.344
L21	1 299.697	1 299.723	1 301.369	1 301.328
L20	1 299.741	1 299.756	1 301.346	1 301.308
L19	1 299.780	1 299.789	1 301.310	1 301.285
L18	1 299.814	1 299.821	1 301.282	1 301.260
L17	1 299.865	1 299.854	1 301.268	1 301.233
L16	1 299.921	1 299.894	1 301.217	1 301.203
L15	1 299.968	1 299.934	1 301.164	1 301.173
L14	1 300.026	1 299.973	1 301.124	1 301.142
L13	1 300.073	1 300.014	1 301.086	1 301.110
L12	1 300.107	1 300.061	1 301.028	1 301.077
L11	1 300.153	1 300.110	1 300.985	1 301.045
L10	1 300.197	1 300.159	1 300.951	1 301.010

续上表

梁段号	5 号 塔		6 号 塔	
	实测值	理论值	实测值	理论值
L9	1 300.227	1 300.206	1 300.950	1 300.977
L8	1 300.261	1 300.255	1 300.937	1 300.941
L7	1 300.290	1 300.300	1 300.919	1 300.905
L6	1 300.331	1 300.345	1 300.861	1 300.869
L5	1 300.362	1 300.387	1 300.807	1 300.833
L4	1 300.412	1 300.428	1 300.772	1 300.796
L3	1 300.448	1 300.469	1 300.753	1 300.759
L2	1 300.487	1 300.507	1 300.737	1 300.723
L1	1 300.528	1 300.544	1 300.708	1 300.686
0左	1 300.579	1 300.573	1 300.660	1 300.650
0中	1 300.613	1 300.609	1 300.608	1 300.613
0右	1 300.652	1 300.646	1 300.567	1 300.577
R1	1 300.700	1 300.685	1 300.538	1 300.547
R2	1 300.734	1 300.721	1 300.499	1 300.509
R3	1 300.765	1 300.759	1 300.454	1 300.472
R4	1 300.812	1 300.796	1 300.410	1 300.432
R5	1 300.843	1 300.832	1 300.375	1 300.391
R6	1 300.874	1 300.869	1 300.347	1 300.347
R7	1 300.899	1 300.905	1 300.321	1 300.303
R8	1 300.927	1 300.941	1 300.284	1 300.258
R9	1 300.950	1 300.976	1 300.242	1 300.210
R10	1 300.975	1 301.010	1 300.204	1 300.162
R11	1 301.008	1 301.044	1 300.138	1 300.113
R12	1 301.035	1 301.076	1 300.099	1 300.064
R13	1 301.058	1 301.108	1 300.062	1 300.016
R14	1 301.079	1 301.140	1 300.039	1 299.976
R15	1 301.118	1 301.172	1 299.979	1 299.935
R16	1 301.156	1 301.203	1 299.922	1 299.895
R17	1 301.200	1 301.231	1 299.869	1 299.855
R18	1 301.236	1 301.259	1 299.816	1 299.822
R19	1 301.271	1 301.283	1 299.777	1 299.789
R20	1 301.307	1 301.306	1 299.721	1 299.756

续上表

梁段号	5 号 塔		6 号 塔	
	实测值	理论值	实测值	理论值
R21	1 301.339	1 301.326	1 299.678	1 299.723
R22	1 301.359	1 301.343	1 299.640	1 299.690
R23	1 301.377	1 301.357	1 299.619	1 299.656
R24	1 301.384	1 301.368	1 299.601	1 299.623
R25	1 301.385	1 301.375	1 299.580	1 299.590
R26	1 301.390	1 301.378	1 299.551	1 299.557
R27	1 301.389	1 301.381	1 299.521	1 299.525

成桥索力表(单位:kN)　　表 7.5

索　号	5 号 塔			6 号 塔		
	实测值		理论值	实测值		理论值
	上游	下游		上游	下游	
L27	6 091	6 169	6 018	5 592	5 592	5 791
L26	5 649	5 869	5 702	5 336	5 481	5 447
L25	5 506	5 770	5 637	5 502	5 258	5 355
L24	5 818	5 818	5 571	5 162	5 363	5 260
L23	5 770	5 647	5 504	5 047	5 078	5 163
L22	5 323	5 280	5 338	4 982	4 739	5 041
L21	5 184	5 184	4 959	5 049	4 993	4 775
L20	5 074	4 946	4 903	4 908	5 029	4 678
L19	4 964	4 928	4 828	4 738	4 589	4 557
L18	4 867	4 891	4 667	4 514	4 382	4 482
L17	4 631	4 486	4 316	4 360	4 175	4 408
L16	4 664	4 634	4 397	4 181	4 279	4 294
L15	4 550	4 398	4 268	4 079	4 088	4 173
L14	3 901	3 978	3 737	3 979	4 187	4 079
L13	3 918	4 215	3 875	3 901	3 765	3 948
L12	3 849	3 864	3 663	3 704	3 831	3 827
L11	3 611	3 511	3 465	3 763	3 885	3 683
L10	3 491	3 502	3 296	3 635	3 385	3 535
L9	3 113	3 307	3 179	3 459	3 410	3 379
L8	3 264	3 181	3 053	3 459	3 349	3 219
L7	2 999	3 139	2 971	2 976	3 216	3 042
L6	2 912	2 893	2 870	2 992	3 030	2 888
L5	2 841	2 876	2 755	2 911	2 866	2 741
L4	2 711	2 668	2 600	2 659	2 577	2 573

续上表

索　号	5 号 塔			6 号 塔		
	实测值		理论值	实测值		理论值
	上游	下游		上游	下游	
L3	2 462	2 595	2 434	2 572	2 494	2 409
L2	2 716	2 777	2 582	2 640	2 713	2 571
L1	3 685	3 679	3 723	3 649	3 625	3 712
0	6 126	6 239	5 893	6 034	6 167	5 891
R1	3 661	3 664	3 712	3 670	3 710	3 723
R2	2 619	2 640	2 571	2 796	2 658	2 582
R3	2 483	2 442	2 407	2 486	2 655	2 432
R4	2 656	2 571	2 572	2 649	2 796	2 599
R5	2 890	2 841	2 741	2 821	2 638	2 755
R6	2 995	2 965	2 888	3 114	2 908	2 871
R7	3 275	3 128	3 043	2 849	3 069	2 973
R8	3 505	3 339	3 220	3 210	3 103	3 055
R9	3 421	3 443	3 380	3 238	3 286	3 182
R10	3 784	3 676	3 536	3 352	3 415	3 299
R11	3 750	3 763	3 684	3 592	3 542	3 470
R12	3 892	3 808	3 828	3 849	3 864	3 669
R13	4 180	4 163	3 950	4 082	4 099	3 881
R14	4 356	4 187	4 080	3 578	3 635	3 743
R15	4 199	4 434	4 174	4 158	4 013	4 273
R16	4 712	4 397	4 294	4 405	4 240	4 400
R17	4 808	4 550	4 408	4 192	4 064	4 317
R18	4 772	4 681	4 480	4 386	4 487	4 666
R19	4 700	4 713	4 553	4 722	4 830	4 827
R20	4 855	4 816	4 671	4 972	5 061	4 901
R21	4 993	4 910	4 766	4 817	4 895	4 958
R22	5 322	5 277	5 029	5 165	5 237	5 336
R23	5 308	5 216	5 163	5 388	5 418	5 504
R24	5 262	5 279	5 260	5 706	5 659	5 571
R25	5 467	5 520	5 355	5 896	5 770	5 637
R26	5 795	5 702	5 447	5 887	5 777	5 702
R27	5 550	5 592	5 791	5 976	5 995	6 018

7.4.7　施工结论

六冲河特大桥在施工过程及成桥状态下，主梁线形顺畅，桥梁结构安全可靠，实际成桥状态与设计成桥状态吻合较好。同时，也表明六冲河特大桥施工控制方法科学，监控成果理想，施工控制工作达到了预期的效果。

本章参考文献

[1] 徐郁峰．大跨度预应力混凝土斜拉桥施工控制理论与核心技术研究及软件开发[D]．广州:华南理工大学,2004.

[2] 徐君兰．大跨度桥梁施工控制[M]．北京:人民交通出版社,2000.

[3] 崔鑫．预应力混凝土斜拉桥施工监控及健康监测若干问题研究[D]．杭州:浙江大学,2014.

[4] 王彬．斜拉桥的施工监控分析和仿真计算[D]．西安:西安建筑科技大学,2011.

[5] 陈常松,颜东煌,程海潜,等．大跨度PC斜拉桥施工控制中温度效应分析[J]．公路交通科技,2002,19(6):84-87.

[6] 马文田,韩大建．混凝土斜拉桥施工控制的最佳成桥状态法[J]．华南理工大学学报,1999,27(11):1-10.

[7] 陈德伟,许俊,周宗泽．预应力混凝土斜拉桥施工控制新进展[J]．同济大学学报(自然科学版),2001,29(1):100-103.

[8] 石雪飞,项海帆．斜拉桥施工控制方法的分类分析[J]．同济大学学报(自然科学版),2001,29(1):55-59.

第8章 山区大跨径斜拉桥的管理和养护

8.1 概述

桥梁工程结构因运营时间的不断推移，结构本身的危险性将会增加，需要运营期实时监管结构的安全使用状态，根据欧美国家几十年来的桥梁监管养护经验，良好地将结构的巡检(检测)与监测技术结合起来，可在桥梁现有情况的基础上全寿命期内提高养护和维修的工作效率，并能使其养护费用最小化。

8.1.1 管理养护目标及要求

1)斜拉桥管理养护的目标

斜拉桥管理养护的目标如下：

①斜拉桥一旦开通，其管理养护工作就须随之开始，并应不间断地有序进行。

②保持斜拉桥结构的各组成部分均处于健康状态，最大限度地减少或避免桥梁各组成部分损坏，一旦损坏，及时修复；保持桥梁始终安全畅通，提高通过能力，不中断行车，尽量缩短限制行车速度的时间。

③有计划地改善斜拉桥技术状态，确保其抗自然灾害的能力，如抗台风、地震和抗洪能力等。

④在保证安全运营的同时，最大限度地实现和延长斜拉桥的设计使用寿命。

⑤掌握斜拉桥结构各组成部分的状态，汇集和完善其技术与管理资料，为养护维修和日后可能发生的加固提供必须的条件。

2)斜拉桥管理养护工作的基本要求

斜拉桥管理养护工作的基本要求是：

①预防为主，预防、养护和整治相结合；日常保养与综合维修相结合。

②检查是养护维修和病害整治的重要依据。检查工作要形成制度，由专人认真执行。

③维修和病害整治要有计划、有准备，技术上要落到实处。不断采用新技术新工艺，以最经济的方式保证桥梁及其设施经常处于完好状态，达到管理养护的高标准、高质量、高效率。

④斜拉桥管理机构应高效精干。管理人员应该是高素质、高技能、多工种，即应由一定数额和比例的高级、中级、一般技术人员和技术工人等组成，他们涉及的专业应包括桥梁、道路、

建筑材料、测量、机械、电气和计算机信息等。并应配置一定数量的供养护维修用的仪器设备和机具。

⑤制订并不断完善一套斜拉桥管理养护与维修的工作制度，以保证国家和行业有关规范、规程、标准等能顺利全面贯彻执行，做到规范管理；建立并不断充实和完善桥梁档案系统，为斜拉桥养护维修和安全评定提供依据。

⑥对斜拉桥管理养护与维修工作质量的要求是：结构完好无损；桥面及其桥头道面平整，行车平顺舒适；排水通畅；交通管理标志齐全明显；全桥外观整洁。尤其对于通车后不久的新斜拉桥，应使桥梁的各项技术状况均达到完好状态。

3）斜拉桥管理养护工作范围

斜拉桥管理养护工作的范围应包括下列内容：

①技术状况检查。

②建立和健全完整的桥梁技术档案。应包括桥梁设计、桥梁结构检测及桥梁养护维修三个子系统。

③斜拉桥（包括设计规定的引桥引道）的安全防护。

④斜拉桥（包括设计规定的引桥引道）的日常保养维修。

8.1.2 日常管理内容与要求

斜拉桥日常管理必须认真进行，这对保持桥梁的正常运营，避免和减少事故发生，防止和延迟桥梁缺陷的发生和发展有积极作用。斜拉桥日常管理包括：日常作业、车辆过桥管理、日交通量管理和桥梁技术资料管理、人工巡检及自动化安全监测系统。斜拉桥管理与养护流程如图 8.1 所示。

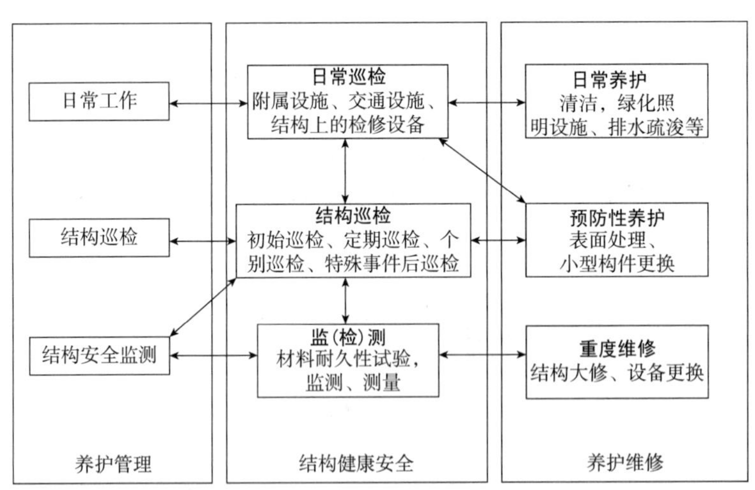

图 8.1　斜拉桥管理与养护流程

1）日常作业

（1）桥面清洁及交通清障

①应每日定时打扫桥面卫生，保持桥面清洁。桥面不得有污物及过往人或车辆丢弃的杂

物。每天应有专人清扫并将废弃物运至指定场所。

②应及时将故障车辆清走，以免影响正常交通。

③一旦发生交通事故，要迅速与交警部门联系妥善解决。与此同时，在保持现场的前提下，作好车辆疏通工作。

④检查交通事故是否对桥梁及附属设施造成破坏或损伤。若有，须及时进行修复。

(2)保持排水设施畅通

须经常检查排水管有无堵塞，及时清除排水管中堵塞的泥土杂物。应保持排水设施的状态良好，防止因雨水不能及时排除而妨碍交通、浸泡桥面铺装层和侵蚀桥梁结构中的钢筋和钢构件等，甚至导致更大危险。

(3)保持交通信号、标志及照明设施完好

检查交通信号、标志及照明设施是否完好，如有损坏应及时修复。

2)车辆过桥管理

①所有过桥车辆的重量、长度、宽度和高度必须符合设计荷载和《公路桥涵设计通用规范》(JTJ 041—2000)的规定。

②不符合上述有关规定的超重、超长、超宽、超高的四超车辆原则上不准过桥。只有国防或重点工程设备等须过桥时才予考虑，并应及时做好以下规定工作：

a. 了解欲过桥四超车辆的种类，包括车辆的总重、外形尺寸、轴重、轴距、轴数、轮数、轮距和荷载的分配情况等。

b. 请设计单位计算超重车辆(此时不考虑其他车辆同时过桥)过桥时所产生的荷载效应，判断桥梁的整体强度、刚度以及局部应力是否超过允许指标，如超过，估算会产生多大的危害。

c. 根据计算结果，提出桥梁局部(主要是梁部结构)是否需要加固，如需要应尽快提出加固措施。

d. 对超重车辆之载重应尽可能拆散分布装运，并使载重分布长度尽量在较大的范围内，以减小车位长度的压力；车上货物应装置平稳、适中，避免偏载，在过桥前应进一步核查车辆的总重和轴重，以免出现总重量虽未超过货主提交的荷载，但却由于偏载而造成个别轴重超过验算荷载的情况。

e. 超重车辆过桥时，不得有其他车辆同时过桥；超重车辆应尽量在桥面内侧(甚至沿桥面中线)行驶，这样可减小偏载效应；要低速行驶，可限速 5km/h，并严禁在桥上变速、制动，这种缓慢匀速行驶，可使行驶荷载比较接近静载，从而减少或避免对桥梁的动载作用。

f. 超重车辆过桥应选择在交通量较小的时间进行，并应事前通知和告示。

g. 超重车辆过桥前，应对桥梁的主要部位进行一次检查；过桥期间，应对受力最不利部位进行应力、挠度、索力、位移等监测；过桥之后，应对桥梁的主要部位进行检查，并同过桥前的状态对比，确定是否已对桥梁结构造成损伤。

③对装有危险品(如火药、雷管、导火线、水银、剧毒和易燃易爆物品)车辆过桥应严加控制。须持有公安部门核发的准运证，并需在车辆的明显位置挂有危险物品标志，车速不得超过20km/h。

④原则上禁止履带车、铁轮车或其他可能损伤桥面的车辆直接在桥上行驶。如特殊情况须通行时，应事先通知桥管部门，经批准并采取防护措施后方能通行。

⑤吊机上桥作业时，吊机的支腿下须垫厚度大于5cm的硬木板(宽度不得小于40cm，长度不得小于50cm)，以免损伤桥面铺装层。并严禁吊机等其他机械在桥面作业时抛洒柴油、汽油、润滑油等，以免损坏桥面铺装层。

⑥雾雨天应对车辆限制通行，能见度在100m以下时，应禁止车辆通行；能见度在100～200m时，应限速。

3)日交通量管理

对日交通量的统计和汇总均十分必要，这对于以后分析斜拉桥的运营状况和评估斜拉桥的剩余寿命是不可缺少的资料。

4)桥梁技术资料管理

桥梁技术资料包括建设期间的技术资料及日常管理和检查、养护维修等各方面的资料。这些技术资料为：全套设计文件与竣工文件；桥梁主要材料性能；施工记录、日志；施工技术总结，有关的试验研究报告；历次测试资料及报告；日常管理及养护维修工作记录；交通量记录；超重车过桥、超高船只过桥及其他记录等。

8.2 山区大跨径斜拉桥营运后期调索

8.2.1 斜拉桥成桥后调索的必要性

斜拉桥不仅具有优美的外形，而且具有良好的力学性能，其主要优点在于，恒载作用下，斜拉索的作用并不仅仅是弹性支撑，更重要的是它能通过千斤顶主动地施加平衡外荷载的索力。由于索力是可以调整的，通过索力调整可以改变主梁的受力分配，优化结构的受力。所以斜拉索索力的调整问题成为斜拉桥设计与监控工作的非常重要的问题。

斜拉桥是缆索承重结构，斜拉索可以认为是大跨径结构的体外预应力。结构的受力状态和索力的大小密切相关，索力是影响斜拉桥受力的一个核心因素。斜拉桥不仅具有优美的外形，而且具有良好的力学性能，其主要优点在于：恒载作用下斜拉索的索力是可以调整的。在斜拉桥的施工过程中，为了保证结构的受力状态和变形始终处于安全状态，斜拉索要采用多次张拉，一般成桥后都需要调整索力，使斜拉索索力达到成桥状态理想索力。

8.2.2 调索的计算内容和方法

1)斜拉桥张拉方法

在斜拉桥的施工中，有的斜拉桥采用一次张拉法，有的斜拉桥采用多次张拉法调整施工阶段的索力，使成桥后的索力和高程达到设计要求。

一次张拉法分为一次一步张拉法和一次多步张拉法，多次张拉法分为多次一步张拉法和多次多步张拉法，可总结为m次n步张拉法。所谓m次n步张拉法中的m次是指某根斜拉索在非本根所在断面的斜拉索用千斤顶张拉之前的所有张拉次数，n步是指“一次”中该根斜拉索张拉的次数，以下称为步。

索力的一次到位是指在施工中每根斜拉索张拉至预定索力后不再重复张拉，即在整个斜拉桥施工过程中每根斜拉索只在本梁段内可以进行多次张拉，以最后一次张拉作为控制，成桥后不需调整，拉索索力自然达到合理成桥索力。一次到位法简单易行、施工方便，但因为其强调索力张拉的一次到位，在施工中必须为主梁配置强大的预应力筋，这些预应力筋大多是在成桥后不需要的，或其存在是有害的，所以在受力上和经济上都有其不合理之处。另外由于预应力孔道和连接器的存在削弱了主梁截面尺寸，往往使主梁在施工中承受较高的应力，施工以及监控稍有失误就会发生结构破坏，造成严重损失。所以一次到位法不是一种很可取的索力控制方法，需谨慎采用。

分次张拉到位法的基本思想是“分次张拉，逐步到位”，也称多次张拉法。以主梁合龙为界，合龙前主梁呈现双悬臂状态，施工控制以主梁高程为准。在悬臂施工中主梁的高程主要通过对拉索索力在一定范围内的调整而加以控制。主梁合龙后，对已形成的多跨连续梁通过增大索力的调索，将梁预抬高，以抵消桥面系重力将产生的下挠度。

采用分次张拉到位法时，在整个施工过程中对拉索进行分期分批张拉，最后达到设计索力，从而使施工各阶段的内力较为合理，梁塔的受力处于大致平衡的状态，即塔、梁只承受轴向力和数值不大的弯矩，避免结构在施工中的破坏。主梁的线形主要是通过斜拉索索力在一定范围内的调整而加以控制的。在每一节段施工中，当发现主梁线形与设计线形发生一定偏离时，就调整正在安装节段或邻近节段上斜拉索的索力。这样在施工中要对拉索进行多次张拉，因此需要考虑由此而带来的施工工作量增加以及可能影响施工工期等问题。

斜拉索的张拉次数的确定原则为：从方便施工的角度来说，应尽量减少张拉次数；从受力要求来考虑，在施工过程中应尽量减小主梁和塔的弯曲应力，并且要考虑成桥后控制截面的受力要求，这往往要求多次张拉，特别是合龙前后的索力调整。因此，这两方面的要求是矛盾的，通常的做法是综合考虑两者的要求，取折中方案。在施工阶段斜拉索的张拉以一次张拉为主，在合龙后再进行一次索力调整。

贵阳红枫湖大桥在施工中针对结构特点及施工工期短的特点，采用了“二次张拉到位”的索力形成方法。主要内容是：为缩短工期、减小工作量，悬臂施工中每根斜拉索只张拉一次，以严格确保施工过程主梁受力安全为索力控制原则；待主梁合龙后通过全桥范围的索力调整（第二次张拉）实现预想的理想成桥状态。采用“二次张拉到位”法避免了施工过程中拉索的反复张拉及由此带来的施工工作量增加和工期延长等问题，从受力合理、降低工程造价、缩短工期等各个角度考虑都很合理。

2）斜拉桥合理成桥索力的计算方法

斜拉桥成桥状态内力分布好坏是衡量设计优劣的重要标准之一。理想的成桥状态当属塔、梁在恒载作用下无弯矩或只有局部弯矩。这种状态既可减少徐变收缩影响、方便设计，又可充分发挥各种材料的性能。但要达到这一状态，结构各参数与索力必须满足一定的条件。由于受到设计施工中各种条件的限制，要求每座斜拉桥都满足零弯矩状态是不可能也是不现实的。但是，无论怎样的斜拉桥体系，总能够找出一组斜拉索索力，它能够使结构体系在恒载作用下，某种反映受力性能或用材指标的目标达到最优。求解这组索力就是斜拉桥成桥状态的索力调整问题。

斜拉桥不同于一般的梁桥，在结构承受荷载前，必须对索力进行预张拉，确定一组索力使结构受力合理，即确定合理成桥受力状态。斜拉桥合理成桥受力状态的确定方法可以不考虑施工过程，只根据成桥后的结构进行计算，但斜拉桥的合理成桥状态却与斜拉桥的施工方法密切相关，施工阶段的索力和立模高程将影响成桥后结构的受力和线形。

国内外桥梁专家提出了许多确定斜拉桥恒载合理索力的理论计算方法，主要有：刚性支承连续梁法，零位移法，内力平衡法，指定应力法，零弯矩悬拼法，力平衡法，弯曲能量最小法，弯矩最小法，无应力状态控制法，用索量最小法，影响矩阵法，应力平衡法等。

3）斜拉桥索力调整计算方法

索力调整是指斜拉桥施工各个阶段、竣工时或投入运营后，希望通过调整索力的大小，使索力均匀合理、改善主梁线形、降低主梁或索塔内力所进行的工作。索力调整可以用于实现成桥状态的最佳内力分布，也可以用于消除施工过程中各种因素产生的偏差。国内外已有不少学者对这一问题进行了研究，先后提出了多种索力调整方法，如最佳成桥状态法、最小二乘法、指定截面内力及指定节点处的位移对理想值的最大偏差最小为目标函数的索力调整值确定法等。针对斜拉桥的施工特点，下面以影响矩阵法来具体说明索力调整的计算思想。

索力调整计算中如果索力调整量比原来调整前的索力值要小时，可忽略索力调整引起的索的拉伸刚度的变化，用线性叠加的方法由影响矩阵法来计算索力的调整值。

$$\{\boldsymbol{X}\}=[\boldsymbol{F}]\{\boldsymbol{S}\} \tag{8.1}$$

式中：$\{\boldsymbol{S}\}$——索力调整矢量；

$\{\boldsymbol{X}\}$——索力偏差矢量；

$[\boldsymbol{F}]$——索力影响矩阵。

索力影响矩阵$[\boldsymbol{F}]$为结构中全部拉索索力分别发生单位变化，引起的索力影响量依次排列形成的矩阵。因此只要将单位调索力逐一加到结构上，分别求出相应的影响向量，就可求得结构的索力调整影响矩阵。

设斜拉索的索力偏差为$\{\Delta\boldsymbol{T}\}$，由索力调整应使$\Delta\boldsymbol{T}=0$，由式(8.1)很容易得到调整量$\{\boldsymbol{S}\}$。

$$\{\boldsymbol{S}\}=[\boldsymbol{F}]^{-1}\{-\Delta\boldsymbol{T}\}=-[\boldsymbol{F}]\{\Delta\boldsymbol{T}\} \tag{8.2}$$

当结构的其他误差仅由索力偏差引起时，根据式(8.2)决定的索力调整量不仅使索力偏差消失，而且使结构所有其他相应的误差也同时减小到最小值。

然而索力以外的误差本质上不能用索力调整予以消除。式(8.1)仅仅是关于索张拉力误差调整的最优控制，用式(8.1)决定的调整量S属于部分优化值，其仅可用于单一的对索力误差的调整。

实际施工中与索力具有同等或更重要意义的是主梁的线形。设梁的挠度误差为$\{\boldsymbol{Y}\}$，索力调整对梁的竖向变位的影响矩阵为$[\boldsymbol{G}]$，与式(8.1)相类似，可以给出用于调整主梁高程误差的方程。

$$\{\boldsymbol{Y}\}=[\boldsymbol{G}]\{\boldsymbol{S}\} \tag{8.3}$$

使梁高程误差$\Delta\eta$为零的调整量$\{\boldsymbol{S}\}$就为

$$\{\boldsymbol{S}\}=[\boldsymbol{G}]^{-1}\{\Delta\boldsymbol{\eta}\} \tag{8.4}$$

为了使上式成立，$[\boldsymbol{G}]$必须为正定矩阵。另外，当索数为 N 时，$\{\boldsymbol{Y}\}$必须恰是梁上的 N 个变位量，而且 N 个点的选择应使$[\boldsymbol{G}]$不成为奇异矩阵。很明显，式(8.3)也是部分优化的调整方案，仅可用于对高程误差的调整。

如前所述，索力调整方法最初是用来修正索力误差的。工程上误差的产生具有随机性，从式(8.3)看到，索力之外的误差也可以采用索力调整的方法而使其得到改善，因此可以建立考虑多个项目控制变量(如索力、梁的挠度、支座反力、塔的侧向位移等)的索力调整方案，通过它可将各种因素产生的误差降至最小。

设索力调整列阵为$\{\boldsymbol{S}\}$，相应于$\{\boldsymbol{S}\}$的控制项目变量的影响应力为$\{\boldsymbol{Z}\}$，影响矩阵为$[\boldsymbol{A}]$，则

$$\{\boldsymbol{Z}\}=[\boldsymbol{A}]\{\boldsymbol{S}\} \tag{8.5}$$

如果进行索力调整的索数为 N，索拉力、梁变位和塔倾斜等项目控制变量总数为 M，则$[\boldsymbol{A}]$为 $M\times N$ 矩阵。设控制项目变量的误差为$\{\boldsymbol{Y}\}$时，若令$\{\boldsymbol{Z}\}=-\{\boldsymbol{Y}\}$，那么可以实现理想的调整。但是容易理解，当 $M>N$ 时，对于给定的$\{\boldsymbol{Y}\}$，满足$\{\boldsymbol{Z}\}=-\{\boldsymbol{Y}\}$那样的解是不存在的；当 $M=N$ 时，即得到如前所述那样的部分优化解方案；当 $M<N$ 时，为不定解。

在实际施工中既然有索力以外的误差存在，因此针对误差进行的索力调整，使用部分控制量优化理论计算方法并不合理，而重要的是确定索力调整方案时在局部不能产生大的变形或过大应力，应使所选择的所有控制量的误差平衡(或均匀)地减小。因此当 $M>N$ 时，应设法使索力调整量引起的影响值和相应的误差矢量$\{\boldsymbol{\gamma}\}$之和为最小，也就是调整之后的残余误差$\{\boldsymbol{R}\}$要求为最小，即

$$\{\boldsymbol{R}\}=[\boldsymbol{Z}]+\{\boldsymbol{\gamma}\} \tag{8.6}$$

使$\{\boldsymbol{R}\}$为最小的时候有各种不同的方法，当以$\{\boldsymbol{R}\}$自身的内积为最小时，设$\{\boldsymbol{R}\}=\{R_1, R_2,\cdots,R_n\}^2$，则目标函数 Ω 为

$$\Omega=\sum_{i=1}^{M}R_i^2=\sum_{i=1}^{M}(Z_i+\gamma_i)^2 \tag{8.7}$$

因 Z_i 由 S_i 的一次式结合表示，使上式 Ω 为最小的调整量为

$$\frac{\partial\Omega}{\partial S_j}=0(\mathrm{j}=1,2,\cdots,N) \tag{8.8}$$

从式(8.8)得到 N 个未知数的联立线性方程组，解方程很容易求出$\{\boldsymbol{S}\}$。展开式(8.7)，将式(8.8)的结果以矩阵形式表示，即

$$\{\boldsymbol{S}\}=-([\boldsymbol{A}]^{\mathrm{T}}[\boldsymbol{A}])^{-1}[\boldsymbol{A}]^{\mathrm{T}}\{\boldsymbol{\gamma}\} \tag{8.9}$$

如 $M=N$ 时，当$[\boldsymbol{A}]^{-1}$存在时，就得$\{\boldsymbol{S}\}=-[\boldsymbol{A}]^{-1}\{\boldsymbol{\gamma}\}$，所以式(8.9)包含了部分优化的情况。式(8.9)是以控制量全体残余误差平方之和为最小，因此误差不可能完全消除。项目控制量选择适当的话，按式(8.9)决定的调整量由于在各部分保留有若干残余误差，而不致使结构局部的应力过大，使整体结构体系处于最合理的状态。

由于控制变量所选取的计算单位的不同而实际上起了权的作用，因此，应设法将式(8.9)中矩阵$[\boldsymbol{A}]$转化成无量纲，有时这是很难达到的。可用一个权矩阵$[\boldsymbol{W}]$来改变原来的加权，式(8.9)是更为实用的表达式。如果变化权矩阵$[\boldsymbol{W}]$，通过改变控制量可以求出几种不同的调整方案，可根据现场实际结构的需要，经比较选择调整方案。这对于调整计算结果超出项目控制优化限制条件的情况，更具有适用性和实用性。

8.2.3 调索顺序的优化及调索施工

1)优化调索顺序的原则

根据施工现场设备、人员、工期等的要求，总结了以下优化调索顺序必须遵守的原则：

①主梁上、下缘应力不超过容许应力。

②斜拉索应力不超过容许应力。

③主塔应力不超过设计强度。

④尽量减少工期。

2)调索施工的总体原则

①操作过程中，应先测索力，由增量进行控制，将上下游斜拉索索力不均匀现象加以消除，监控下达施工指令，张拉过程中反复检测张拉索力，达到监控要求后即算是完成该次动作。

②调索过程中，如果监控与施工之间数据相差较大，应找到原因后拟定新的张拉数据，再行操作，以免误差累积到以后的索力中。

③调索期间必须保持目前荷载工况，任何荷重不得进入主桥区间。

④全桥调索是由监测、施工、再监测等小循环工序组成。应保证每个小循环的准确性，根据小循环的时间跨距，找到这个时间跨内温度场的变化。

8.3 山区大跨径斜拉桥换索

8.3.1 斜拉索的生产技术和发展现状

斜拉桥有跨越能力强、结构简洁美观、受力明确、空气动力稳定性好等优点，但斜拉索的腐蚀与振动疲劳两大难题仍对斜拉桥的耐久性与使用寿命构成威胁。尽管斜拉桥的设计工程师采用了各类斜拉索防腐办法，但实践证明是不成功的。

1)斜拉索的材料构造及使用现状

斜拉索目前大多为钢制斜拉索，碳纤维、玻璃纤维、芳纶纤维等材料制作的索近来发展很快，但仍未达到实用阶段。钢斜拉索主要有如下几种形式：高强平行粗钢筋，高强平行(半平行)钢丝索(PWS)，平行(半平行)钢绞线，单股钢绞缆索，缩合式螺管索(LCR)。锚具用来锚固斜拉索起传递索力的作用，锚具通常有以下四种：镦头锚、冷铸镦头锚、热铸锚、夹片群锚。前三种张拉时张拉锚具，因而称为拉锚式锚具，夹片群锚张拉时直接拉钢索，张拉后锚具才起作用，又称为拉丝式锚具。

斜拉索的防腐措施主要有单根钢丝镀锌、铝防护、索全封闭防护、化学涂层防护、套管压浆防护以及热挤聚乙烯外缠护套防护，这些防护方法在某种程度上来说是不成功的，国内外已经有很多斜拉桥被迫换索。

2)斜拉索出现的问题

由于斜拉索布置在梁体外部，所处环境恶劣，长期处于高应力状态下，斜拉索的截面尺寸很小,故对腐蚀作用非常敏感,即使斜拉索只发生轻微的腐蚀,其强度也会有较大的损失,斜拉索因风引起的涡振、紊流振动以及雨振使斜拉索疲劳受力。当斜拉索受到腐蚀时对斜拉索的疲劳应力影响更大,斜拉索的主要灾害就是锈蚀问题。斜拉索锈蚀的机理即为其与空气中的水和氧气发生了电化学作用,从而形成氧化还原反应。因而斜拉索防腐的一个重要原则就是将其与大气隔离,斜拉索在设计中采用镀锌、套筒防护等隔离措施防止锈蚀。然而在实际情况下,因套筒的老化或某一局部的破坏以及镀层的微小破损,哪怕只有很小一点的破损,使空气与水汽有机会接触到斜拉索,便会引起锈蚀,一旦发生锈蚀,锈蚀的速度将会大大加快。从众多的换索工程实践来看,斜拉索锈蚀最为严重的部位是斜拉索与锚具的连接部位,分析其原因,工程中对锚具的防腐不够理想,锚具的截面尺寸较大,单独锚具的锈蚀影响不大,但从电化学的腐蚀机理来看,锚具的锈蚀会导致锚端部位斜拉索的锈蚀。从锚具的布置位置来看,锚具处常易于受潮,特别是雨水顺斜拉索流下使锚固处受雨水侵蚀时。锚杯的构造使得水汽易进难出,容易引起斜拉索的锈蚀。斜拉索在锚具的连接筒末端因荷载作用下的变形以及斜拉索自身的振动等常受反复的弯折作用,疲劳作用明显,因而,锚固端是斜拉索的薄弱环节。

3)斜拉索换索工程

当斜拉索锈蚀严重时,为了维持斜拉桥的安全与正常使用功能,避免更大的损失,必须实施换索工程。早期的斜拉桥对斜拉索的维修更换缺乏预见性,近期斜拉桥在设计中都考虑到换索的情况,即在保证桥上正常交通的情况下安全地更换斜拉索,这已经被许多国家纳入规范中。换索工程中一般要控制斜拉索的索力或控制主梁线形,有时需同时控制两者——双控来促使主梁的内力和线形都接近设计状态。换索工程中先要进行换索优化设计,即对斜拉桥的结构建立模型计算分析,选出合理的换索程序及其理论控制依据。换索过程中,通过对索力和主梁线形加以控制,同时要对主梁和主塔受力加以监测,以保证在换索工程中斜拉索、主梁、主塔的内力变化都在容许的范围内。换索后,有必要时要对全桥统一调整索力,使斜拉索受力和主梁线形达到最优状态。图 8.2 是斜拉索换索施工的现场照片。

8.3.2 换索原因

更换拉索的主要原因可从设计、施工、营运和拉索本身的质量四个方面进行分析。

1)设计

(1)设计荷载的变化

我国从 1975 年开始修建斜拉桥。设计荷载标准为:汽车—10 级、汽车—15 级、挂车—80,人群荷载为 2.5kN/m^2。20 世纪 90 年代初,我国开始使用新的设计荷载规范标准《公路桥涵设计通用规范》(JTJ 021—1989)。2004 年至今,采用《公路桥涵设计通用规范》(JTG D60—2004)作为桥梁设计荷载标准:高速公路、一级公路设计荷载为公路—Ⅰ级,人群荷载为 3.5kN/m^2。新规范中设计荷载规范值增加,使得拉索对受力要求提高,需要更换拉索。

(2)斜拉桥计算分析图式的误差

斜拉桥的内力分布情况与施工工艺有着密不可分的关系,随着施工的进程,结构受力体系在逐渐的变化,这样结构的分析图式就不能对施工过程中引起的误差正确反映,使得主梁的内力分布情况、拉索索力与计算分析图式不符,需要更换拉索。

(3)斜拉桥设计与计算参数的误差

计算模型中弹性模量的取值与实际工程的材料弹性模量的误差、截面实际属性与计算模型中截面属性存在不同的差异，以及各种因素造成的振动对斜拉桥的影响等均会导致斜拉桥设计与计算参数与实际斜拉桥中各个参数取值产生一定的误差。

a)换索现场　b)卷扬设备　c)预备换索　d)缆索进入套筒　e)换索

图 8.2　换索施工照片

(4)设计理论、规范的变化

1975 年我国开展斜拉桥的引进与修建工作。1996 年国家颁布了《公路斜拉桥设计规范》(JTJ 027—1996)的试行版。之后我国的桥梁结构研究工作者开始探索斜拉桥的设计理论，并逐渐对斜拉桥有了比较充分的认识。但由于 1975 年至 1996 年间我国所建设的斜拉桥并没有一个完善的设计标准和设计规范，设计中难免有大的失误和缺陷，并带有一定的盲目性和随意性，致使拉索设计受力不合理，需要更换或提前更换。

2)施工

(1)实际施工与设计施工图纸存在差异

如混凝土等材料的参数特性；成桥截面尺寸、平面尺寸与设计图相比会有差异；预应力钢束的张拉、拉索的张拉也会与设计图有差别。在恒载超过设计计算值，预应力达不到设计值的情况下，导致索力增大，拉索会提前破坏。

(2)施工环境对拉索质量的影响

在斜拉桥施工过程中，温度、桥址空气质量、风力、酸雨和现场实际环境条件存在差异，都能够影响拉索的安装质量与使用寿命。

(3)施工控制因素的影响

因各项原因放弃索力调整，致使拉索受力不均。在主梁进行悬臂施工阶段，为了确保主梁线形顺直，多数是将控制主梁高程放在第一位，索力控制放在第二位，特别是合龙时，当合龙段两端高程误差较大，采取强迫合龙法，致使拉索的实际受力达不到设计受力要求，影响拉索的使用寿命。

(4)施工过程中的意外事故

如拉索牵引过程中，过度弯折、砸伤、划破拉索保护套，拉索锚固失效，掉落桥面后损伤，雨水、有害液体渗入拉索体内，失火烧伤拉索，化学有害物质腐蚀拉索等不可预见的意外事故，均可造成拉索质量的重大损失，严重者甚至报废。

3)营运

①随着附属工程等荷载加载至桥面上，使得恒载有很大的变异，营运后交通运输业、车辆制造业的发展，重车、超重车较设计时增加幅度较大，特别是超载车辆其轮压远远超过设计值，对桥梁的破坏性最大，作为主要受力构件的拉索，首当其冲。

②混凝土收缩徐变的影响。混凝土收缩、徐变是时间效应的函数，在一个相当长的时间内，徐变变形一直在增长，特别是一些赶工期的工程采用高强度等级混凝土，混凝土中掺加外掺剂等，主要收缩徐变未完成即全桥合龙，在梁内产生附加内应力。斜拉桥营运的过程中，拉索受到这种内应力的影响，降低了拉索的运营寿命。

③拉索维护的影响。拉索均采用高强预应力钢材料，与普遍钢材相比，更易受外界因素的侵袭而腐蚀。因此在营运期间，应该对拉索的维护工作加以重视，采用正确的措施及时对拉索进行维护，否则拉索将很容易受到腐蚀而破坏。

4)拉索及拉索防护质量

①拉索的钢材、PE防护套，据已有的试验表明，其正常使用寿命在25～30年之间，远远短于桥梁设计的使用寿命。

②斜拉索的腐蚀、疲劳影响。

5)其他原因造成的拉索更换

(1)拉索松弛

斜拉索的长度和应力由于部分钢丝处于松弛状态而无法维持现状，据有关资料显示，日本某桥在运营5年后便出现了拉索松弛现象，且伸长量较大。拉索的伸长必然导致在钢丝外面起防护作用的拉索防护套的伸长，因为钢丝与防护套的伸长量不一致，过量的伸长必然导致防护体系的损伤，产生拉伸裂缝。随着时间的推移，拉伸裂缝将会变成常规裂缝，雨水和其他一些化学物质的进入都会对钢丝进行腐蚀，最终由于钢丝截面变小、局部应力过大而导致钢丝断裂。

(2)拉索振动

斜拉桥与其他桥型相比刚度较小，车辆、风荷载等作用会使得斜拉桥产生不同程度的振动。在激烈振动的状态下拉索防护会加速破坏。斜拉索具有重量轻、阻尼小的特点，自重产生的效应将远远小于振动产生的荷载效应，因此振动产生的荷载效应常作为拉索设计的控制性荷载。在大气中暴露的斜拉索，风或索锚固端运动作用下发生横向振动。拉索振动将随着斜拉桥的跨度增加而变得愈加显著。拉索的振动对拉索本身以及其他构件都存在不容忽视的危害。

(3)拉索索力退化

在斜拉桥运营阶段中，在某种因素影响下会导致某些斜拉索索力的退化，其余拉索的索力分布情况将受到影响，主梁的线形、结构内力等在其影响下也将产生显著的变化。

8.3.3 换索工程理论分析与优化设计

1)换索结构分析

斜拉桥任一斜拉索索力的变化都会导致全桥线形和内力的变化。要使全桥的内力与线形逼近设计理想状态,达到换索目标,关键在于:获得使全桥线形和内力逼近设计状态的全桥索力调整增量。以双塔三跨型斜拉桥为例对结构进行换索分析,假定结构形式对称,取1/2桥跨结构进行分析。简化后的桥梁模型、拉索编号、全桥X、Y坐标轴的方向如图8.3所示,Z轴按右手螺旋规则确定。

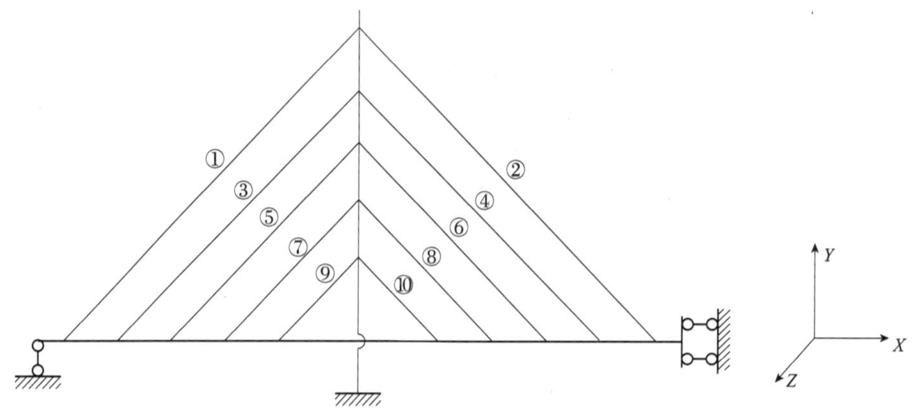

图8.3 斜拉桥简化示意图

假设在恒载作用下各截面的设计内力为:弯矩M_d、轴力N_d、剪力Q_d。基于结构的对称性,可以认为各截面的内力在恒载作用下无扭矩这一项。由于多种因素的影响,经多年运营后,全桥各截面实际恒载内力分别为弯矩M_r、轴力N_r、剪力Q_r。除各截面内力与设计状态偏离外,主梁的线形(高程)也与设计线形(高程)有偏差,设主梁控制点的高程与设计高程之差是G_i,m为控制点的个数。显然,换索的目标是:在恒载作用下,使各截面的实际内力接近设计内力,同时使指定控制点的高程产生一G_i的位移,改善主梁线形。解决此问题采用的方法是:建立结构设计内力与换索后的实际内力的余能差值表达式,以余能差值最小作为主要目标优化函数,再引入主梁高程控制点约束条件,求得改善全桥内力和线形的索力调整增量。

2)换索计算图式

斜拉桥换索工程的目的与任务在于:利用换索时机,通过调整新索索力对全桥的线形和内力的影响,使其偏离理想状态的情况得到纠正,改善全桥的线形和内力。而要通过调索对结构的线形和内力进行改善,在结构分析中首先要确定正确的结构换索(调索)计算图式。

换索过程中,每批旧索的卸除、新索的重新张拉(调索)使结构体系不断变化。相应的,结构计算图式也应随之改变。设全桥共有n根斜拉索,分P批进行换索。为方便讨论,将原桥结构除去这批新张拉的索而得到的结构定义为基本结构。显然,基本结构是由同一批调索的斜拉索的空间位置与数量来确定的。施工中对整批新索进行张拉、锚固时,此时结构的总刚矩阵不能将新索的刚度矩阵计入。新索与旧索的索力差值(索力调整量)可视为作用在基本结构上的外荷载。

假定全桥换索对称地进行。图 8.4a)是在卸除 3、4 号旧索后，通过同时张拉 3、4 号新索对结构进行调索的计算图式，图 8.4b)是此阶段计算采用的基本结构。

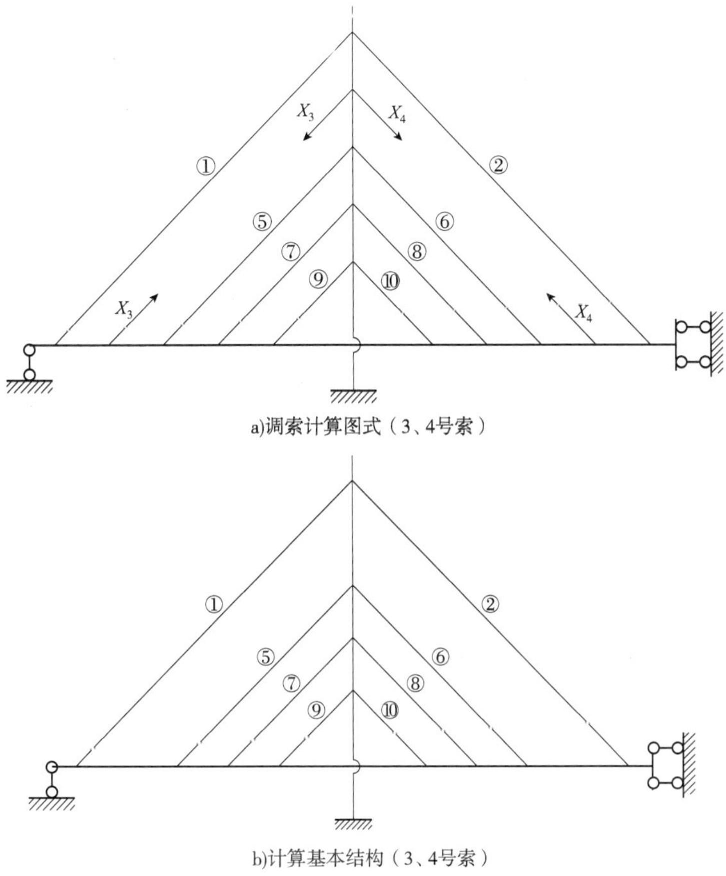

a)调索计算图式（3、4号索）

b)计算基本结构（3、4号索）

图 8.4　调索计算图式及计算基本结构(3、4 号索)

随着工程的推进，当对 5、6 号新索进行调索时，结构的计算图式与基本结构如图 8.5a)、8.5b)所示。

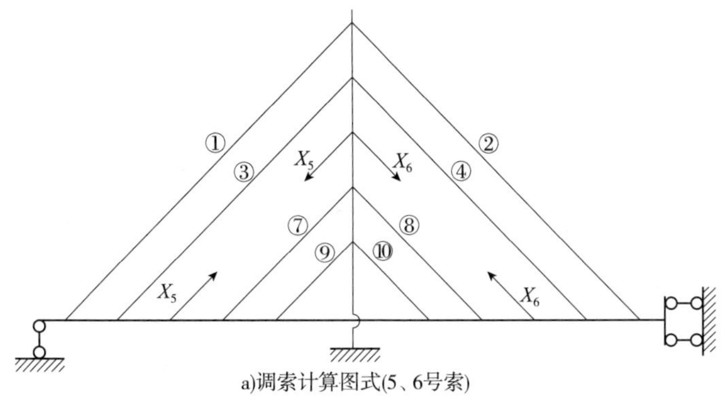

a)调索计算图式(5、6号索)

图　8.5

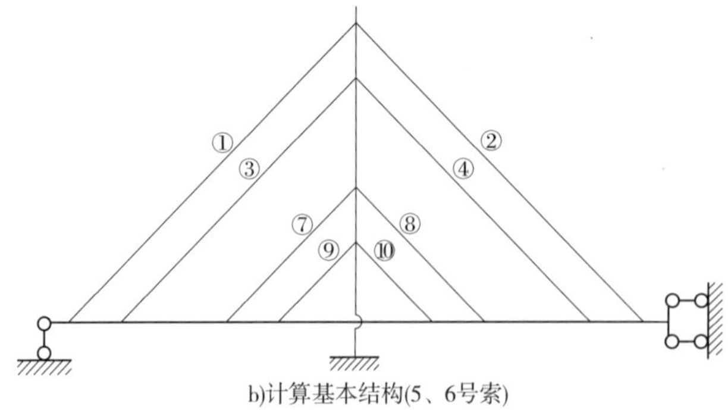

b)计算基本结构(5、6号索)

图 8.5 调索计算图式及计算基本结构(5、6 号索)

3)换索过程内力分析及目标函数的确定

设第 i 号索的索力增量 $x_i=1$,在基本结构各截面产生的弯矩为$\overline{M_i}$,剪力为$\overline{Q_i}$,轴力为$\overline{N_i}$,则全桥换索完工后各截面的内力为

$$M=\sum_{i=1}^{n} x_i \cdot \overline{M_i}+M_{\mathrm{r}} \tag{8.10}$$

$$Q=\sum_{i=1}^{n} x_i \cdot \overline{Q_i}+Q_{\mathrm{r}} \tag{8.11}$$

$$N=\sum_{i=1}^{n} x_i \cdot \overline{N_i}+N_{\mathrm{r}} \tag{8.12}$$

以 R_x、R_y、R_z 分别表示结构理想状态的弯矩、剪力、轴力与调完索后结构实际弯矩、剪力、轴力的差值,则它们可表示为

$$R_x=M_{\mathrm{d}}-\left(M_{\mathrm{r}}+\sum_{i=1}^{n} x_i \cdot \overline{M_i}\right)=(M_{\mathrm{d}}-M_{\mathrm{r}})-\sum_{i=1}^{n} x_i \cdot \overline{M_i}=M_{\mathrm{p}}-\sum_{i=1}^{n} x_i \cdot \overline{M_i} \tag{8.13}$$

$$R_y=Q_{\mathrm{d}}-\left(Q_{\mathrm{r}}+\sum_{i=1}^{n} x_i \cdot \overline{Q_i}\right)=(Q_{\mathrm{d}}-Q_{\mathrm{r}})-\sum_{i=1}^{n} x_i \cdot \overline{Q_i}=Q_{\mathrm{p}}-\sum_{i=1}^{n} x_i \cdot \overline{Q_i} \tag{8.14}$$

$$R_z=N_{\mathrm{d}}-\left(N_{\mathrm{r}}+\sum_{i=1}^{n} x \cdot \overline{N_i}\right)=(N_{\mathrm{d}}-N_{\mathrm{r}})-\sum_{i=1}^{n} x \cdot \overline{N_i}=N_p-\sum_{i=1}^{n} x \cdot \overline{N_i} \tag{8.15}$$

上式中

$$M_{\mathrm{p}}=M_{\mathrm{d}}-M_{\mathrm{r}} \tag{8.16}$$

$$Q_{\mathrm{p}}=Q_{\mathrm{d}}-Q_{\mathrm{r}} \tag{8.17}$$

$$N_{\mathrm{p}}=N_{\mathrm{d}}-N_{\mathrm{r}} \tag{8.18}$$

R_x、R_y、R_z 称为残数,分别表示各截面设计弯矩、剪力、轴力与经过换索(同时进行调索)后的实际弯矩、剪力、轴力的差值。为使结构逼近理想的设计状态,可利用余能原理以弯矩、剪力、轴力产生的余能最小作为目标函数,即有

$$U=\frac{1}{2}\int\left(\frac{R_x^2}{EI}+\frac{R_y^2}{GA}+\frac{R_z^2}{EA}\right)\mathrm{d}S=U(x_i) \tag{8.19}$$

对于常规材料建造的斜拉桥而言,轴力与剪力并不控制主梁与桥塔截面的设计尺寸,其主要是由弯矩控制。也就是说,结构中的轴力应变能、剪切应变能在结构总应变能中占的比例较小,其应变余能所占比例相应也较小,将式(8.20)中的轴力与剪力项略去,得

$$U=\frac{1}{2}\int \frac{R_x^2}{EI}\mathrm{d}S \tag{8.20}$$

再将式(8.13)代入式(8.20)得

$$U=\frac{1}{2}\int\frac{1}{EI}\Big(M_{\mathrm{p}}-\sum_{i=1}^{n}x_i\cdot\overline{M_i}\Big)^2\cdot\mathrm{d}S$$

$$=\frac{1}{2}\int\frac{1}{EI}\Big(M_{\mathrm{p}}^2+\sum_{i=1}^{n}\sum_{j=1}^{n}x_i\cdot x_j\cdot\overline{M_i}\cdot\overline{M_j}-2\times M_p+\sum_{i=1}^{n}x_i\cdot\overline{M_i}\Big)\mathrm{d}S \tag{8.21}$$

令

$$\begin{cases}A_{ij}=\int\dfrac{\overline{M_i}\cdot\overline{M_j}}{EI}\mathrm{d}S\\ A_{ip}=\int\dfrac{\overline{M_{\mathrm{p}}}\cdot\overline{M_i}}{EI}\mathrm{d}S,\text{则}\\ U=\dfrac{1}{2}\Big(\int_{\mathrm{s}}\dfrac{M_{\mathrm{p}}^2}{EI}\mathrm{d}S+\sum_{i=1}^{n}\sum_{j=1}^{n}x_i\cdot x_{\mathrm{j}}\cdot A_{ij}-2\sum_{i=1}^{n}x_{\mathrm{i}}\cdot A_{ip}\Big)\end{cases} \tag{8.22}$$

从上式可见：目标函数 U 是索力增量 x_i 的二次正定函数，必存在极小值。要使 U 最小，只要选择适当的索力增量 x_{i}，使得 U 取驻值，即

$$\frac{\partial U}{\partial x_i}=0$$

即为

$$\sum_{i=1}^{n}x_i\cdot A_{ij}-A_{ip}=0\quad(i=1,2,\cdots,n) \tag{8.23}$$

解上式所得到的 x，就是使结构实际内力向设计内力逼近的索力调整增量。

4)换索目标优化分析

由式(8.23)固然可求得索力调整增量 x，但该值只能反映在换索(调索)时结构实际内力向设计内力逼近这一要求，对主梁线形的改变并无约束。为了使调索后主梁 m 个关键点的高程接近或等于指定的高程，在余能表达式中必须增加对主梁高程的约束条件。

假定换索后主梁 m 个点的位移应满足指定的挠度值：$G(1)$，$G(2)$，……，$G(m)$，则索力调整增量 x_i，还应满足下列变形协调条件

$$\begin{cases}x_1\cdot d_{11}+x_2\cdot d_{12}+\cdots+x_{\mathrm{n}}\cdot d_{1\mathrm{n}}=G(1)\\ x_1\cdot d_{21}+x_2\cdot d_{22}+\cdots+x_{\mathrm{n}}\cdot d_{2\mathrm{n}}=G(2)\\ x_1\cdot d_{31}+x_2\cdot d_{32}+\cdots+x_{\mathrm{n}}\cdot d_{3\mathrm{n}}=G(3)\\ x_1\cdot d_{\mathrm{m}1}+x_2\cdot d_{\mathrm{m}2}+\cdots\cdots+x_{\mathrm{n}}\cdot d_{\mathrm{mn}}=G(m)\end{cases} \tag{8.24}$$

式中：d_{ij}——由 $x_{\mathrm{j}}=1$ 在 i 节点产生的竖向位移。

联立方程组中的每个方程表示在不同批调索增量，x_1，x_2，…，x_{n} 个斜拉索作用下主梁某指定点的变位应等于指定挠度值。

为了同时满足泛函式(8.23)和约束条件式(8.24)的要求，引用惩罚参数法构造一个惩罚函数 P_{G} 如下

$$P_{\mathrm{G}}=\frac{1}{2}\varepsilon\Big\{\Big[\sum_{i=1}^{n}X_i\cdot d_{1i}-G(1)\Big]^2+\Big[\sum_{i=1}^{n}X_i\cdot d_{2i}-G(2)\Big]^2+\cdots+\Big[\sum_{i=1}^{n}X_i\cdot d_{\mathrm{m}i}-G(m)\Big]^2\Big\}$$

$$=\frac{1}{2}\varepsilon\sum_{j=1}^{m}\Big[\sum_{i=1}^{n}X_i\cdot d_{ji}-G(j)\Big]^2 \tag{8.25}$$

在式(8.25)中,当$\sum_{i=1}^{n}X_i \cdot d_{ji}-G(j)$数值极小或等于零时,$x_i$即满足变形协调条件的要求。考虑到上述差值存在正负值现象,因此将$\sum_{i=1}^{n}X_i \cdot d_{ji}-G(j)$的平方项引进到惩罚函$P_G$中。因为惩罚函数是一个有界值,所以当惩罚函数取很大值时,$\sum_{j=1}^{m}\left[\sum_{i=1}^{n}X_i \cdot d_{ji}-G(j)\right]^2$必须要等于一个接近于零值的很小值时才能满足惩罚函数有界要求。这样引入惩罚函数P_G后新的泛函为

$$U=\frac{1}{2}\left(\int_s \frac{M_p^2}{EI}\mathrm{d}S+\sum_{i=1}^{n}\sum_{j=1}^{n}x_i \cdot x_j \cdot A_{ij}-2\sum_{i=1}^{n}x_i \cdot A_{ip}\right)+\frac{1}{2}\varepsilon\sum_{j=1}^{m}\left[\sum_{i=1}^{n}X_i \cdot d_{ij}-G(j)\right]^2 \tag{8.26}$$

建立泛函数式(8.26)极值条件方程

$$\begin{aligned}\frac{\partial U}{\partial X_i}&=\sum_{j=1}^{n}X_j \cdot A_{ij}-A_{ip}+\varepsilon\sum_{j=1}^{m}\left[\sum_{k=1}^{n}X_k \cdot d_{jk}-G(i)\right]\cdot d_{ji}\\&=\sum_{j=1}^{n}X_j \cdot A_{ij}-A_{ip}+\varepsilon\sum_{k=1}^{m}\left[\sum_{j=1}^{n}X_j \cdot d_{kj}-G(k)\right]\cdot d_{ki}\\&=-\left[A_{ip}+\varepsilon\sum_{k=1}^{m}G(k)d_{ki}\right]+\sum_{j=1}^{n}X_j\left(A_{ij}+\varepsilon\sum_{k=1}^{m}d_{kj}\cdot d_{ki}\right)\\&=0\end{aligned}$$

令

$$\Delta_{ip}=A_{ip}+\varepsilon\sum_{k=1}^{m}G(k)\cdot d_{ki}$$

$$\delta_{ip}=(A_{ij}+\varepsilon\sum_{k=1}^{m}d_{kj}\cdot d_{ki}$$

即

$$\frac{\partial U}{\partial X_i}=\sum_{j=1}^{n}X_j \cdot \delta_{ij}-\Delta_{ip}=0$$

$$\sum_{j=1}^{n}X_j \cdot \delta_{ij}=\Delta_{ip}\quad(i=1,2,\cdots,n) \tag{8.27}$$

按式(8.27)解出的x_i值,即为能使主梁指定点高程符合预定值且结构内力又能逼近设计值的需调索的各斜拉索的张拉力增量值。

5)换索、调索优化目标的确定

上述调索方法,从理论上看是比较完整的。以最小余能原理为基础,借助于惩罚函数的方法,既可使主梁线形得到调整,又能在调索中使结构实际内力逼近设计理想状态,且实施这个换索(调索)目标的实际操作也很灵活,高程控制点的数目可以增减;主梁位移量的调整幅度可以增减;结构理想的内力状态可以通过分阶段调索后实现。但其控制因素是:索力增量必须在索力承载力的容许范围内。

为了有效地实现调索目标,同批调索的索数应该尽量地多;但考虑到施工设备,也应据实控制同批张拉的索数。

8.3.4 换索施工控制

斜拉桥的施工控制是一项比较困难和复杂的问题,换索工程的控制更不例外。施工过程中,虽然可按一定的方法计算出每一施工阶段的索力和相应的位移,指导现场施工调整,但实际结构的索力和位移与理论计算值不可避免地存在误差;当桥梁跨度较大时,

还需考虑非线性因素的影响。因此，必须对斜拉桥换索工程的每一个施工阶段进行详细的计算分析，求得斜拉索的张拉值、主梁高程变化量(挠度值)，塔位偏移值以及索塔和主梁应力等参数的理论值，对施工工序做出明确的规定，进行有效的施工控制和施工管理，最后确保换索后成桥状态的线形以及受力状况满足设计要求。目前斜拉桥换索施工控制主要包括以下三方面内容：

①利用大型结构计算分析软件，对实桥进行仿真模拟分析，根据选定的施工方法对施工的每一阶段进行理论计算，求得各施工阶段施工控制参数的理论计算值，形成施工控制文件。

②针对实际施工过程中由于种种因素所引起的理论计算值与实测值不一致的问题，采用一定的方法在施工过程中加以控制、调整。

③按照设计的施工工序，在完成一个施工阶段后，对参数状态进行识别、误差分析，对下一施工阶段的索力、主梁挠度进行预测，从而为施工实践提供参考。斜拉桥换索工程的实施是一个严格按照程序即对称(或反对称)逐根换索→量测→判别→修正→预告→换下一组索的循环过程进行的。换索施工控制的最基本要求是确保施工中结构的安全，其次必须保证结构的几何线形和内力在规定的符合设计要求的容许误差范围之内。斜拉桥换索(调索)施工控制流程图如图 8.6 所示。

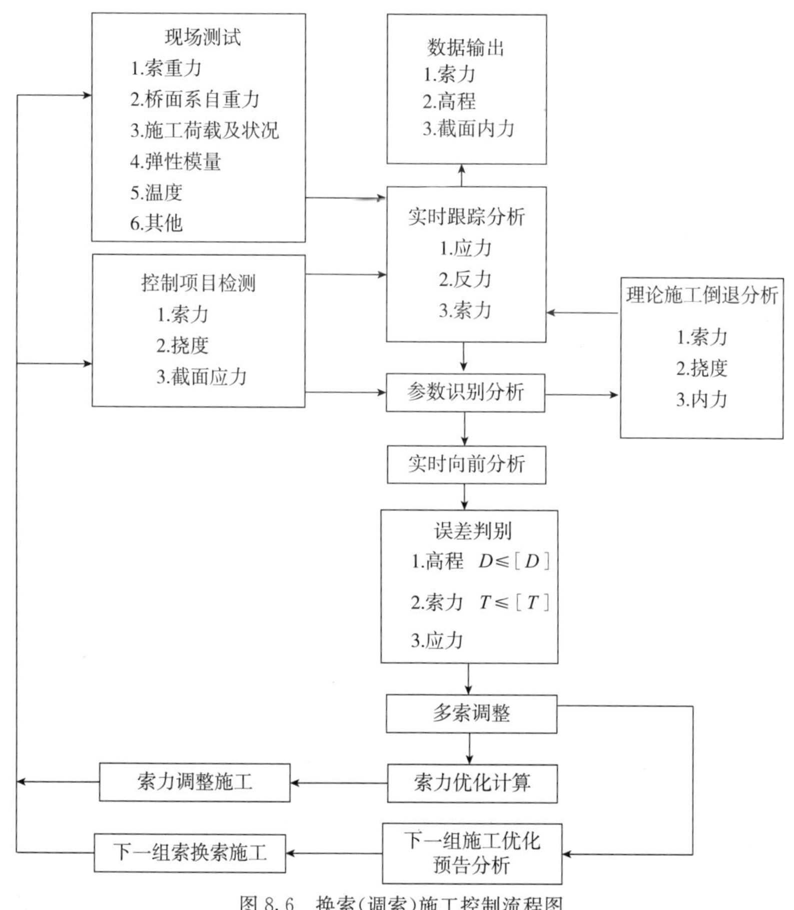

图 8.6　换索(调索)施工控制流程图

1)换索施工控制的原则和方法

(1)换索施工控制的原则

对于斜拉桥,一般都通过控制斜拉索索力或控制主梁线形来使主梁的内力和线形都进入拟定的设计状态,但实际操作时将视具体情况而有所偏重。一般说来,对于合龙和竣工后的桥梁,施工过程中控制高程或控制斜拉索索力时,将视主梁刚度来选择。例如梁、塔、墩刚性连结的斜拉桥,主梁刚度很大,少数几根拉索索力的变化对主梁线形影响很小,此时应对斜拉索数量和拉索张拉吨位进行控制;而对于处于飘浮状态的主梁,施工中索力的变化对主梁线形改变将比前者更为有效。对于需要进行换索加固的斜拉桥,可以采取主梁线形和索力双控,或以控制主梁线形为主、以索力控制为辅的原则进行施工控制。

(2)换索施工控制方法

根据桥梁结构形式、施工特点及具体施工控制内容的不同,其施工控制方法也不同。目前斜拉桥换索施工控制方法主要有三种:开环控制法、闭环控制法和自适应控制法。

①开环控制法。

对于较简单的斜拉桥,一般都是在设计中估计结构的恒载和活载,由此计算出结构的预拱度,在施工过程中只要按照这个预拱度来施工,施工完成后的结构就基本上能达到设计所要求的线形和内力。因为施工过程中的控制作用是单向向前的,并不需要根据结构的实际状态来改变原先设计的预拱度,因此称为开环控制法。由于这个系统中不考虑结构状态方程的误差和系统量测方程的噪声,又可称为确定性控制方法。对于早期的斜拉桥施工,从理论成桥状态通过施工过程的倒退分析,求得每个施工阶段主梁的位置和索力,在施工过程中只要按这样的位置和索力进行安装,理论上即可达到理想的成桥状态,这也是一个施工开环控制过程。在各部件的制造和安装精度很高,并对结构的力学特性完全掌握的情况下,这种方法是可行的、方便的。

②闭环控制法。

当斜拉桥在施工过程中出现施工状态偏离理想的设计状态时,如不加以调整,就会造成结构的线形和内力远远偏离设计成桥状态,甚至危及桥梁的安全。对于预应力混凝土斜拉桥,其施工中的精度保证相对较低,且设计计算中所采用的各项参数与现场材料的参数存在一定的差距,因此预应力混凝土斜拉桥的施工控制难度较大。由于在施工中结构和测量系统误差的存在,随着施工过程的进展就会积累起来,以致施工完毕后,代表实际状态的几何线形和内力状况远远地偏离了结构理想状态,这就要求在施工误差出现后,必须进行及时的纠正和控制,并按照某种性能最优的原则,使得已经发生误差的结构达到最优状态。纠正的措施或控制量的大小是由结构的实际状态经反馈计算所确定的,形成一个闭环反馈系统,称为闭环控制或反馈控制。最后误差反馈控制通过施工控制量的实测数据,进行误差分析计算,得出调整量,通过纠正偏差进行施工。

③自适应控制法。

对于混凝土斜拉桥的换索,施工中每个工况的受力状态达不到设计所确定的理想目标的重要原因是计算模型中计算参数的取值问题,主要是混凝土弹性模量、材料的重度、徐变系数和永存预应力等与施工中实际情况有一定的差距以及环境温度、临时荷载的影响。要得到比较准确的控制调整措施,必须先根据施工中实测到的结构反应来修正计算模型中的这些参数值,以使计算模型在与实际结构磨合一段时间后,自动适应结构的物理力学规律;当计算模型与实际结构相吻合后,再用计算模型来指导以后的施工,这就是自适应控制的基本原理。

在闭环反馈控制基础上,再加上一个系统参数辨识过程,参数误差识别过程是自适应控制的关键,其任务就是根据控制目标(如索力、标高、塔的变位和结构应力)的测量值与计算值之间的误差,反算施工过程模拟计算中选用的参数,整个控制系统就成为自适应控制系统。自适应控制原理如图 8.7 所示。当结构测量的受力状态与模型计算结果不相符时,把误差输入到参数识别法中去调整计算模型的参数,使模型的输出结果与实际测量的结果相一致,得到修正的计算模型参数后,重新计算各施工阶段的理想状态,按反馈控制方法对结构进行控制。这样,经过几个工况的反复辨识后,计算模型就基本上与实际结构相一致了,在此基础上可以对施工状态进行更好地控制。自适应控制方法是目前最好的斜拉桥施工控制方法,它克服了闭环控制法的局限性,即在施工误差产生以后,用被动的调整措施减小已经产生的结构状态误差对最终结构状态的影响。

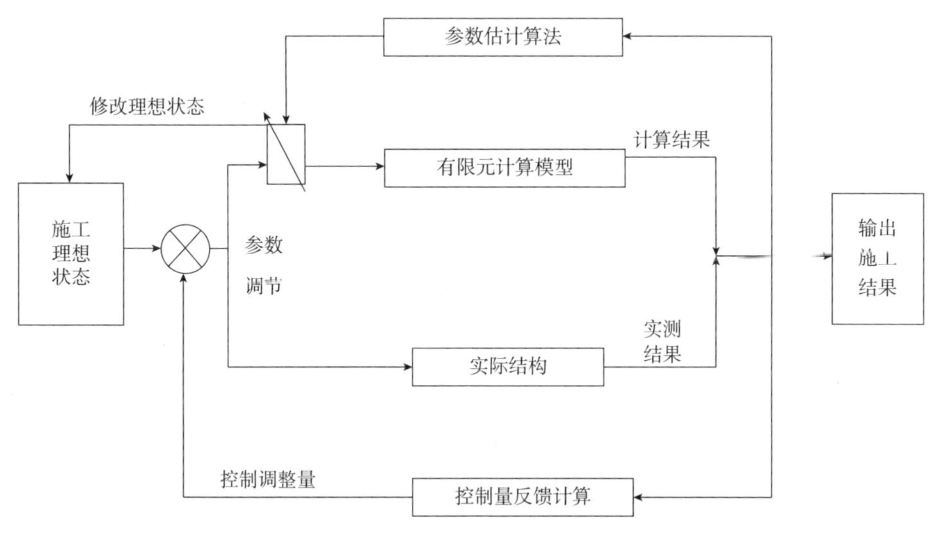

图 8.7 自适应控制原理图

2)斜拉桥换索施工控制具体内容和量测方法

(1)主梁高程

不论采用什么施工方法,斜拉桥换索施工过程中总要产生变形(挠曲),并且结构的变形将受到诸多因素的影响,而且极易使斜拉桥在施工过程中的实际位置(立面高程,平面位置)状态偏离预期状态,使换索后斜拉桥成桥线形形状与设计要求不符。所以必须对斜拉桥换索工程实施施工控制,使其结构在施工中的实际位置状态与预期状态之间的误差在容许范围,且成桥线形状态符合设计要求。目前斜拉桥换索施工中,主要运用连通管法和水准测量法来实现主梁高程的控制。

(2)拉索索力

换索过程中,索力的准确测量非常重要。在新建桥梁时,影响桥梁内力及线形的因素较多,不仅给施工控制增加了难度,同时也给桥梁线形和内力的调整扩大了选择的余地。而换索过程中能够进行调整的仅索力一项,换索工程希望通过更换拉索对桥梁的状态进行改善,所以必须以精确测量索力为前提。目前工程中常用的索力测量方法有:油压表读数法、传感器读数法、频率法。

(3)主梁和索塔应力

桥梁结构在施工过程中以及在成桥状态下,受力情况是否与设计相符合是施工控制要明确的重要问题。通常通过结构应力的监测来了解实际应力状态,若发现实际应力状态与理论计算应力状态的差值超限,就要进行原因查找和调控,使之在允许范围内变化。结构应力控制的好坏不像变形控制那样易于发现,若应力控制不当将会给结构造成危害,严重者将发生结构破坏,所以它比变形控制显得更加重要,必须对结构应力实施严格监控。

(4)塔偏位

换索过程中,塔偏位测试可采用重锤法,即在上下游塔顶处各布置一个测点,在桥面处挂一重锤,在下端作好标记;当塔顶发生纵桥向偏移时,记录重锤的偏移量即为索塔的偏移量。也可以采用全站仪测水平位移,可在塔基、塔顶处(作为固定点)分别水平固定一根有刻度的标尺,加载前后用全站仪分别观测塔顶(基)标记,从而读出塔顶水平位移值。

3)斜拉桥换索施工控制影响因素分析

(1)结构参数

不论何种桥梁的施工控制,结构参数都是必须考虑的重要因素。结构参数是换索施工控制中结构施工模拟分析的基本资料,其准确性直接影响分析结果的准确性。事实上,实际桥梁结构参数一般是很难与设计所采用的结构参数完全吻合的,总存在一定的误差。对于运营多年的既有混凝土斜拉桥,换索前后桥梁的结构参数都在发生着变化,因此,在换索施工控制中应恰当地考虑这些误差,在仿真模拟计算时使结构参数尽量接近桥梁的真实结构参数,从而保证理论计算的准确性。

(2)施工工艺

施工控制是为施工服务的,反过来,施工的好坏又直接影响控制目标的实现,除要求施工工艺必须符合控制要求外,在施工控制中必须计入施工条件非理想化而带来的构件制作、安装等方面的误差,使施工状态保持在控制之中。换索工程施工工艺较多,主要是旧索的卸除、新索的展放起吊、安装和张拉等工艺,这些在施工中必须进行严格的控制。

(3)施工监测

施工监测包括结构温度监测、应力监测、变形监测等,是桥梁施工控制最基本的手段之一。因测量仪器、仪器安装、测量方法、数据采集、环境情况等存在误差,导致结构监测存在误差。这些误差一方面可能造成结构实际参数、状态与设计或控制值吻合较好的假象,也可能造成将本来较好的状态调整得更差的情况,所以保证测量的可靠性对施工控制极为重要。在控制过程中,除要从测量设备、方法上尽量设法减小测量误差外,在进行控制分析时必须将其计入。

(4)结构分析计算模型

无论采用什么分析方法和手段,总是要对实际桥梁结构进行简化,建立计算模型。这种简化使计算机模型与实际情况之间存在误差,包括各种假定、边界条件处理,模型化的本身精度等。控制中需要在这方面做大量工作,必要时还要进行专门的试验研究,以使计算模型误差所产生的影响减到最低限度。

(5)温度变化

温度变化对桥梁结构的受力与变形影响很大,这种影响随温度的改变而改变。在不同时刻对结构状态(应力、变形状态)进行量测,其结果是不一样的,如果施工控制中忽略了该项因素,就必然难以得到结构真实状态的数据(与控制理想状态比较),从而也难以保证控制的有效性,所以必须考虑温度变化的影响。温度变化相当复杂,包括季节温差、日照温差、骤变温差、残余温度、不同温度场等,而在原定控制状态中又无法预先知道温度实际变化情况,所以在控制中是难以考虑的(要考虑也将是非常复杂的)。通常都是将控制理想状态定位在某一特定温度下,从而将温度变化对结构的影响相对排除。一般是将一天中温度变化较小的早晨作为控制所需实测数据的采集时间,但对季节性温差和桥体内温度残余影响要予以重视。斜拉索的长度受温度影响很大,温度升高,拉索伸长,主梁高程下降;温度降低,拉索缩短,主梁高程增大。另外桥面与桥底的温度差对主梁高程强度也有一定的影响,因而在主梁线型控制中不能避免温度对索力与线性高程的影响,还必须根据现场情况对索力与线型高程进行温度修正。

4)斜拉桥换索施工控制模拟分析

在确定了施工控制方法之后,为了得到施工中所必需的索力和主梁高程控制数据,要进行细致的施工控制计算。斜拉桥换索施工控制计算方法主要包括正装计算法、倒装计算法和无应力状态计算法。

(1)正装计算法

人们对结构静力分析的一般认识是对整个结构施工结束状态作单工况或多工况的受力分析和变位计算。但是,对于桥梁结构,单作这样的分析是不够的。尤其是对于大跨径桥梁结构,其是一个分阶段施工过程,结构的某些荷载如自重重力、施工荷载、预应力等是在施工过程中逐级施加的,每一施工阶段都可能伴随着徐变发生、边界约束增减、预应力张拉和体系转换等,后期结构的力学性能与前期结构的施工情况有着密切联系。换言之,施工方案的改变,将直接影响成桥结构的受力状态。在确定了施工方案的情况下,如何分析各施工阶段及成桥结构的受力特性及变形是施工设计中的首要任务。

只有根据实际施工方案设计逐步逐阶段地进行计算,才能得到成桥结构的受力状态。这种计算方法的特点是:随着施工阶段的推进,结构形式、边界约束和荷载形式在不断地改变。前期结构将发生徐变,其几何位置也在改变,因而前一阶段结构状态将是本次施工阶段结构分析的基础。将这种按施工阶段前后次序进行的结构分析方法称为正装计算法,也称为前进分析法。

(2)倒装计算法

正装计算法可以严格按照设计好的施工步骤进行各阶段内力分析,但由于分析中结构节点坐标的迁移,最终结构线形不可能完全满足设计线形要求。

实际施工中桥梁结构线形的控制与强度控制同样重要，线形误差将造成桥梁结构的合拢困难，影响桥梁建成后的美观和营运质量。为了使竣工后的结构保持设计线形，在施工过程中用设置预拱度的方法来实现。而对于分段施工的连续梁桥、斜拉桥、悬索桥等复杂结构，一般要给出各个施工阶段结构物控制点的高程(预抛高)，以便最终使结构满足设计要求，这个问题用正装计算法难以解决，而倒装计算法可以解决这一问题。倒装计算法的基本思想是：假设 $t=t_0$ 时刻，内力分布满足正装计算 t_0 时刻的结果，线形满足设计要求。在此初始状态下，按照正装分析的逆过程，对结构进行倒拆，分析每次卸除一个施工段对剩余结构的影响，在一个阶段内分析得出的结构位移、内力状态便是该阶段结构施工的理想状态。所谓结构施工的理想状态，就是在施工各阶段结构应有的位置和受力状态，每个阶段的施工理想状态都将控制着全桥最终的形状和受力特性。

(3)无应力状态计算法

倒装计算法是通过分析桥梁结构的内力来建立各施工阶段中间状态与桥梁结构成桥状态之间的联系，由于结构的内力与结构的形成历程密切相关，是一个相对不稳定、不独立的量，因而用倒装计算法确定结构的中间理想状态是比较困难的。为了找到一种相对稳定或恒定不变的量来建立起各施工阶段中间状态与成桥状态之间的联系，引入无应力状态计算法：设想将一座已建成的桥梁结构解体，结构中各构件或者单元的无应力长度和曲率是一个确定的值，在桥梁结构施工中或建成后，不论结构温度如何变化、如何位移以及如何加载，即在任何受力状态下，各构件或单元的无应力长度和曲率恒定不变，只是构件或单元的有应力长度和曲率不相同而已。这种用构件或单元的无应力长度和曲率保持不变的原理进行结构状态分析的方法叫做无应力状态计算法。

桥梁结构无应力状态只是一个数学目标，通过它将桥梁结构安装的中间状态和终结状态之间联系起来，它为分析桥梁结构各种受力状态提供了一种有效的方法。

8.4 山区大跨径斜拉桥加固

8.4.1 斜拉桥加固的技术要求

技术加固方案及实施应尽量减少对原有结构的损伤，并充分利用原有的结构构件，且应保证原有结构保留部分的安全性与耐久性。对于的确无利用价值的构件则予以报废、拆除，但其材料尽量回收。

技术加固应做到可靠、安全、耐久，满足使用要求，这实际上是对桥梁进行技术加固改造的基本要求与目的。

技术加固工程在施工过程中应尽量不中断或减少交通。

技术加固工程的施工应是技术上简便可行、施工上方便，所要求的机具设备尽量简单。

对于某些由于下部结构或基础的不均匀沉降等原因而导致的上部结构的损伤，或由于其他偶然因素(如地震等)所引起的结构损伤，在进行补强加固时应同时考虑采取消除、减小或抵御这些不利因素的措施，以免在加固后结构物继续受这些因素的影响。

8.4.2　斜拉桥加固的设计原则

桥梁维修加固工程必须进行详细的设计计算，对关键的技术措施应尽量在事先进行必要的试验，以掌握其技术要求及检验方法。进行维修改造设计一般应遵循以下基本原则：

①应按现行《公路桥涵设计通用规范》(JTG D60—2004)进行设计，改造好的桥梁在使用荷载作用下，原有结构构件及新增加结构各部分的强度、刚度及裂缝限值等均应符合规范要求。

②当仅要求提高原桥的承载力时，改造工程可在原有结构保持恒载应力状态下进行。此时，原有结构的全部恒载及补强加固所增加的恒载，可以考虑由原构件(截面)承受，活载则由原结构和新增构件共同承受。

③若原有结构构件的应力已接近或超过容许限值，需要减小桥梁的恒载应力时，则应采取卸载措施，使桥梁在卸除部分恒载的状态下进行加固改造工作。此时，新增构件除与原有构件共同承受活荷载外，还承受原有结构的一部分恒载，因此新旧结构按整体受力计算。

④设计时应周密考虑并采取必要措施保证新旧结构、新旧混凝土的整体性并能共同工作。新旧结构的混凝土往往会由于收缩不同而导致结构内力重分布，从而引起新旧混凝土结合面因较大的拉应力而开裂，这将影响结构的整体性。因此，在设计时应注意尽量减小混凝土收缩的不利影响而采取相应的措施。

8.4.3　桥梁加固工程设计的工作程序

①调查并确定技术加固的目的、要求及技术标准。

②原桥的现场调查与技术资料的收集。

③原桥承载力及技术状况的评定与分析。

④技术加固方案的拟定与设计计算。

⑤施工图绘制及工程数量与预算编制。

8.4.4　斜拉桥拉索病害及加固方法

斜拉桥的斜拉系统指的是斜拉索和相应梁塔上的锚固构造。斜拉索分为以冷铸锚为锚具的高强度镀锌平行钢丝索和以夹片群锚为锚具的镀锌或涂层钢绞线索，此外尚有斜拉索的防腐蚀防护系统和减振系统，以及斜拉桥在梁塔上的锚固构造。

在斜拉桥设计、施工和使用过程中，尽管对斜拉索采取了各种防腐、减隔振措施，但由于方法、工艺、材料等不合理，使得斜拉索病害已成为制约斜拉桥使用寿命的关键性因素。

1)拉索病害

(1)拉索腐蚀

拉索钢丝腐蚀程度基本上取决于橡胶护套的破损程度，因为这是雨水或露水顺拉索流入或渗入护套内产生的结果。所以钢丝腐蚀有两个明显特点：腐蚀程度大体遵循上轻下重的规律，即处于较高位置的钢丝腐蚀较轻，处于较低位置的钢丝腐蚀较重；腐蚀较严重的部位，往往是靠近护套破损的部位以及破损处以下的一段部位。拉索腐蚀如图 8.8 所示。

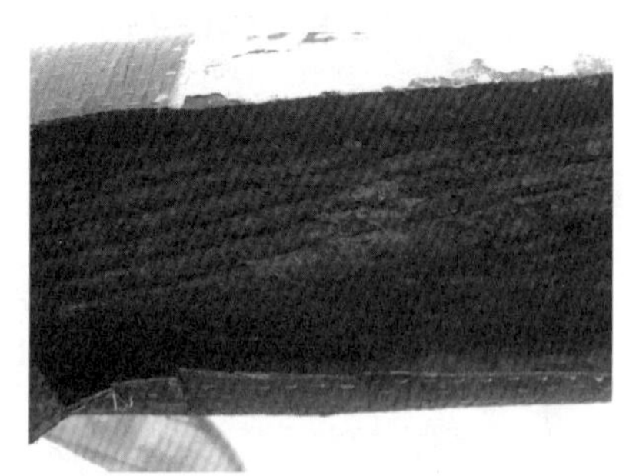

图 8.8　斜拉索锈蚀

(2)拉索氢脆

斜拉索氢脆也是电化学现象,与腐蚀略有不同。产生氢脆现象必须同时满足环境、材料、应力的条件才会发生。1940 年在美国俄亥俄州朴次茅斯格兰特将军大桥发生的缆绳锚爪鞘开裂的事故,就是因为雨水中含有的微量硝酸盐附在缆绳上发生应力开裂。

(3)拉索回缩

拉缩回缩主要是针对高强度热镀锌钢丝制成的拉索而言的。此类斜拉索在张拉过程中分丝板会与锚杯内壁相接触,分丝板除了承受拉力和冷铸体的反力外,还将承受侧向挤压力和摩擦力,而分丝板厚度较薄,一般为 20mm 或 25mm,这样,分丝板常会因受力过大而变形,导致钢丝回缩,影响斜拉索的使用寿命。斜拉索钢丝回缩主要与冷铸填料及其灌注固化、超张拉力、超张拉时锚具温度等因素有关。

(4)拉索断丝

拉索在使用过程中由于各种因素的影响,可能产生断丝。若一定数量的钢丝断裂(目前一些标准中规定比例为 5%),则该索就被判为失效。因此,在应用中,要重视斜拉索用钢丝的断丝问题。与其他金属材料一样,拉索钢绞线钢丝也存在破坏失效的问题。锈蚀是钢丝破坏的一种最初表现,断丝则是钢丝破坏失效的一种直观形式。

(5)拉索滑丝

拉索滑丝主要发生在斜拉索张拉过程中,发生滑丝现象的原因是多方面的,主要有:

①锚具硬度不合格,锚塞热处理的硬度不合格。

楔块的松紧不一和挟握钢丝部分附近有油污或楔块不良也会产生滑丝。

②钢丝直径误差较大。

若有的钢丝直径小,钢丝往往卡不住而引起滑丝。

③动力作用的影响。

拉索受到动力作用时,有可能松动,造成滑丝,滑丝严重时可造成失锚。

(6)拉索振动

斜拉索重量轻、阻尼小,振动产生的荷载远远超过其自重,常成为拉索设计的控制性荷载。斜拉索多暴露于大气中,在风或索锚固端运动作用下发生横向振动。随着斜拉桥跨度的增加,拉索振动愈加显著。拉索的振动对拉索本身,以及其他构件都存在不容忽视的危害。图 8.9 所示为斜拉索减震装置。

图8.9　斜拉索减震装置

2)拉索病害处理

换索工程中一般要控制斜拉索的索力或主梁线形,有时需同时控制两者——双控来促使主梁的内力和线形都接近设计状态。换索工程中先要进行换索优化设计,即对斜拉桥的结构建立模型计算分析,选出合理的换索程序及其理论控制依据。换索过程中,要对索力和主梁线形加以控制,同时要对主梁和主塔受力加以监测,以保证在换索工程中斜拉索、主梁、主塔的内力变化都在容许的范围内。换索后,有必要时要对全桥统一调整索力,使斜拉索受力和主梁线形达到最优状态。

8.4.5　斜拉桥索塔病害及加固方法

作用于斜拉桥主梁的恒载和活载通过拉索传递给索塔,因而索塔是通过拉索对主梁起弹性支承作用的重要构件。作用在索塔上的力除索塔自重外,还有拉索索力的垂直分力引起的轴向力、拉索的水平分力引起的弯矩和剪力,温度变化、日照温差、风荷载、地震力、混凝土收缩徐变等也会对索塔内力产生影响。此外,当主梁采用悬臂施工时,索塔还要承受施工阶段相当大的不平衡弯矩,对于单索面独塔斜拉桥,还应考虑抗风稳定性问题。斜拉桥索塔为主要受力部件,常年裸露在大气中,由于频繁的承载(甚至超载)作用,再加上受各种自然环境的影响以及一些人为事端的侵袭,使索塔发生不同程度的老化、腐蚀等。

1)索塔锚固区病害

斜拉桥索塔锚固区是斜拉桥的重点受力部位之一。索塔锚固区的形状和构造复杂,锚下拉索集中力较大,使索塔锚固区成为一个病害多发区域,且该区域出现病害后,对其维修加固比较困难。

(1)索塔锚固区裂缝

对于斜拉桥索塔布索区,一般裂缝比较多,而且大部分裂纹始发端在索孔,以索孔为中心呈放射状。根据该区裂缝形成的位置、形状和其受力特点,其形成原因主要是该处设置了锚头,塔壁被开孔,力流产生了绕射现象,在孔洞附近密集,产生了很大的局部应力集中现象,超过混凝土的抗拉强度而产生了裂缝。

(2)锚固区预应力束钢丝腐蚀

由于波纹管开裂,水汽或其他侵蚀性离子进入管内,同时,管内压注的水泥浆硬化后在力的作用下也会开裂,而进入波纹管内的腐蚀物质到达锚固区预应力钢绞线表面,造成钢绞线产生化学腐蚀；再者，预应力钢绞线在波纹管内压注水泥浆，水泥浆在管内长期不凝固，也会使钢绞线产生腐蚀。腐蚀了的钢绞线又处于高应力状态下，腐蚀会加快。

(3)锚固区环向预应力束断丝

预应力束断丝是预应力束腐蚀的最终结果。锚固区环向预应力钢束由于其自身的质量问题或波纹管内压注的水泥浆不凝固而产生预应力筋腐蚀；或由于张拉力太大，同时，在索塔锚固区 U 形预应力束曲率大，而且单根预应力筋伸缩量不等，从而应力不均匀，极易产生预应力钢绞线断丝病害。

(4)锚固区索孔位置不准确

索孔位置不准是在施工中形成的，这是由于斜拉索轴线与索孔轴线不在同一直线上，致使拉索与孔壁摩擦，从而索孔内避振圈或填充料安装困难。产生原因：索塔施工时，索孔坐标、高程控制不严，放样不准；索塔混凝土浇筑时，跑模或索孔模型位移变动；劲性骨架安装不准确，以劲性骨架为依托的索管预埋件随之变位；梁、塔、墩铰接的斜拉桥在施工时临时固结不当，导致索塔在施工时摆动，影响索孔定位的准确性；设计索孔直径预留过小，施工达不到设计要求的精度；调索后的最终拉索位置与设计位置误差过大。

2)索塔非锚固区病害

混凝土索塔非锚固区的裂缝一般可由外荷载或变形荷载引起，有的由外荷载和变形荷载的综合作用引起。前者是在荷载作用下，索塔混凝土的拉应力超过了材料的抗拉强度致使索塔结构开裂；后者主要是指裂缝由温度、收缩、膨胀和不均匀沉降等引起，这类裂缝与索塔结构的刚度和约束情况有关，当应力超过当时的材料强度时就出现开裂，裂缝出现后变形得到满足，应力就得到释放。裂缝的具体成因可根据结构受力裂缝出现的部位、方向、形状及分布、结构的材料特性以及环境条件的综合分析得出。在工程实践中，索塔结构的裂缝属于因荷载为主引起的约占 20%，属于因变形为主引起的约占 80%，有的裂缝的产生和扩展往往是变形和荷载共同作用的结果，且相互影响。

3)主塔变形、变位

索塔除了与塔根的刚性约束以外，其余的受力点就是斜拉索的上锚固点。这些点的力的作用是沿索轴线方向斜向下，这些力可分解为水平力和竖向力；其水平分力是靠利用索塔两侧索力的对称分布来维持平衡的；而竖向分力，方向竖直向下，在索塔内产生压应力。由于施工中斜拉索的张拉值主要通过千斤顶控制并显示，其精度与千斤顶油压表的精度、千斤顶内摩阻力大小有关系，另外先后悬挂的各索间的相互影响、构件的徐变、锚头的松弛等都会引起索力偏离后来的张拉值，使塔柱两侧对称的斜拉索的索力大小很难调整一致。塔柱除了受轴向压力外，还受到弯矩和剪力作用。在斜拉桥运营后，受到的外界因素影响较多，而这些影响因素是不规则的，它们对索塔产生的作用力不可能是对称的，故而使索塔承受力矩作用，并产生变形和塔顶位移。

4)斜拉桥防雷设施的病害

防雷设施常见病害有：组成导体、连接接头及接地不完好；裸露的导线(钢或铝)被腐蚀，防腐蚀保护、涂装失效；对地电阻值超过规范要求(10Ù)。产生病害的原因主要有：避雷器械材料不符合要求；施工安装质量不合格；避雷设施的保护措施不成熟；设计避雷等级不够等。

5)斜拉桥索塔加固方法

(1)环向预应力在桥塔加固中的应用

①环向预应力的工作原理。

采用自锚式锚具,每块锚板开孔数目为预应力束(钢绞线)的两倍,而且锥度方向相反,通过变角张拉装置(偏转器),利用夹片将钢绞线的首尾锚固在同一锚板上。通过钢绞线张拉变形挤压管道壁,使结构受到径向分布的挤压力和切向拖曳力,从而使结构环截而形成环形的预压应力。

②施工过程和注意事项。

a.固定在既有桥塔上,托架承载平面高程可以根据加固要求的包箍混凝土底面高程(考虑支撑底模的厚度以后)确定,托架之间用槽钢相连,满足刚度和强度要求。

b.结构钢筋植筋、绑扎和安装预应力预留孔道按照设计图纸要求,在塔身的侧面植入构造钢筋,认真绑扎环向构造筋网和安装预应力预留孔道的塑料波纹管,塑料波纹管必须固定牢靠,按照 8~10cm 间距安设限位箍筋,又称轨道筋,使波纹管形成光滑的弧线连接,接头处必须采用海绵或黑胶带严格密封,轨道钢筋在接头处需要加密布置。

c.模板按照设计图和现场实际塔身结构尺寸制作,事先在工作平台上将底面高程、外轮廓线测量好,做好明显标识,圆端处的模板为确保外观平整圆顺,最大宽度不要超过 70mm。模板要进行环向加固。根据灌注高度和厚度需要调整环向拉杆的间距,灌注混凝土以前需要检查紧固拉杆的强度、松紧情况,确认相应紧固程度,检查预应力预留管道位置准确、预留槽大小无误以后才允许灌注混凝土。

(2)碳纤维布加固索塔

碳纤维布加固技术应用以来,很多学者及设计人员对该加固方法进行了大量试验,得出了很多有益的数据和经验公式。但是,研究的对象大多数为梁和柱,对较大的实体混凝土进行碳纤维加固的理论计算并不多。

碳纤维布加固混凝土梁的理论计算有以下两个方面的难点:碳纤维布具有只能受拉不能受压的单向特性,由碳纤维组成的结构是非线性的;碳纤维布具有只在纤维长度方向受拉,而横向不能受拉的特点,是单向材料。

计算分析时,必须考虑到上述两个特点,其计算模型是非线性的,材料是单向受力的,计算十分复杂。

①碳纤维布加固的优点。

作为一种新兴结构加固技术,与传统加固方法相比,碳纤维复合材料用于桥梁加固有着传统加固方法无法比拟的优越性:

a.高强高效。抗拉强度 2 500~3 550MPa,弹性模量为 2.35×10^5~5.0×10^5MPa。在加固修补混凝土结构中可以充分利用其高强度、高弹性模量的特点来提高混凝土结构及构件的承载力和延性,改善其受力性能,达到高效加固修补的目的。

b.重量轻,厚度薄,附加荷载小。加固修补后,基本不增加现有结构的自重及尺寸。由于碳纤维的单位体积重量仅为钢材的 1/4 左右,且制成布状后其厚度仅为 0.111~0.167mm;如制成板状,其厚度也仅为 1.4mm 左右。

c.适用面广。可广泛用于各种结构类型、各种结构形状、各种结构部位的加固修补,且不改变结构形状及影响结构外观。

d. 施工便捷、工效高，具有良好的可操作性，无湿作业，没有噪声，不需要大型施工机械和重型设备，也不需要太大的工作空间，施工占用场地少。由于其自重较轻、可操作性强、操作空间要求宽松，不必像粘贴钢板技术那样复杂，对运营中的桥梁加固修复将带来较大的社会经济效益。尤其对于箱梁而言，当内部的作业空间受到限制时，其可操作性很好，可以节省庞大的支架费用，同时还可以克服钢板受运输长度的限制和钢板锈蚀引起的黏结层损坏等不足。

e. 施工质量易保证。轻质柔软，易裁剪，易贴附。

f. 良好的耐久性及耐腐蚀性。作为一种复合材料，具有优良的耐化学腐蚀性，碳纤维和结构胶不受恶劣环境的影响，减少了防腐和维修费用，对内部混凝土结构也起到了保护作业。虽然有些纤维材料受到紫外线照射会发生变性，但可以通过外加保护层来改善。

g. 加固施工时通过环氧树脂系列材料与结构黏结，无须螺栓、铆钉固定，不需要对原结构打孔和埋设锚固螺栓，对现有结构扰动小，对原结构不会造成新的损伤，不会影响现有结构的整体性。

h. 根据受力分析可以进行多层粘贴补强，其方向性也可以灵活掌握，给加固修复工作带来方便。

i. 加固费用低。有国外专家针对碳纤维布粘贴加固既有混凝土梁进行理论和试验研究表明，用碳纤维布代替钢板加固混凝土梁可节约成本 25%左右。

j. 具有较高的电阻和较低的磁感应。

②碳纤维布加固存在的缺点。

从碳纤维的材料特性来看，其除了具有高强、轻质、耐腐蚀等优点外，还存在一些不利于结构加固的因素：

a. 延性不足。

延性不足几乎是碳纤维的一个最大缺陷。不论是布材、板材或筋材，都由许多极细的单丝纤维组成，纤维之间依靠环氧树脂传递剪力来共同工作，由于纤维与环氧树脂在截面上的分布不是很均匀，这就注定了应力在材料的截面上分布也不均匀。而缺乏延性使得单丝的碳纤维达到极限强度后即断裂，这样高应力区域的碳纤维丝会在低应力区域的碳纤维丝完全发挥强度之前断裂，所有的碳纤维丝无法同时发挥强度。另外，纤维的一个重要特性是纤维丝的强度变化与缺陷沿纤维长度的分布，纤维丝强度并不是唯一特性值，而是有相当的离散性。这也使得纤维丝无法同时达到最大应力，因此材料的整体强度要远远低于单丝纤维，同时离散性相当大。碳纤维材料用于结构上，其材料的延性不足就表现为构件的延性不足。构件变形过大时会引起碳纤维的脆性断裂，从而导致结构的脆性破坏，对于需要较大变形或对抗震要求比较高的结构来说，这一点是十分不利的。

b. 耐火性与耐高温性能差。

环氧树脂的耐高温性能较差，一般的环氧树脂在 100℃时，力学性能会受到较大影响，只有特殊的环氧树脂可以在 200℃的高温下正常工作。

c. 弹性模量与强度的比值过低。

碳纤维增强材料的强度非常高，一般能达到 3 000MPa 以上，而其弹性模量相对来说却低得多，常用的一般只有 230GPa 左右，高弹性模量的也不过 380～640GPa。要发挥较高的强度，碳纤维材料需要相当的变形，当与钢筋共同作用，钢筋完全发挥强度时碳纤维才发挥出不到20%的强度，难以抑制结构的变形和裂缝的发展。如果采用大量的碳纤维材料来控制结构的变形和裂缝，其高强度的优势及经济效益将不复存在。

d. 环氧树脂层传递的剪力有限。

环氧树脂的剪切强度一定，超过剪切强度后界面传递的剪应力不再增大，而剪切变形不断增长，呈软化现象。超过极限剪应变后界面即产生界面微裂缝，随着微裂缝的不断扩展，界面最后发生剥离破坏。所以粘贴碳纤维片材加固有其限度，过量粘贴会导致界面无法传递足够的剪应力而使得碳纤维的强度无法得到充分利用，并且在构件承受较大荷载时容易出现黏结破坏。

8.4.6　斜拉桥主梁病害及加固方法

因相对于钢主梁要经济，混凝土主梁在现代斜拉桥的应用中极为广泛；另因刚度较大，其常用于特大跨度斜拉桥的边跨或做成钢—混凝土结合主梁。由于混凝土自身的特性，混凝土构件的质量受施工水平的影响很大。在斜拉桥混凝土主梁的工程实践中也出现了如开裂、施工中主梁压溃的问题，对于这些问题而进行的主梁加固改造是必需的，工程实践证明也是可行的。众所周知，桥梁加固是一种借加大或修复桥梁构件来提高局部或整体桥梁承载能力或通车能力的措施，目前对桥梁承载能力不足的加固主要采用如下方法。

①扩大或增加原结构构件截面，以提高原结构的强度和刚度。

②以新的结构代替旧的应力不够的结构。

③改变原结构的受力体系，使其减少受力。

④对原结构施加外应力，以改变其受力图式，提高原结构的强度和刚度。

增大截面的方法是通过浇筑混凝土时增大主梁顶底板的厚度来提高承载能力。该法在实际工程中使用较少，一方面斜拉桥的跨度大不便于加固施工，另一方面桥下净空的要求受到影响，并影响到斜拉桥的美观。粘贴钢板是在主梁的顶板或底板上用粘贴剂粘贴一定厚度的钢板来帮助承载，该法施工方便，加固效果好。增设构件加固法是在主梁上增加诸如小纵梁等构件与原主梁一起共同承担荷载，新增构件应设计到恰当的位置，以保证有效承载。粘贴加固技术是一种用化学粘贴剂从结构外部粘贴补强材料的补强方法，这种方法目前应用较广，经过试验与实践证明是一种较为理想的补强技术。

目前常用的粘贴剂是环氧树脂，用它来粘贴钢板、钢筋或玻璃纤维布(多层玻璃纤维布通过环氧树脂黏结形成玻璃钢)，可以提高构件的抗弯、抗剪能力以及减小裂缝的扩展。这种方法的最大优点在于施工简便，基本上不减小桥梁的净空，并可在不影响或减少影响桥上交通的情况下进行加固施工。

8.5　山区大跨径斜拉桥全寿命健康监测体系

8.5.1　山区大跨径斜拉桥健康监测面临的问题

经过20多年的探索，桥梁SHM领域虽已取得了一些成果，但由于桥梁结构本身的复杂性和不确定性，加之很多客观条件的限制，特别是山区桥梁尤其是跨越山谷、河流的大跨径桥梁，难以避免地要受到各类地质灾害的威胁和破坏等，致使其理论及技术方面仍然存在许多核心问题亟待解决。

1)山区大跨径桥梁流动风监测

随着西部交通建设的快速发展，山区桥梁尤其是跨越山谷、河流的大跨径桥梁日益增多。对此类桥梁设计时，风荷载将直接影响到桥梁结构选型、断面形状等，然而山区的复杂地形将会显著改变近地层流动风的特性，工程师们很难预测此类地形下桥梁结构的风致动力响应。因此如何对山区大跨径桥梁流动风进行监测是目前所面临的一个较大的问题。

2)山区桥梁风险体系

随着经济建设的发展，山区高速公路的建设已经在我国大面积开展。具有曲线、大纵坡、高墩大跨等特征的山区高速公路桥梁，在建设、使用上有着相当的难度，这种难度主要体现在使用环境的复杂性和多种不确定性因素的干扰，桥梁所面临的风险也呈几何倍数增大。山区桥梁外部环境的复杂性、不确定性和工程本身的复杂性以及人们预测能力的局限性导致山区桥梁具有很大的风险。将山区桥梁风险体系研究成果应用于山区桥梁的设计、施工、管理、使用等各个方面，就能合理地控制桥梁生命周期的风险，最大限度地降低总成本。迄今为止，系统、完善的风险科学学科体系尚未形成，这方面研究仍然主要是在各个风险应用行业之间，主要依靠研究者的广泛交流，逐步推进。

3)地质灾害等突发情况

桥梁结构作为一条带状构造物布设于地表，与其他建筑物一样，不可避免地要受到各类地质灾害的威胁和破坏。滑坡、泥石流是我国山区常见的不良地质现象，过去对桥梁影响比较大的主要是泥石流和水毁，即使有滑坡的病害，但由于道路桥梁标准低、规模小(滑坡规模小或桥梁规模小)，造成的影响或损失不大，问题并不突出。但近年来高等级公路不断向山区或复杂地形、地质条件地区延伸，不仅有跨沟谷的桥梁，更有顺斜坡因路基设计困难而设置的长大桥梁，桥梁的应用范围大大扩展了，斜坡上滑坡引起的桥梁病害日渐增多，而且规模也比较大，造成的损失更为巨大。因此在结构健康监测中如何考虑这些不良地质灾害对桥梁所造成的损害是目前面临的比较严峻的问题。

4)山区复杂环境下传感器寿命问题

建立桥梁的长期健康监测系统，对于传感器的选取也是非常重要的，同时传感器的寿命也是一个关键的问题。一般来讲，电阻应变片的寿命只有几年的时间，而目前广泛使用的光纤传感器的寿命也只有十多年，因此如何突破传感器的寿命问题是桥梁长期健康监测的关键问题之一。

5)工作环境及运行荷载变化

即使处于正常状态的结构也会由于温度、湿度等环境条件的变化以及荷载等运行状态的变化，造成实测数据在一个较宽的范围内变化。

此外，以下问题的研究目前也存在较大的不足，诸如有限传感器的优化布置以及系统规模的确定；桥梁结构性能的变化对结构指纹的不敏感性；因系统规模决定的测量数据的不完整性以及系统稳定性造成的不连续性进而带来的分析困难；对大量原始数据的实时处理和分析研究滞后，所获取的信息不能满足工程需求；结构健康状况评估方法尚不完善，难以给出合理的结论及解释；系统本身的稳定性、抗干扰性和耐久性不足，使用寿命难以得到保证；如何与其他相关系统特别是与传统的巡检养护系统进行有效结合等方面有待突破。

8.5.2　健康监测的意义及系统组成部分简介

1)桥梁结构健康监测的意义

桥梁全寿命健康监测不仅能保证施工过程中的安全和质量，还可以监测和掌控桥梁的性能退化，为桥梁管理部门进行桥梁养护、维修、制订加固决策等提供重要依据，并防止突发性倒塌事故的发生。虽然目前的桥梁健康监测技术还不十分完善，硬件设施及监测数据的分析技术还不足以使我们完全掌握桥梁的性能和状态，但至少可以部分掌握。桥梁监测数据会被长期保存下来，多年之后随着各种分析处理技术的发展，这些数据无论对科学研究，还是对桥梁结构本身的安全保障都弥足珍贵。总之，随着相关领域各项技术的不断提高，以及健康监测相关课题的深入研究和探讨，桥梁健康监测系统的性能会大幅度提高，必将成为桥梁安全运营的保障。

2)结构健康监测系统的组成

桥梁健康监测就是通过对桥梁结构进行在线监测，实时监控结构的整体行为，对结构的损伤位置和程度进行诊断，对桥梁的服役情况、可靠性、耐久性和承载能力进行智能评估，为大桥在特殊天气或桥梁运营状况严重异常时触发预警信号，为桥梁的维修、养护与管理决策提供依据和指导。

从传统意义上来说，大型桥梁的监测、检测按时间顺序可分为3个阶段：施工控制、成桥荷载试验和运营健康监测。通过上述3个阶段获得的各种信息，可以完成对桥梁结构重要参数的全寿命周期内的跟踪监测，进而实现深入地掌握目前桥梁结构的真实状态，并预测未来结构的行为与状态。这样就能尽早地发现和预报桥梁结构的损伤，及时采取必要的养护维修方法，以减少桥梁安全事故的发生。施工监控、成桥荷载试验及运营健康监测三者在时间上顺次衔接，在服务目标上虽有差别，但在监测内容、监测手段、技术路线上有相同之处。因此，在监测设备及监测信息上共享内容，三位一体综合考虑，建立桥梁的全寿命监测系统，无论是从经济角度还是从系统和监测信息的完整性以及信息的衔接角度来讲，均是最合理的。

桥梁结构健康监测不是桥梁检测技术的简单改进，而是运用现代传感与通信技术，实时监测桥梁运营阶段在各种环境条件下的结构响应与行为，获取反映结构状况和环境变化的各种信息，由此分析桥梁结构健康状态，评估桥梁结构的可靠性，为桥梁的管理与维护提供科学依据。同时，桥梁结构健康监测对于验证与改进结构设计理论与方法、开发与实现各种结构控制技术以及深入研究桥梁结构的未知问题具有重要意义。图8.10是导入与未导入结构健康监测系统的维护管理比较图，图8.11是结构健康监测系统的组成。

我国桥梁结构健康监测系统的研究与应用开始于20世纪90年代，依托我国大规模基础设施建设的背景，目前在一些在建或已建的桥梁上安装桥梁健康监测系统，如中国香港的青马桥、广东的虎门大桥以及贵州的红枫湖大桥等。表8.1给出了部分国内已安装健康监测系统的桥梁的具体情况。

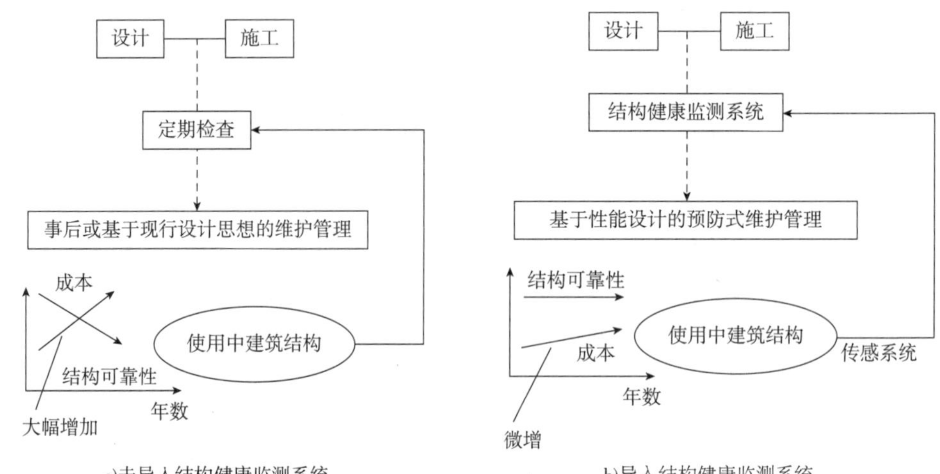

a)未导入结构健康监测系统　　b)导入结构健康监测系统

图 8.10　导入与未导入结构健康监测系统的维护管理比较图

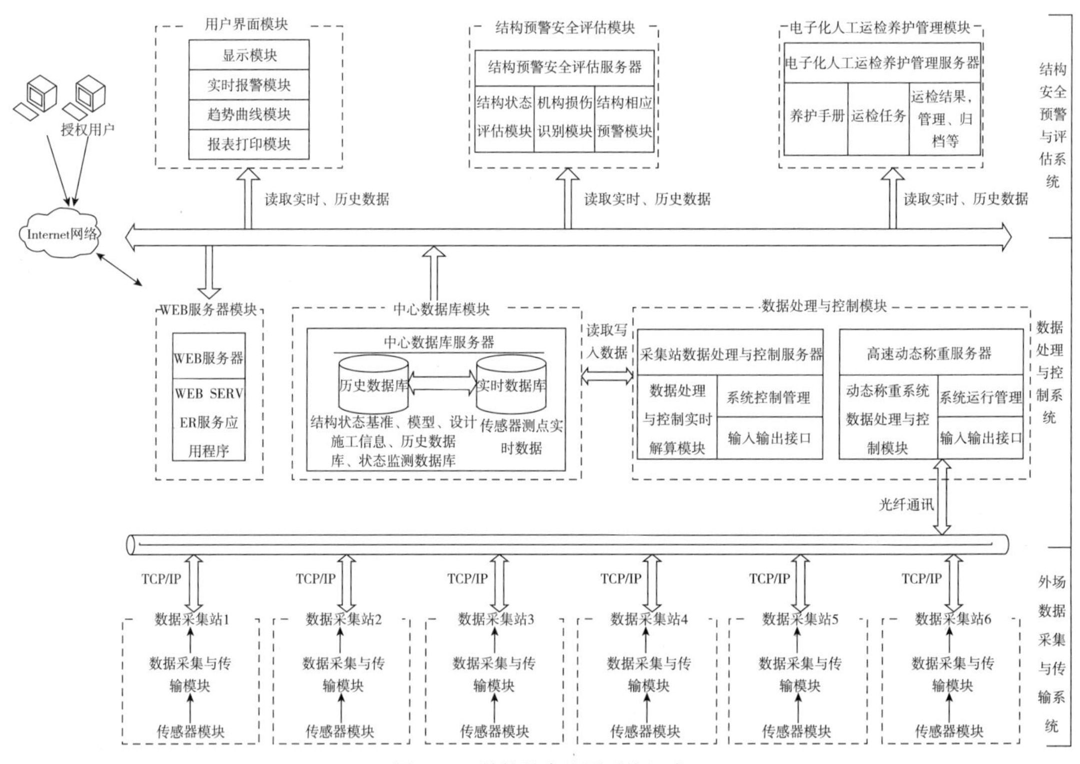

图 8.11　结构健康监测系统组成

部分国内已安装结构健康监测系统的斜拉桥　　表 8.1

建成时间(年)	桥 梁 名 称	跨径组合(m)
2000	洞庭湖大桥	130＋310＋310＋130
2001	南京长江二桥	58.5＋246.5＋628＋246.5＋58.5

续上表

建成时间(年)	桥 梁 名 称	跨径组合(m)
2002	文晖大桥	104+240+104
2002	重庆大佛寺大桥	198+450+198
2004	红枫湖大桥	30+102+185
2004	滨州黄河公路大桥	42+42+300+300+42+42
2005	润扬大桥北汊桥	175.4+406+175.4
2008	苏通大桥	主跨 1088

目前结构健康监测系统主要由以下六部分组成：

(1)传感子系统

传感器子系统为硬件系统，功能为感知结构的荷载及效应信息，并以电、光、声、热等物理量的形式输出，该子系统是健康监测系统最前端和最基础的子系统。

(2)数据采集与处理及传输子系统

该系统的功能是将经传感器变换、放大器放大后的信号，直接以模拟量的方式记录下来或者经过模数转换后以数字量的方式进行记录。另外，为了达到实时监控或远程监测的目的，还要将这些数据通过合理的传输方式传送到监控室，设备包括信号采集器及相应的数据存储和处理设备，数据采集系统是联系传感器子系统与数据管理子系统的桥梁。

(3)数据分析系统

从数据测量系统获得的数据经初步处理后或在终端上显示，然后直接进入数据库。该子系统的目的是根据各监测项目的特点，使各不同类型的数据通过恰当的组织，被有效地存储起来，在保证必要信息存储的前提下，尽量减少数据的冗余度，设备包括高性能计算机及分析软件，必要时进行实时分析和处理。

(4)损伤识别、安全性评定及预警子系统

子模块硬件包含监控中心计算机设备和相应各结构环境以及结构的响应预警、状态评估和损伤识别软件模块。主要功能是由高性能计算分析设备，利用各种结构静、动态结构计算分析软件和巡检表观损伤结果定期完成结构的预警和状态评估工作，定期编制并提交监测报告给大桥养护管理维修部门，为桥梁构件的维修、维护工作提供技术支持。

(5)数据库管理子系统

子模块包含监控中心计算机设备、相应的数据库管理和接口软件，为监控中心系统的"数据信息心脏"，它是桥梁信息化、数据化管理的核心。主要功能是管理和储存整个监测系统各结构主体的全寿命静态资料信息和动态监测数据。

静态资料信息包括桥梁基本设计资料、荷载试验资料、监测系统所有软硬件技术资料、参数、图片，以及监测系统各类监测巡检数据文件信息、操作人员权限信息等。动态监测数据则是指系统实时采集的结构监测项目原始数据，包括当前数据和历史数据。

(6)远程控制

在数据采集和远程传输方面，可以采用在商业上已经取得了巨大成功的客户机服务器网络系统，使用光纤或电缆实现计算机之间的远程数据传输，甚至可以将监测网络系统联接到

Internet，实现方便和真正的远程(全球范围)监测。

目前斜拉桥健康监测系统的主要监测内容有：

①环境温度和结构温度。当环境温度和日照温度发生变化时，桥梁结构的温度也随着变化。一般来说，材料的温度变化将引起构件的变形，当构件的变形受到限制时，构件内部将会产生应力。通过对桥梁温度场分布状况的监测，可为桥梁设计中温度影响的计算提供原始依据，对桥梁设计理论的验证和改进均有积极意义。在温度测试中一般将温度传感器埋入混凝土或钢结构的表面进行测试。图 8.12 所示为大气温湿度仪。

②风速和风向。对于大型桥梁，风荷载是一个不可忽略的影响因素，它将引起斜拉桥主梁和拉索的颤振。监测仪器为风速仪以及相应的后处理设备，利用风速仪来记录风向、风速历史进程。图 8.13 和图 8.14 是目前结构健康检测系统中常用的风速仪。

图 8.12　大气温湿度仪

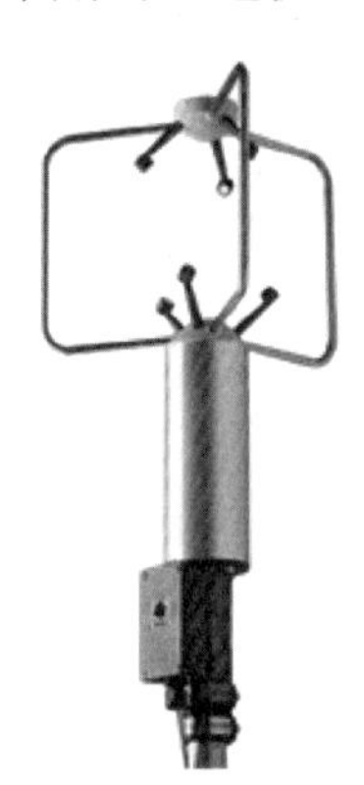

图 8.13　三向超声风速仪

③桥梁动力特性及响应。桥梁结构的自振特性是指桥梁结构固有频率、振型及阻尼比。自振特性是结构特性的一种反映，它取决于结构本身的材料特性及结构的刚度、质量以及它们的分布规律。监测仪器为高灵敏度和高分辨率的分析仪，由于桥梁结构难以激振，而且固有频率很低，因此随机振动测试中采用低频压电式加速度传感器(图 8.15)。

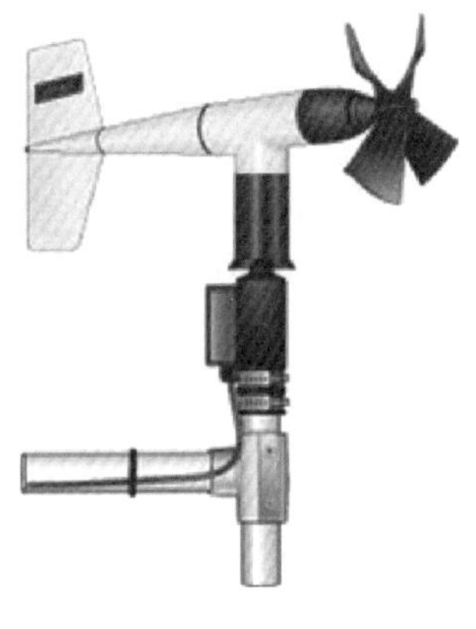

图 8.14　螺旋桨式风速仪

图 8.15　加速度传感器

④位移。主塔塔顶位移、主梁挠度和横向位移是评价桥梁使用功能和安全性的重要指标，温度变化以及车辆荷载等都会引起桥塔和主梁位置的变化。监测仪器有水准仪、全站仪、连通管、激光挠度仪、GPS、拉绳式位移传感器及倾角仪等。图 8.16 和图 8.17 所示分别为拉绳式位移计和倾斜仪。

⑤各控制断面应力/应变。应力/应变反映桥梁在荷载作用下构件的局部受力状况，对于评价桥梁的安全性有重要意义，目前最为广泛的是电阻应变片和振弦式应变计(图 8.18)。

图 8.16 拉绳式位移计

图 8.17 倾斜仪

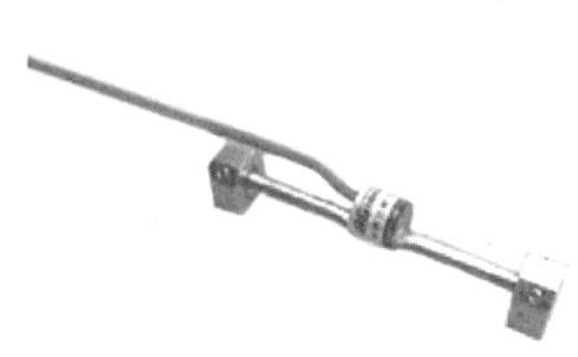

图 8.18 振弦式应变计

⑥索力。斜拉桥的拉索是斜拉桥主要的受力构件，是斜拉桥最容易出现问题的地方。目前，斜拉索的索力测试主要使用振动频率法和磁通量法，根据测得的斜拉索振动频率及斜拉索的刚度和边界条件计算斜拉索索力。拉索上安装的加速度传感器如图 8.19 所示。磁通量传感器如图 8.20 所示。

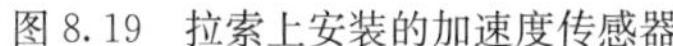

图 8.19 拉索上安装的加速度传感器

图 8.20 磁通量传感器

⑦交通状况。车辆荷载的作用在很大程度上决定了桥梁的使用寿命，对过桥车辆荷载进行监测，获得过桥车辆的轴重、轴距、行驶速度及车辆荷载在桥面的分布状况等资料，对于桥梁的规划、设计及桥梁设计规范的制定均有重要意义。目前对车辆荷载的监测一般采用车辆动态称重仪。

8.5.3 山区大跨径斜拉桥传感测试技术

桥梁健康监测数据和人工检查数据都不能独立成为养护管理系统的主要数据来源，因此，将大跨度桥梁的基本数据信息、人工检查检测信息、健康监测信息一体化，将三类数据都作为养护管理系统的数据信息，使健康监测数据与养护管理系统有机结合。三方面的数据信息丰富了大跨度斜拉桥养护管理系统的数据库，有利于桥梁的准确评估，及时发现构件缺损和相关环境的变化，系统地掌握桥梁的技术状况，进而为管理人员决策提供必要的数据支持。

其中，桥梁的基本数据信息提供该桥所需的基本数据资料，包括设计资料、施工资料、竣工资料、重车过桥记录以及维修历史等基本内容。人工检查数据库包括对所有构件或部位进行目测或仪器检测的数据；健康监测数据包括风荷载、温度荷载等荷载监测数据，以及关键构件或部位的应变、加速度、位移和斜拉索索力等响应监测数据。

桥梁结构健康监测系统在桥梁结构上布置的监测元件（包括局部检测元件及整体检测元件），涉及的传感器种类较多，如用于结构整体状况监测的位移、加速度等传感器以及用于局部监测的应力、应变及裂缝等传感器。传感器总是处于监测系统的最前端，用于获取监测信号，其性能将直接影响整个健康监测系统，对测量精度起到决定性的作用。

从目前的发展与研究成果来看，高性能的智能传感器元件和信息采集装备越来越多地在工程中得到应用；传感器的优化布置难题逐渐被一些大型复杂结构健康监测系统的开发所攻克和解决。结构健康监测可分为局部监测和整体监测，其中局部监测主要应用传感器来感知结构的重要部位或重要构件，如光导纤维、形状记忆合金、压电传感器等；整体监测主要是采用整体监测技术观测宏观变形、位移和振动等，常用的仪器有 GPS、全站仪等。接下来介绍几种较为先进的传感器。

1)光纤

光纤传感技术是现代通信技术的产物，是随着光纤及通信技术的发展而逐步发展起来的一门崭新技术。通信领域中，光纤被用作传输导线。实践中，人们发现外界环境的变化如温度、压力等能够导致光纤内传输光某些参数的变化（如强度、相位、频率、偏振态等），而且这些变化是有一定规律的。由此诞生了光纤传感技术，即通过对传输光某些参数变化的测量，实现对环境参数的测量。光纤传感器质量轻、信息量大，具有性能稳定、多参数测量、分布测量等优点，无电磁干扰，可测量多种信号，易于分布埋入结构和构成网络，其应用已渗透到许多领域。光纤传感器按照机理的不同，主要分为强度型、相位型、波长型和偏振型等，其中在结构健康监测中常用到的光纤光栅是属于波长型传感器。

光纤光栅的反射或透射峰的波长与光栅的折射率调制周期以及纤芯折射率有关，而外界温度或应变的变化会影响光纤光栅的折射率调制周期和纤芯折射率，从而引起光纤光栅的反射或透射峰波长的变化，这就是光纤光栅传感器的基本工作原理。因此，温度和应变是光纤光栅能够直接传感测量的两个最基本的物理量，它们构成了其他各种物理量传感的基础，其他各种物理量的传感都是以光纤光栅的应变、温度传感为基础间接衍生出来的。与传统的基于电学量的传感器比较，光纤光栅传感器具有明显的优点：

①不受潮湿环境影响，能避免电磁场的干扰，电绝缘性好。

②耐久性好，具有抵抗包括高温在内的恶劣环境及化学侵蚀的能力。

③质量轻、体积小，对结构影响小，易于布置。

④既可以实现点测量，也可以实现分布式测量。

⑤检出量是波长信息，因此不受接头损失、光沿程损失等因素的影响，对环境干扰不敏感。

⑥波长编码，可以方便实现绝对测量。

⑦单根光纤单端检测，可尽量减少光纤的根数和信号解调器的个数。

⑧信号可多路传输，便于与计算机连接，单位长度上信号衰减小。

⑨灵敏度高，精度高。

工程实际中，由于被测参量类型多、使用环境恶劣，要求传感用光纤光栅具有不同于通信用的光学和机械特性，与之相对应的制作技术和要求也区别于通信应用。主要表现在：

对光敏性和中心波长的精确度要求较低，但对中心波长选择范围和谱宽要求高。为提高测量精度，传感光纤光栅的中心波长选择范围往往超出3个常用的通信窗口，以降低灵敏度矩阵元测量误差的影响；对谱宽是越小越好，考虑实际解调精度和制作工艺，反射带宽一般位于0.2～0.3nm范围内。

光谱信号简单，易于处理。为便于后续电路的处理，传感用光纤光栅往往要求简单的单一反射峰值光谱输出，尤其是在多个光纤光栅复用的传感网络中更为重要。

近年来光纤光栅制作技术有了长足的发展，目前制作光纤光栅的方法有全息成栅法、逐点写入法、相位掩膜法等，全息成栅法和逐点写入法存在容易受机械振动、不易制作等缺陷。相位掩膜法制作光纤光栅克服了这些不足，并且相位掩膜与扫描曝光技术相结合还可以实现光栅耦合截面的控制，以制作特殊结构的光栅。该方法大大简化了光纤光栅的制作过程，是目前制作光栅的一种主要方法，也成为了光纤光栅规模化生产的关键技术。

光纤传感器最大的缺点就是需要大量的辅助设备，布控困难，成本昂贵。另外光纤传感技术只能实现线式的分布式测量，难以实现真正意义上的面式和体式分布式测量。但是由于光纤传感系统具有很多的优点，因此具有巨大的应用潜力和广阔的应用前景。

2)形状记忆合金

形状记忆合金是一类对形状有记忆功能的材料，具有自感知、自诊断和自适应的功能。形状记忆合金的材料特性包括形状记忆、超弹性效应、阻尼效应等。用于传感器的形状记忆合金是利用其应变电阻特性，其优点是可以实现多种变形形状，易于与基体材料融合，变形量较大，易于把传感器与驱动功能融合为一体。缺点是价格较为昂贵，在非弹性阶段，电阻与应变的关系呈非线性，给信号分析带来困难等。

3)GPS技术

桥梁的线形是桥梁的重要参数，采用全站仪等传统的测量手段，除了测量效率等因素外，在气候恶劣的环境下也难以实施。GPS RTK技术是利用导航卫星载波相位差分实时测定站点三维坐标的测量技术，该技术不仅满足工程要求，避免封桥措施，不受天气条件的影响，而且可以实时地给出所测桥梁的变形参数，大大提高桥梁的检测效率，从而为桥梁的安全性评价提供可靠的依据。应用该技术可对桥梁上多个观测点进行自动位移测量，进而判断桥梁的安全状况。目前香港青马大桥、广东虎门大桥、苏通长江大桥等都采用该技术进行三维位移实时监测。

大跨度桥梁GPS测点布置要根据大桥结构特点和监测目标设定。通常选取大跨桥梁的索塔塔顶、主梁的四分点等作为位移监测的关键点，根据不同的桥型特点、气候环境等的差异，监测点的数量、位移有所不同，斜拉桥通常可对索塔塔顶和主梁跨中的位移进行监控。

根据大跨桥梁位移监测响应的精度及GPS技术的发展，通常GPS位移与挠度监测系统的平面精度为 10mm,高程精度为 20mm;测量结果输出频率为 1～10Hz,原始观测值采样频率为 1～5Hz;在 RTK 状态下,从接收卫星信号到显示位移结构延迟不大于 1.5s。

以上介绍了几种目前结构健康监测中常用的先进传感技术。在实际结构的健康监测传感器系统设计过程中,可以综合应用多种智能传感装置和多种监测技术,以最少的成本和投入获取尽可能多的结构信息。

8.5.4 山区大跨径斜拉桥损伤识别系统

桥梁结构健康监测的关键问题是损伤位置、程度的确定,这是桥梁结构健康监测与评估的核心,也是难点,桥梁损伤评估技术可分为局部法和整体法。局部法依靠无损检测技术(NDE)对特定构件进行精确的检测、查找,描绘缺陷的部位;而整体法试图评价整体结构的状态,可以间断或连续地评价结构的健康,确定损伤存在的可疑区域。理想的损伤识别方法应具备的一个重要特性是:能够区分结构建模误差引起的偏差与结构损伤引起的偏差。真正的桥梁结构健康监测系统必须具备自动识别损伤的能力,对于如何自动的从量测信息来解释结构健康状况,还未建立起完善的科学理论,复杂结构的整体法应用仍是桥梁工程领域的一大挑战。

1)局部法

局部法检测技术主要包括应力法、位移法、目测法、染色法、发射光谱法、回弹法、声发射法、渗漏试验法、射线法、脉冲回波法、磁粒子法、磁扰动法、涡流法等。绝大多数技术成功地应用于检查一定部件的裂缝位置、焊接缺陷、腐蚀磨损、松弛或失稳等,实际检测中经常将几种技术联合使用,以评估桥梁结构状态。下面简要介绍这些检测技术。

①声发射法(又称应力波法)能对活动性缺陷进行动态监测,采用声发射探头将发射源发射的弹性波转换为电信号,经放大处理得到特征参数,从而推测材料内部发射源(即缺陷)的位置。

②以脉冲回波法为主的超声波检测技术是利用其遇到相异介质能够反射且在不同的材料中衰减特性不同的性质进行检测,具有检测灵敏度高、成本低、效率快的优点。

③射线检测是指用 X 射线和直线加速器对结构缺陷情况进行检测,可检测结构内部缺陷的位置和立体形状,用来判断结构是否可用,为维修提供参考。

④电磁涡流技术主要检测交变磁场中导电材料感生涡流场,不需耦合和接触,因此检测速度快,可以检测结构表面和内部缺陷。

近年来,随着光纤传感器、光纤显微镜、形状记忆合金等新型智能材料的发展,出现了一些新的局部损伤检测方法。如 Lamb 波,采用光纤干涉传感器,利用 Lamb 模态和缺陷的关系检测;板的自适应小波模型,可以分离 Lamb 波的模态和反射;考虑到结构时域反映的几何特点而提出的几何时域方法,对微小损伤比较敏感,而对环境的波形具有鲁棒性。

2)整体法

整体法是从结构的整体出发,采用动力测试技术,对桥梁结构进行实时、在线、连续的监测,它大致可以分为动力指纹分析法、模型修正与系统识别法、人工神经网络法、遗传算法和小波分析法。

（1）动力指纹分析法

这种方法的基本思想是寻找与结构特性有关的“指纹”变化。结构一旦发生损伤，其结构参数，如刚度、质量、阻尼等会发生改变，从而导致相应的动力指纹的变化。这些动力指纹的变化可以看作结构损伤发生的标志，借以诊断结构的损伤。常用的动力指纹有频率、振型、振型曲率、应变模态、柔度、功率谱、频响函数、模态确信准则（MAC）和坐标模态确信准则（COMAC）等。大量的模型和实际结构试验表明，结构损伤导致的固有频率变化很小，而振型（尤其是高阶振型）虽然对局部刚度变化比较敏感，但精确量测较为困难。MAC 和 COMAC 等依赖于振型的动力指纹同样如此。振型曲率、应变模态则因传统的低幅振动测试变化量量级过小，难以起到有效的判别作用。因此，这类方法的应用有待于寻找新的动力指纹。为了发现损伤及其位置，首先应根据先验知识，建立对应各种指纹变化的损伤数据库，然后将损伤后的动力指纹与数据库中的指纹相比较，从而确定损伤状态。由于先验知识不完备，可能的损伤形式过于繁多，建立相对完整的损伤数据库较难实现，此法敏感性差，观测到的模态参数的变化往往与很多破坏形式接近，却难以确定具体的形式。

（2）模型修正与系统辨识法

这种方法的基本思想是利用动力试验数据（通常为模态参数或加速度时程记录、频响函数等），通过条件优化约束，来不断修正模型中的刚度分布，通过被检测结构中任意观测到的局部刚度下降判定损伤的位置和程度。这种方法在划分和处理子结构时具有很多优点。由于模型误差、测量噪声以及桥梁结构可测得的动力特征对局部刚度变化不敏感等因素的存在，使得此方法在实际应用中受到限制。模态试验测得的模态信息总是不完备的，导致特征方程求解中的不定问题。解决数据和模型的不确定性，有效的方法是用统计推断的方法，如贝叶斯统计的方法。针对这些问题，一方面可以考虑利用修改边界条件进行子结构模型修正以减少未知数的方法，另一方面可以通过合理建模和优化布置来获取最大信息量来予以解决。

（3）人工神经网络法

人工神经网络（ANN）是对人脑或自然神经系统若干基本特征的抽象与模拟，由大量神经元广泛互连而成。人工神经网络法以其处理信息的并行性、自组织、自学习性、联想记忆功能以及很强的鲁棒性和容错性，广泛应用于许多领域。应用 ANN 的结构损伤诊断方法不需要结构动力特性的先验知识，具有损伤诊断非参数的优点。神经网络具有很强的非线性映射能力，特别适合于非线性模式识别和分类，能够滤出噪声或在有噪声情况下正确识别，在这一点上，比模型修正法和信号处理法适用范围更广。网络的训练过程很慢，但一旦训练完成，应用时计算速度很快，因此训练好的神经网络可应用于结构健康在线监测和实时诊断。它是根据结构在不同状态的反应，通过特征提取，选择对结构损伤敏感的参数作为网络的输入向量，结构的损伤状态作为输出，建立损伤分类训练样本集。将样本集送入神经网络进行训练，建立输入参数与损伤状态之间的映射关系，训练后的网络具有模式分类功能。将待测结构进行测试的动力参数输入网络，得出损伤状态信息。虽然神经网络应用于损伤诊断的研究有了很大的发展，但依然存在一些问题。如模型误差、测量误差和测量数据不完备性的影响，神经网络输入参数的选择、网络收敛性以及网络结构问题都需要进一步的研究。

（4）小波变换法

小波分析是数学理论中调和分析技术发展的最新成果，可以看作一个传统的 Fourier

变换的扩展。小波分析的优点在于利用一个可以伸缩和平移的视窗，能够聚焦到信号的任意细节从而进行时频域处理，提供多个水平的细节以及对原始信号多尺度的近似，既可看到信号的全貌，又可分析信号的细节，并且可以保留数据的瞬时特性。结构模型在环境激励下，结构的损伤可以从对相应数据进行小波离散后的细节突变上检验出来，这些突变的位置可以精确地指出损伤发生的时刻。Huo 等提出了一种基于小波方法的结构损伤检测，用一个在谐和激励下的简单模型进行数值仿真。模型包括多个可破坏弹簧，当响应超过极限值或运动循环的次数积累超出了它们的疲劳寿命时，其中的一些弹簧就会发生不可恢复的损伤。无论是突然损伤还是积累损伤，损伤的发生以及发生的时刻都可以通过这些数据的小波分解细节检查出来。小波方法是损伤检测和结构健康监测的一个很有潜力的方法。

桥梁结构损伤评估的整体法，需要监测出桥梁结构损伤的存在、确定损伤的位置和确定损伤的程度，然而，由于实际桥梁结构复杂、损伤不敏感和外界环境噪声干扰等原因，因此上述方法的研究局限于简单结构，目前尚不适用于实际桥梁的损伤评估。

8.5.5　山区大跨径斜拉桥安全性评定系统

随着大跨度桥梁设计的轻柔化以及结构形式与功能的日趋复杂化，大跨度桥梁的安全运营成为值得关注的重要问题。由于大型桥梁工程往往具有投资大、设计周期长、使用环境恶劣，易受周围大气、温度、湿度及天气的影响而发生劣化，以及长期承受动荷载等特点，因而对桥梁结构进行长期的健康监测及状态评估就显得十分必要。目前大型桥梁和结构的状态评估技术在国内外已经受到广泛的关注和重视，成为桥梁研究领域的热点问题。目前多种桥梁安全性评估方法，所采用的理论主要集中在可靠度理论、层次分析法、模糊理论、神经网络以及专家系统等。

1)基于养护规范的评估方法

根据《公路桥涵养护规范》(JTG H11—2004)或《城市桥梁养护技术规范》(CJJ 99—2003)提出的方法，通过有经验的桥梁技术人员对旧桥的全面勘察和检测，根据用文字描述的定性和定量检测结果对桥梁的技术状态进行分类、评分。目前在评分的标准、方法上已有大量的研究，此类评估技术已逐渐成熟，但是该方法需要依据大量的定性信息，其取值相当程度上依赖于评估工程师的自身经验和判断，不同的评估者有可能得出不同的评估结论，而且上述规范方法主要适用于中小跨径的桥梁。

2)荷载试验评估方法

在对桥梁进行现场静、动载实验后，结合理论分析，对实桥进行诊断识别，建立桥梁结构的实际受力模型，进而根据这个模型确定桥梁的实际承载能力。利用现场测试技术，可获得一部分桥梁结构的确定信息，降低桥梁评估中的不确定性。近年来以现场荷载试验为基础的损伤评估技术发展迅速，且已成为桥梁结构损伤评估的一个重要内容。要进行损伤评估，一般要先识别出结构损伤后的实际参数。要识别结构的实际参数，需对结构施加激励，对结构的激励可分为静态和动态，据此评估方法可分为动态法、静态法和动静结合法。但是由于荷载试验评估方法成本较高，难以普遍和经常性使用。

3)专家系统评估方法

该方法是用具有相当于专家知识和经验水平的计算机评估系统对旧桥进行评估。它的典型代表是特尔菲法,通过无记名方式函询各专家的意见,每一轮意见由课题组进行汇总分析,并作为参考数据反馈给每个专家供其分析判断,在下轮填表中做出新论证。经多次的反馈和处理,最终获得满意的结果。

4)基于可靠度理论的评估方法

随着结构可靠度概念在桥梁工程中的应用,人们已开始把可靠度理论引入到桥梁评估中。对于既有桥梁结构,其荷载和抗力都是不确定的,且随时间而变,其对应的可靠性概率也不同。通常采用时变可靠度的计算方法,并考虑结构抗力退化的影响,对桥梁结构在剩余使用期内承载能力失效概率进行分析计算,并以计算得到的桥梁结构的可靠度作为评估桥梁状态的指标。目前,可靠度理论在桥梁技术状态评估中的应用尚处于初级阶段,其重点放在桥梁承载能力评估方面,对于结构的整体失效评估尚不成熟,还有待于进一步的研究。

5)模糊综合评估方法

模糊综合评估方法是以模糊数学为基础,应用模糊关系合成的原理,将一些边界不清、不易定量的因素定量化,并进行综合评估的方法。该方法把一般的集合概念加以拓广,引入模糊集合的概念,为描述事物的状态,引入隶属度和隶属函数的概念。此法较好地解决了事物的模糊性与算法的确定性之间的矛盾,能很好地反映客观事物的本质。但是,如何选取合适的模糊运算法则、如何合理确定隶属函数形式,判断矩阵形成时如何尽可能避免参评人员主观上的不确定性和随机性等问题还没有得到根本解决。

6)灰色关联度评估方法

灰色关联度是灰色系统理论的基础,它所揭示的是因素关系的强弱,其对象为时间序列,最终结果为对各序列做出排序。此法适用于多目标、多属性的评估,即对于某个问题有多个属性,同时有一组最优数据可描述这些属性。该方法认为人们对客观事物的认识具有广泛的灰色性,即信息的不完全性和不确定性,因而客观事物所形成的是一种灰色系统,即部分信息已知、部分信息未知的系统。同时,人们对被评估的事物的认识也具有灰色性,故可以借助灰色系统的相关理论进行综合评估。该方法存在的问题是灰色关联度理论本身还不够成熟,其几何形状的相似性的表达方式还不够完善。

7)基于遗传算法的评估方法

遗传算法是基于自然遗传和自然选择的思想,以类似于达尔文适者生存理论方式的寻优方法,主要通过编码、进化、选择、交叉和变异五种操作来实现。遗传算法的强大寻优功能可以较好地适应可靠性计算与分析的要求,但在实际的桥梁评估计算中,其收敛速度相对较慢。

8)基于神经网络的评估方法

神经网络是一类模拟生物神经系统结构、由大量处理单元组成的非线性自适应动态系统,它具有学习能力、记忆能力、计算能力以及智能处理功能。它能在不同程度和层次上模仿大脑的信息处理机理,具有非线性、非局域性、非定常性和非凸性等特点。神经网络的研究成果广泛用于模式识别、自动控制、图像处理、语言识别等领域。但神经网络的处理类似于黑箱操作,不能对为什么给出这样或那样的决策做出恰当的解释,因此很多人拒绝使用它。同时神经网络的学习需大量的样本，如果积累的资料较少，其结果的准确性就存有一定的局限性。

9)目前斜拉桥状态评估面临的问题

总的来说，桥梁管理系统的发展经历了三个阶段。起初的桥梁管理系统只是用简单的电子数据库来代替繁杂的桥梁管理资料；其后管理系统中除桥梁数据库外，还包括桥梁检测、养护及维修信息，涵盖各桥梁构件的检测细节和详细的等级划分以及维修历史等；近年来较先进的管理系统增添了维护决策功能，即制订维护策略、进行维护优化等。但是，由于我国桥梁管理系统起步较晚，管理经验与历史数据相对较少，从目前我国桥梁管理系统发展来看，在桥梁的管理体系、桥梁检测评估方法与预测决策的研究等方面都存在不足。尤其是针对大跨度桥梁的养护管理系统，其基本思想沿袭中小桥梁的养护管理思路，主要表现在：桥梁的评估方法单一，缺少多种检测手段及其相应的评估方法研究；对于桥梁的退化预测分析研究尚处于起步阶段，没有针对单独桥梁进行相应的病害诊断和维修决策分析；桥梁维修费用优化分析也尚未应用到实际系统中等。因此，应致力于研究和开发特殊大桥的养护管理系统，制订养护制度、检查方法及标准，以确保特殊大桥建成后的养护经济和有效地进行。

对于大跨径桥梁结构，必须发展与其规模、功能和影响相协调的现代安全维护技术，并在完善常规人工监控、建立数据库系统的基础上，进一步建立与智能技术相结合的桥梁运行状态的分析及评估专家系统，最终实现大型桥梁的现代化管理。

8.6 工程案例——红枫湖大桥桥梁健康监测系统

8.6.1 贵州红枫湖大桥概况

自2002年修建第一座斜拉桥红枫湖大桥(位于贵州省贵阳清镇市红枫湖国家一级风景自然保护区)以来，贵州省斜拉桥的建造历史经历了从无到有，再到大规模兴建的巨大发展。已建成的有中国第二座双圆环钢拱独塔斜拉桥官塘大桥，世界十座最高桥梁之一的六冲河大桥以及贵州兴义三跨预应力混凝土双塔双索面斜拉桥马岭河大桥，在建的有红水河大桥、龙井河大桥、武佐河特大桥等。桥梁健康监测与养护系统也在贵州斜拉桥中得到了应用。

红枫湖大桥位于沪瑞国道主干线清镇至镇宁公路上，跨越国家4A级风景区红枫湖景区。桥址处地震基本烈度为6度，按7度设防；桥址处属中亚热带湿润季风气候区，冬无严寒，夏无酷暑。该桥为两侧不对称的独塔双索面预应力混凝土斜拉桥，桥跨布置为30m＋102m＋185m，塔梁墩固结，桥上纵坡为1.2%，承台以上索塔高度96.8m，桥梁基础采用桩基础，桥面不含布索区宽度28m，双向四车道(不设人行道)，索塔布有88根斜拉索，在斜拉索两端的索导管入口处各设一个黏弹性高阻尼合成橡胶减震胶圈。

8.6.2 红枫湖大桥健康监测系统的实现

桥梁健康监测系统的设计原则是：运用多传感器技术，获取桥梁结构和环境信息的动态数据，为桥梁结构的损伤诊断和安全评估提供足够多的状态信息。

从建立该监测系统的目标和功能要求出发，结合红枫湖大桥的结构特点和地理环境，确定该监测系统的组成项目及其具体方案。图 8.21 是红枫湖大桥健康监测系统的组成结构示意图。

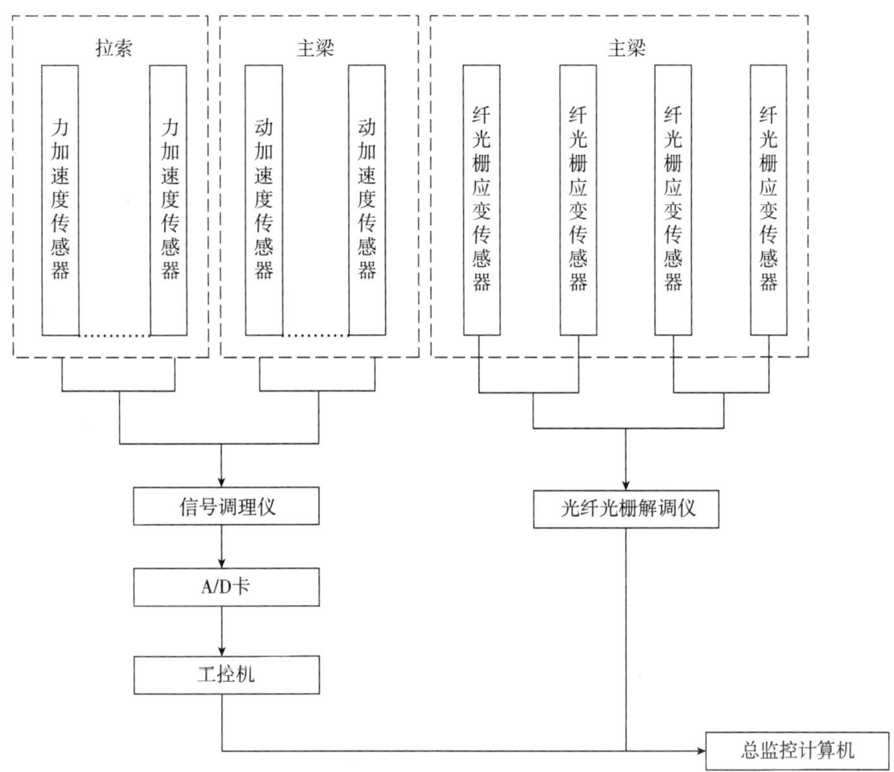

图 8.21　红枫湖大桥健康监测系统的组成结构

1)斜拉索索力监测系统

斜拉索索力监测系统的项目任务是：在索号依次为 A21、A11、J11、J21 的拉索上安装内置 ICP 高灵敏度加速度传感器，采用频率测量法监测斜拉索索力变化。

监测索的传感设备安装完成后，检测传感器设备是否正常，如果信号正常，则将索力测量设备的输出经工业屏蔽线连接到位于现场控制室机柜内的信号调理仪上，同时，使用 PVC 管对屏蔽线的走线进行保护。

信号调理仪对 A/D 卡接入工控机的数据采集系统就可以实现斜拉索索力数据的读取，监测斜拉索的动态应力变化。

2)主梁应变监测系统

主梁应变监测系统的项目任务是：在主梁跨 1(黄果树方向)的横截面上粘贴 4 个表贴式光纤光栅应变传感器，边主梁上粘贴 2 个表贴式光纤光栅应变传感器，横隔板上粘贴 2 个表贴式光纤光栅应变传感器；在主梁跨 2(贵阳方向)的横截面上粘贴 2 个表贴式光纤光栅应变传感器，边主梁上粘贴 2 个表贴式光纤光栅应变传感器，横隔板上粘贴 1 个表贴式光纤光栅应变传感器。

在安装光纤光栅应变传感器的过程中，需保证光纤在混凝土结构上的准确定位和牢靠粘贴，并注意保护脆弱的尾纤。此外，将传感器信号线引入现场控制室，并进行光纤的对焊，安装完成后，测试传感器信号是否正常。

光纤光栅应变传感器，使用专门研制的光纤光栅调理仪通过USB连线直接将信号传输到工控机，由工控机读取传感信号。

3)主梁温度监测系统

主梁温度监测系统的项目任务是：监测主梁混凝土表面温度、边主梁混凝土表面温度、横隔板混凝土表面温度。

通过对不同温度状态下斜拉桥的工作状态变化，如塔顶偏移、斜拉索索力变化、应力变化等进行比较，为定量分析索塔内力、外力及变形修正斜拉索索力、主梁内力、外力及变形提供依据。

温度监测系统由10个光纤光栅温度传感器组成。该温度测量传感器具有测量精度高、木质安全防爆、抗强电磁干扰、可靠性好、灵敏度高等优点，适用于各种恶劣环境下的温度测量，可广泛应用于环境、温室、建筑、桥梁等行业。光纤光栅温度传感器的输出信号经光纤光栅调理仪后，通过USB连线直接将信号传输到工控机上，由工控机读取传感信号。

光纤光栅温度传感器和光纤光栅应变传感器进行串联后，使用专门研制的光纤光栅调理仪通过USB连线直接将信号传输到工控机，由工控机读取传感信号。这些光纤光栅传感器组成一个相对独立的光纤监测系统，并使用配套的软件使其初步具备监测识别的能力。

4)结构动态特性监测系统

斜拉桥结构动态特性监测系统的项目任务是：通过对结构振动信号的采集，获取蕴涵大量反映结构损伤的信息。桥梁结构振动特性中模态参数是结构整体特性的表现，分析其变化情况，可判断结构损伤是否出现，并进行结构损伤部位，损伤程度的识别。

红枫湖大桥振动监测点布置如图8.22示意图，在该监测系统中，使用941B型超低频测振仪来监测振动信号。941B型超低频测振仪是一种用于超低频或低频振动测量的多功能仪器，它主要用于地面和结构物的脉动测量、一般结构物的工业振动测量、高柔结构物的超低频大幅度测量和微弱振动测量。941型拾振器采用无源闭环伺服技术，具有良好的超低频特性。拾振器设有加速度、小速度、中速度和大速度四档，放大器具有放大、积分、高陡度滤波和阻抗变换的功能。同时，可根据需要，选取拾振器微型拨动开关及放大器上参数选择开关相应的档位，可提供测点的加速度、速度或位移参量，并可提供不同频带和不同滤波陡度。此仪器具有体积小、重量轻、使用方便、分辨率高、动态范围大及一机多用的特点，也可直接与各种记录器及数据采集系统配接。

5)监测系统的其他要素

桥梁监测系统的实现需要由硬件配置和软件应用共同来完成。整个系统的硬件部分主要包括光纤传感器、压电式低频加速度传感器、二次仪表、工控机等。

(1)光纤传感器

光纤传感器用于感受外界信息并将信息变为可传输的光信号，具体类型和结构由实际要感知的信息而定。

(2)压电式低频加速度传感器

压电式低频加速度传感器用于感受外界信息并将信息变为可传输的电信号，具体类型和结构由实际要感知的信息而定。

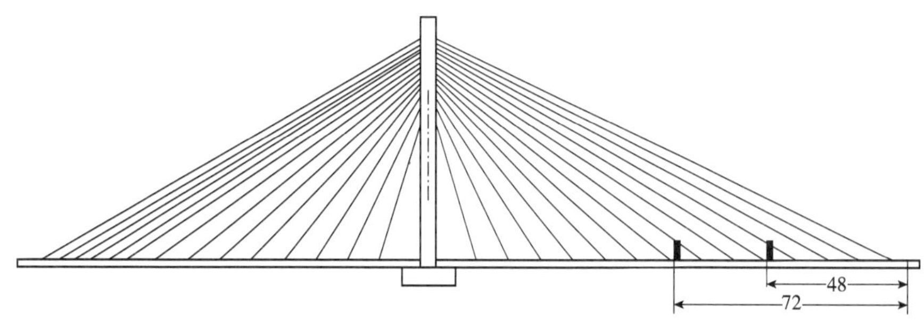

图 8.22 红枫湖大桥振动监测点示意图(尺寸单位:m)

(3)二次仪表

二次仪表用于将接收到的不同类型的信号转换为传输给工控机的信号，具体类型和结构由实际要使用的传感器类型而定。

(4)工控机

工控机作为数据处理的上位机，主要完成数据接收(通过串行通信端口)和数据处理工作(由软件完成)。

8.6.3 红枫湖大桥桥梁健康监测系统的软件

红枫湖大桥安全养护健康监测系统软件模块包括:数据采集及通信软件、桥梁状况综合数据库管理软件、桥梁安全运营及预警报告系统软件、桥梁承载力评估专家系统软件、桥梁维修养护决策支持系统软件。通过软硬件系统各部分的协调配合运行，充分利用由监测信息构成的桥梁健康状况数据库，桥梁安全监测系统要达到如下的功能指标:信息查询功能、安全监测与评估功能、异常报警功能、承载力评估功能、维修养护决策支持功能。系统软件及功能构成见图 8.23。

现场的光纤光栅应变、温度和位移传感光波长信号经光缆引入监控中心，经光栅解调仪解调后信号由计算机直接处理，其他的传感器信号由二次仪表和调理仪处理后，通过光纤通信网络传入监控中心，所有监测数据由实时数据库管理系统处理后形成桥梁状况监测实时数据库。利用该数据库，桥梁安全状况评估专家系统能依据各种结构安全指标(应变指标、索力指标、位移指标等)综合评估桥梁安全和承载力状况。当实时监测的应变、索力和位移等指标异常时，启动现有的定期检测系统，测量主桥的线形和纵向位移，以便相互验证。根据比较的结果，掌握了实时监测与定期监测之间的对应关系及规律后，可减少定期检测的次数，避免定期检测对交通造成的影响，以实时监测的结果作为检测维修的依据。以上各项监测内容的测量数据接入安装在监测中心的计算机，监测信息经初步处理后实现在线监测、显示、处理和异常报警等功能。同时，可以进一步分析桥梁目前承受如此大的交通量是否安全，桥梁的承载潜力可达到何种交通量水平。以上内容的评估可制成报表及时传送至桥梁管理部门办公室，为有关管理人员进行桥梁管理决策提供依据。

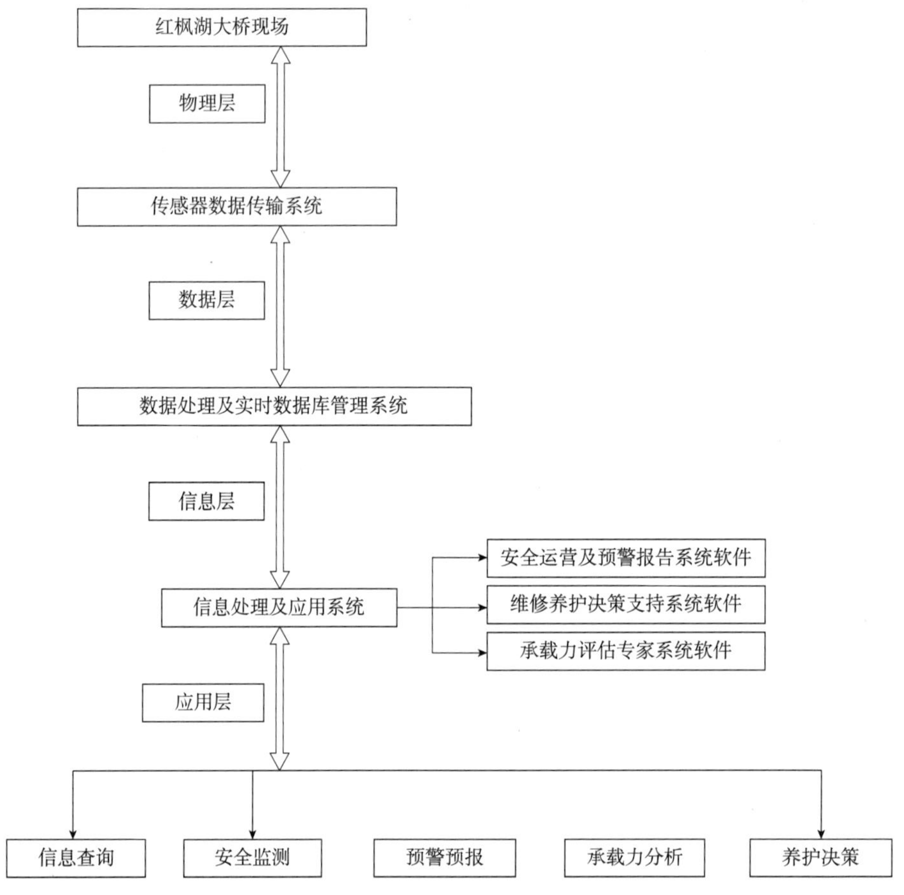

图 8.23　健康监测系统软件体系及功能

本章参考文献

[1] Ou Jinping. Practical implementations of intelligent health monitoring systems in HIT [C] // Proc. of North American Euro Pacific Workshop for Sensing Issues in Civil Structural Health Monitoring. Hawaii，USA：2004.

[2] 李惠，欧进萍．斜拉桥结构健康监测系统的设计与实现（Ⅰ）：系统设计[J]. 土木工程学报，2006，39(4)：40-44.

[3] 李惠，欧进萍．斜拉桥结构健康监测系统的设计与实现（Ⅱ）：系统实现[J]. 土木工程学报，2006，39(4)：45-53.

[4] 李昌铸．公路桥梁管理系统(CBMS2000)的开发与应用[J]. 公路交通科技，2003，03：84-90.

[5] 王晓晶，娄学全．南京二桥综合管理系统[J]. 公路交通科技，2005，01：101-104.

[6] 季云峰,张启伟．新一代桥梁管理系统的研究与发展[J]. 世界桥梁,2004,01:61-65.

[7] 任远,黄侨,林阳子．大跨度斜拉桥综合评估系统的研制与开发[J]. 南京航空航天大学学报,2007,04:535-539.

[8] 王有志,王广洋,任锋,等．桥梁的可靠性评估与加固[M]. 北京:中国水利水电出版社,2002.

[9] 唐彦东．斜拉桥换索过程施工控制分析[D]. 西安:长安大学,2012.

[10] 刘多特．斜拉桥换索技术研究[D]. 重庆:重庆交通大学,2010.

[11] 杨建喜．混凝土斜拉桥换索工程施工控制的研究[D]. 沈阳:东北林业大学,2010.

[12] 蒋伟平．斜拉桥换索理论及其技术问题的研究[D]. 成都:西南交通大学,2003.

[13] 交通部公路科学研究所．旧桥加固技术与桥梁调查[M]. 北京:人民交通出版社,1985.

[14] 张树仁,王宗林．桥梁病害诊断与改造加固设计[M]. 北京:人民交通出版社,2006.

[15] 廖卫东,王蒂,许汉铮,等．武黄高速公路桥梁病害特征及加固方法分析[J]. 武汉理工大学学报 2003,25(12):9-12.

[16] 覃耀柳．大跨度支架现浇斜拉桥施工控制技术研究[D]. 成都:西南交通大学,2012.

[17] 李忠献,景萌．在弯矩剪力和反复扭矩复合作用下的碳纤维布加固 RC 箱梁抗扭性能试验研究[J]. 土木工程学报,2006,39(s):77-83.

[18] 侯立群．大型斜拉桥基于健康监测的模型修正、损伤诊断与预警方法[D]. 哈尔滨:哈尔滨工业大学．2009.

[19] 陈亮．结构健康监测物联网系统的云计算应用研究[D]. 哈尔滨:哈尔滨工业大学,2013.

[20] 任亮．光纤光栅传感技术在结构健康监测中的应用[D]. 大连:大连理工大学,2008.

[21] 高占凤．大型结构健康监测中信息获取及处理的智能化研究[D]. 北京:北京交通大学,2010.

[22] 李爱群,廖长青．桥梁结构健康监测[M]. 北京:人民交通出版社,2009.

[23] 单德山,李乔,付春雨,等．智能桥梁健康监测与损伤评估[M]. 北京:人民交通出版社,2010.

[24] 李兆霞，李爱群，陈鸿天，等．大跨桥梁结构以健康监测和状态评估为目标的有限元模拟[J]. 东南大学学报(自然科学版)，2003，33(5)：562-572.

[25] Shinozuka M，Ghanem R. Structural system identification. Ⅰ：Theory[J]. ASCE Journal of engineering Mechanics，1995，121 (2)：255-264.

[26] Ghanem R，Shinozuka M. Structural system identification. Ⅱ：Experimental verification[J]. ASCE Journal of engineering Mechanics，1995，121(2)：265-273.

[27] Hoshiya M，Saito e. Structural identification by extended Kalman filter [J]. ASCE Journal of Engineering Mechanics，1984，110(12)：1757-1770.

[28] Friswell M I, Mottershead J e. Finite element model updating in structural dynamics [M]. Dordrecht：Kluwer Academic Publisher，1995.

[29] Fritzen C P，Zhu S. Updating of finite element models by means of measured information [J]. Computers and Structures，1991，40(2)：475-486.

[30] Natke H G. Updating computational models in the frequency domain based on measured data：a survey [J]. Probabilistic Engineering Mechanics，1998，8(1)：28-35.

[31] Zimmerman D C，Kaouk M. Eigenstructure assignment approach for structural damage detection [J]. AIAA Journal，1992，30(7)：1848-1855.

[32] Akaike H. Fitting autoregressive models for prediction[J]. Annals of the Institute of Statistical Mathematics，1969，21，243-247.

[33] Ibrahim S R. Random decrement technique for modal identification of structures[J]. AIAA Journal of Spacecraft and Rockets，1977，14(11)：696-700.

[34] 于徐红．红枫湖大桥健康监测与评估系统数据处理的研究与实现[D]. 贵州大学,2007.

[35] 杨惠仁．实时数据库系统关键技术在红枫湖大桥健康监测系统中的应用研究[D]. 贵州大学,2007.

[36] 谢晓尧,严新平．基于结构应变/温度光纤光栅传感器的贵州红枫湖大桥健康监测系统[J]. 贵州工业大学学报(自然科学版),2007,02:52-55.